EDUCATION
第一卷

丁 骥 良 · 编

现代家庭
教育方法大全

COMPLETE VOLUME
ON THE METHOD
IN MODERN
FAMILY EDUCATION

江苏大学出版社
JIANGSU UNIVERSITY PRESS
镇 江

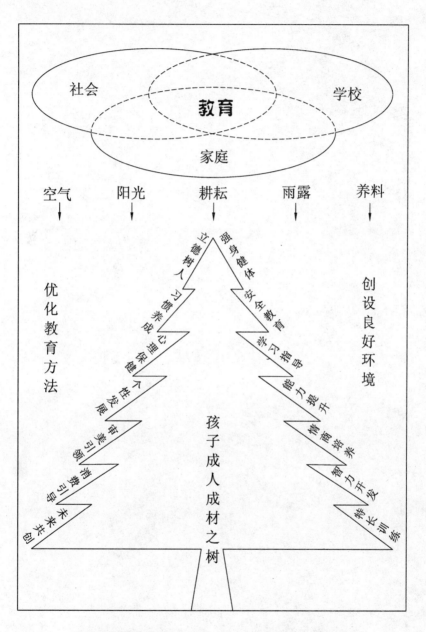

社会　　　学校

教育

家庭

空气　　阳光　　耕耘　　雨露　　养料

优化教育方法

创设良好环境

立德树人

强身健体

习惯养成

安全教育

心理健康

学习指导

个性发展

能力提升

审美引领

情商培养

消费引导

智力开发

未来共创

特长训练

孩子成人成材之树

《现代家庭教育方法大全》内容提要示意图

用更好的理念和方法教育孩子（代序）

现在许多家长往往关心老师教得怎样，孩子是否吃好，作业是否完成，培训班怎么选等等，而真正关心孩子全面发展与成长的家长却为数不多。中华妇女联合会的一份资料表明，我国有接近 3/4 的家庭教育方法欠妥，只有不超过 1/4 的家庭教育比较科学。这样的家庭教育状况，带来了以下四种严重后果：

一是犯罪率上升。中国青少年研究中心发布的中国"十五"期间青年发展状况和"十一五"期间青年发展趋势研究报告指出，"十五"期间青少年犯罪总体数量呈上升趋势，未成年人犯罪增长迅猛，其中，全国法院判决的青少年罪犯 5 年间增长了 12.6%，未成年人犯罪数量增长情况更加突出，5 年间上涨了 68%。由于发育年龄提前和频繁接受暴力文化影响等原因，不满 14 周岁的未成年人危害社会的行为逐渐增多。①

二是体质在下降。2005 年 9 月，国家体育总局发布了《第二次国民体质监测报告》：20 年来，我国青少年的体质在持续下降。教育部体育卫生与艺术教育司司长王登峰列举了一串令人惊讶的数字：他出席北京大学 2011 级学生军训结业典礼时了解到，两周军训期间，近 3500 名学生累计看病超过 6000 人次，特别是第一周，晕倒者众多②。据介绍，近两年清华大学的自主招生针对学习成绩优异的考生在复试阶段加入了体质测试。但在过去的两年里，体质测试结果达到优良的考生人数非常少。两年里，体质测试达到 90 分以上优秀标准的只有 1 个人；优良率（达到 85 分以上）只有 13.3%（2012 年数据）；不及格率却达到 49.2%。

三是心理不健康。我国青少年心理健康状况也不容乐观。一份针对全国 22 个省市的 6～12 岁儿童的调查结果表明，儿童的行为问题检出率是 13.2%。2000 年北京师范大学课题组在北京、河南、重庆、浙江、新疆 5 个不同地区抽样选取 16472 名中小学生（包含 5952 名儿童）进行调查，结果表明，儿童存在异常

---

① 中国新闻网。http://www.chinanews.com/edu/zcdt/news/2007/01-11/852441.shtml。
② 中国广播网。http://china.cnr.cn/yaowen/201209/t20120917_510924884.shtml。

心理问题倾向的比例是16.4%,有严重心理行为问题的比例是4.2%。

四是能力不如人。我国学生以会读书和能考试闻名于世。2010年,首次参加世界经济合作与发展组织(OECD)国际学生评估项目(PISA)考试的中国学生,在阅读、数学和科学能力3个项目中均拔得头筹,让全世界对中国扎实的基础教育刮目相看。然而,中国学生能让世人瞩目的也仅有此类殊荣而已。与外国学生相比,在身体和心理素质方面、社会交往和生存能力方面、批判思维和创新意识方面、动手操作能力和冒险探险精神方面,中国学生都有较大差距。

家庭教育是学校教育和社会教育不可代替的,它比学校教育更能培养孩子的道德品行、文化品位和价值观念;家庭教育是一门需要家长提前学习的科学,因为孩子拖延不起、试验不起、折腾不起、失败不起;在家庭中,没有什么事情比得上教育孩子更有意义、更具价值、更应重视、更该投入了!

要想让家庭教育成为家庭综合实力的坚实基础,成为滋润孩子心田的不竭之泉,家长迫切需要抽些时间、花些本钱、下些功夫,吸收正确的教育观念,学习科学的教育方法。

本丛书分类编写了大量的家庭教育理念和方法,为了便于家长从宏观上把握,我们将核心的理念和常用的方法归纳为以下30种:

1. 科学教育。家庭的科学教育是以家庭教育现象和教育规律为共同研究对象的各项家庭教育内容的总称。幼儿期至青春期,是人一生发展的关键时期,这一时期每个阶段的成长和发展都有其自身的特点,有其特定的成长任务,把握好这些阶段的科学教育,才能使我们对孩子的教育更加富有成效。科学的教育理念和方法表现在家长教育思想的树立、教育环节的把握、教育环境的创设、教育手段的运用等方面。这就需要我们摒弃陈旧、落后、错误的教育观念,改变原始、自然、低效的教育方式,尊重孩子身心发展规律,尊重孩子合理需要与个性发展,创设适合孩子成长的必要条件和生活环境,促进孩子健康发展、自然发展、全面发展、充分发展,为他们终身可持续发展奠定基础。

2. 素质教育。素质教育中的素质,是指人在先天基础上通过后天环境影响和教育训练所获得的内在、相对稳定并长期发挥作用的身心特征及其基本品质结构,通常又称为素养,主要包括人的道德素质、智力素质、身体素质、审美素质、劳动技能素质等。素质又分为内在素质和外在素质。内在素质主要是人对世界、环境、人生的看法和意义,包括人的世界观、人生观、价值观、道德观等,也就是一个人对人、事、物的看法,也可以称为人的"心态"。外在素质就是一个人具有的能力、行为、所取得的成就等。素质教育,是以全面提高人的基本素养为根本目的,尊重人的主体性和主动精神,以人的性格为基础,注重开发人的智慧潜能,注重形成人的健全个性为根本特征的教育。素质教育是社会发展的实际需要,要达到让人正确面对和处理自身所处社会环境的一切事物和现象的目的。只有通过素质教育,才能让孩子成为身心健康的人、人格健全的人、学有所长的人。

3. 生命教育。生命教育是直面生命和人的生死问题的教育,其目标在于使孩子学会尊重生命、理解生命的意义以及生命与天人、物我之间的关系,学会积极的生存、健康的生活与独立的发展,并通过彼此间对生命的呵护、记录、感恩和分享,获得身心的和谐、事业的成功、生活的幸福,从而实现自我生命的最大价值。当前,部分青少年迷失于物质追求、身心发展受到挫折、有限岁月被虚度,加之自杀行为频繁发生,推行生命教育变得刻不容缓。生命教育不仅只是要教会孩子珍爱生命,更要启发孩子深刻理解生命的意义,积极创造生命的价值;生命教育不仅只是告诉孩子关注自身生命,更要帮助孩子关注、尊重、热爱他人的生命;生命教育不仅只是惠泽人类的教育,还应该让孩子明白所有生命和物种应和谐地生活在同一片蓝天下;生命教育不仅只是关心今日生命的享用,还应该关怀明日生命的发展。

4. 生存教育。生存教育是从培养孩子的各种生存、生活能力的角度去强调教育,以发掘孩子的各种潜能,增强孩子的生存、生活意识和能力,使之适应世界和时代的发展变化。现在的孩子大部分都是独生子女,父母对子女的溺爱,使孩子丧失了锻炼机会,丧失了基本生存和生活的能力,从小养成了懒惰、任性、自私等不良习惯,甚至缺乏基本生活常识。因此,从小培养孩子生存生活意识、基本的生存生活习惯和能力,为孩子将来生存与发展奠定坚实的基础,这是家庭教育追求的目标。家长要帮助孩子了解生存知识,掌握生存技能,提升生存意志,增强生存本领,掌握生存规律,树立正确的生存观。通过生活教育,可以帮助孩子获得生活常识,掌握生活技能,确立生活目标,获得生活体验,树立正确的生活观。要让孩子渐渐懂得,生命是一种美丽,要学会欣赏;生命是一种过程,要经受磨炼;生命是一种尊重,要相互理解;生命是一种和谐,要学会相处。

5. 生活教育。生活教育是中国现代杰出的人民教育家陶行知先生教育思想的核心。生活教育是"为生活而教育""为生活的提高、进步而教育""为生活的向前向上的需要而教育",是"教人做人,教人做好人、做好国民";是对孩子进行"心、脑、手并用""学政治、学经济、学文化相结合"的"全面教育",其核心就是启发孩子改造社会生活的觉悟、提高孩子手脑结合的实践创造能力,使孩子去改造生活、创造新的人生。根据陶行知《生活教育之特质》一文,可以总结出生活教育的七大原则:① 实践性。"学习"就是实践,"教学做合一"的"做"则是更广泛意义上的生活实践。② 科学性。"做一个现代人必须取得现代的知识,学会现代的技能,感觉现代的问题,并以现代的方法发挥我们的力量。"③ 前进性。"要随时随地的拿些活的东西去教那些活的学生,养成活的人生。"④ 全民性。实现"不论宗教信仰、种族、财富及所属阶级有何不同,男孩与女孩机会均等"的全民教育。⑤ 终生性。"生活教育与生俱来,与生同去。出生便是破蒙,进棺材才算是毕业;学习为生活,生活为学习。只要活着就要学习。"⑥ 创造性。陶行知提倡活学活用的创造教育。他说："处处是创造之地，天天是创造之时，人人是创造之人。"⑦ 全面性。"生活教育，是从书本的到人生的，从狭隘的到广阔的，从字面的到手脑相长的，从耳目的到身心全顾的。"

6. 理想教育。理想是人生的奋斗目标，展示着人生的方向和道路，体现着人们对未来的向往与追求。所以我们一定要让孩子树立自己的理想，它不必很崇高，不必很伟大，更不能是遥不可及的，只要是一个信念和抱负，指引着他前进就可以了。一些孩子将来想当"××家"，他们努力学习，为了自己的理想去奋斗，这是好事。可现实是，普通的劳动者远比科学家、思想家、文学家、军事家多得多。有报道说，在人才市场，甚至出现了"高级技工难求"的现象。或许，好些人压根就没把"小理想"放在心上。理想的实现，是一个复杂、浩瀚、艰巨的工程，在这个工程中，要有坚定的信念和执著的追求，要经受得住各种考验。"一分耕耘，一分收获。"家长不妨帮助孩子们端正对"理想与现实"的认识，在引导他们树立起"大理想"的同时，再引导他们树立起一个个通过努力就能顺利实现的"小理想"，让他们从"小理想"做起，脚踏实地，一步一步地实现"大理想"。

7. 人本教育。现代教育强调以人为本，把重视孩子、理解孩子、尊重孩子、爱护孩子、提升和发展孩子的精神全方位地贯穿于家庭教育的全过程，它更关注孩子的现实需要和未来发展，更注重开发和挖掘孩子自身的禀赋和潜能，更重视孩子自身的价值及其实现，并致力于培养孩子的自尊、自信、自爱、自立、自强意识，不断提升孩子的精神文化品位和生活质量，从而不断提高孩子的生存和发展能力，促进孩子自身的发展与完善。教育的本质目的在于开发人的潜能，促进人正常和谐的发展，培养会生存、会生活、有教养的人。家长要引导孩子培养丰富的情感、积极的态度和正确的价值观。家庭教育要由以前的知识本位转向以人的发展为本位。人本教育要求家长具有民主化的性格，尊重孩子人格和个性的发展，激发孩子的学习热情，做孩子学习上的伙伴和生活中的朋友。

8. 个性教育。丰富的个性发展是创造精神与创新能力的源泉，知识经济时代是一个创新的时代，它需要大批具有丰富而鲜明个性的人才来支撑，因此它催生出个性化的教育理念。现代家庭教育强调尊重个性、张扬个性、正视个性差异、鼓励个性发展，主张针对不同孩子的个性特点采用不同的教育方法和评估标准，为每一个孩子的个性充分发展创造条件。现代家庭教育把培养孩子完善个性的理念渗透到家庭教育的各个要素与环节之中，从而对孩子的身心素质特别是人格素质产生深刻而持久的影响力。首先，在家庭教育实践中，个性化理念要求创设和营造个性化的教育环境和氛围，搭建个性化教育平台；其次，在教育观念上，提倡平等观点、宽容精神，承认并尊重孩子的个性差异，为孩子个性的展示与发展提供机会和条件；再次，在教育方法上，注意采取不同的教育措施施行个性化教育，注重因材施教，给孩子个性的健康发展提供宽松的生长空间。

9. 多样教育。现代社会是一个日益多样化的时代，随着社会结构的高度分化、社会生活的日益复杂和多变、人们价值取向的多元化,教育也呈现出多样化发展的态势。首先表现在教育需求多样化,为适应经济社会发展的要求,人才的规格、标准必然要求多样化;其次表现在办学主体多样化、教育目标多样化、管理体制多样化;再次还表现在教育形式、教育手段灵活多样化,衡量教育及人才质量的标准多样化,等等。这些都对家庭教育过程的设计与管理提出了更高的要求与挑战,它要求根据不同层次、不同类型的孩子进行柔性设计与管理,它更推崇符合教育的弹性模式,为孩子的发展提供更加宽松的目标体系与舆论氛围,以促进孩子的自主发展、个性发展、多路径发展。

10. 民主教育。在家庭教育中,民主就应该是把孩子真正当成一个具有独立人格的人来看待,作为人应该有的权利,孩子都应该拥有。第一,要尊重孩子作为一个人而拥有的对于快乐、温暖、安全、生存、爱、自由、交往、尊重、自我实现等的需要。第二,允许孩子提意见。要给孩子提不同意见的权利,家长要分析,不能断然否定孩子的看法,鼓励孩子敢想,敢说。第三,对孩子的意见要多加肯定和赞扬。当孩子的意见正确时,家长不但要接受,而且还要肯定和表扬。肯定孩子的意见,并不会降低父母的威信,相反还会赢得孩子的信任。第四,要倾听孩子的意见。如果父母能认真地倾听孩子的意见,孩子会认为自己的意见有价值,他就学会了畅所欲言地表达自己的思想和情感,这样的孩子是自信与坦率的,长大后进入社会、团体时也能更加成功地与周围的人合作与交往。

11. 榜样教育。榜样教育首先要求家长以身作则。家长的习惯对孩子影响很大,孩子的不少习惯是潜移默化地直接从父母那里"移植"或学习过来的。父母热爱学习,把读书学习作为业余生活的最大爱好,把谈论学习作为家庭的重要话题,孩子就会在不知不觉中提高对学习的兴趣,会自觉地模仿父母认真学习。因此,家长要以身作则,注重对自身行为的检点和修养,处处为孩子树立榜样,如孝敬自己的长辈、主动关心老人、勇于承担家庭责任等。此外,要让孩子心目中有学习的好榜样,让榜样的无穷力量成为激励他们不断进步的动力。

12. 主体教育。现代家庭教育是一种主体性教育,它充分肯定并尊重孩子的主体价值,张扬主体性,充分调动并发挥教育主体的能动性,使外在的、客体实施的教育转换成受教育者主体自身的能动活动。主体教育理念的核心是充分尊重孩子的主体地位,最大限度地开启孩子的内在潜力与学习动力,使孩子由被动的接受性客体变成积极的、主动的主体和中心,使教育过程真正成为孩子自主自觉的活动和自我建构的过程。为此,它要求教育过程要从传统的以家长为中心转变为以孩子为中心、以活动为中心、以实践为中心,倡导自主教育、快乐教育、成功教育和研究性学习等新颖活泼的主体性教育模式,以激发孩子的学习热情,培养孩子的学习兴趣和习惯,提高孩子的学习能力,使孩子积极主动地、生动活泼地学习和发展。

13. 幸福教育。幸福是人们生存和发展需要得到满足的一种状态。幸福是人的生理幸福、心理幸福和伦理幸福的辩证统一,是人性得到肯定时的主观感受。幸福教育以人的终生幸福为目的,在教育中创造、生成丰富的幸福资源,培养出能够创造幸福、享受幸福的人。家长要为孩子打下这样的基础:有理解幸福的思维,有创造幸福的能力,有体验幸福的境界,有奉献幸福的人格,成为和谐社会里的"幸福人"。家庭幸福教育的核心,应当是把家庭教育当作一件幸福的事情来做,"幸福地教,幸福地学"。让家长享受教育的幸福,让孩子体验幸福的教育,并在快乐中获得成功和幸福。要让孩子在人生中不断地感悟幸福、理解幸福、珍惜幸福、充满幸福,成为一个幸福的人。家长是孩子幸福的源泉,要为孩子的幸福而不断地学习、不断地实践、不断地反思、不断地提高,担当应有的责任。

14. 创新教育。 创新教育是指培养孩子的创新精神和创新能力。创新精神包括创新意识、创新情感和创新意志。具有创新意识的人不满足于现实,有强烈的批判态度;不满足于自己,有持续的超越精神;不满足于以往,有积极的反思能力;不满足于成绩,有旺盛的开拓进取精神;不怕困难,敢于冒险;不怕变化,勇于探索;不怕挑战,竞争合作;好奇心强,求知欲旺,想象丰富,兴趣广泛。具有创新情感的人,情感细腻丰富,外界微小的变化都能引起强烈的内心体验;人生态度乐观、豁达、宽容,心平气和;学习认真,一丝不苟,有强烈的成就感;对世间的所有生命都有同情心和责任感。具有创新意志的人能排除外界的各种干扰,长时间地专注于自己的活动;学习勤奋,严于律己;善于沟通与协调,组织能力强,有较强的灵活性;有较强的独立性和自制力,能包容别人的过错。创新能力包括创新思维和创新活动两大方面。具有创新思维的人常常感觉敏锐、思维灵活,能发现常人视而不见的问题并能多角度地寻求解决办法;理解深刻,认识新颖;思维辩证,实事求是。具有创新活动能力的人常常乐于动手设计与制作,有把想法变成现实的强烈愿望;不受现成框框的束缚,不断尝试、不断反思、不断纠正;愿意参加形式多样的活动,乐于求新、求奇。创新教育要求家长以欣赏的眼光来看待孩子,使孩子的潜能得到充分的发挥。

15. 开放教育。 当今科学技术的日新月异,信息的网络化、经济的全球化使世界日益成为一个更加紧密联系的有机整体。传统的封闭式教育格局被打破,取而代之的是全方位、开放式的新型教育。开放教育包括教育观念、教育方式、教育过程、教育目标、教育资源、教育内容、教育评价的开放性等。教育观念和方式的开放是指要广泛吸取世界一切优秀的教育思想、理论与方法为我所用;教育过程的开放是指从书本学习向实践教育、信息网络化教育延伸,从学校教育向社区教育、社会教育拓展;教育目标的开放是指教育旨在不断开启孩子的心灵世界和创造潜能,不断提升孩子的自我发展能力,不断拓展孩子的生存和发展空间;教育资源的开放是指充分开发和利用一切传统的、现代的、民族的、世界的、物质的、精神的、现实的、虚拟的等各种资源用于教育活动,以激活教育实践;教育内容的开放是指由封闭、僵化变得开放、生动和更具现实包容性与新颖性;教育评价的开放是指让孩子能应对多元化的、更富有弹性的教育评价体系与机制。

16. 全面教育。现代家庭教育以促进孩子的自由全面发展为宗旨,因此它更关注孩子发展的完整性、全面性,大力提高和发展孩子的思想道德素质和科学文化素质,提高孩子的创新精神和实践能力,促进孩子的全面发展与完善,造就全面发展的人才。这就要求家长在教育观念上实现由精英教育向大众教育、由专业性教育向通识性教育的转变,在教育方法上采取德、智、体、美、劳等五育并举、整体育人的教育方略。在本系列丛书的 16 个部分中,前 14 个部分就是着眼于孩子全面素质的培养,这些都是孩子成人成才不可缺少的基础工程,这个基础打不牢,就是埋下了孩子人生路途中的人为隐患。孩子全面素质的基础打得越牢,他们就越能抵御人生路途中的各种艰难险阻,不断迈向理想的境界。

17. 系统教育。系统教育是指把家庭教育作为系统进行定量化、模型化和择优化研究的科学教育。这种教育的根本特征在于从家庭教育系统的整体性出发,把分析与综合、分解与协调、定性与定量研究结合起来,精确处理部分与整体的辩证关系,科学地把握家庭教育系统,达到家庭教育的整体优化。在传统的家庭教育科学研究方法中,确定目标的方法是比较薄弱的,主要依靠经验判断和逻辑分析;实现目标的方法有观察、实验、假说和逻辑方法等。而系统家庭教育方法则是通过一系列科学的方法和步骤,把确定目标和实现目标这两个认识过程有机地统一起来。它首先通过摆明问题、目标选择、系统综合、系统分析、系统选择等步骤,为确定目标提供可靠的依据;然后,它还通过程序设计、具体规划以及研究、行动等阶段来实现既定目标。可见,系统家庭教育方法兼有确定目标和实现目标这两方面的功能。

18. 渐进教育。渐进即循序渐进,指教学内容、教学方法和运动负荷等的顺序安排,由易到难,由简到繁,逐步深化提高,使孩子系统地掌握基础知识、技能的锻炼方法。循序渐进的依据,一是人们认识事物的规律。人们对客观事物的认识,有一个由简到繁,由低级到高级,由现象到本质的过程。二是动作形成的规律。动作形成的阶段性变化,受人体生理机能的制约,受条件反射和分析、综合的逻辑思维规律的支配,因此,掌握动作技术有一个由简单到复杂的渐进过程。为了不让自己在学习中丧失信心,我们需要将目标分解,通过完成一个又一个的小目标来不断激励自己,日积月累、持之以恒,便能完成更多的任务。

19. 有效教育。家庭有效教育指通过家长一段时间的教育后,孩子获得的具体的进步或发展,核心是教育的效益。教育有没有效益,并不是指家长有没有教育过或教得认不认真,而是指孩子有没有学到什么或学得好不好。如果孩子不想学或者学了没有收获,即使家长教得再辛苦也是无效教育。同样,如果孩子学得很辛苦,但没有得到应有的发展,也是无效或低效教育。因此,孩子有无进步或发展是检验家庭教育是否有效的唯一指标。有效教育要求家长关注孩子的进步与发展,关注教育的时间与效益,这就要求家长不断反思自己的日常教育行为:"我的教育有效吗?""什么样的教育才是有效的?""有没有更有效的方法?"有效教育在处理孩子的困惑和错误时,遵循"最小代价""最少干预""最多受益"这三条原则:最小代价是指家长在帮助孩子认识错误、改正错误时,力求花最少的时间并把负面影响控制到最小;最少干预是指家长以尽可能少的提示,引导孩子通过自我反省、自我修正以提升其自我教育的能力,而不是越俎代庖地直接指出孩子错误的原因并把正确的方法告诉孩子;最多受益是指家长在纠正孩子的错误时,尽可能使孩子从中受到较多的教育。

20.赏识教育。赏识教育是通过欣赏和赞扬孩子的优点来进行教育的一种方式,是以尊重、信任、宽容、激励为原则,以培养孩子的创造力为出发点,帮助孩子在原有的基础上不断得到成功和最佳发展的教育过程。赏识教育符合当代青少年身心发展的特征,一方面,孩子有理想、有抱负,积极进取,乐于创新,精力充沛,思维敏捷,感情丰富,求知欲强,渴望独立,有一定主见;另一方面,他们也富于幻想,对事物的期望值高。因而面对来自学习、考试、分数、名次、升学、就业等压力时,表现出固执、任性、依赖性强、思想波动大、感情用事、自控力差、做事缺乏信心和责任感、看问题片面等不同程度的性格缺陷。因此,他们在成长过程中有本能的烦闷,尤其对保姆式、警察式、监工式的教育与管理比较反感,他们渴望尊重、理解和友谊,希望环境宽松、愉快学习、幸福成长。针对孩子的这些特征和心理需求,家长只有通过富有人情味的赏识教育,对孩子成长过程中的每一个进步都及时予以肯定,才能激发其求知欲和上进心,达到教育的预期目的,同时,对孩子成长中的不足,不讥讽挖苦,而应承认这是一种正常的现象,然后动之以情、晓之以理,培养孩子正确的人生态度。赏识教育能最大限度地激发孩子的活力。家长要善于发现孩子的特点、长处和进步,善于培养孩子乐观、自信、向上的人生态度,善于尊重孩子的意见,充分运用赏识教育,最大限度地激发孩子的求知欲,培养他们的创造力。赏识教育是融洽亲子关系的纽带,家长关心、理解、爱护和帮助孩子,孩子定会迸发出奋发向上的勃勃生机和活力,从而形成健康的心理定势,积极配合家长的教育和引导,教育的效果会更好。

21.惩戒教育。惩戒教育是指以"施罚使犯错者身心感觉痛苦,但不损害受罚者的身心健康"为原则的一种惩罚方式,是对孩子成长过程中所犯过失的责任追究,是让孩子去承担犯错误引起的后果,是为了让孩子更好地成长。它在目的、手段、方式和产生的后果上都与体罚有本质区别。其一,从目的看,惩戒重在帮助孩子认识错误,教育改过,从而"不愿"犯错,体罚则侧重于使孩子惧怕皮肉之苦,重在发泄不满,从而"不敢"犯错。"不愿"和"不敢"仅一字之差,却体现了不同层次的道德诉求。其二,从程度看,惩戒不损害孩子身心健康,而体罚则损害了孩子的身心健康,是一种较极端的行为。其三,从手段看,二者都是通过实施处罚使孩子身心感到痛苦来达到改错目的,但痛苦的内涵不同,惩戒中的痛苦是孩子悔悟后的内发的痛苦,而体罚中的痛苦更多的是家长施加给孩子的外在的痛苦。其四,从效果上看,惩戒能促使孩子改正错误,以后再面临相似的道德情境时,能主动引起注意并作出判断,而体罚时孩子完全是被动的,往往还会对家长产生抵触情绪甚至做出更加严重的违规行为。在实施惩戒的过程中,应遵循以下原则:一要可行,注意惩戒的可接受性。二要适度,惩戒孩子时要看场合,考虑孩子的自尊心。三要到位,惩戒的力度应该与违规行为的破坏程度具有一致性,同时,对同样的违规行为的前后惩戒要有一贯性。四要注意惩戒的针对性。惩戒是把"双刃剑",是一种危险的、高难度的教育技巧,家长必须要根据孩子的个体差异谨慎使用。

22. 差异教育。每个孩子从出生时起,就都是独一无二的生命个体,都有独特的身体条件和心理特点,因而他们应对外界的方式也千差万别;每个家庭的人员结构、地域背景、文化氛围都不一样,因而对孩子的影响也各不相同。世界上没有一本万能的育儿圣经,成功的家庭教育就好比给每把锁配一把合适的钥匙。要想找到打开孩子心锁的那把钥匙,家长至少应当做到三点:首先是悦纳自己的孩子,尊重孩子的个体特征、智力特点、性格特征,以及出生之后习得的一切成果,无论是积极的,还是消极的。一句话,家长要尊重孩子。其次,应当尊重孩子的差异。在某种意义上说,家庭教育就是改进孩子身上那些消极的因素,弘扬那些积极的因素,并在这种改进与弘扬中,引领、帮助和促进孩子的成长与进步。尊重差异、利用差异、改进差异、优化差异、弘扬差异,是家庭教育的本质规律。再次,家长应当尊重孩子的个性。长期以来,不少家长信奉的优秀孩子的标准,就是"分数 + 听话",即只要考试成绩好、听家长和老师的话,就是好孩子。正基于此,家长在两个方面不断地扼杀孩子的个性:一是反对孩子参加与应试无关的学科学习及实践活动,这就从根本上扼杀了孩子多元智能发展的可能性;二是对于孩子挑战现实世界及其秩序的各种行为一律严格禁止,这就从根本上否定了孩子独立人格成长的可能性。家长只有尊重差异,才对孩子有真正的尊重。只有尊重孩子,才有真正的家庭教育。

23. 知心教育。知心就是要了解孩子的精神世界,知心教育就是要根据孩子的性格特点和心理状况,设计符合他们年龄特征的教育方式,为孩子搭建展示自我的平台。每个孩子身上都仿佛隐藏着两个小人,一个是"好孩子",另一个是"坏孩子"。"好孩子"是指孩子身上与生俱来的潜力,现在的优点、长处和我们希望在孩子身上看到的一切美好品质。"坏孩子"是指孩子身上的缺点、短处和父母不希望在孩子身上看到的一切不良习性。知孩子心的家长的一言一行都在唤醒"好孩子",而不知孩子心的家长可能会逼出"坏孩子"!了解孩子最有效的途径,不是千方百计以"侦探方式"获取"情报",而是建立起亲密的信任关系。父母当侦探,孩子就会成为"地下党"。已发生的一些家庭教育悲剧正是由于父母不懂孩子,违反规律地教育孩子造成的,不是"拔苗助长"就是"压苗阻长"。因此,家长要有知孩子之心,才能唤醒"好孩子",即使是批评,孩子也知道你是为他好,永远给孩子指明前进的方向。

24. 快乐教育。一切的教育本质上都是对自然的修正和对野性的改造,所以教育必然带有强制性,也注定了它的艰苦性,因此,对孩子来说必然是有压力的。家庭教育的艺术就在于如何把压力变为动力,把艰苦变为快乐,快乐教育的意义就在这里。在日常的生活与学习中,家长要通过音乐、奖励、竞赛、旅游、文体与其他娱乐活动,千方百计地去制造出快乐和轻松,让原本不轻松的教育产生轻松快乐的感觉和效果,并让孩子们在求知中品尝到快乐等等。此外,有些家长对孩子的要求会轻易满足,甚至过度满足,要什么给什么,要一个给两个,马上要马上就给。这种教育是很糟糕的,过度满足会使孩子难以体会到努力与等待的快乐,如果让孩子有所等待,并通过努力达成愿望,孩子才能获得真正的快乐,孩子的成长才有后劲。

25. 自然教育。自然教育要求遵循自然天性,释放孩子潜在能量,让孩子在自身的教育和成长中取得主动地位,无须成人的压制、强迫,家长只需创造学习的环境、防范不良的影响。自然教育着重对孩子品格、品行、习惯的培养,提倡天性本能的释放,强调真实、孝顺、感恩,注重生活自理习惯和非正式环境下随机性学习习惯的培养,在适龄阶段培养孩子的自立、自强、自信、自理等综合素养的均衡发展,解决孩子培养过程中的个性化问题,培养面向一生的优质生存能力,培养生活的强者。自然教育认为,如果我们不知道怎么教育孩子,最好的办法就是完全放开,让孩子在承担有限责任的情况下,在可能涉足的未来场景中自由发挥。自然教育原理也表明,约束孩子们的自然运动,会对教育的进步和孩子天性的发挥造成影响,非自然的约束通常是灾难性的,越是年纪小的时候,后果越严重。自然而然地学习,自然而然地学会,就像水和风,随着山势、地形和光线,就会有自己的自然反应。自然教育给孩子带来的是一种天赋教育,是爱的教育,是造就人本身的教育,是利用自然本能发展个体的教育。

26. 审美教育。审美教育又称美育,是借助自然美、社会美和艺术美的手段,培养孩子正确的审美观点、高尚的道德情操和感受美、鉴赏美、创造美的能力的教育。美育对于促进孩子的全面发展具有不可替代的作用。美育的目标,不仅是培养和提高孩子对美的感受力、鉴赏力和创造力,而且是要美化人自身,即帮助孩子树立美的理想,发展美的品格,培育美的情操,形成美的人格。因而,美育的根本宗旨是培育孩子的人格和心灵。美育的过程,一方面是家长用美的对象来教育孩子,另一方面是孩子对美的感知或感动的过程。美蕴藏在现实生活的各个方面,如果不懂得现实生活的美,也就无法正确认识与理解艺术美。因而,美育的首要任务是培养孩子观察生活的习惯和能力,让孩子在观察生活中去体验和创造性地表现生活中的美。家长不仅要让孩子学习文化知识、技能、技巧,而且要培育高尚的审美意识、审美理想和健康的审美情趣。要通过丰富的视觉艺术形象、美的情感等向孩子展示一个来源于生活又高于生活的艺术世界,达到陶冶孩子心灵的目的。

27．环境教育。环境教育有四层含义：一是向孩子讲授环境科学知识,大力宣传环保法规,使孩子加深对人类赖以生存的环境正在不断地恶化及其严重后果的认识,树立责任感,学会保护环境的一些基本常识与方法。二是强化孩子的环境审美意识,帮助其树立美化环境的崇高理想。优美的环境可以使人感悟到美、体验到美,进而产生崇高理想。执着的信念和高尚的理想,有利于人的智慧和个性的高度发展与完善。身处优美环境之中,情景交融、人地和谐,就会感到赏心悦目、精神振奋,使精神得以升华,达到一个新的更高的境界,这就是环境育人,这就是环境审美意识的培养。三是尽可能为孩子创设良好的家庭人际环境、生活环境、学习环境、文化环境等,发挥家庭环境育人的作用。四是如果条件允许,可为孩子选择育人环境好的邻居、学校和社区,"孟母三迁"的历史故事值得我们家长思考和借鉴。

28．宽容教育。教育需要宽容,尤其需要宽容孩子的错误,因为错误是一种经历,是一种认识的暂缓,更是一种履历性成长不可或缺的资源。孩子犯错误是难免的,家庭就是给孩子犯错误的地方,也只有让孩子在家里适当地犯错误,他们才能记住教训,将来到社会上才能少犯错误。所以,不能让孩子放弃犯错误的权利,孩子如果在该犯错误的年龄没有犯过错,那才是一大错误。每个人成长的过程,就是点滴进步、点滴成绩、点滴感悟日积月累,由量变而达到质变的过程。这就意味着家长不能急于求成,不能心浮气躁,不能指望一次教育就能收到立竿见影的效果。家庭教育应允许孩子犯错,应在宽容中等待孩子的自我调整、自我教育和自我成长。

29．共进教育。埋怨孩子难教育,其实质却是家长学习不够、水平不高、方法不妥的表现。父母和孩子共同学习与进步,是通向家庭教育成功的唯一途径。有些家长不停地督促孩子学习和进步,但自己就是不学习,没长进。家长不知道积累和储备现代家庭教育的知识和方法,等孩子出了问题,才知道去找原因,向人求助,那就晚了! 家庭教育是一门需要家长提前学习与谋划的科学,为了教育好孩子和让孩子不输在家庭教育上,每一位家长都要坚持不断地充实自己。家长的教育素质表现在现代的教育观念、科学的教育方法、健康的教育心理、良好的生活方式、平等和谐的亲子关系等方面。为了孩子,家长必须从自身的学习做起,要舍得花时间学习,动脑筋琢磨,把握科学的教育方法,按家庭教育基本规律办事,要在不断地学习和实践中和孩子共同成长。

30．和谐教育。生物的生长需要良好的自然生态环境,人才的健康成长同样也需要宽松和谐的社会生态环境。现代教育主张把教育活动看作一个有机的生态整体,这一整体既包括教育活动内部的家庭、家长、孩子、学校、教师、课堂、实践、教育内容与方法诸要素的融合与统一,也包括教育活动与整体育人环境、文化氛围的协同互动、和谐统一,把融洽、和谐的精神贯注于教育的每一个有机的要素和环节之中,最终形成统一的教育生态链,使人才健康成长所需的土壤、阳光、营养、水分、空气等各种因素产生和谐共振,达到生态和谐地育人的目的。所以,现代教育倡导"和谐教育",追求整体有机的"生态性"教育环境建构,力求在整体上做到生活育人、管理育人、服务育人、环境育人,营造出人才成长的最佳生态区,促进孩子的健康和谐发展。家庭教育则是和谐教育生态链上的重要一环。

31. 成功教育。 成功教育指以激励孩子追求并获得成功为价值导向,以培养孩子成功心理为突破口,以开发孩子潜能为着力点,变外压式、训诫式管理为孩子参与式管理,变以家长管理、只强调应试知识和应试技能传授的应试教育模式为强调因材施教和注重开发孩子潜能的成功教育模式。家长要为孩子提供展示能力和特长的平台,让孩子表现自我;面对难度较高的任务时,要为孩子设置爬高的阶梯,创造成功的机会,让孩子体验成功的欢愉;让孩子做力所能及的事,鼓励孩子接受挑战;坚持鼓励为主,批评对事不对人,合理归因;对抑郁质孩子、成绩差的孩子给予特别的关怀。总之,孩子通过不断获得成功体验将形成源源不绝的内动力,并培养起有利于他们终生发展的自我增值能力。

32. 终身教育。 今天的社会是学习型社会,终身教育不仅有利于孩子成年后适应工作和职业的变化,而且还有助于铸造孩子的人格、发展孩子的个性。在家庭教育中,家长自身的知识涵养和精神修养是具有决定性意义的因素。家长要注意通过家庭环境、生活方式、自己的言行去影响孩子,从小培养孩子热爱学习的精神,提高孩子获得知识、更新知识和应用知识的能力。同时,家长要为孩子的终身教育创造良好的硬件与软件条件。现在,有些家庭有豪华家具、电器,唯独没有几本书;有些家长将许多时间花在吃喝玩乐上,就是不看书。为了孩子的成长,家长要走进书店,家里再穷也要有藏书室,藏书室再小也要有书架。要让读书、学习成为孩子终生的习惯与爱好。

总而言之,如果家长们明白了好的教育理念,掌握了好的教育方法,再结合孩子的实际不断研究与实践,在教育孩子时就能如鱼得水。愿每位家长在和孩子的共同成长中享受学习与行动的快乐,同时享受孩子成人、成才、成功的快乐!

下面再详细谈一谈《现代家庭教育方法大全》(以下简称《大全》)的内容特点与编排体例。

一、《大全》的内容特点

《大全》是一套全面介绍家庭教育理念和方法的大型实用工具书,内容十分广泛,所收录的教育方法几乎涉及家庭教育的各个领域。

1.《大全》内容涉及家庭教育方法的 16 个部分

《大全》共 6 卷分为 16 个部分,前 14 个部分是具体培养孩子某方面素质的方法,最后两个部分从良好家庭教育环境创设和家长教育方法的改进两方面给家长提出建议。

《大全》具体介绍了以下 16 类家庭教育的方法:

第一部分	立德树人方法	第二部分	习惯养成方法
第三部分	心理保健方法	第四部分	个性发展方法
第五部分	智力开发方法	第六部分	情商培养方法
第七部分	能力提升方法	第八部分	学习指导方法
第九部分	安全教育方法	第十部分	强身健体方法
第十一部分	特长训练方法	第十二部分	审美引领方法
第十三部分	未来共创方法	第十四部分	消费引导方法
第十五部分	环境创设方法	第十六部分	家教改进方法

2.《大全》体现的现代家庭教育理念

《大全》的 16 个部分中,始终渗透着以下现代家庭教育理念:

(1) 现代家长教育孩子的原则

① 身教的原则　② 尊重的原则　③ 信任的原则　④ 理解的原则
⑤ 激励的原则　⑥ 包容的原则　⑦ 启发的原则　⑧ 差异的原则
⑨ 全面的原则　⑩ 循序的原则　⑪ 全面的原则　⑫ 自主的原则

(2)《大全》倡导的教育理论

① 科学教育　② 素质教育　③ 生命教育　④ 生存教育
⑤ 生活教育　⑥ 理想教育　⑦ 人本教育　⑧ 个性教育
⑨ 多样教育　⑩ 民主教育　⑪ 榜样教育　⑫ 主体教育
⑬ 幸福教育　⑭ 创新教育　⑮ 开放教育　⑯ 全面教育
⑰ 系统教育　⑱ 渐进教育　⑲ 有效教育　⑳ 赏识教育
㉑ 惩戒教育　㉒ 差异教育　㉓ 知心教育　㉔ 快乐教育
㉕ 自然教育　㉖ 审美教育　㉗ 环境教育　㉘ 宽容教育
㉙ 共进教育　㉚ 和谐教育　㉛ 成功教育　㉜ 终身教育

(3)《大全》倡导的教育方法

① 做表率——榜样教育　② 讲全面——素质教育　③ 重情感——心理教育
④ 激兴趣——快乐教育　⑤ 说你行——赏识教育　⑥ 联实践——生活教育
⑦ 小步子——目标教育　⑧ 讲差异——人本教育　⑨ 多放手——自主教育
⑩ 求质量——高效教育

(4)《大全》倡导的家庭文化

① 和谐文化　② 人本文化　③ 保健文化　④ 民主文化　⑤ 快乐文化
⑥ 幸福文化　⑦ 书香文化　⑧ 节俭文化　⑨ 勤奋文化　⑩ 审美文化
⑪ 达理文化　⑫ 卓越文化

（5）《大全》倡导孩子的"十个学会"

① 学会做人　② 学会做事　③ 学会生存　④ 学会保健　⑤ 学会认知

⑥ 学会创新　⑦ 学会合作　⑧ 学会审美　⑨ 学会理财　⑩ 学会规划

（6）现代家长教育孩子的"十个转变"

① 由"随心教育"向"超前学习"的转变

② 由"片面追求"向"素质教育"的转变

③ 由"成龙成凤"向"最好自己"的转变

④ 由"空洞说教"向"言传身教"的转变

⑤ 由"专制教育"向"民主管理"的转变

⑥ 由"推给他人"向"齐抓共管"的转变

⑦ 由"惩罚教育"向"赏识教育"的转变

⑧ 由"只顾结果"向"注重过程"的转变

⑨ 由"生搬硬套"向"因人施教"的转变

⑩ 由"亡羊补牢"向"未雨绸缪"的转变

二、《大全》的结构特点

《大全》16 个部分的每一部分之前都有"理念先行"的内容,选录了编者研究与讲学时的部分言论,希望能给读者一些启迪。《大全》的主体部分是用词条形式罗列出来的若干具体的家庭教育方法,一些方法中还穿插着生动的案例,力图使内容通俗易懂、有用有趣。

《大全》中的各种教育方法用词条形式展现,其特点是:

1. 信息量大,资料翔实,包括了家庭教育的诸多方面。

2. 文字简炼,信息密集,开门见山,通俗易懂。

3. 方法实用,操作性强,即看即懂,即学即用。

4. 案例典型,生动有趣。

5. 词条编目,查阅方便。读者可以从各卷中很快找到所需理念和方法。

编纂《大全》是一项十分艰苦的工作。20 多年来,笔者从浩如烟海的文字资料中广采博引、披沙拣金、字斟句酌;在不断借鉴他人经验的基础上,结合自己的家教实践,同时选择不同层次、不同年龄段孩子的家庭做调查研究;在各地巡回宣讲时现场收集家长们提供的宝贵资料。现在,《大全》终于和广大读者见面,并为大家服务了!

在编纂《大全》的过程中,编者参阅了国内外数千份书报杂志、多家网站上的文章,从中汲取了许多有益的经验和材料,因涉及面太广,虽已在"参考文献"中列举,但恐仍有遗漏,谨此特鸣谢忱。

多年来,我的爱人唐素在教育子女方面辛勤地做了大量的、高效的研究与实践,为本书的撰写提供了很多帮助,我将永久铭感!在《大全》的修改过程中,江苏大学出版社的编辑们花费了大量心血,在此特表感谢!

本书涉及的学科领域比较广泛,虽经反复修改,不足或错误之处仍属难免,切望家长们批评指正(宝贵意见请发至电子邮箱:jssydjl@163.com)。

丁骥良

2014 年 1 月

目　录

第一部分　立德树人方法

二、道德情感培养方法

（一）感恩教育方法

（二）孝心培养方法

（三）爱心培养方法

（四）同情心培养方法

（五）自信心培养方法

（六）羞耻心培养方法

（七）责任感培养方法

第二部分　习惯养成方法

三、学习好习惯培养方法

(一)幼儿学习好习惯培养方法

(二)中小学生学习好习惯培养方法

四、生活好习惯养成方法

五、卫生好习惯养成方法

六、帮孩子改掉不良习惯的方法

第一部分　立德树人方法

理念先行

丁骥良关于"立德树人"的言论选

*用鼓励的言语和行动来培养孩子的道德,比用指责和批评更能成功。

*道德智能低下的孩子,不仅难以适应今天的生活,更无法适应今后的社会。

*以自我为中心,犹如陨落的流星,连一分热也不会留下;以感恩为中心,犹如正午的太阳,把每份光都洒向人间。

*给别人以帮助,要考虑你给他带来什么,而不要考虑他将来会给你回报什么。

*从给予或索取中,可以考量一个人的灵魂。

*人的最大价值在于对人类、对祖国、对人民的奉献。

*顺境中给人以百万,不如逆境中给人以分文。

*良好的教育会让孩子健康成长,糟糕的教育会让孩子走向困境乃至深渊。其中,教育的核心内容就是道德智能的培养。

*如果教育孩子把取得成绩当作换取利益的一种手段,不管家长的主观意图怎样,在客观上就等于是鼓励孩子追求功利。

*人生的三大遗憾:缺乏科学的头脑,缺乏远大的志向,缺乏不懈的行动。科学的头脑和远大的志向是储蓄在银行里的资本,不懈的行动则是利息。

*有些家庭长期存在着"教育荒废"的倾向,就是从表面上看教育抓得很紧,而实际上往往忽略了真正的教育,如对道德智能与健康人格的培养。

*说真话还是说假话属于道德问题,说对话还是说错话属于认识问题。因此,家长宁可让孩子说不动听的真话,也不要让孩子说漂亮的假话。

*司马光曾把人分成四种类型:有德有才,有德无才,无德有才,无德无才。他认为无德有才的人是小人,其实这种人不光是小人,而且是对社会产生很大负面影响的人,我们的社会应当尽量减少这类人的存在。因此,注重道德的教育比追求学业的优秀更为迫切、更加重要。

*当一个人在认知和技能层面发展得很好的时候,如果他是一位品德高尚

的、致力于推进社会发展的人,就会用这些做有益的事;但是,如果他是道德败坏的人,则可能用之做破坏社会和损害他人的事,这时知识和技能发展得越好,其危害性越大。在后一情况下,其发展的潜能则成为"有害"的潜能。

*好的家长应是一所好学校,家长应当以尊重、宽容和理解给孩子一所爱的学校,一个充满生机和希望的人生。

*与单纯的说教相比,孩子更容易接受真正感觉的观察。家长对孩子最好的、最有效的教育,是自己的行动。

*除了物质、语言等奖励,在日常生活中,家长还可以用笑容、眼神、表情、动作等无声的夸奖方式对孩子的良好行为做出反应。

*让孩子与优秀的人交流,会在他心中播下善的种子,好的个性可以传播开来。

*天才总是博得人们的羡慕与称赞,而优秀的品格更加令人敬仰。如果说前者是一种智力的作用,后者则是一种精神之力。

*假如你的孩子让你非常生气,你也应该冷处理。等到第二天心态平和了,也许会有更好的主意。孩子在"惹祸"中成长,家长在头疼中进步。

*一个人所拥有的财富与其是否具备高尚的品德没有任何必然的联系。相反,富有可能会更大程度地导致某些人的腐败与堕落。

*道德品质好的孩子,无论走到哪里,都让人放心。因为他们的价值判断能力一旦形成,就奠定了一生命运的基调。

*家长要在孩子人性的深处打下一口井,让他心中蕴含的同情、善意如甘甜的井水一样慢慢地渗出,聚集起来,从此滋养一生。

*当孩子做了一件连他自己都还不确定有多好、有多重要的事时,家长要用赞美的语言给予肯定,不仅让孩子心中充满喜悦,更重要的是让孩子明白这个行为的正确性,而这种正确的认知会延伸到孩子未来的人生中。

*孩子的判断能力有限,父母要给孩子规定一些行为准则,告诉孩子什么事情不能做,什么事情可以做。品德教育就是要教会孩子进行正确的价值判断,让孩子学会用同情、包容、尊重、理解等崇高的价值品质,去衡量并决定自己的行为。

*一定要帮助孩子寻找行为背后的意义。有了意义,行为才会生根,孩子才知道该做什么、不该做什么,该摒弃什么、坚守什么。

*孩子将来走向社会后,迟早会身处种种不良的环境。我们没法改变大环境,但我们可以让孩子学会做正确的价值判断和选择,这是对孩子终生有用的免疫力。这种免疫力,是孩子宝贵的精神财富,不会因时间的流逝、环境的改变而丧失。

*让孩子助人为乐,不只是帮助别人,同时还要从中感到快乐。

*真正好的素质少不了健康、品德、自信、兴趣、习惯、能力、个性等人生基

石;真正好的教育应该是能促进孩子获得自我最大可能发展的教育,是以人为本,帮助孩子走向成功的教育;真正好的家庭应该是能够给孩子提供最大可能发展的教育空间和孕育丰硕果实的沃土。

*注重人格的教育比追求学业的优秀更为迫切、更加重要。

*如果一个人没有健全的人格,那么即使知识再渊博、学业再出色、身体再强壮,其脆弱的心理一旦遇到挫折和风浪,也会有崩溃的危险。

*如果家长将自己的责任定位于帮助孩子避免问题的发生和修补已出现的问题,诸如叛逆、网络成瘾、厌学、辍学、吸烟、早恋及过早性行为、同伴欺负、青少年犯罪等,那么将会陷入手忙脚乱、疲于应对的尴尬境地。相反,只有把关注焦点从孩子身上的问题转移到孩子身上含苞欲放的美德之芽,才能切入孩子教育的关键。

*爱国说起来容易,做起来其实也不难。对于今天的青少年来说,爱国就是从点点滴滴的小事做起。爱国情感重在实践养成,要从日常行为规范做起,把爱国化为具体的行动。当鲜艳的五星红旗冉冉升起的时候,肃穆的表情、响亮的歌声是爱国;讲文明礼貌、爱护公物、爱护我们的家园是爱国;爱父母、爱家庭、爱老师、爱同学、爱班级、爱学校、爱周围的人也是爱国。热爱自然,保护环境,遵守社会公德等等,是爱国的开始,体现了爱国意识。爱国不仅是情感表达,更要通过实际行动来体现。

*道德知识的教育要"融入",家庭教育首先要让孩子"看到",就是看到家长在做什么、怎么做的,能让孩子看到的教育是最好的教育。

*要促进孩子道德判断能力的发展,使孩子在面临矛盾冲突的道德情景时,能做出自觉的道德判断,提高孩子的道德认知水平,这是家庭教育中的主要任务之一。

*从小对孩子说"不行"或"可以"的意义在于,让他在认识人生与世界之初,就明确什么是好什么是不好,什么应该做什么不应该做,并坚定不移地坚持下去,进而养成良好的道德习惯。

*家长应该传递给孩子一些基本的、普遍的、相对稳定的核心价值与标准,如爱祖国、爱家乡、公平、正义、合作、感恩、诚信、善良、同情、自尊、勤奋、谦逊、负责、正直、刚毅等,并使其内化,根植于孩子的内心。

*教育孩子就是提供孩子发展自己、表现自己的机会。

*人生观教育前进一步,就会使犯罪后退一步。

*教育孩子,行动胜于说教,要贴近生活,实实在在地从小事做起,从自己做起。

*道德就是在人与人相处时,每个人都应该遵守的规范和判断是非对错的标准。这种能力包括同情并关心别人痛苦的能力、调节自己情绪和抑制欲求的能力、接受和理解与自己不同观点的能力、尊重别人的能力等。这种能力会让人

拥有高尚的品格。有了这种能力，还能让人成长为一个头脑清醒、胸中充满激情的人。

* 在日常生活中，要根据孩子的年龄特点，从常规教育入手，使道德教育与生活实践相结合，针对孩子接触过的各种事情，随时随地地进行教育。

* 人格中最重要的是人的品德。美好的品德会唤起孩子的愉快、感动、称许和赞叹。家长可用生活辅导、心理咨询、挫折训练、角色扮演、人际交往、艺术陶冶、榜样模仿、偶像分析等方式，鼓励孩子自我选择、自我判断、自我控制、自我评价、自我教育。

* 要把道德教育渗透到孩子的衣食住行、言谈举止等生活的各个方面，使孩子在具体的行为中，逐渐萌发爱家乡、爱祖国、爱集体、爱劳动的情感，培养孩子诚实、勇敢、好问、友爱、爱惜公物、不怕困难、讲礼貌、守纪律等良好的品德、行为、习惯以及活泼开朗的性格，真正地为孩子良好品行的形成打下坚实基础。

* 家长在引导孩子道德认知时，应该把道德规范、道德要求、道德品质等与孩子的具体生活和经验联系起来，让抽象的道德内涵通过具体的、形象的、真实的、可感知的人物及其事迹变成孩子感兴趣的、可理解的人生经验，激发孩子的情感参与。孩子对美的人与事产生认同、喜欢、崇敬等情感时，这些人与事背后的道德认知就会被其认同、遵守或模仿。

* 生理心理学的基本原理表明，情感好比催化剂，对人的心理和行为有着广泛的影响。从情感入手开展教育，往往能收到事半功倍的效果。

* 道德情感教育的目的在于使孩子学会正确区分是与非、善与恶、美与丑、荣与辱，树立责任感、义务感、正义感等高尚的道德情感。

* 让孩子做自己能做的事，让孩子表达自己的意见，让孩子自己选择、做决定，这是培养孩子责任心的重要方法。

* 责任心不能强迫养成，责任心是一种自觉的行为，这种行为需要从小培养、长期培养。

* 家长对孩子的爱是一种情感，更是一种美德。爱不是盲目的，如何爱，是一种智慧。

* 不要因为大人一句错误的话，毁了孩子的信心；不要让自以为是的教育方式，误了孩子的一生；不要让无度的溺爱，成为孩子一生的绊脚石。

* 能让孩子认识真实的自我，有自信和良好的情绪控制力、抗压力，愿意与他人分享与合作，这才是真正能让孩子享用一生的财富。

* 用你的热情拨动孩子的心弦，用你的爱感动孩子的心灵，这种心领神会的教育，是让孩子变得优秀的好方法。

* 家长在把做人的权利归还给孩子的同时，也要把做人的责任归还给孩子。也就是说，要让孩子承担相应的责任，对自己的行为负责。

*虽然我们无法选择发生的事情,但可以选择自己的情绪状态;虽然我们无法调整环境来适应自己的生活,但可以调整情绪来适应周围的环境。

*人总是受昔日的经验支配,受挫的经验会导致自我设陷。但要相信:一个人只要在心理上拒绝失败,他就不可能是真正的失败者,只要他不放弃梦想,不放弃奋斗,一切都是暂时的而不是最终的定局。

*激励是开启心智的金钥匙,同时它又是激发雄心的金钥匙。激励能让孩子产生一股内在的强大动力,朝着期望的目标前进。

*理想、志向、梦想、雄心是需要不断激励的。生命的成长、人生的成功总离不开与困难和障碍做斗争,并且要和现实环境的负面影响做斗争,不被环境同化,不沉寂下去,永葆热情。要使自己的志向、理想、梦想、雄心之火永不熄灭,必须不断添加能源,不断进行激励。要善于利用他人的激励,同时善于进行自我激励,从而不断激发自己的雄心壮志。

*激发雄心、培养大志,不是一期一夕就能够做到的,它需要日积月累、长期坚持不懈地努力,任何人都不能想像用几天工夫,就可以使自己成为一个有雄心、有大志的人。

*作为家长,也许你不能给孩子富裕的生活,不能给孩子美丽的外貌,但你能给孩子一个成功的人生。如果你能从小事做起,给孩子信心、耐心、责任感、自信心以及知觉他人感受的品质,那你就给了孩子一个成功的人生。

*志向、理想是成功的前提和基础,是产生奇迹的源泉;志向、理想是决定一个人能走多远的标志。一个人行为的背后肯定会有多种因素在推动着他,但最重要的是志向、理想。

*有些孩子之所以平庸,不是因为能力低,而是因为无志。人因为梦想而伟大。人生不能没有志向,志向是生活的路标。俗话说:"路不在远,有志则行。"没有志向就会迷失方向。少壮不明志,老大不成事。"志育"(志向教育)的缺乏可能会损害孩子的主观幸福感,影响他们对学习和生活的激情。

*孩子的人生什么都可以少,就是不能少理想、志向。只有理想、志向,才能够让他们不断激励自己;只有理想、志向,才能够让他们克服生活中的各种困难;只有理想、志向,才能让孩子重新开始。只要孩子拥有理想、志向,他们迟早会找到自己的道路。家长要让孩子随时随地带着理想、志向去学习、工作和生活。

*爱心意识是责任意识、自立意识、自尊意识和健全人格的综合体现。拥有一颗爱心,孩子才懂得去孝敬父母;拥有一颗爱心,孩子才懂得去关心、帮助他人;拥有一颗爱心,孩子就会勤奋学习,珍爱自己;拥有一颗爱心,孩子就能学会包容,赢得真爱,赢得友谊;拥有一颗爱心,孩子就会拥有快乐,拥有幸福;拥有一颗爱心,孩子就会明白事理、更快地长大,就能够拥有一个美好的未来。

*在家庭里,亲子之间不仅要有沟通的话题、沟通的平台,而且要有沟通的共同的时间,在沟通无障碍的家庭里,孩子的幸福指数是高的;相反,在孩子只有"听话"的自由,没有"说话"的权利,孩子只需长耳朵,不需长嘴巴的家庭里,孩子的幸福指数不会很高。

*一个人的成功需要坚强的意志、矢志不渝的坚守和持之以恒的耐力。

*没有批评的教育,是不负责任的教育,是"缺钙"的教育。一个从没有被批评过的孩子是很危险的。

*意志薄弱的人总是学习、生活、事业上的失败者,只有意志坚强的人才有望获得成功。

*孩子就是在犯错误中长大的,犯错误是不可避免的,关键在于能否让他看到自己的责任,并承担起自己的责任。

*意志力表现为一个人实现自己生活、学习、工作直至人生目标的重要品质,同时也是一个人克服困难、跨越障碍、解决矛盾的心智力量。

*父母应该有意识地为孩子设置一些经过努力可以克服的困难。在这一过程中,父母需要带给孩子克服困难的勇气,也要教给孩子克服困难的办法。

*现在,虽然我们的物质充裕了,但为了让孩子能够从容面对今后的人生坎坷,我们再富也要让孩子吃些"苦"。

*今天的独生子女都有共同的弱点:怕苦、怕累,怕这、怕那。如果孩子意志薄弱,耐力差,做事不能长久,事事"知之"却不能"行之",更不能"持之",那么他将来走上社会必败无疑。

*我们的父母似乎什么事都替孩子扛着。父母替孩子扛得越多,孩子就越没有责任心,碰到什么事都是皇帝不急太监急,父母操碎了心,孩子却跟个没事人似的。因此,明智的父母应该藏起一半的爱心,让孩子勇于承担自己的责任,经受一点挫折。

*"劳其筋骨"是磨炼孩子意志的重要方法。一些适合孩子的劳动和体育活动,能使孩子坚强起来。可供选择的内容很多,家长要指导孩子选择,但关键还在于让孩子坚持。在这些活动中,家长不要代替孩子,而要让他自己有信心、有决心、独立地克服困难。

*培养良好的意志品质,不管用什么方法,最终应落实到孩子的自我锻炼、自我检查、自我监督、自我鼓励上来。这是最重要也是最有效的方法和途径,因为只有自我具有主动性和能动性,效果才会更加明显。

*父母的一个神圣的职责就是对孩子说"不",并且坚持到底。在这个世界上,父母不对孩子说"不",还有谁对孩子说"不"呢?

*挫折容忍力是一个人在面对逆境时或遭受打击后,能摆脱不良情绪的影响并使心理保持正常的能力。挫折容忍力强的人,能够在逆境中掌稳前进的舵,以笑脸来迎接周围发生的一切。挫折容忍力的强弱,一定程度上取决于

人的生活经历和社会阅历。经历过艰难困苦的人,对于挫折的承受力相对较强。要增强挫折容忍力,就要锻炼好身体,多参加社会活动,提高自己的文化素质,完善自我。

*要想改变孩子必须先改变父母。孩子不难教育,难教育的其实是父母。

*崇高道德行为是在点滴生活中养成的,要让尊重、负责、爱心、奉献等品质体现在家长和孩子的日常生活中。

*不经过一番努力是不可能养成好的道德行为的。好行为需要孩子在自我反省、自律和自我控制力等方面经过持续不断的锻炼才能逐渐养成。

*问题孩子的产生主要源于问题家长。当孩子出现问题时,父母首先要检查自己。教育孩子首先要教育的是自己,改变孩子也要先改变自己。

*孩子的道德行为是其道德认识、道德意志和道德情感的一种具体表现,也是人们确认其道德认识、道德意志和道德情感之有无、真假及其程度高低的一个重要依据。

*孩子的判断能力有限,父母要给孩子明确一些行为准则,告诉孩子什么事情不能做,什么事情可以做。品德教育就是要教会孩子进行正确的价值判断,让孩子学会用同情、包容、尊重、理解等人类共同的崇高品质,去衡量并决定自己的行为。

*父母过度宠溺、凡事代劳的保护主义,其实是让孩子成为永远的输家,唯有让孩子勇敢地扛起自己的责任,做好自己的本分,才是教养子女的良方。

*道德行为培养教育包括深化道德认识、激发道德情感、磨炼道德意志、规范道德行为以及纠正和克服不良生活习惯与行为方式等内容。家长要明确自身的角色定位,提高教育能力,培养孩子健康的心理素质,只有这样,才能从根源上杜绝青少年犯罪,维护社会的稳定,并为国家建设输送德、智、体全面发展的合格人才。

*一个品德修养不高的家长,难以熏染和培育出高品质的孩子。家庭教育是家长精神对孩子精神的影响催生过程,家长品德修养的高低就自然直接影响其劳动产品的质量——教育质量,因此,家庭教育对家长道德品质修养的苛求,远远超越对家长教育方法技能的苛求。

*培养孩子,不仅仅是家庭的义务,更是一种社会责任。为了孩子的身心健康、和谐家庭的构建以及社会的良性发展,家长要积极致力于强化家庭教育职能、提高自身素质、更新教育观念、讲究教育方法,切实有效地预防和杜绝孩子犯罪。

*孩子往往通过观察他人在相同社会环境中的行为进行体验学习。观察学习是孩子学习的主要形式,从动作的模拟到语言的掌握,从态度、品德的习得到人格的形成,都可以通过观察学习来完成,孩子的大部分道德行为都是通过观察学习获得和改变的。因此,家长的榜样、同伴的榜样很重要。

＊道德教育就像种地一样,假如你不把优良的种子撒在地上,它便只会生长杂草。但如果你想开垦那块土地,并能在开春的时候把它犁一遍,撒一遍种子,耕耙一遍,你的工作获得成功的希望就比较大。因此,要及早对孩子进行道德教育,打好道德教育的基础,使良好的德行成为孩子的第二天性。因此,德行的教育应该在邪恶尚未占领孩子的心灵之前早早地实行。

　　培养什么人、怎样培养人，是当前家庭教育吸须解决的重要问题。要成才先成人，"德"是为人之本。著名诗人但丁说过："道德常常可以填补智慧的缺陷，而智慧却永远填补不了道德的缺陷。"一个人如果思想不端正、作风不正派、志向不远大，他就是才高八斗、学富五车，也必定难有大作为。因此，成才固然重要，但成人是基石。成人最根本的一条，就是要有良好的道德品德。这不是与生俱来的先天禀赋，而是后天精心培育和锤炼的结果。青少年时期是道德品德形成的黄金阶段，加强孩子的思想道德教育，全面提升孩子的道德素养水平，利家利国，功在千秋。当前，青少年成长的社会环境日趋复杂，各种思想的交流、交融乃至交锋更加频繁，社会文化越来越多元多样多变，互联网等新兴媒体的迅猛发展对青少年产生越来越大的影响，对青少年的健康成长也提出了新的挑战。这要求家庭建立起与学校和社区经常沟通的渠道和机制，形成共同推进孩子德育工作的合力和关心帮助孩子健康成长的良好社会氛围。

　　家长还要在道德教育的理念、内容、方式、评价等方面实现转型，从实际上的道德知识教育走向真正的道德教育，以进一步增强道德教育的实效性。

　　（1）转变道德教育理念：由告诉道德知识转向提高孩子的道德判断和选择能力。

　　古语说："授人以鱼，仅供一饭之需；授人以渔，则终身受益无穷。"这句话强调了掌握生存本领的重要性。在道德教育上也是如此，家长要转变道德教育的方式，要改变重理论灌输、轻能力培养的做法，重视判断、筛选、理解和选择能力的重要作用，注重培养孩子的道德判断和选择能力，使孩子不仅能适应当前的社会实际，而且能适应将来社会的变化和发展。

　　（2）转变道德教育内容：由将成年人的意志传递给孩子转向关注孩子成长的内在需求。

　　道德教育要求孩子遵循一定的道德准则和履行一定的道德义务。对于孩子而言，这些道德准则和道德义务都是成年人制定的，是成年人强加于他的东西，在某种意义上说，是成年人在约束孩子的行为。对于外界灌输给孩子的道德知识，孩子可能在心理上加以排斥，即使被迫接受了，也很难在内心产生认同感。针对这一点，我们可以转变思路，即将从成年人的要求出发转变为从孩子的需要出发，关注孩子成长过程中的道德需求，把道德教育变成孩子成长的内在需要。

　　从孩子的实际出发转变道德教育内容，这是做好教育工作的基本要求。在对孩子进行道德教育时，家长要通过观察、交谈等方式，了解孩子的所思、所想，这样才能有针对性地开展道德教育。

　　（3）转变道德教育方式：由强调教育者的灌输转向强调孩子的情感体验。

　　知识并不能保证行为，灌输知识对道德行为的养成是没有多大效果的。在道德教育中，家长应重视孩子的体验，而少一些直接的灌输。

　　（4）转变道德评价重点：由关注孩子对道德知识的掌握转向关注孩子的道

德行为的表现。

俗话说,说起来容易做起来难。所以,看一个人的道德表现怎么样,应该看他做得怎么样。提高孩子的道德认识并不是道德教育的目的,重要的是在提高他们的道德认识的基础之上使之遵守道德规范或产生道德的行为。

孩子就像一张白纸,任家长去勾画优美壮丽的蓝图。孩子的美德教育,家长是第一责任人!作为第一责任人,家长必须掌握道德教育的内容和方法,并在实践中不断探索。

一、道德认知的融入方法

道德认知也叫道德认识,它包括孩子必须掌握的一系列道德概念和道德观念,以及由这些道德概念和道德观念逐渐形成的观念体系。道德认知的核心因素,是道德判断能力。促进孩子道德判断能力的发展,提高孩子的道德认知水平,使孩子在面临矛盾冲突的道德情景时,能自觉地做出正确的道德判断,这是家庭教育的主要任务之一。

【从小培养道德智能法】道德就是在人与人相处时,每个人都应该遵守的规范和判断是非对错的标准。对孩子来说,道德首先是一种智能,是一种需要用心培养的能力。这种能力包括同情并关心别人痛苦的能力、调节自己情绪和抑制欲求的能力、接受和理解与自己不同观点的能力、尊重别人的能力等。这种能力会让人拥有高尚的品格,还能让人成长为一个头脑清醒、胸中充满激情的人。

对于1岁以下的孩子,培养道德只需要无条件的爱。父母无微不至的关怀体贴会让孩子感到安全,这是孩子积极感受世界的基础。但是,从孩子2岁开始,在孩子能够理解语言规则以后,父母就要坚决地对孩子说"不行",并向孩子说明不行的理由。

从小对孩子说"不行"或"可以"的意义在于,让他在认识人生与世界之初,就明确什么是好什么是不好,什么应该做什么不应该做,并坚定不移地坚持下去,进而养成良好的道德习惯。因为,道德智能就是判断是非的能力,就是拒绝不正当或不良行为的能力。显然,培养孩子的道德智能是家庭教育的首要职能。

【生活教育法】在日常生活中,家长要根据孩子的年龄特点,从常规教育入手,使道德教育与生活实践相结合,针对孩子接触过的各种事情,随时随地地进行教育。我们要把道德教育渗透到孩子的衣食住行、言谈举止等生活的各个方面,使孩子在具体的行为中,逐渐萌发爱家乡、爱祖国、爱集体、爱劳动的情感,培养孩子诚实、勇敢、好问、友爱、爱惜公物、不怕困难、讲礼貌、守纪律等良好的品德、行为、习惯,以及活泼开朗的性格,真正地为孩子良好品行的形成打下坚实基础。比如,有的孩子会帮助别人穿衣服、系扣子,游戏时主动把玩具或头饰让给别人,孩子偶尔说出有礼貌的话语时,家长要善于抓住机会进行随机表扬鼓励。

对于那些抢别人东西、打架、骂人的孩子,应随时用建议的方式引导、教育,使孩子知道什么是应该做的、什么是不应该做的,引导孩子明辨别是非,同时也潜移默化地净化孩子的心灵。孩子对亲眼看见、亲耳听见的,往往更容易理解和掌握。因此,日常生活中的教育是所有教育途径中最基本、最重要的教育,它的重要性和效果都是显而易见的。

【知识融入法】家长应该传递给孩子一些基本的、普遍的、相对稳定的核心价值与标准,如爱祖国、爱家乡、公平、正义、合作、感恩、诚信、善良、自尊、勤奋、谦逊、负责等,并使其内化,根植于孩子的内心。

有人把向孩子解释诸如"什么是独特的美德,美好的道德生活应该是怎样的"等问题,并让孩子真正弄明白其中的奥秘的历程,称为"伟大的道德对话"。有时候,家长太需要和孩子进行这样的"对话"了。而进行这样的对话,方法很多,可以是家长直接讲解,也可以是亲子间交流互动。

如有位南浔的孩子在学习《请到我的家乡来》一课时,他爸爸发现他对家乡的美与可爱似乎因太熟悉而比较冷漠,缺乏赞美家乡、宣传家乡的激情与热情。于是,这位爸爸把著名作曲家乔羽为"魅力南浔"撰写的"全国十大魅力名镇——南浔"的颁奖词充满激情地朗诵了一遍,用朗诵替代了对南浔充满魅力的解释。接着,这位爸爸又播放了电视剧《十万人家》的片头视频,问孩子:"看过这部电视剧吗?"然后由《十万人家》这部2008年岁末在央视一套黄金时间热播、纪念改革开放30周年重点推出的影视作品,引申出一篇报刊摘要《南浔,天然的影视拍摄基地》,让孩子仔细阅读,读后谈自己的感受。

在这么鲜活形象的材料举证下,孩子对家乡产生了一种由衷的赞美和热爱之情,此时,道德知识的融入自然会水到渠成。

【行动体现法】教育孩子,行动胜于说教,要贴近生活,从小事做起,从自己做起。如家长逢年过节常带孩子去看望长辈,让孩子懂得什么是"孝"。又如家长常捡拾路边的纸屑,遇到滴水的水龙头主动去拧紧,看到杂草主动去清除。家长言传身教,孩子自然耳濡目染,从而身体力行。

【实践善行法】道德情感的培养,有赖于孩子直接的、具体的认知和生活经验。家长在引导孩子道德认知时,应该把道德规范、道德要求、道德品质等与孩子的具体生活和经验联系起来,让抽象的道德内涵通过具体的、形象的、真实的、可感知的人物及其事迹和感受等变成孩子感兴趣的、可理解的人生经验,激发孩子的情感参与。只有当孩子对美的人与事产生认同、喜欢、崇敬等情感时,其背后的道德认知才会被其认同、遵守或模仿。

家长要引导孩子进行善行实践,以善行发现、善行记录、善行分享等为途径,引导其观察父母、同学、他人、自然、社会、国家对自己的帮助和付出,激发孩子的"感恩"之情,引导孩子在日常生活中、在与人交往过程中坚持实践善行,即孝敬父母,尊敬师长,友爱同学,关爱他人,守法、诚信、负责,逐渐体验"为善之乐",

并且乐于把自己的情感体验与同伴和老师分享。

而在分享孩子的情感体验时,家长的情感参与和情感体验是孩子情感发生的发动机。家长的喜怒哀乐、爱憎好恶是一种无形的力量,会对孩子产生重要的影响。要使孩子具有道德情感,家长首先要对孩子有爱,要教给孩子认知的道德,有亲身感受,要对道德生活有自己的深切感悟。实践证明,孩子特别爱听家长讲自己的人生经验,关心家长的态度、想法和感受,如果家长讲到某处时动情地流泪,孩子也会随之落泪。

家长对于孩子的道德实践要以引导为主,不要强迫孩子必须做到,对于做到和做得好的行为给予真诚的鼓励、赞扬,并对其道德行为、道德动机和道德情感给予充分的肯定和赞扬。家长在引导时,除了外在的情感激励外,还应引发孩子内在的为善之后的自我满足感、愉悦感,即"为善之乐"的情感体验。家长不断地肯定、赞扬某种行为,孩子由于自豪感和自信心的增强,会自觉地进行道德实践,并从为善中获得愉悦,久而久之,道德习惯自然形成。

道德情感是道德认知转化为道德行为的纽带,如果孩子能在生活中主动观察,体会到他人和社会对自己的关爱与付出,内心有一份感恩之情,言行就会多一分理解、宽容与信任,就能推动自己与人为善,进行善行实践,做到知行合一。

【家庭环境影响法】家庭是孩子人格成长的摇篮,是孩子接触的第一个环境。家庭环境会给孩子人格的形成留下难以磨灭的烙印。父母是孩子的第一位老师,也是孩子的终身教授,父母的人格力量对孩子的成长具有深远的意义。因此,家庭环境是孩子德育教育的基础教育,也是最关键的教育。俗话说:孩子的行为表现是父母行为的一面镜子。父母要时刻注意自己的言行,生活中相互尊重、相互谦让,与邻里友好相处、关心别人,为孩子营造一个温暖和谐的家庭氛围,为孩子做出榜样。

【感官渗透法】通过阅读图书、听故事、看动画片等辅助手段及时对孩子进行德育渗透教育,通过书中、故事中的人物行为来帮助他们分清道德标准,去认识哪些行为是正确的,哪些行为是错误的,正确处理人际关系及生活中的事情,如故事《玲玲的草帽》中,玲玲的草帽不小心被风刮跑了,很多小朋友帮玲玲捡草帽,反映了乐于助人的典型。孩子通过读、听、看,从而建立一种正确的道德行为,养成良好的道德习惯。这就要求家长应为孩子提供足够的资料,培养其兴趣。同时要引导孩子从中发现哪些是应该学习的,哪些是不应该学习的,从而帮助他们建立正确的道德标准。因此,运用感官进行教育不但是道德教育的辅助手段,也是最直观的道德教育。

【聊天对话法】要想打开孩子的心灵世界,就必须运用生活式的"对话"形式去开启。"对话"是一种开放的参与式的教育方式,是进行道德教育的一个行之有效的方法。在生活中,孩子一般都有防范恐惧心理,不敢"我手写我口,我口说我心",就是最民主的家长也很难让很孩子畅所欲言。家长要腾出时间和孩子聊天，让孩子"知无不言，言无不尽"，加强亲子之间的了解和沟通，可就家庭、学校、班级发生的某一件事进行"聊天"式的实事讨论，同时家长还可以通过讨论过程进行随时指点，及时纠正讨论的主题、争论的方向，从而保证达到既定的教育目标。

【交往进行法】认知发展、情感陶冶和行为锻炼相割裂的德育方法，会导致作为受教育者的孩子也相应地出现道德认知、道德情感、道德行为、道德意志相分离的道德发展状态。通过交往进行德育是社会发展新特点对家长提出的要求，是促进孩子德育全面发展的有效方法。

交往在品德塑造中的意义主要体现在以下四个方面：

第一，能帮助孩子正确认识个人和社会的关系，促进其社会化进程。交往是青少年个体社会化的重要过程，孩子所处的社会制约着其发展的目的、方向，孩子要成为真正意义上的社会人，就必须积极参与社会交往。

第二，孩子之间的交往能对其品德产生重大影响。如青少年间的竞争能帮助他们形成开拓进取的精神。

第三，直接交往和间接交往都能对孩子的品德产生重大影响，如孩子可以通过和老师的直接对话感受老师的人格魅力，也可以观看世界风俗影片来了解世界各民族的特点，从而学会尊重其他民族文化。

第四，交往不仅作用于孩子的道德认知领域、道德行为领域，同时也作用于孩子的道德情感领域，并影响孩子的道德意志发展。

当然并不是所有的交往都是有积极作用的，只有正确的交往才能促进孩子道德品质的健康发展。

首先，家长要指导孩子正确认识个人和社会的关系，让孩子学会使自己的道德品质符合社会的规范，不断调整自己与社会的关系，不断将社会的规范纳入自己的认知领域，从而培养高尚的道德情操。

其次，家长要以正确的态度和方法与孩子交往，要有平等的观念，充分尊重、理解、信任孩子，使孩子能够对家人、对他人敞开心扉；要正确评价孩子，失去评价会令孩子失去努力的方向，而不正确的评价则会刺伤孩子尚不成熟的心灵；要指导孩子学会与家人、与同学、与老师、与他人进行正确的交往；要指导孩子学会合作，让孩子信任同伴、乐于分享、有效进行信息交流等。

最后，要引导孩子进行间接交往。目前，通过网络进行间接交往成了交往的最重要的手段之一。网络最大的特点是知识共享，所以通过网络可以丰富孩子的道德认识。需要注意的是，网络又有很强的隐蔽性，网络资源良莠不齐，一些不健康的信息在网上占有一定的空间，所以家长必须进行指导。

【他律道德法】他律道德是指根据外在道德法则来做是非判断。儿童的是非标准还没有确立，他们的是非标准完全取决于是否服从成人的命令或规定。

上幼儿园或刚升入小学的孩子，已具备一些基本的价值判断能力，如"不应该说谎""要诚实"等。而他律道德的根源在于儿童对成人单方面的尊重。儿童接受规则要有两个条件:第一是儿童接受别人的命令或禁则;第二是,一个命令只有来自一个受尊敬的人,一个同时具有爱和畏惧情感的对象,儿童才会从内心接受。由此可见,道德灌输只有建立在儿童对家长敬畏的基础上才能成功,而要唤起儿童对家长的爱恋,家长则必须爱护、尊重孩子,与孩子建立一种良好的情感关系,只有这样他律才有效果。

【自律道德法】自律道德是指儿童自觉地依照道德规范,自我对照、自我践行、自我反省、自我提高的过程。

早在幼儿园后期,有些儿童就开始出现了自律道德的萌芽。儿童只有在与同伴的交往中,才会把自己的观点与别人的观点相互比较,从而认识到自己的观点与他人有别,对自己的观点提出疑问或修改。只有在与同伴的交往中,孩子才能更好地发展自己的主观判断能力。在自律道德的培养中家长的导向作用特别明显。

孩子接受了他律,会在无意中将他律转化为自律。在幼儿园或小学,老师会发挥榜样作用,班级里也会出现许多示范生。随着老师对各类示范生的表扬,同学们找到了互学互助的着眼点,班级里出现了良好的思想导向,形成了良好的班级氛围,每个人都会很自然地为了班级的荣誉去自律。孩子们接受了他律,拥有了自律,学习生活就会变得轻松而又愉快。

孩子就是不断地在将他律转化为自律的过程中成长的,其中,家长与老师的正确引导必不可少。

【"融入"教育法】道德知识的教育怎样做到"融入"呢?家庭教育一定要让孩子"看到",即看到家长在做什么,怎么做的。能看到的教育才是好的教育。

家长要结合自身情况和孩子身心发展特点,找到"融入"的切入点。为了培养孩子的品德,家长的行为要谨慎,要处处给孩子做表率。父母的一言一行都会对子女产生潜移默化的影响。如果父母自私,子女就会养成爱占便宜的习惯;如果父母骄傲自大,子女就会目中无人;父母脏话连篇,子女就很难学会礼貌待人;父母不尊重老人,子女就会嫌弃老人。实践表明,父母的身教比言教更有效。万事德为先,教育孩子无小事,宁可谨言慎行也不要马虎大意。像在汽车上给老人让座,开车时遵守交通规则,答应别人的事一定做到等等,在这些方面,家长都应尽量给孩子做好榜样。

【角色扮演法】角色扮演法就是为孩子创设一个情境,让他参与表演并扮演某种角色,家长、孩子的同学或朋友观看表演,表演结束后举行讨论,扮演者、观看者和家长分别描述自己的情感体验,发表自己的观点。

通过角色扮演,可表达人与人对角色的不同看法,展现表演者不同的人生观,并以此来展开相关的主题讨论,加强对孩子的思想引导;通过角色表演,可增强孩子对他人感情与观点的了解,培养孩子学会尊重他人、体谅他人的良好品质;通过角色扮演,可发现孩子在某一情境下可能会发生的反应,以便为孩子在该情境中解决问题提供经验和技能,为家长制定相关的预案创造条件;通过角色扮演,可让孩子在处理人际关系的过程中,增强观察能力、分析能力和实际操作能力。

【社会探究法】社会探究法是指通过对社会某一事件、某一现象的讨论、探索,对社会问题提出正确的判断,包括定向、假设、定义、探索、证明和概括六部分。

社会探究有利于培养孩子获取新知、独立思考、仔细观察、认真分析、严谨推理等良好的学习习惯;有利于孩子获得解决现实社会问题的经验,形成独立思考社会问题的能力,形成探究社会知识的技能;有利于充分发挥孩子的合作意识、集体智慧和团队精神,提高孩子分析问题、解决问题、学会共处的能力;有利于开发孩子的创造性思维。

【社会模拟法】社会模拟法是指模拟社会关系、社会规则和社会生活的活动。社会模拟法与角色扮演法有些相似,但更关注社会内容的再现,要求孩子讨论模拟过程中的困难及其解决方法。

参与社会模拟活动可让孩子真实地认识自我,认识社会。在社会模拟活动中,孩子接触、进入、体验、审视社会,对社会的了解不再局限于家庭里家长讲的、学校里教师教的、新闻媒介传播的,更多了一份现实感、真实感以及理解和包容。参与社会模拟活动可增强孩子的社会适应性,培养其社会责任感和使命感。社会模拟可磨炼孩子的意志,激发孩子的创新意识,培养孩子的团队精神,提高学生的实践能力。社会模拟联系了品德教育的知、情、意、行四个方面,以内塑的力量形成孩子的道德认知,同时强调道德判断和道德行为的统一性,能有效地解决孩子言行不一的道德问题,便于家长掌握运用。

【晓之以理法】晓之以理,可解决孩子在道德知识方面"不知"的问题。家长先从传授道德认知开始,培养孩子的规则意识。如可以向孩子讲解《小学生日常行为规范》或《中学生日常行为规范》条文的具体要求、为什么这样要求、如何在日常生活中按照要求去做等。也可以采用谈话、讨论、辩论等形式,让孩子真正理解条文,弄懂道理,形成一定的道德认识和规则意识。

孩子掌握道德的过程,就是道德心理世界逐渐丰富的过程,也是道德行为的自觉意识不断增强的过程。孩子"知"了以后,再及时抓行为的训练和培养,将抽象的规范条文落实到具体的学习、生活中,完成"知"的归宿——"行"的过程。语言是人类交流思想情感的主要工具,也是道德教育的基本方法。家长要借助语言,理解和把握教育实践的道德情境和道德属性,对孩子进行道德教育。

家长在说理教育中要注意以下问题:

(1)要有针对性。做到一事一议,由近及远,由小到大。

(2)要有趣味性。如用讲故事的形式引出道理。

（3）要符合实际。对问题要从正反两个方面去说明。只讲一面，孩子在现实中看到另一面就产生疑惑，认为你讲的道理也不正确。

（4）要抓住恰当的时机。在孩子正在办或刚办完一件事时及时地加以指点。

（5）要有耐心。不急不躁，讲究说话的艺术。

要考虑到孩子的年龄特点和个性特点，同时还要对孩子提出明确的要求。

【道德交流法】随着社会发展步伐的加快，每个人都需要学习和提高。家长要敢于承认自己在某些问题上不如孩子，充分认可孩子的认识能力和分辨能力，相信他们在某些问题的认识上有超过自己的思考，主动与孩子交流，虚心接受孩子的意见，与孩子平等沟通，共同提高。孩子要消除对老师、对家长的依赖思想，真正认识到自己是个人道德生活的主体，以对自己负责的态度和责任感，主动进行道德学习，自觉磨炼道德意志，积极投身道德实践。孩子要以一种积极进取、自觉成长的生活观，与家长相互探讨，共同思考，日益走向道德成熟。以这样的德育观为指导，家庭德育方法可以采取民主对话、主题辩论、质疑答疑、亲子研讨、情感沟通、心理咨询、两难问题抉择、价值观辨析等方法。道德交流法是以孩子为主体，以家长为主导，以情感为纽带，通过双向互动，实现道德的共同进步。

【开放教育法】完整的道德品质由认识、情感、意志和行为共同组成，行为是其中的关键因素，是道德品质的落脚点。如果道德教育仅仅满足于提高孩子的道德认识，却不能使孩子付诸道德行为，这样的道德教育只能收效甚微。家庭道德教育必须重视孩子道德行为的培养，必须打破单一的讲授模式，开发并推行多种多样立体化、开放式的德育模式，让孩子走向社会，体验复杂多变的社会道德情境，尝试进行道德选择，在与人交往中体验情感，在克服困难中磨炼意志，在解决具体问题时履行道德行为。

【内涵外显法】有些教育内容可分为内涵和外显两个方面。以要求孩子"面净口洁，身正腰直"为例："面净"，就是脸干净，床面、桌面、地面、卷面等干净，寓意脸面干净，清白做人；"口洁"，就是口腔牙齿清洁，引申为不讲脏话。"身正腰直"指的是坐立行走时身要正、腰要直，引申为遇到困难时，做一个腰杆挺直的人。

【"三育九养"法】"三育九养"中的"三育"是指：德育、智育、心育。其中每一育又包含"三养"。德育是指以实现人与人关系和谐为目标的教育活动，人与人关系的和谐是德育的根，它分为养正、养诚、养善；智育是指以实现人与自然关系和谐为目标的教育活动，人与自然关系的和谐是智育的根，它分为养能、养思、养体；心育是指以实现孩子身心和谐为目标的教育活动，人的身心关系的和谐是心育的根，它分为养志、养静、养美。其中"三育"是纲，"九养"为目。另外，每养还有三法，通常称为"三育九养二十七法"。二十七法为：德育方面：养正——民主、正义、公平；养诚——信誉、真情、笃厚；养善——尊重、慈爱、互助；智育方面：

养思——思考、质疑、学习；养能——创造、适应、自控；养体——体训、适宜、自然；心育方面：养志——体验、乐观、激励；养静——明礼、大度、内省；养美——审美、创美、赏美。如果家长们根据孩子的具体情况，对"三育九养二十七法"体系中的27法进行不同的方法组合，把这些不同的方法组合用在不同的孩子身上，这就是因材施教。实质上，教育就是用心灵去唤醒心灵的过程，教育就是用人格去培养人格的过程，教育就是用智慧去启迪智慧的过程。

【健全人格培养法】一段时间以来，学校和社会只注重传递知识，忽视了对孩子健全人格的培养，其结果是高分低能者不时可见，知识渊博却道德水平较低者不时可见。一个人仅有知识是远远不够的，道德才是一个人的灵魂。家长要走出单纯传递知识的误区，以培养健全人格为目标。

人格中最重要的是人的品德。正直、刚毅、感恩、诚信、善良、同情、自尊、勤奋、谦逊、负责、爱国、正义、合作等优良品格，会唤起人们的愉快、感动、称许和赞叹。围绕全面育人、推行素质教育的方向，家长可以考虑采用生活辅导、心理咨询、挫折训练、角色扮演、人际交往训练、艺术陶冶、榜样模仿、偶像分析等具体方式，鼓励孩子自我选择、自我判断、自我控制、自我评价和自我教育。

【规章制度约束法】要使自己的子女长大后做一个合格的公民，应当从小培养他们的公民意识。在树立公民意识的过程中，石芳同志发表在《扬州日报》上的一篇文章会对家长有所启迪：

春节前，我和先生到新加坡去看望读中学的女儿，一个多星期的游历，除了感慨于这里中西合璧的文化、整洁优美的环境外，人们文明自律的公民意识更是给我留下了深刻的印象。

在新加坡期间，我几乎每天出门都要乘坐地铁。新加坡地铁又叫大众捷运系统，是目前世界上最为发达、高效的公共交通系统之一。它要为全国接近一半的人口服务。因为这里乘车付费几乎都是自助的，所以我很少看到穿制服的工作人员。每天，成千上万来来往往的人安静、快捷地穿梭于各个地铁站之间，无论是深入地下四五层的转换站内，还是高速运转的地铁车厢里，始终都是整洁干净、秩序井然。我没有看到一个乞讨的流浪汉，也没看到一个公众场合的吸烟者。后来听女儿说，行乞在新加坡是违法的。由于政府对"吸烟有害健康"的大力宣传，光是旁人责备的眼光，就可以让一个烟民感觉无地自容。更何况针对吸烟，新加坡还有着非常严厉的处罚条例。所以，在那里你不用担心会吸到"二手烟"，因为守法的新加坡公民绝不会知法犯法。

一个周末，女儿放假，带我们一起去圣淘沙游玩。走了很久的我有些渴了，回程路上一上地铁，我便让女儿帮我从背后的双肩包里拿一下水壶，准备喝水。可是，女儿立刻就示意我，地铁里面是不可以喝水的。我这才留意到，几天下来，我确实没有看到一个乘客在地铁里吃东西。我总算明白了这里几乎看不到垃圾杂物的原因。

那天，还是在地铁上，正逢双休日，乘坐地铁的人比较多，我们进了车厢后，一时找不到座位，便各自站定，等候下车的乘客空出座位来。过了几站，我们旁边总算有了空座，因为即将要去好几个景点观光，我们都想省着点脚力，所以赶紧坐了下来。不一会儿，我身边一个妇女也让出了一个座位，我赶紧喊女儿坐下。可是，她却摇摇头，坚持站着，直到身边的乘客都坐下了，她才落了座。我对她的举动感到奇怪。女儿告诉我，今天她穿的是便装，如果自己穿着校服，只要身边有老者没有座位，她却安然地坐着，那么只要任何一个乘客用手机拍下这个画面发到她所在的学校里，学校都会根据照片做出对她的处理决定。女儿还说，像这样的校规新加坡还有很多，不仅有规定，执行起来也毫不含糊。我惊呼新加坡校规居然如此严格，同时，感叹社会舆论强大的监督功能。也许新加坡的孩子让座最初是慑于校规的处罚，但久而久之，伴随孩子成长的校规就会让让座的行为变成一种习惯、一种生活方式和一种生活态度。

【爱国主义教育法】爱国主义教育说起来很大，但爱国主义情怀却是一个孩子正常发展的基础和前提。一些学校和家长把精力和注意力全部放在孩子的身体健康和学习成绩上，以为只要把这两点抓好了，孩子的前途就有保证了。这是极大的误区，因为没有一个人可以离得开祖国，祖国在我们每个人的生活中，也在我们每个人的心里。一个没有祖国观念的人，一个对祖国没有感情的人，怎么能够快乐和发展呢？让爱国主义情怀伴随孩子的每一步成长，伴随孩子价值观、情感、社会性的发展，是有效的爱国主义教育的关键。

虽然传统文化作为一个国家、一个民族的精髓似乎很抽象，看不见、摸不着，但却让一个人在不经意处闪现出它的痕迹。比如韩国在进行爱国主义教育时，就把民族文化传统融入孩子的现实社会生活之中。在小学阶段，韩国强调学习正经的生活之道，即个人生活上强调端正、诚实、节制、创造、深思；社会生活上强调宽容、爱家庭、和睦、亲切、公益精神、责任意识、团结合作、公正；国家生活上强调三爱教育：爱国家、爱民族、爱人类。这种教育实现了社会提倡的主流价值与孩子的日常生活的统一。

对孩子进行爱国主义教育，要从小事抓起，从孩子看得见摸得着的具体事情抓起，才能引起孩子的感情共鸣，为孩子所接受，收到实际的效果。下面是一位曾祖父对他的重孙女玲玲教育的情境：

国庆节那天晚上，这位曾祖父指着相册里的三张照片给玲玲看，语重心长地说："这是咱们新中国成立前我住的茅屋。那时候我给地主打长工，受尽地主的欺压，就在这间屋里，由于交不起地租遭到地主的打骂。还是在这间屋里，我那未满10岁的女儿，连病带饿离开了人世……这间茅屋是我受苦受难的见证。"曾祖父说到这里，声音低沉，两眼饱含着泪水。

过了一会儿，曾祖父指着第二张照片说："这间砖瓦房是新中国成立后，我进了工厂，厂里分给我的住处。记得搬新居那天，厂里敲锣打鼓，热火朝天。人

们搬进新居后,都朝毛主席像深深地鞠了三个躬,是毛主席让我们穷人翻了身,过上了好日子。我们永远怀念他老人家。"

曾祖父指了指第三张照片问玲玲,玲玲连忙说:"这是我们家新楼房的照片,您看这明亮的屋子,宽敞的大厅,多好啊!"曾祖父听了玲玲的回答,笑得合不拢嘴,他情不自禁地说:"没有改革开放,没有平房改造,我做梦也想不到能住上楼房哇。"曾祖父用手抚摸着这三张照片问玲玲:"你知道我为什么保留这三张照片吗?"玲玲想了想说:"我明白了,这三张照片反映了我们家的生活不断走向幸福,也反映了我们国家建设的伟大成就。"曾祖父点了点头:"玲玲真是个聪明的孩子。"

这位曾祖父在国庆节的夜晚,通过三张照片对重孙女进行爱国主义教育,收到了很好的效果。爱国主义是我国人民政治品质和道德面貌的一个重要特征,应该从小培养孩子热爱祖国的思想感情。

爱国主义教育的内容十分丰富。要让孩子了解我国疆土辽阔,物产丰富,江山壮丽,是世界上最伟大的国家之一。要让孩子了解我国有悠久的历史和文化遗产,是文明古国,有着光辉灿烂的文化。要让孩子了解我国有优良的传统,在长期的斗争中,我国人民表现了勤劳勇敢、聪明智慧、艰苦奋斗、不甘屈辱、奋力抗争、自强不息、奋发图强等优良品质。要让孩子了解祖国近百年的历史,知道只有有了中国共产党的领导,有了无数革命先烈的奋斗牺牲,我国的民主革命才取得了胜利,人民才有了现在的幸福生活。要让孩子了解祖国社会主义现代化建设取得的胜利,特别是改革开放 30 多年所取得的成绩,激发孩子的民族自信心和自豪感,激发孩子热爱祖国的感情。

【集体主义教育法】集体主义教育是孩子德育的基本内容之一。

(1) 在活动中培养集体主义精神

集体主义是一种思想,具体体现在孩子的行为之中。集体主义教育的最终目的是培养孩子把社会利益、集体利益放在第一位,培养孩子乐于奉献的精神,从班集体的小事做起,尽职尽责,主动为集体做贡献,主要是"养成"和"熏陶",使孩子总是在一种关心集体、热爱集体的氛围中活动,这样他们的思想侧重点就会不断倾向于集体,不断倾向于他人。

(2) 让孩子不断体验集体荣誉感

所谓集体荣誉感,是指孩子自觉意识到作为集体成员的尊严和荣耀,从而更加热爱集体,珍惜集体的荣誉,并能推动孩子积极向上的情感。

(3) 集体主义精神要在集体中培养

集体主义精神是在对他人、对社会的态度和行为中表现出来的思想准则、生活准则和道德准则。这种精神只有在集体生活中才能有较充分的体现,离开社会、离开集体,集体主义就成了抽象的东西,因此,在对孩子进行集体主义教育中,必须抓好班集体建设。良好的道德品质的形成是与孩子们生活在一个健康向上、团结友爱、活泼和谐的集体中分不开的。从小对孩子进行集体主义教育,培养孩子对他人、对集体、对社会的责任感,较好地处理好对他人、对集体与对社会的关系,将会使孩子受益终生。

家长可以给孩子讲《三个和尚》的故事。

很久很久以前,山上有座庙,庙里有个和尚,他一个人管理寺庙,很勤快。每天他挑着两个水桶,走6里多路到山下担水,回来后打扫庙宇,然后按时念经,念完后到庙后的菜地种些瓜菜。庙堂干干净净,生活井井有条。不久庙里来了个瘦和尚,两个和尚在干活时开始互相推诿,最后只好两人抬水,勉强过活。过了不久,又来了个胖和尚,三个和尚谁也不想吃亏,谁也不愿意去挑水,只好大眼瞪小眼,望着水桶发呆。有一天老鼠打翻了蜡烛,着火了。三个和尚马上跳起来,也没有商量,你担水,我灭火,三个人齐心协力,终于把大火扑灭了。之后,三个和尚醒悟过来,他们再也不互相推诿,而是互相照顾,互相关心,过着幸福快乐的生活。

这个中华民族古老的故事告诉我们什么道理呢?那就是:要有集体主义精神,要互相团结。

【"心中有他人"教育法】 "美德出良材。"良好的文明习惯来自于良好的道德品质的培养。只有教育孩子从小事事处处"想到别人",讲文明,守秩序,他长大后才可能具有文明礼貌的自觉行为。

有一位在英国攻读博士学位的人回国后,深有体会地说:"在英国,父母教育孩子关心别人是从小处入手的。比如出入公共场所,父母总要提醒孩子,当自己推门而入时,一定要回头看看身后是否有人,如果有人,你要替别人用手扶着门,等人家用手接触到门时再放手,以免撞伤别人。这虽是一个很小的动作,但我发现,所有的孩子都是这样做的。"

在我们的生活当中,这种事常常被人们忽略。现在的孩子多数是独生子女,一些家长把孩子当成小太阳,全家都围着孩子转。这种特殊的地位,致使孩子任性、自私,他们心中只有自己,没有别人。如杭州某小学的一名学生是班长兼中队长,还是学习尖子。家里人视他为心肝宝贝,一切顺着他,从来不正面批评他,因而使他变得盛气凌人,十分霸道。有一天下午,姐姐把仅有的四块糖分给他两块,留给妈妈两块。他想全要,姐姐没有给他,他踢了姐姐一脚,然后钻进自己屋里用红领巾自缢而死。这个惨痛的事实告诉我们,必须对孩子进行"心中有他人"的教育。

"心中有他人",平平常常五个字,却有着深刻的内涵。这是为人的一条重要守则。这条守则,应该让孩子从小就知道,并按这个守则去做人。

我们只有从身边小事、日常生活中的小事入手,教育孩子克制自己的欲望,多为他人着想,持之以恒,孩子才有可能形成热爱集体、关心他人的良好品德。

俗话说:"若要儿孙贤,教育儿孙装他人。"让孩子"想到别人",自己首先要想到别人，不能只顾自己。如果父母不讲文明、不讲礼貌、不讲道德，却要求孩子具备良好的道德品质，成为文明人，几乎是不可能的。

【文明礼貌教育法】家长们都会喜欢穿着整洁、懂礼貌、讲文明的孩子。相反，不懂礼貌的小孩就会让人感觉不舒服。下面我们来看一个情境：

在一个宴会上，一个 8 岁的男孩竟然站在椅子上指着自己喜欢吃的菜大声叫着要母亲夹。当本桌上这种菜不够时，还到另一桌上去夹。

只听到同桌的几个小朋友低声地议论着：这个小男孩好不讲道理，只顾自己一个人吃，他妈妈也不管他，真差劲！

话虽不多，足以看出这几个小朋友是非分明，知道哪些行为文明，哪些行为不文明。

孩子的许多文明行为、文明礼仪都依赖于家长及老师的教育，而重要的是家长从孩子小时候开始就得教育培养。"子不教，父之过"，说明做家长的责任重大。像那个小男孩的行为可以说是家长教育不严格导致的。

文明礼貌反映了一个家庭的精神面貌和文化水准。对一个人来讲，是否懂礼貌显示出他的知识和教养，反映出他的道德品质。我们的家长必须从孩子小的时候抓起，从每一件小事抓起，从孩子的一言一行抓起，让文明礼貌成为孩子一生的良好习惯。

【"三格教育"法】三格教育，即"人格、合格、品格"，目的在于使孩子成为具有仁爱之心、道德之行、宏远之志、智慧之脑、恒久之信、健康之体、卓越之识、创新之能等优良品格的人。其中，人格教育侧重于习惯养成教育。其目的在于使孩子养成良好的生活习惯、学习习惯，掌握终身受用的强身健体法。初步树立正确的人生观、价值观，初步具备作为自我独立规范个体的典型品行特征。而合格教育则是以此为基础的能力培养教育。它在于让孩子活学活用有效的学习方法，学会审视美、欣赏美，具有创新意识，培养创新能力。至于品格教育，则是个性张扬教育、追求卓越教育。它侧重于孩子个性的生成与张扬，使孩子具有实现目标和远大理想的决心和恒心，增强追求卓越的信心，最终成长为独具品格的人。

【"管""理"创新法】在德育教育实践中，首先必须依靠规章、制度，必要的规制对于孩子基本行为习惯的养成、规则意识的形成是重要的。没有规矩，不成方圆。"管"在此处带有一定的强制规训之意，甚至可以将其理解为管理的"刚性"层面。"管"被认为是基础。而"理"则是方法，是倾向于对孩子道德修为、品质养成的"柔性"引导方面。可以看出，对于"理"的这种理解是建立在孩子道德养成的自我内化、生成的前提条件之下的。它关注道德教育的渗透、疏导特性，是对传统灌输式德育的反思与纠正。

【文明礼仪培养习惯法】孩子在少儿时期养成的文明礼仪习惯，将会影响孩子的一生，使其在走向社会后成为被别人接纳、受别人欢迎、让别人尊重的人，使其拥有更多的朋友和更为广泛的人际关系。

怎样才能让孩子有礼貌懂礼仪？教育专家指出：少儿时期文明礼仪培养的主要目的，并不是要求孩子具体要懂得多少礼仪知识和做到多少礼仪行为，而是培养其遵循文明礼仪的习惯。

在培养孩子文明礼仪习惯方面，家长要注意以下几点：

〖确立意识法〗家长要帮助孩子确立文明礼仪的意识。文明礼貌习惯看起来是一种外在的行为表现，实际上与人的内心修养，特别是与人是否具有自尊与尊重他人的意识有着十分密切的关系。自尊就是自己尊重自己，不容受到侮辱和歧视，维护自己的人格和尊严，争取获得好的社会评价。正常人都有自尊心，家长要让孩子懂得，自尊须先尊重他人，遵守社会秩序，注意文明礼貌，只有这样才能赢得自尊。

〖把握教育时机法〗家长要善于把握文明礼仪习惯培养的时机，总的来说，要随时随地进行教育。在关键时机进行教育，会收到事半功倍的效果。当孩子做出某种文明礼貌行为时，要及时加以肯定和表扬；当孩子做出不文明礼貌的行为时，要根据孩子的个性、针对具体的问题，及时加以批评指正，并且要讲究批评的艺术，这样才能收到好的教育效果。请看一例：

中秋节前夕，妈妈从超市买回了两盒月饼。一进门，5岁的丁丁连忙洗手要来拿月饼，妈妈朝他皱了一下眉头，使了个不高兴的眼神，然后将嘴朝奶奶一噘，聪明的儿子立即领会，叫奶奶洗手吃月饼。奶奶洗完手后，丁丁先拿一只月饼给奶奶，然后转过身对妈妈说："您也吃！"妈妈高兴地说："我们的丁丁长大了，懂得孝敬奶奶和妈妈了！"妈妈洗完手，接过了儿子递来的月饼，还没吃，就甜到了心里。

丁丁才5岁，见到月饼就想吃，考虑不到奶奶，这很正常。会教育的妈妈及时地把握了这一时机，仅仅皱了一下眉头，使用了一个不高兴的眼神，噘了一下嘴，奇迹发生了——儿子知道孝敬长辈了！孩子的行为一做出，妈妈立刻夸奖，进行了正面强化，正能量就这样在孩子的身上积蓄了！

〖优化策略法〗在培养孩子的文明礼仪培养习惯时，家长要尽可能优化教育方法。一个总的原则是，以正面诱导为主，批评教育为辅。上面的一个例子，正是遵循了这样一个原则：妈妈对儿子有得体的批评，有正面的引导。妈妈批评儿子时润物无声，恰到好处地使用了肢体语言，一声不吭，教育的神奇效果竟然达到了！孩子乐于接受，就会及时改进。孩子的礼貌行为一做出，就得到了鼓励，这种优化了的策略往往会收到事半功倍的教育效果。

〖掌握常识法〗家长要帮助孩子掌握必要的文明礼貌常识。这包括两方面的内容：语言和行为。文明礼貌用语主要有"请""谢谢""对不起""没关系"等。文明礼貌行为包括交往行为和环境行为两种。文明礼貌的交往行为包括见面或分手时打招呼、握手，与人交谈时眼神、体态和表情要体现出对对方的尊重。文明礼貌的环境行为要求:遵守公共秩序和社会公德,如爱护公共卫生,不随地吐痰,不乱扔纸屑果皮;穿着大方整洁,头发干净整齐;不打架骂人;待人态度热情和蔼;遵守交通规则;乘车时主动购票,给老、幼、病、残、孕及师长让路让座,不争抢座位;购物时按顺序排队;爱护公共设施、文物古迹;观看演出和比赛时,不起哄不吵闹,做文明观众;等等。

〖耐心解释法〗孩子对文明礼貌的理解,是在学习和使用一句句的礼貌用语中慢慢地加深的。尽管如此,他们还停留在简单肤浅的阶段,对之理解不深。因而,家长在给孩子教礼貌用语或文明行为时,不但要告诉他们语言应当怎样、姿势应当怎样,还要向他们讲些深入浅出的道理,即为什么要这样做,这样做有什么好处等。

〖引导练习法〗家长要注意引导孩子练习,要教会孩子正确使用礼貌用语,养成文明礼貌行为。不仅要耐心解释,从道理上着眼,而且还要让孩子在行动上反复地练习,因为习惯的养成有赖于反复的实践。家长对孩子要不懈地坚持要求,并经常采取表扬、批评的方法,以激起孩子积极向上的情绪,强化孩子较快地养成懂礼貌、讲文明的习惯。

〖适当暗示法〗在教孩子使用文明礼貌语言时,开始孩子往往是不自觉的,有时在长者面前,常因害羞而不肯去做。碰到这种情况,有的父母往往逼迫孩子对长者有礼貌,或当着客人的面责骂孩子。其实,这样做是有害无益的。因为孩子也是有自尊心的,即使孩子被父母强制要求或责骂后不得已去做了,心里也是不高兴的,以后就更不喜欢礼遇长辈了。所以有经验的父母遇到这种情况时,一般是采取暗示法,在孩子耳朵旁边,轻轻地叫他(她)致礼,使其很高兴礼遇长者,并因此能得到称赞。

〖言传身教法〗由于孩子喜欢模仿,但又缺乏对行为的辨别能力,所以家长的一举一动、一言一行都是对孩子无声的教育。因此,为了培养孩子的礼貌行为,家长首先要具有自觉的、文明礼貌的行为,并在点点滴滴的生活小事中为孩子做出榜样。如果家长平时出言不逊,待人接物缺乏文明修养,就会给孩子带来不良的影响。

〖教会礼貌言行法〗由于孩子年龄小,分不清什么是有礼貌的言行,什么是不礼貌的言行,因此,要求家长有目的地教会孩子一些有礼貌的言行。

(1)对孩子进行礼貌语言训练

语言是人们交流思想感情的工具,礼貌的语言像黏合剂一样能把人的思想感情连到一起,像丝丝细雨能滋润人们的肺腑。最近几年,团中央等单位提出倡导使用礼貌用语"请、您、谢谢、对不起、没关系",有利于孩子的语言文明,学校和家长要教育孩子坚持使用,而且要教育孩子表里如一,真正从内心深处尊敬他人。使用礼貌语言还必须讲究语言得体,要有针对性。如对长辈要尊敬而亲切:"奶奶,我上学去了",而不能说:"哎,我走了";对同学说话要随和热情,请求别人帮助时态度要诚恳:"麻烦您帮我一个忙……"而不可用"喂!你给我……";长辈之间交谈时,孩子不宜多嘴;长辈问询时,要积极热情地回答。家长要注意听孩子的语言,发现孩子说脏话时,要坚决制止。否则,孩子以为自己的脏话、昏话得到大人的认可,就会更放肆了。

一个有教养的孩子必须有良好的文明礼仪,才会比较受人欢迎,文明礼仪要从小培养,形成良好习惯。

(2) 对孩子进行文明行为训练

孩子是否做到文明礼貌,重要的是体现在行为上,我们应当关心和指导孩子的行为,使其养成良好的行为习惯。比如,教育孩子到别人家去时,要先敲门,得到允许后再进门,不能胡乱闯进别人家里;教育孩子在家里接待客人时,学会让座、倒茶、送客,并且不影响大人之间的交谈。

家长要给孩子讲解待客的"规矩",使孩子懂得一定的行为规范。可以让孩子参与一些力所能及的待客活动,通过直接参与,使孩子待客的动作和技巧得到练习并逐步养成行为习惯。在公共场所,要教育孩子爱护环境卫生,不随地扔废弃物,不随地吐痰;遇到上车、购物时不要拥挤,应当自觉排队等候,依次序而进。要教育孩子尊敬老年人、关心残疾人,主动帮他们做事,给他们以温暖。

(3) 对孩子进行仪表训练

良好习惯的培养要从细节着手。习惯培养中严格的行为要求必然也要求对细节适度的重视。人的容貌、姿态、服饰往往是内心世界的外在表现,在日常生活中可以看到这样两种现象:凡衣冠不整、蓬头垢面者,如无特殊原因大多是颓废派;凡浓妆艳抹、一味追求时髦者,往往精神空虚、不求上进。表情神态要求表现出对人的尊重,随便在公众场合剔牙、掏耳、控鼻、搔痒、抠脚等,都是不良的动作习惯会给人留下不好的印象。所以,不能轻看孩子的仪表,它对孩子内心世界的发展、变化是有很大作用的。在仪表训练中,家长应当要求孩子坚持洗脸、刷牙、梳头、洗手、洗澡,保持身体的清洁。从仪表举止说,主要从站、坐、行以及神态动作方面提出要求:站如松,坐如钟,行如风,卧如弓。优美的站立姿态给人以挺拔、精神的感觉。在正式场合不能叉腰或双手交叉,坐姿要端正挺直而不僵硬,不能半躺半坐。走路要挺胸抬头,肩臂自然摆动,步速适中。表情上应让孩子保持一种"自然之性"。给孩子选择服装的基本原则是活泼大方、端正得体、价格适中、好穿耐用。

【网络文明教育法】网络给人们带来很多方便,改变了人们的学习和生活,充满魅力。但是,网络中也鱼龙混杂。我们要引导孩子正确使用网络,使孩子在网络中安全成长。

21世纪学习的一个特征是使用互联网,所以专家们大都赞成孩子学习使用计算机。同时,青少年在使用网络时应遵守以下几点:要善于网上学习,不浏览不良信息;要诚实友好交流,不侮辱欺诈他人;要增强自我保护意识,不随意约会网友；要维护网络安全，遵守网络秩序；要有益身心健康，不沉溺虚拟时空。可以说，这就是青少年不可缺少的网上路标，也值得父母与教师铭记。

【人生观教育法】人生观是对人生的目的、意义和道路的根本看法和态度，其内容包括幸福观、苦乐观、生死观、荣辱观、恋爱观等。

人生观是在人们实际生活过程中逐步形成的，受人们世界观的制约。在人类历史上曾出现过以下几种有代表性的人生观：① 享乐主义人生观。它从人的生物本能出发，将人的生活归结为满足人的生理需要的过程，认为追求感官快乐，最大限度地满足物质生活享受是人生的唯一目的。② 厌世主义人生观。厌世主义认为，人生是苦难的深渊，充满各种烦恼与痛苦，唯有脱俗灭欲，才能真正解脱。③ 禁欲主义人生观。它将人的欲望特别是肉体的欲望看作一切罪恶的根源，主张灭绝人欲，实行苦行主义。④ 幸福主义人生观。其中一种观点是强调个人幸福是人生的最高目的和价值；另一种观点是在强调个人幸福的同时，也强调他人幸福和社会公共幸福，认为追求社会公共幸福是人生的最高目的和价值所在。⑤ 乐观主义人生观。它认为社会发展的前途是光明的，人生的目的在于追求社会的文明和进步，在于追求真理。它对人生抱着积极乐观的态度。

加强人生观的教育，必须从娃娃抓起。真正聪明的家长在孩子玩玩具时就会告诉孩子："这个是你的，那个是小朋友的，你不能拿别人的。"孩子一旦拿了别人的东西，会立即让他还给人家。孩子懂事了，就会教育他"公家的东西不可侵占""不占公家的便宜，不占别人的便宜"。这些语言看似简单，其实是在潜移默化地帮助孩子塑造正确的人生观，对于孩子的成长、成才具有奠基作用。孩子大了，才能正确处理好公与私的关系，从而避免走上犯罪的道路。相反，有的家长纵容孩子拿别人的东西，占公家的便宜，看似小问题，实质是非常短见的。

人应该怎样活着是人生观的一个重要方面。很多人不怕吃苦，不怕出力，喜欢读书，善于动脑，热爱科学，喜欢用自己的劳动去创造财富、创造幸福，这是一种活法，也是一种人生观。他们沿着"不虚度年华，不碌碌无为"之路奋斗着。还有的人懒惰成性，既不想动脑，也不想动手，妄想天上掉馅饼。这是另一种活法，也是另一种人生观。如何塑造前一种人生观，防止后一种人生观呢？也得从娃娃抓起。

例如家庭教育，有的家长只知道让孩子写字、念书、背唐诗，甚至还没有出生就进行胎教，培养孩子的所谓"智力"，却忽视培养孩子热爱劳动的良好习惯。从学校教育来看，多年来存在着片面追求高分，而忽视培养孩子吃苦耐劳、善于思考、明辨是非能力的怪象。从社会教育来看，往往偏重追逐利益而忽视道德、法律、品质教育，有些内容甚至诱导青少年走向犯罪，例如那些打打杀杀的"网游"多半就起着这种消极作用。2011 年 9 月 29 日，央视《今日说法》栏目"孩子失踪之后"，报道了江苏省淮安市一个小学生玩网游欠了同学的钱，因同学讨债而杀死对方的案例，就是很好的例证。所以，家庭教育、学校教育、社会教育都应当摒弃各自的偏见和私利,从塑造正确的人生观出发,培养青少年热爱科学、吃苦耐劳、思维活跃、明辨是非的良好品质与能力。现在国家提出振兴文化产业,切不可只重视文化对经济的带动作用,而让那些图财害命的教唆犯披着作家、文艺工作者的外衣去污染青少年的灵魂。文化产业在带动经济发展的同时,更重要的还得起到"人类灵魂的工程师""正确人生观的塑造者"的作用。

人生观教育前进一步,社会就会前进一大步,犯罪就会后退一大步,治安成本也会大大降低,所以说人生观教育的好处是不可低估的。

【理想教育方法】对青少年进行理想教育,培养他们成为有理想、有道德、有文化、有纪律的新人,是每位家长的重任。根据青少年的心理特点和思维规律,开展理想教育可灵活运用各种方法,以有特色、有时效为妥,可采用以下一些方法:

〖言传身教法〗言传身教,不让孩子碌碌无为。一方面,家长要让孩子向成功人士学习,心中要有优秀的榜样。另一方面,家长要言传身教。要想让孩子有远大的理想抱负,家长自己首先要有高雅的人生目标。家长每天都在为理想而努力,孩子也不会成为碌碌无为的平庸之辈。一个积极向上的家庭环境,一个有理想有抱负的家长,必然会造就出出类拔萃的孩子。

〖适度止欲法〗要适度止欲,不让孩子轻易满足。孩子没有理想抱负的最重要原因,就是生活环境优越,欲望太容易得到满足。孩子想吃肯德基,家长马上就给他买来,孩子想要一辆跑车,家长马上就让他实现。孩子的所有欲望家长都能让他满足,他还有什么理想可言呢? 孩子想要的东西得不到,才会产生期望,才会有为了得到那样东西而努力的计划。久而久之,孩子心中就会树立理想观念,由小而大,积少成多,远大的理想就会渐渐树立起来。

〖敦促自立法〗敦促自立,不让孩子不劳而获,扭转孩子的寄生心理。比如在家里,要让孩子做力所能及的家务。孩子自己的事情,要让他自己做,要让孩子知道,家里的一切都饱含着家长劳动的汗水,要懂得珍惜家长的劳动成果。孩子学会了自立,就会有自己的人生目标,就会为了人生目标而奋斗。

【承担任务法】要从小培养孩子的责任心。许多孩子责任意识比较薄弱,缺乏对家庭、集体和社会的责任感,一般表现有:学习马虎,作业后不检查、不订正;在家中基本不做家务,不能很好地完成父母交给的任务,有事不告知父母;对班集体漠不关心,很少为班级做事;有的做事不计后果,出事后推卸责任。许多家庭祖辈对孩子娇宠溺爱,父母对孩子过于保护、事事代劳;有的家长平时言行不一、做事不负责任;不少家长有护短行为,替代孩子对过错负责。这些都不利于孩子责任心的培养。责任心是孩子将来立足社会、家庭幸福和事业成功的必要条件;责任心的培养属于素质教育的重要内容。责任心包括对自己、对家庭、对集体和对社会的责任;责任心培养的主要任务是唤醒责任意识、激发责任情感、培养履行责任的能力和形成责任行为。责任心是在完成一定任务的实践过程中逐渐形成的;责任心的培养应当在生活、学习和社会实践中通过渗透的方式来逐步完成。

具体来说,家长要让孩子"自己的事情自己做",分配孩子具体的家务,明确学习是孩子自己的事;委托孩子办一些事情,让孩子意识到完成别人交给的任务是一种责任,是守信的表现;对孩子的许诺要尽可能去实现,如果不能实现一定要向孩子做出说明;孩子做错事不"护短",家长做错事不推卸责任;孩子有事出去要告知家长,免得家长挂念。

【诚实守信教育法】诚实守信是做人的基本准则。孩子的诚信品质主要包括诚实、真诚和守信。儿童阶段是诚信品质形成和发展的重要阶段。诚信是孩子社会性发展的重要内容,是在交往中形成和发展的。家庭是孩子诚信品质形成和发展的重要渠道,孩子在家庭中主要是通过耳濡目染接受家长的影响的。家庭诚信教育的内容和方法应该贴近孩子的年龄特点和实际需要。

有些孩子诚信意识不强,诚信品质缺失,有的表现为言行不一,表里不一,在校与在家不一;有的表现为犯了错误不肯承认,能推则推,能赖则赖;有的表现为随便许诺,答应的事事后不愿兑现。许多家长平时只关心智育,不重视对孩子进行诚信教育;部分家长对诚信的认识模糊,功利思想严重;有的家长自身存在不诚信行为,为孩子树立了坏榜样;有些家长对孩子苛刻严厉,动辄打骂,使孩子害怕、畏惧,从而导致孩子的说假话等不诚实行为。

家长要充分认识诚信的重要性,摈弃功利主义,坚持对孩子进行诚信教育;父母以身作则,言行一致,抵制不诚信行为,为孩子树立诚信榜样;支持孩子的交往活动,让孩子在与人交往中形成诚信品质;从生活中的具体事情做起,让孩子养成诚实、不说谎,守时、不迟到,答应别人的事要做到,借别人的东西要按时归还等良好品质。

【社会风俗习惯教育法】社会风俗习惯是在一定的历史条件下产生的,是一定地域的人们在其特定的文化氛围熏陶下逐渐形成的,它反映了一定地域人们的共同社会心理行为习惯。它一经形成,便会对人们的心理和行为产生一定的制约作用,违反了它,就会遭到他人的耻笑。当然在进行社会习俗教育的过程中,应坚持精神文明建设的原则,抛弃已被社会所淘汰或正在被淘汰的陈规陋俗。一般来说,应让孩子了解以下社会习俗:

(1)贴红"喜"字是我国传统婚姻风俗之一。寄托着一对新人对自己爱情生活幸福美满的殷切期望,寄托着父母、亲朋对一对新人婚姻美满、和谐的美好祝愿。

(2)民间对于"死"的称呼。对于称呼敬爱或亲近的人的死,应用"过世""去世""老了""长眠""安息""逝世""已故""作古"等;对于称呼憎恨的人的死,常用"死去""死掉""见阎王""回老家""归西天""断气""完蛋""翘辫子""一命呜呼"等。

（3）庆祝生日同结婚一样，也是我国民间习俗之一。现在庆祝生日常以吃面和赠送蛋糕表示祝贺，面条象征长寿，蛋糕表示团圆。

（4）春节是农历的正月初一，民间俗称"过年"。这是我国传统节日中最古老、最隆重的一个节日。

（5）每年的 4 月 5 日前后，是我国的传统节日——清明节。在清明节，民间有去扫墓、踏青的风俗。

（6）农历八月十五日，是我国的中秋节，俗称"团圆节"。民间有一家人团聚赏月、吃月饼等风俗。

【社会常识教育法】社会常识教育在家庭教育中是十分重要的，家长在教育过程中要讲究方法，力争做到事半功倍。一般有以下几种教育方法：

〖按需施教法〗孩子在日常生活中，往往会就社会常识方面的问题寻求家长的解答。家长要按照孩子的年龄特征、实际需要和接受能力，就孩子提出的问题，有的放矢，适时、适量、适度地进行教育。为了能对孩子进行社会常识方面的按需施教，家长在平时就要自己注意学习、了解乃至熟悉社会常识，通过读书看报、参观游览等多种形式逐步丰富自己的社会常识。

〖参观展览法〗利用节假日同孩子一起去参观展览，有助于孩子增长社会常识。例如，在对孩子进行中华民族悠久历史、灿烂文化方面的教育时，可带孩子去参观博物馆等；在对孩子进行社会文化和习俗方面的知识教育时，可带孩子去参观国画展、民俗博物馆等。通过各种展览，让孩子在看具体的实物、丰富的图片、翔实的资料过程中，直观地了解社会常识。

〖游览观光法〗适度地携带孩子游览观光，不仅能拓宽孩子的视野，美化其心境，也能增长孩子的社会常识。如苏州是旅游胜地，闻名于世的古典园林，碧波荡漾的太湖，以虎丘、天平山、灵岩山为代表的名山胜地等，都是孩子体验领会常识的好地方。游览小巧玲珑的苏州园林、烟波浩渺的太湖、俊俏秀丽的天平山等，能使孩子了解到苏州的美、祖国河山的美，了解吴文化。在对孩子进行中国地理知识教育时，如有条件的话，带领孩子去外地游览名山大川更好。

〖观赏戏曲法〗中国戏曲源远流长，它的发生虽受惠于宫廷艺术的精致培养，但更得益于民间文化的丰富土壤。在对孩子进行本民族本地域社会文化教育时，家长可带领孩子去观看京剧。京剧作为我国的国粹，其角色、脸谱、服装以及"唱、念、做、打"浑然一体的独特的表演体系等无不体现出民族文化的特点。

〖读书读报法〗为了增长孩子的社会常识，家长在平时应指导、辅导孩子阅读切合需要的书报杂志。可选购一些我国的古典名著、名人传记以及唐诗宋词等指导孩子阅读。在孩子读书读报过程中，家长应注意辅导，以平等的姿态同孩子一起开展阅读评议，交流心得；适时引导，并指导孩子就社会常识方面做读书资料的分类卡片，注重积累。

〖培养兴趣法〗在对孩子进行民族社会文化方面的知识教育时，家长可根据孩子情况,选择通过学练书法、学画中国画、学练某一种民族乐器培养其兴趣,通过学习书法或中国画、民族乐器一方面可陶冶孩子的情操,另一方面能激发孩子对民族社会文化的热爱,激起孩子主动对民族社会文化知识的了解、收集的兴趣,从而拓宽其视野,丰富孩子的社会常识。

【家庭伦理道德建设法】人们常说:家庭是社会的细胞。这是从宏观上比喻家庭是人类社会生活的最基层组织。家庭为孩子的生存提供了最基本的生活条件,是引导孩子走上社会的桥梁,是个人与社会的中介。

我国有句著名格言:"家和万事兴。"所谓"家和"就是指良好的家庭伦理道德环境和氛围,也就是说,要做一个文明公民,要使家庭幸福,就必须重视家庭伦理道德建设。

家庭伦理道德建设主要可从以下三方面着手:

第一,夫妻之间要建立平等相爱的伦理道德关系。这在家庭中具有举足轻重的价值,这是由于家庭作为一种特定的生活组织形式,婚姻关系是主要的,血缘关系是从婚姻关系而来的,我国《婚姻法》规定:"实行婚姻自由、一夫一妻、男女平等的婚姻制度。"这也是人们在婚姻家庭生活中必须遵守的伦理道德规范。作为共同生活的伴侣的夫妻,只有在平等互爱的前提下,才能处理好婚姻关系、家庭关系,共同承担对家庭和社会应尽的义务,因此,夫妻双方具有平等的人格,是家庭伦理道德的基本要求。

第二,父母要抚养教育好子女。作为孩子监护人的家长,在家教中是理所当然的主角,应以教育孩子如何正确做人为重点,以把孩子培养成符合社会公德的合格公民为最终目标。家长应从孩子幼年时期开始,教导其在家庭生活的整个过程中,学习正确处理自己与长辈(父母、祖父母、外祖父母)的关系,体验自己和长辈都有"获得"的权利,也有"付出"的义务,自己更应孝敬长辈。随着孩子年龄的增长和生活经验的丰富,这种关系要逐步扩大范围,在日常与邻里、同伴和陌生人的交往中,家长应用社会公认的伦理道德去规范孩子的言行。这样坚持不懈,孩子便会习惯成自然,初步具备正确做人的最基本的素质。

家庭伦理道德义务,关键在于"爱"(要有亲情)和"教"(要尽义务),家长要把两者结合起来,才能培养好子女。家长首先要在生活上关心子女,把对子女的爱提高到社会伦理道德的高度。从生活上说,使他们能经受艰苦生活的锻炼;从学习上说,使他们努力掌握科学文化知识;从工作上说,要求子女热爱劳动;从政治上说,要求子女遵守法纪,热爱祖国。父母对子女养不教,教不严,都是不可饶恕的伦理道德过错。

第三,子女要赡养和尊敬老人。所谓赡养包括物质生活和精神生活两方面的内容,特别是要做到尊敬与体贴,这其中包括对老人有礼貌,尊重老人的意见,关心老人的身心健康,想方设法使老人幸福地度过晚年。与此同时,老人也要以宽容、豁达的态度对待家庭成员。

如果能够处理好以上三方面,家庭必然充满温馨、欢乐与幸福。这样的家庭,最有利于孩子的茁壮成长。

【社会公德教育法】社会公德是对生活在社会中的人们最起码、最简单的道德规范,但是人们遵守社会公德的自觉程度和普及程度却可以最直接地反映出公民素质的现状,进而反映社会整体精神文明的发展水平。社会公德是道德建设的核心问题,也是当前道德领域的重点、难点问题。提高社会公德水平可参考以下方法:

〖教育引导法〗长期以来,我们一直强调培育社会公德意识的重要性,却由于缺乏社会公德教育的有效载体,造成了社会公德教育的空泛化现象,因此,必须进一步加强对社会公德意识的培育。

要努力构建公德教育的体系。公德教育不能只讲大道理,必须要有具体而详尽的内容规范,《公民道德建设实施纲要》对社会公德的规范只是指明了一个大的方向,而我们经常说的"市民文明守则""市民十不规范"等也只列出了最主要的一些内容,缺乏完整的内容体系。例如出行的道德、驾车的道德、公共场合的道德、与人交往的道德、会场的道德等。在教育中我们往往过于笼统地要求孩子遵守公德,但具体要遵守哪些公德,却并不十分明确。在发达国家,公民道德教育已经形成了一个体系,这些国家制定了在各个场合、各个方面的公德规范,在公众中进行系统的社会公德意识教育,使他们成为自觉地遵守社会公德的主体力量。幼儿应该有哪些公德规范、小学生应该有哪些规范,一直到成人一般有哪些规范,再到更高层次的从政道德和职业道德,家长尽可能有明确的思考,从而形成从低到高、循序渐进的教育体系,促进孩子的公德意识顺利地完成内在化过程,由他律转为自律。

〖文明礼仪普及法〗文明礼仪是社会公德最基本的内容,西方国家大都十分重视礼仪教育,把文明礼仪教育作为培育公德意识的重要内容。我国近年来也对文明礼仪教育进行了多种渠道的探索,但总体效果并不明显。我国必须在孩子中广泛普及礼仪知识,通过反复的普及教育,重振中华民族"礼仪之邦"的美誉。为此,必须要建立健全文明礼仪教育的长效工作机制,把这项工作经常化、规范化,把文明礼仪教育纳入道德教育体系,渗透到全社会,渗透到教育孩子的全过程。

〖实践养成法〗道德教育重要的是参与道德的实践活动,通过道德实践活动,使遵守道德成为一种生活习惯和生活方式,从而成为一种自觉的行动。要让孩子参加形式多样的道德实践活动。道德实践活动最重要的是对社会公德的实践,这种实践最能满足孩子的精神需求,充分反映"我为人人、人人为我"的道德实践要求,并促进思想道德的升华。如开展文明交通活动,以交通路口的文明规范为重点,逐步使文明交通意识深入孩子的内心。如让孩子参加"慈善一日捐"活动,使孩子的社会责任意识和公德意识进一步提高。又如让孩子参加志愿服务组织——"居家养老""社区义工俱乐部""爱心超市""网络志愿者""志愿者周末奉献日""外来务工人员志愿者""传递文明新风""美化身边环境"等活动，都是非常有吸引力的公德活动。通过参与志愿服务，孩子的思想境界能得到升华，公德意识能进一步增强。

孩子通过参与社会实践，会获得知识、技能，提高能力，在服务社会和他人的过程中培养公民意识、社会责任感和合作精神。

〖管理规范法〗社会公德要靠教育，也要靠管理，良好的管理能够促使孩子遵守社会公德，并形成良性循环。如对孩子违反公德的行为进行教育，用制度来强制性规范孩子的行为，调控孩子的行为，进而培养孩子的公德意识。良好的社会公德意识的形成迫切需要严格的执行来保障。从发达国家和地区的情况看，以法促德是一个基本的经验，社会公德的遵守需要严格的法律。例如在中国香港地区，乱扔垃圾要被罚款1500港币，在电梯中吸烟要被罚款5000港币。这样严厉的处罚使乱扔垃圾和在电梯中吸烟的现象几乎绝迹了。在新加坡也是制定严厉的法律来保障社会公德。因此，我们可借鉴这些好的经验，增强孩子的社会公德意识，规范孩子的行为。

〖从小抓起法〗德国的教育心理学家普遍认为，孩子四五岁时是培养价值观和辨别是非能力的最重要时期，97%的孩子的品性是在这个时期养成的。因此在德国的青少年教育体系里，家庭是道德教育的主要场所，父母则是孩子的启蒙教育者。德国的教育法明确规定，家长有义务担当起教育孩子的职责。德国家长也都非常注重为孩子营造一个真诚的氛围，他们认为：教育孩子诚实守信，家长必须做出榜样。在德国城镇的十字路口随处可见到这样一块牌子，上面写着"为了孩子请不要闯红灯"。据了解，自从立了这块牌子，闯红灯的行人和车辆明显减少。

善与恶、美与丑、是与非等道德观念往往在儿童、少年时期就形成并定格了，寻求适当的教育时机，重视对儿童、少年的道德养成和教育至关重要。青少年的可塑性较强大，容易受环境的影响，可以说像一张白绢，"染苍则苍，染黄则黄"，就看对他进行什么样的教育。良好的社会风气必然会对他们起到潜移默化的作用，促进他们健康成长。人不是生而知之，而是学而知之。为此，应对他们进行社会公德的启蒙教育，使他们懂得起码的为人处世的道理，能够明是非、知荣辱、辨美丑、守纪律，养成遵守公德的习惯。

〖日常生活渗透法〗要把社会公德教育渗透到孩子的日常生活中，要求孩子自律、守信、诚实，实现最佳自我、利己而不损人、勇于承认错误、谦恭礼貌、待人如待己、懂得个人行为往往影响他人或社会、在逆境中能够正确调控自我、努力做好本职工作、尊重他人合法的财产权利、遵守法律、尊重他人的自由权利、养成有益于身心健康的习惯、遵循家庭生活准则等。特别是要注重运用全方位渗透的方式对孩子进行思想道德教育，使孩子在潜移默化中反复受到熏陶，从而将思想道德原则不断地内化为道德信念，进入转化为稳定的行为习惯。

【儒家思想教育法】中华民族五千年的文明史孕育了极其宝贵的文化资源，古代圣贤的诗词典章中充满了传世的智慧和力量。尤其是以孔子为代表的儒家思想，两千多年来哺育了一代又一代圣贤先哲、志士仁人，为中华民族的生存和繁衍做出了重大贡献，影响遍及全世界。传统美德教育的目的就是从中国古典文化中汲取营养，用先哲的思想教化孩子，用圣贤的言论规范孩子，激发和培养孩子的民族自尊心和爱国热情，提高孩子的道德素养，把孩子培养成为知书达礼的人。

〖诵读法〗进行传统美德教育，很适合通过阅读活动来进行。奠定鲁迅先生深厚文学底蕴的正是琅琅读书声；教育家朱熹强调说"大抵观书，须先熟读，使其言皆若出于吾之口；继以精思，使其意皆若出于吾之心，然后可以有得尔"；曾国藩在家书中说："李杜韩苏之诗，韩欧曾王之文，非高声朗读则不得其雄伟之概，非密咏恬吟则不能探其深远之趣。"读，是感悟的前提；读，是理解的过程；读，是继承的开端。

在诵读过程中，要把握"五个结合"：与爱国主义教育相结合，与文明礼貌教育相结合，与感恩教育相结合，与诚实守信教育相结合，与尊敬师长、孝敬父母教育相结合。按照由易到难、循序渐进的原则，低年级孩子可读《三字经》《弟子规》《千字文》等启蒙读物，高年级孩子读历代圣贤的名言、警句、名篇，特别是《论语》，要贯穿读经诵典的全过程，在诵读中让孩子感受"修身、齐家、治国、平天下"的内涵，感受传统文化的博大精深与无穷魅力。《三字经》《弟子规》《千字文》虽有些晦涩难懂，但朗朗上口，稍加点拨就能熟读成诵，"书读百遍，其义自见"。读《论语》时，要注重学习内容的选择，以忠孝仁义为核心，分立志、修身、治学、交友、孝悌、诚信等专题，进行有针对性的诵读。在读的方式上，形式多样；在读的内容上，由浅入深。在琅琅读书声中，伴随着自如的声音、悦耳的语调、生动的语气，受到美感语言、深邃思想、高尚情操的熏陶，朗读、听读，都成为一种生动愉悦和高尚的精神享受。

〖趣味应用法〗兴趣是最好的老师，让孩子爱上诵读，是让孩子学好传统文化的关键。以"让家庭弥漫书香，让孩子拥有书香童年"为出发点，有意识地引导孩子在诵读时运用儒学经典，为生活添一些儒雅，在运用之中显乐趣、添风采。比如在让孩子介绍自己的家庭情况时，有的孩子却不知道自己父母的年龄，此时家长可含蓄地批评说："子曰：'父母之年，不可不知也。一则以喜，一则以惧。'"在谈论学习态度与过程时可以说："子曰：'吾十有五而志于学，三十而立，四十而不惑，五十而知天命，六十而耳顺，七十而从心所欲，不逾矩。'"强调循序渐进、持之以恒。如此慢慢训练，孩子也能时不时跳出几句"子曰"来。在潜移默化中，让孩子走进儒家经典，让生活充满书香。

〖榜样示范法〗让孩子主动发现榜样。鼓励孩子搜集古今资料，将传统美德加以具体分类,在搜集分类中加深印象。如孝敬父母类:孔子说"百善孝为先";墨子说"孝,利亲也,以亲相爱";太后常病,汉文帝刘恒"目不变睫,衣不解带,汤药非口亲尝弗进,仁孝闻天下"等。民族气节类:文天祥"人生自古谁无死,留取丹心照汗青"等。尊师重道类:子贡尊师,张良拜师,李世民教子尊师,陆佃千里求师等。立志勤学类:韦编三绝,孙敬头悬梁,苏秦锥刺股,车胤囊萤,孙康映雪,匡衡凿壁借光等。敬长知礼类:扇枕温衾,虚席以待,倒屣相迎,程门立雪,三顾茅庐等。还有自强不息类、诚实守信类、谦虚礼貌类、知荣明耻类、见义勇为类等等。榜样示范对于孩子提高品德认识、陶冶品德情感、磨炼品德意志和训练品德行为能起到巨大的促进和导向作用。

【文化熏陶法】文化弥漫于我们生活的周围,生活在地球上的每一个社会人几乎每时每刻都在与文化打交道,不自觉地接受着文化的熏陶,同时也在创造着新的文化生活。积极、健康的文化催人奋进,消极、低级的文化令人消沉。文化既有形也无形,有形的物质文化在供人享受的同时,作用于人的生活;无形的精神文化在令人回味的同时,作用于人的灵魂。文化与孩子的生活密不可分,我们在自觉或不自觉中与之水乳交融。加强优秀传统文化教育是家庭德育文化建设的一项基础性内容,家长有责任为孩子的可持续发展奠定深厚的文化底蕴,并激励他们去创造更大的辉煌。如家长要始终如一地坚持"仁、德、智、让""忠、孝、礼、义"等传统文化教育和国学经典教育,让孩子经常受到经典文化的熏染,把弘扬优秀传统文化贯穿于家庭教育的全过程,真正解决人的精神激励、灵魂塑造和品格提升等问题,达到"通其情、达其理、导其行"的目的。

【耳濡目染训练法】人类生活在社会大家庭中,每一个人的行为都要受社会规范的约束。社会规范不是玄妙的观念,也不是空洞的说教,它是一种行为准则,是一种道德规范。道德所包含的概念就是爱心与责任、公正与善良。对于孩子而言,最初的约束来源于身边最亲近的人,身边最亲近的人善良、公正和有责任感,孩子也往往会把这一美德传递下去。父母的责任重大,体现在教子问题上,并不仅仅是要让孩子吃好穿好,关键是要关心他们的成长,培养出善良、有责任感的下一代。我们都已意识到道德教育对于一个孩子的重要性,因为只要我们在这方面稍加放松,不良习性就会乘虚而入,使孩子成为一个不讲道德的人。这是多么令人心痛的事啊! 但应该如何对孩子进行道德教育呢?

单纯对孩子进行奖惩,无法使他们学会分辨是非,是做父母的不愿花时间精力教育孩子的表现,更深层次地看,是做父母的对责任的一种逃避。孩子一旦发现了家长的把戏,等于立即掌握了家长的衡量尺度,于是他只是感性地认为:帮妈妈收拾了房间,爸爸就会带我去划船;上课不再破坏纪律,妈妈就会给我买玩具;假如做错了事,爸爸就可能狠揍我一顿。在孩子的心目中,这不过是一种惩罚关系或买卖的关系。事实证明,惩罚只是一种短期的、表面较有用的工具,用来作为真正教育孩子的理由是不充分的。孩子们并不能因此明辨是非对错,形成正确的是非观念。在他们的心中只是认为,这样做了有奖,那样做了有惩。假如孩子习惯了这种逻辑,当有人用更多的奖励来引导他们去做坏事时,那么他们就可能会毫不考虑将来的后果,极易走上歪路。

孩子的道德行为最终还是要靠自我控制。这就需要做父母的在日常生活中经常注意对孩子进行道德的培养,用具体的生活小事向他们灌输道德规范。当你想要教会孩子自我约束,教他做好某件事的时候,你的指令必须十分准确,不能模棱两可或含混不清,应该让孩子不仅明白做什么,而且明白为什么要这样做。比如妈妈对孩子说:"贝贝来了之后,你一定要和她玩,否则妈妈就不理你了。"这会让孩子误解为贝贝比他更重要,引起他对父母的不满和对自己的怜悯之心。如果妈妈这句话变成"贝贝来了之后,你应该善待她,做个好主人",孩子就会明白,妈妈要他这样做是为了培养他的良知,因而会积极地去做。

孩子的同情心是天性加上从小培养形成的。家长在开始教育自己的孩子时,大多要求他们待人和善,客气礼貌,富有同情心。对他人的关怀会让孩子感到自己对他人是有用的,从而变得爱心满怀。但当孩子所付出的同情心得不到公正地对待,或者家长受到挫折感到不平衡时,一些家长就马上换成另外一种面孔,希望孩子别吃亏,要孩子还击,甚至恨不得用自己的意见去惩罚那些不讲道理的人,这种心态是万万不可取的。

大多数的孩子都非常在意父母对自己的观察和感觉,一旦孩子做了坏事,首先应该让他知错,让他感到有羞耻心,使他懂得为自己所做的一切负责。然后要提供充分的机会,让孩子自我修正,自己提出改正的做法,知错就改。此时,同样要注意方式方法,不伤害孩子的自尊心,不激发他们的对抗心理,不使他们产生对自身的厌恶,从而失去自信心。我们要针对事,而非人本身。这样既能使孩子改正自己的错误,又能树立他们的道德观。

【从心理品质教育入手法】青少年时期指的一个人的少年期和青年初期,分别相当于目前的初中阶段和高中阶段。青少年时期是对青少年进行高尚道德情操培养重任的重要时期。传统的德育比较空泛,大道理多,而落实到孩子心灵深处的少;灌输式多,而成为自觉素养的少。如能从心理品质教育入手来加强青少年品德修养,将收到事半功倍的效果。其原因如下:

一是青少年的错误言行大多起因于心理因素。朝气蓬勃,乐观开朗,健康向上,是青少年心理发展的主旋律,但由于社会的负面影响以及青少年自身发展中的矛盾冲突等因素的作用,青少年容易产生偏激、任性、暴躁、嫉妒、自卑、脆弱、孤僻、狭隘、冷漠、懒惰、对立等不健康心理。这些不健康心理不仅容易损害青少年身体健康,不利于其智力发展,而且容易形成不良性格和品德。如因嫉妒而导致诬陷、排斥比自己强的人,因任性而造成与家人对立,因暴躁而打人骂人、损毁物品,因孤僻而对集体漠不关心,因懒惰而不思进取。更有甚者,有些青少年还会走上违法犯罪的道路。2000年初,浙江某市一名高中二年级学生,因心理不健康,承受不了学习名次落后的压力而丧心病狂,竟对含辛茹苦的母亲下了毒手。还有轰动全国的清华大学研究生刘海洋用硫酸泼黑熊事件,他的家庭对其所作所为有较深刻的成长心理烙印。

二是心理教育的成果具有持久深远的影响。心理现象是一种精神现象,是人的主观世界。当各种心理品质达到良好状态时,人们就能够自觉地调节自己的行为,即达到自律的程度。因此,从心理品质教育入手的品德教育更能成为青少年的自觉行为,不仅影响其一时,而且对其一生都会产生重要影响。要使孩子品德优秀,就要首先增进其心理健康,使其能善于调节情绪,磨砺坚强意志,能够承受挫折,塑造良好性格,增强自尊自信,珍视同学友谊。健康新概念不仅指没有身体缺陷和疾病,还要有健全的心理适应状态和社会适应能力,即健康应包括身体健康和心理健康两个方面。一个具有健康心理的人可以主动调节个人的行为,并能有助于其成功。因此,心理教育的影响是持久和深远的。

三是心理素质教育具有"润物细无声"的独特效果。家长对孩子实施的教育虽然是一种刻意的行为,但表面看来却是不经意的。它容易在不自觉中被孩子自觉地接受。比如,一个懒惰不思进取的孩子,家长在排除他的心理障碍的过程中,可以首先在情绪上促其乐观开朗、积极向上,再培养其自尊自信的心理品质,在一种非常自然的状态下,他可能已经克服了懒惰的毛病。这就要求家长把懒惰首先当成心理问题来看。对于暴躁爱打架的青少年,如能经常引导其寻找快乐,用音乐、色彩等安抚其急躁的情绪,教会其用幽默调节情绪,使其寻找恰当正常的方式合理宣泄情绪。在有意无意间,这个孩子就会克服暴躁爱打架的缺点。

如何对青少年进行心理健康教育呢? 方法很重要。

一要了解孩子的心理状况。可用心理问卷调查、观察谈心等方法。可以用孩子经常遇到的一些事情来考察孩子。如:"当你和同学闹矛盾时你怎么办?""老师批评了你之后,你有什么想法?""当别人比你强时,你怎么办?"通过类似的问题,就可以准确地了解孩子在学习、生活、交友等各方面的情况。观察法、谈话法和交流法也很有效,家长可通过用心观察、与孩子推心置腹地谈话来发现孩子的心理问题,通过亲子间的交流来发现孩子的心理问题。搞清孩子的心理问题之后,再进行有的放矢的教育。

二要创造形式多样的教育氛围。全家人要互通信息,通力合作,形成教育合力。特别是父母要切实起到桥梁作用,和其他家庭成员经常研究孩子心理状况,商讨教育方法。

三要把家庭教育和学校教育紧密结合起来。在维护孩子心理健康的问题上,家庭应与学校配合默契,协调一致。家长要利用好家长会、家长联系册等与老师接触的机会,有针对性地交换看法,制定目标,分工教育。

四要满足孩子的心理需求,大力推行愉快教育。有人说,用情感衡量人的心理就像用体温计衡量人的身体健康一样准确,这是有道理的。需要的满足,是产生喜悦的源泉,而喜悦又是产生"心理享受"的重要来源。"笑是嘴边一朵花。""一种美好的心情,比十服良药更能解除生理上的疲惫与痛苦。"积极的情绪往往与人的某种需要的满足相联系,通常会伴随一种愉悦的情绪体验,能提高人的积极性和活动能力。而消极的情绪常常与人的某种需要的不满足或无法满足相联系,总会伴随一种明显的不愉快的主观体验,会降低人的积极性和活动能力,从而有可能使活动不能获得满意的结果,甚至带来严重的恶劣后果。

五要创造和谐的育人环境。优美整洁的外部环境,和谐的人际关系,对于人的心理都有良好影响。因此要注意文化环境的营造,父子之间、师生之间、同学之间关系要融洽。

六要教会孩子自我调节的方法,排除不健康心理。家长要教会孩子用"言语暗示"(就是用言语暗暗鼓励、提醒自己)、"合理化"(也叫酸葡萄心理)、心理换位(即将心比心,站在别人的位置上想一想)、延缓与渐进(即适当延迟时间,以缓解不良情绪,或小步前进,以逐渐消除不健康心理)、升华(把不良情绪或动机引到比较崇高的方向)等方法。

现实教育问题向家长提出了更高的要求。因此家长要多学习心理学方面的知识,多研究孩子的实际问题。从心理教育入手,把孩子培养成具有高尚情操、严格自律、自尊自信的全面发展的现代人。

【"正能量"教育法】所谓正能量,也就是一种积极生活的品质与力量,包括自信、达观、乐于交流、包容、积极接纳他人和世界等。其实每个人的人生都充满着成功与失败的交集,重要的是如何面对。唯有切实提升个体的文化和心灵品质,才可能保持生活中正能量对负能量的优势,而坦然地面对生活中的种种不可预测的际遇。一个人只要具备了足够的正能量,就足以自我对抗负能量的干扰,而让生活显示出阳光灿烂的健康品质。一旦缺少正能量,又淤积了太多的负能量,那么个体生活就难免每况愈下,节节后退。

获取正能量关键在家庭大德教育,其中精神资源的积蓄便是正能量。所谓家庭大德,指的是在家庭中或者通过家庭,体现出来的对社会正义、公正、秩序以及民族和国家等更高层次的事物的认识与关注,包括爱、包容、积极的社会交往、与人为善等。

在传统家庭道德教育下,我们懂得勤劳、俭朴、孝顺这类的小德教育,但也忽略了尊重生命、契约这类关乎社会的大德教育。一般来说,个人适应小家庭生活的教育较多一些,而接受的家庭大德教育却还很匮乏。大德教育的缺失与匮乏,使很多人感到社会正能量远不够有分量。

对于正能量,人们应更加珍视传统资源,包括诸子百家、诗词歌赋以及民间的诸种文化资源。现代教育心理学也认为,寻找正能量,还应该学会消减负能量。选择以积极奋进的方式来提升自我、消减自我生命之中的负能量。当然,这不仅仅是一个简单的加减法概念，而是一个囊括了家庭小德与大德的全方位教育工程，现在我们做得还远远不够。

传递正能量的方式，无非是两个方面：一是完善社会制度，以鼓励民众安分守己、正当致富；二是改善文化与教育，全面提升社会的整体道德水平。

正能量是教育启迪、文化历练和生活养成的结晶。正能量非自然而生，寻找起来也非易事，它是个人修养与生活历练的结果，也即教育启迪、文化历练和生活养成的结晶。正能量就其实质而言，乃是文化教化的结果。

在日常生活空间中，有很多补充正能量的因素，应充分关注个体在日常生活中的广泛交流，避免个体生存空间的狭窄化。那些"最美"往往离得并不远，有可能就在自己身边，还原到日常生活中，确实具有感人的力量。

附：道德知识教育的内容

【"六小"公民教育】"六小"公民道德教育内容为：把孩子培养成为"勤奋自主、勇于创新的学习小主人，举止文明、遵章守纪的礼仪小使者，宣传环保、爱护环境的环保小卫士，谦恭礼让、合作快乐的同学小伙伴，勤劳勇敢、自理自立的劳动小能手，为人正直、活泼开朗的快乐小天使"，使学生在学校是好学生、在家里是好孩子、在社会是好公民。

"六小"公民道德教育内容更加贴近孩子的日常生活，强调了主体细节教育，从孩子身边的小事做起，使道德学习同孩子的行为发展结合起来。

【人格教育】有不少在中小学阶段成绩优异的孩子，进入梦寐以求的大学之后，却屡屡发生令人不可思议的问题，如无法适应集体宿舍和公共餐厅的环境，条件优越却不思进取，人际关系一团糟，在竞争中不择手段等等，有的甚至自杀或杀人。北京师范大学的教育学博士郑新蓉曾剖析了这一复杂现象，指出：这些学生在中小学阶段的一切都被学习成绩掩盖着，似乎学习成绩好就等于什么都好，而进入大学后才暴露出他们的人格缺陷，但长期以来，人格教育被严重忽略了。

培养孩子的健康人格是家庭教育的首要任务。光有品行、没有知识是脆弱的，但没有品行、光有知识是危险的，是对社会的潜在威胁。人格教育着眼于健全人格的培养，不仅把知识的获得、智力的发展、技能的形成看成是人格培养的组成部分，而且把受教育者的非智力因素比如情感、道德、意志、动机等都看成是不可或缺的教育内容。人格教育要注重自主、自尊、言行一致的教育，反对谎言、贪婪、假情假意、夜郎自大。教育孩子敢于对自己的言行负责，对人诚信，以诚相待；对己严缜，谦虚谨慎，善于不断反省自己，虚心接受别人的意见和批评；对各种人生的打击和挫折能坦然面对；等等。形成全社会的"人格互补优势"至关重要。塑造完善人格，固然操之在我，但家庭、学校教育，社会教化，别人的帮助引导,榜样的示范作用等方面也是极其重要的。

【亲情教育】家庭教育特别是亲子关系的改善是独生子女教育的重要方面。亲情是人世间最真切、最朴实、最珍贵的感情,亲情是一条宽厚的河,承纳生命,承纳世界。亲情是每一个人的精神支撑,是孩子成长不可或缺的营养素,它在医治青少年的心灵创伤上具有无与伦比的疗效。用亲情的纽带去拓展子女教育,让孩子在亲情中去学会感动,学会感恩,学会真诚,学会责任。一个人如果对父母都不能感恩的话,又怎么能对他人、对社会感恩呢?又怎么能产生责任意识呢?

【爱心教育】充满爱心的孩子往往生活在一个充满爱的家庭中,善于关心他人的孩子其父母也多半很会关心他人。但对独生子女的爱要注意掌握好"度","过"和"不及"都是不好的。对孩子播种爱,是为了让孩子去感受爱、认识爱、传递爱,是为了让世界充满爱。如果只是一味地给予爱,而从未教孩子去体会、珍惜爱,孩子自然就不知道去爱他人,理解、宽容、善待他人。仔细分析部分孩子缺乏爱心的缘由,其根源在父母身上,是父母对自己孩子太过溺爱,把孩子应具备的爱心吞噬了。这种"过犹不及"之爱,只会助长孩子对"爱"的麻木,成为产生"自私"的温床,因此,家长应注重强化孩子的"爱心教育"。

【爱国教育】要教育孩子知道自己是中国人,尊重国旗、国徽,认识祖国版图,会唱国歌,初步了解家乡的物产、名胜古迹、著名人物,培养热爱家乡、热爱祖国、热爱社会的感情和民族自尊心、自豪感。

【爱集体爱他人教育】要教育孩子知道自己是集体中的一员,要热爱集体,关心集体,培养集体意识和为集体服务的能力,在集体中团结、谦让、互助、合作、关心他人,积极参加集体活动,学习做集体中的小主人。比如班集体是学生健康成长的一方沃土,就像一个大家庭。无论老师还是学生,都是这个大家庭中的一员,要想家庭兴旺,必须大家共同行动,营造一个温馨和谐的家庭,为创建一个文明守纪、团结互助、勤学上进、有强大凝聚力的班集体而努力。

【爱劳动教育】要教育孩子爱劳动,尊重劳动人民,乐于参与劳动。首先让孩子懂得劳动最光荣的道理。因为祖国建设离不开各行各业的劳动,幸福生活要靠劳动来创造,要热爱劳动,参加力所能及的自我服务劳动、家务劳动、公益劳动和生产劳动,掌握一些简单的劳动技能,培养劳动习惯,爱护公物,勤俭节约;学习老一辈艰苦创业的优良传统,培养吃苦耐劳、艰苦奋斗的精神。从小事着手,严格要求,逐步培养勤俭的好习惯。第一,要求孩子穿着朴实,不要追求新奇时髦,更不要互相攀比。第二,教育孩子不要乱花钱,不随便向家长要钱。平时不挑食,不买或少买零食,能节约的钱一定要节约。第三,要让孩子珍惜自己和别人的劳动成果,对家庭、他人、集体、国家的财物都要爱护。吃饭时不乱倒饭菜,节约水电,注意随手关灯、关水龙头,爱惜书本,不乱削铅笔,爱护桌椅、门窗、教学仪器和体育设备等。节假日多参加各种公益活动。

【爱护公物教育】国家和社会的公共财物、集体的财产，是全体社会成员进行社会性活动、实现共同利益的物质保证，也是满足劳动者个人利益和人们的当前利益的共同物质条件。所以，以社会主人翁的责任感，维护和珍惜国家、集体的财产，爱护公物，是社会公德的基本要求。对社会共同劳动成果的珍惜和爱护，是每个公民应该承担的社会责任和义务，体现了集体主义精神，既显示出个人的道德修养水平，也是整个社会文明水平的重要标志。

【爱护环境教育】遵循环境道德规范的实质，要求我们在处理人类自身的发展与自然环境的发展之间关系的问题上要有科学的态度。这方面的一个首要问题，是应当确立对自然环境的正确价值观念。这里所说的价值观念，不仅是指物质方面的，而且是指精神方面的。人类社会的生活经验已经告诉我们，良好的自然生态环境，对于使人们的精神生活日益丰富、健康，培养人们高尚的道德情操，有着十分重要的价值。正是基于对自然生态环境的特殊精神价值的认识，爱护自然生态环境，把维护自然生态平衡作为自己的道德责任，已成为现代社会环境道德的一个基本要求。

环境道德的一项重要内容就是，人们应当热爱大自然。热爱大自然，实质上也是对人类本身的热爱，是对生活的热爱，是对生命价值的重视。自觉遵守这样的社会公德，从根本上说，是对大多数人的利益的维护，是对人类的生存利益的关心，也是对子孙后代利益的关心。有了这样高尚的道德情操和品质，就有助于我们自觉克服对自然界生物的自由主义和无政府主义错误态度，自觉遵守环境保护的共同行为准则。当然，我们应当把这些道德要求体现在具体的实际行动上，比如：节约自然资源，爱护花草树木，决不伤害国家保护的野生动物，注意维护人文景观；自觉维护公共卫生，不随地吐痰，不乱扔垃圾；等等。只有我们齐心协力，才能营造出一个美好的自然生态环境。

【遵守法律法规教育】现代社会是法治社会，每个公民都必须具备法律常识，自觉维护法律的权威，认真执行各项法律、法规和规章制度。事实证明，在正常的情况下，自觉遵守和服从法律，有明确的法制观念，这是现代社会文明教养即社会公德的基本要求。换句话说，在现代文明社会中，一个人如果没有基本的法律知识，不遵守法律，不懂得维护宪法的尊严，那就不能说是一个文明、有道德的人。

【明礼诚信教育】明礼诚信是公民如何待人的道德规范。在我国，无论在何种场合，无论从事什么样的活动，公民都应该讲文明、讲礼貌、讲诚实、讲信用。我国自古以礼仪之邦著称于世。在改革开放的条件下，特别是我国加入WTO之后，国际交往日益增多，公民能否明礼，关系到世界对我们国家的形象和文明程度的评价，因此，"明礼"具有特别重要的现实意义，"诚信"是人与人交往过程中应遵守的最基本的道德，是公民道德人格中的基本要素之一。在经济活动中要诚信，杜绝假冒伪劣、坑蒙拐骗；在日常生活中也要信守诺言，真诚待人。

【团结友善教育】团结友善是公民与公民之间应当如何相处的基本规范。每一个公民，不论民族、年龄、职业，都是中国这个大家庭中的一员。公民之间应该彼此团结，相互友爱，建立起一种和睦友爱的关系。现实中，对他人友善的人也必然会得到他人的友善。团结是力量的源泉。能否团结、友善，关系到一个人的前途和幸福，也关系到民族的兴旺、国家的兴衰。要做到团结友善，就必须怀着友好的愿望，抱着彼此平等的心理相互对待，就必须对己严、对人宽，就必须将心比心，"己所不欲，勿施于人"。当然，团结友善必须是在正义原则之下的团结友善。

【勤俭自强教育】勤俭自强是公民对待生活、对待自身的道德规范。作为一个公民，有劳动的权利和劳动的义务，应当懂得没有勤奋就不会有社会财富的道理，推崇勤劳，反对懒惰和游手好闲。公民还应该厉行节约，反对奢侈浪费和享乐主义的生活方式。在现实生活中，公民应当自强不息，不断进取，保持一种健康向上的精神风貌，凡事尽量依靠自己而不依赖他人。

【敬业奉献教育】敬业奉献是公民对待职业活动的道德规范。每一个公民都要从事一定的职业，职业是公民与社会联系的重要方式和途径。对待职业或事业要严肃认真，一丝不苟，精益求精，为国家、为社会、为他人做出贡献。

【社会公德规范教育】社会公德规范的内容包括文明礼貌、助人为乐、爱护公物、保护环境、遵纪守法。

〖文明礼貌教育〗人类社会不断进步的一个重要标志，是越来越摆脱原始野蛮的状态，人和社会的文明水平日益提高。在这个意义上，我们可以说人类社会进步的基本趋势是由野蛮向文明过渡，由野蛮人变为越来越文明的人。所以，人类行为文明的基本规范就成为现代社会公德的一项首要内容。

作为社会公德的基本要求——人们的行为文明状况，它集中反映的是社会成员的文明教养程度，而礼貌则是这种文明程度在人际交往中的外在表现形式。作为社会公德的一个基本规范，文明礼貌是人际交往中的一种道德信息，它说明了一个人对别人的尊严和人格的尊重。

在人际交往中注意自己的个人形象，比如要做到衣冠整洁、举止文明，这是对别人的一种尊重。在公共场合或与人交往的过程中，处处注意讲究礼节，这也是一个人文明程度的反映。任何人在与人交往的过程中，一般都要通过语言与对方交流思想和感情，因为语言是思想的直接现实。随着现代社会的发展，人们的生活节奏在不断加快，对工作效率也不断提出更高的要求。与此相联系的是，在公共场合或集体性的活动中，每个人都应当自觉地遵守群众活动（如集会等）的秩序或规定，并且相互礼让，这样才能保证集体生活的正常进行，才能维护大多数人的共同利益。

〖助人为乐教育〗首先，要让孩子确立良好的出发点。助人为乐是中华民族的传统美德，帮助别人是出于对他人的爱心和关心，是尽己所能解除他人困难，使他人获得快乐和幸福。因此，出于个人私心杂念或仅仅为了获得报酬而去帮助别人的行为，不能算作助人为乐。

其次，必须从日常小事入手。助人为乐是良好道德品质的表现之一，而孩子的道德品质教育是一个长期的过程，它贯穿于孩子的相互关系，以及孩子对父母、对老师、对他人的态度中。家长要从孩子的日常生活中的小事抓起，让孩子乐于帮助别人。

再次，要从家长自身做起。家长要用自己的行为去影响孩子。

【协作教育】家庭可能会包容骄横的孩子，而社会却不会容忍孩子横行无忌。因此，为了让独生子女更好地适应社会，家长应该为他们创造群体环境，为他们建立"人工合成"的伙伴关系，鼓励他们到儿童社会中去，以"儿童教育儿童"，互相学习，这是对独生子女进行教育的较好途径之一。孩子是从模仿开始他的学习生活的，而模仿的最好对象是儿童伙伴。尤其是从一些优秀的儿童身上，可以学到很多东西。家长要提供一些机会让孩子到小伙伴中去锻炼，培养他们的自主精神、合作精神、协作能力，这种能力将会随着他们的成长迁移到他们未来的学习、工作和生活中。

【能力教育】1972 年联合国教科文组织在《学会生存》报告书中提出：应当培养人的自我生存和发展能力，促进人的个性全面、和谐发展。教育不能简单地把知识等同于能力，让孩子有能力比有知识更重要。不要以为孩子是在说教中长大的，孩子是在生活体验中长大的。父母的责任不是让子女依赖自己，而是要使子女能够独立，过多的保护只会扼杀孩子的独立要求，给予孩子太多的指示和提出太多的要求只会损害其独立性和判断力。相反，如果孩子们遇到某些问题时，给孩子们一些机会去思考、行动，自己去学习如何处理问题，便能养成他们的独立性和判断力。只有具备当机立断、不怕挫折的性格才会有韧性，所以要注意培养孩子自己解决问题的能力，不要急于告知答案，更不能包办代替。能力强的人跌倒了能很快爬起来，遇事总是着眼于如何处理而不是一味担忧。

【意志品格教育】要教育孩子诚实、正直、谦虚、宽厚、有同情心、活泼、开朗、勇敢、坚强、有毅力、不怕困难、不任性、不骄傲、珍惜时间、负责任、守信用、自尊自爱、积极进取、讲效率、重质量、勇于创新。祖国、集体是孩子们生活和成长的环境，劳动是孩子们生存的基本手段，孩子们只有有了对祖国、对集体、对他人的爱，才能有一颗容纳百川的美好心灵，才能有一颗朝气蓬勃、勇于奋进的心灵，我们才能在这美好心田里播下理想的种子。

【自强不息教育】可用典型的例子对孩子进行自强不息教育。如孔子说自己"发愤忘食，乐以忘忧，不知老之将至"。曾子说："士不可以不弘毅，任重而道远。"文王拘而演《周易》；仲尼厄而作《春秋》；屈原放逐，乃赋《离骚》；左丘失明，厥有《语》；孙子膑脚，兵法修列，司马迁身受腐刑之苦而著成《史记》。这些都反映了中华民族自强不息的精神。这些不仅能激发孩子的兴趣，更重要的是能让孩子接受传统美德教育的洗礼。

【责任意识教育】孩子到了能够辨别是非的年龄,父母就应该尽量协助他们养成自己做的事自己负责的态度。孩子有责任心,就知道凡事不可妄为,长大后在社会工作,才能勇于承担责任,并且奉公守法。家长要让孩子树立责任意识,学会担当,积极面对,学会坚持,在成长过程中塑造自己的优秀品德。

家长可确立孩子在低、中、高三个阶段责任教育的基本内容:

低级阶段:对自己负责,就是对自己的健康、学习、生活、意志品德负责。

中级阶段:对他人负责,就是对家人、同学、老师甚至孤、老、病、残、不幸者负责。

高级阶段:对祖国、历史、自然、人类、未来负责。

家长对孩子的责任教育可从以下四个基本维度入手:一是意识责任能力,就是实施责任行为的一定技能和方法;二是责任行为,就是面对生活中实际问题采取负责的行动;三是责任情感,就是遇事有着愿意负责的积极态度;四是责任品格,就是形成自觉负责的完整个性品质。

为了有序地实施责任教育策略,可让孩子经历以下三个环节:

一是知道责任,明辨责任行为。如学习《小学生守则》《小学生日常行为规范》《中学生守则》《中学生日常行为规范》,让孩子在知道责任后通过内心的理解和推理获取的信息进行加工处理,从而明辨责任行为,在知、情、意三个方面提高责任感。

二是践行体验,形成责任行为。在增强责任意识的基础上,孩子需要利用较多践行机会来加以锻炼。家长培养孩子责任心的途径很多,视孩子的年龄让孩子做些力所能及的家务,如年幼的可在吃饭前帮忙拿筷子,再大一点的可以自己收拾床铺。要让孩子了解自己的权利和义务。例如父母给他们的权利是每天有多少零用钱,可以看多久的电视,而他们要做好自己负责的家务和学校功课以及整理文具和书包等。训练孩子的独立性和自觉性。孩子有权为自己做主,才需要为自己做的事负责任。否则,父母凡事做主,要负责任的就是家长自己。

三是督责反馈,强化责任习惯。可采用"每天一进步考评"及时对孩子的行为做出反馈;可设计《我在成长》考评手册,其中可安排以下一些内容,如"我的档案""我在成长""成长留言""一年成长报告单""我的收获"等,及时记载,定期总结,进步了,给予激励,退步了,及时弥补。

【社会文化教育】中华民族在其历史发展过程中不仅创造了令人骄傲的物质财富,也创造了光辉灿烂的文化。中华民族的文化具有鲜明的民族性,就其思想内容而言,如孝敬父母、爱国忧民、敬亲睦邻、乐善好施、敬老爱幼、勤劳节俭、敬业乐业、见义勇为等从古延续至今,仍显示着强大的生命力。就其具体的样式来看,有在世界画坛上一枝独秀的中国画;有曲牌、小说、舞蹈、武术、杂技、音乐、绘画、雕塑艺术高度综合的中国戏曲;有博大精深、意境开阔的中国诗歌;有百花齐放的中国小说;有笔走龙蛇的中国书法;有纤巧精致的剪纸工艺;有礼乐悠扬的中国音乐;有袖珍自然的园林建筑艺术;等等。这些社会文化样式无不表现出鲜明的民族特色。

【家庭美德规范教育】家庭美德规范的内容包括尊老爱幼、男女平等、夫妻和睦、勤俭持家、邻里团结等。

(1)尊老爱幼。尊老爱幼是中华民族传统的家庭美德,也是社会主义家庭美德的重要规范。

(2)男女平等。坚持男女平等的美德,是指既要反对"大男子主义",也不赞同"夫人专政"或"妻管严"。

(3)夫妻和睦。夫妻和睦是建立美满幸福家庭生活的关键,要平等对待,相敬如宾。

(4)勤俭持家。勤俭持家是我国传统道德中传播最久的美德之一,提倡婚丧嫁娶要从简,并不是淡漠人情,违背道德良心,而是弘扬淳朴、善良、勤俭节约、艰苦奋斗的美德。

(5)邻里团结。邻里之间应该以礼相待、互谅互让、互帮互助、团结友爱。

【公共意识培养】所谓公共精神,是指公民具有超越个人狭隘眼界和个人直接功利目的,关怀公共事务、事业和利益的思想境界和行为态度。公共精神是现代社会对公民提出的一种最基本、最重要的美德要求。

公共精神作为公民美德,本质上是公民的公共责任意识在行为和性格上的体现。公民的公共责任体现在公民与国家、政府、公共事务、公共事业、公民社会以及与其他公民的关系之中。以公共责任意识为实质内容的公共精神有着丰富的社会内涵。首先,它体现为公民尊重国家法度和政府行政并与政府合作的精神态度,其中包括积极参与公共事务管理与合理监督政府行政的精神态度;其次,它体现为公民自觉关怀与维护公共安全、公共卫生、公共环境、公共资源、公共财物等公共利益的态度与情怀;再次,它体现为公民在公共生活中理解、尊重、包容他人并与他人平等相处、合作共事的精神气度和行为取向。这三者都源于公民对公民角色的公共性本质及其责任和价值诉求的体认、理解、认同与把握,是公民通过学习修养和自治实践获得"公共性"本质的道德表现。

公民具有公共精神,意味着公民对个体自然性和私人界限的超越,意味着公民个人与社会共同体(即"公共")取得了一致。因此,公共精神作为公民美德具有崇高性。由于公共精神并不是人的自然禀性,因此,它不可能建立在私人生活经验和自然情感的基础之上,而只能建立于公共生活经验和公共理性的基础之上。公共生活经验使之体认和发现个人与共同体的关联,进而形成有关公共利益和公共责任的公共认知、公共理念和公共智慧(即公共理性)。这种公共理性驱动和引导下的公共生活,又使人产生稳定的公共情怀,从而形成公共精神。可以说,公民公共精神是基于公共理性而产生和形成的。没有公共理性的支撑与引导,就不会有稳定而健全的公共精神。公共精神是公共理性的产物,也是公共理性转化为公共情感、意志和信念的结果。公共精神实质上是理性化的道德态度与道德情怀,是一种理性精神。这是它作为公共美德区别于"私德"或"自然道德"的一个重要特质。正因为如此,公民具有公共精神才被视为公民个人在智能和情感上发展成熟的重要标志。

公民具有公共精神是其在行动上支持政府行政和民间组织的公益活动,并以"主人"姿态积极参与公共事务管理的主体动因和主观前提,也是公民与政府、民间组织建立良好政治关系并在公共事务领域采取集体行动的重要德行基础与精神纽带。缺乏公共精神的支撑与支持,不仅会使公民与政府及民间组织合作的公共行动面临困境,而且会让公民与政府及民间组织的和谐政治关系的建立、维系和发展变成不可能。因此,公民公共精神是构建个人与公共组织的和谐政治关系的重要道德基础。

【小学生公民意识培养】要使孩子长大后做一个合格的公民,应当从小培养孩子的公民意识。公民是指具有一国国籍,并根据该国宪法和法律的规定,享有权利和承担义务的人。让孩子自觉地懂得做公民的道理,是家庭教育的一个必要前提。我们培养的是中国的公民,因此,要让孩子意识到,中国公民所做的一切要符合中国的国情,要继承中华民族的优良传统,要从中国的实际出发,要遵守中国宪法的规定。培养孩子的公民意识,固然要宣传公民享受宪法规定的权利,但更多的是要教育他们了解一点公民的义务。公民教育的目标,当然与整个国民教育目标是一致的。从内容上说,就是德、智、体、美、劳,这是做一个合格公民必备的条件。

【中学生公民意识培养】公民意识是公民对自身公民身份、公民的权利与义务的认同,公民教育的目的就是培养这种认同感。公民意识教育是通过家庭、学校、社会等渠道进行的。在中学开展公民意识教育,目的在于把中学生培养成有主体意识、国家意识,同时又有世界精神的健全的公民。

(1)法律意识的培养

以法律为依据来治理国家是政治文明的根本标志。作为中国公民首先必须清楚我们国家的法律并以此为武器保护自己。家长应通过各种形式和途径培养孩子的法律意识,让孩子知法用法。

(2)规则意识的培养

在正式制定的各种制度之外,在种种明文规定的背后,社会中实际存在着不成文又获得广泛认可的规矩,一种可以称为内部章程的东西。恰恰是这种东西,而不是冠冕堂皇的正式规定,支配着现实生活的运行。不讲规则或"潜规则"在孩子中也有其特殊的表现。在公民意识教育中,家长要特别注意规则的教育,而这必须从小抓起,让孩子懂得,规则是硬的,不能"具体问题具体分析",没有规矩,难成方圆。

（3）环保意识的培养

在现代化进程中,世界各国都面临着环境危机问题。培养孩子对大自然和周围世界的高度责任感和珍惜的态度,是公民教育中不可缺少的内容。地球是人类的母亲,地球的生态受到了破坏,人类在地球上的生存就会出现问题。家长要让孩子明白,我们每个公民都要关心爱护自己生存的环境,要有保护环境的意识。从自身做起,从小事做起,保护我们生存的地球,是我们的责任和义务。

（4）公德意识的培养

公德是全社会成员处理个人与社会的关系、人与人的关系、人与自然的关系的道德底线。社会公德虽然是一些最基本的社会公共生活的道德规范,但它却是社会道德体系的基础,是社会文明程度的重要表现,一个国家公民的公德水平可以影响一个国家的形象,一个人的公德水平能够体现一个人的精神境界。但有的孩子道德情感淡漠,道德意志薄弱,在公共场所大声喧哗,乱丢垃圾,损坏公物,随地吐痰,既破坏了环境,也给人们的生活带来了许多不便。家长要配合学校提高孩子的公德意识,使孩子自觉遵守社会公德。

（5）民主、自由与平等意识的培养

民主化和法制化是中国政治文明建设的必经之路,而中学是进行民主教育的最适当的时期。民主教育的基本内容有:自由意识、权利意识、参与意识、宽容意识。让孩子正确认识自由的含义,主张自己正当的自由权利,知道自由与法律、道德的界限,在今天这个时代是非常有必要的。平等意识也是公民意识的重要组成部分,公民的权利义务是一样的,这就意味着每个公民都是平等的。因此,家长在孩子人格塑造的关键时期,尤其要重视公民平等意识的培养。

【网络道德规范教育】在信息技术日新月异的今天,人们无时无刻不在享受着信息技术带来的便利与好处。然而,随着信息技术的深入发展和广泛应用,网络中已出现许多不容回避的道德与法律问题。因此,我们在充分利用网络提供的便利的同时,也要抵御其负面效应,大力进行网络道德建设。以下是有关网络道德规范的要求:

（1）不应用计算机去伤害他人。

（2）不应干扰别人的计算机工作。

（3）不应窥探别人的文件。

（4）不应用计算机进行偷窃。

（5）不应用计算机做伪证。

（6）不应使用或拷贝没有付费的软件。

（7）不应未经许可而使用别人的计算机资源。

（8）不应盗用别人的智力成果。

（9）应该考虑你所编写的程序的社会后果。

（10）应该以深思熟虑和慎重的方式来使用计算机。

（11）为社会和人类做出贡献。

（12）要诚实可靠。

（13）要公正并且不采取歧视性行为。

（14）尊重包括版权和专利在内的财产权。

（15）尊重知识产权。

（16）尊重他人的隐私。

（17）保守秘密。

不做有悖于网络道德的事，如：

（1）有意地造成网络交通混乱或擅自闯入网络及其相连的系统。

（2）商业性或欺骗性地利用大学计算机资源。

（3）偷窃资料、设备或智力成果。

（4）未经许可而接近他人的文件。

（5）在公共用户场合做出引起混乱或造成破坏的行动。

（6）伪造电子邮件信息。

【遵守纪律教育】与文明礼貌相联系的遵纪守法，也是现代人应具有的素质，家长一定要对孩子进行这方面的教育。要培养孩子遵守纪律，遵守交通规则，遵守公共场所纪律等。家长对孩子进行遵纪守法教育一要导向，二要示范，"你希望你的孩子成为怎样的一种人，你就得在自己的言行中争当那种人"。处处为孩子做出榜样，孩子在家长的引导和影响下，一定会养成遵守纪律的好品质。

【五尊教育】尊敬国旗、国徽，尊敬父母，尊敬老师，尊重残疾人，尊重他人的人格、宗教信仰、民族风俗习惯。

【五不教育】不随地吐痰，不乱扔废弃物，不说谎话，不说脏话，不欺负他人。

【五远离教育】远离烟酒，远离网吧，远离迷信活动，远离赌博，远离毒品。

【苦难教育】为了使我们的下一代成为强者，能自立于人世间，家长们对孩子应当少一点溺爱，多给他们一些磨炼的机会。因此，家长在提倡孩子学习的同时，还要提倡孩子吃苦，这一点是非常重要的。苦难教育，并不仅仅是在口头上教育孩子要"艰苦朴素""吃苦耐劳"，也不仅仅是给孩子"忆苦思甜"。最有效的办法，就是在实际生活中让孩子吃一点苦，只有吃苦才能从根本上消除孩子身上的"娇气"。要有意识地设置一些障碍和困难的环境，尤其是生活条件越好，越要培养孩子的吃苦精神，使其懂得创造社会财富并非易事，这对教育好独生子女是非常必要的。

二、道德情感培养方法

道德情感是人们对社会、对他人、对自己的情绪体验,它是在与人们的交往过程中发生发展起来的。道德情感教育的目的在于使孩子学会正确区分是与非、善与恶、美与丑、荣与辱,树立责任感、义务感、正义感等高尚的道德感情。道德情感是道德行为的动力,是形成道德信念的重要条件。孩子如果没有道德情感,对周围的人和事采取冷淡的态度,就会失去活力,就不能成就任何事业。父母与孩子在血缘、物质生活和精神生活上的密切联系,父母对孩子的期望与慈爱,孩子对父母自幼产生的依恋与信赖,使家庭中充满真挚的爱和情感,这种爱和情感是父母教育孩子的前提条件,也是孩子接受教育的内在激发因素。家庭中欢乐的情感有利于孩子体验到家庭生活的温暖,树立起对未来的信心。如果家庭成员互相尊重,在生活上和事业上互相关心,敬重长辈,对亲人、同事、朋友、邻里真诚相待,那么,在这样的家庭气氛中生活的孩子,不但可以养成健康向上的情感,而且能在潜移默化的教育影响下形成高尚的道德情感。

(一)感恩教育方法

我国自古就有"知恩不报非君子""滴水之恩当涌泉相报"的传统美德。每个人不仅应该孝敬父母、尊敬师长,而且对于曾经帮助过自己的人,也应该发自内心地感激。

在孩子品德的培养中,感恩教育应该成为儿童情感教育的一项重要内容。通过感恩教育使孩子从小知道感恩是一种美好的品德,正如鸦有反哺之义、羊有跪乳之恩、马无欺母之心。

感恩是一个人与生俱来的本性,是一个人不可磨灭的良知,是每个人都应该有的基本道德准则,是做人的起码修养,也是人之常情。

感恩是一种对恩惠心存感激的表示,是每一位不忘他人恩情的人萦绕心间的情感;是一个人责任意识、自主意识及自尊意识的表现,是对自尊境界的追求,是生命的基本要素,也是一种健康的心态。心态决定一切,一个人如果有了一颗感恩之心,就会宽容大度,对小事不斤斤计较,就会有宽松和谐的人际环境,就会是一个幸福的人。常言道,不养儿不知父母恩,真正的知恩图报是流淌在人的基因和血液中的,是一种自然和本性的流露。不懂得感恩,就失去了爱父母的感情基础,连自己的父母都不爱,又怎么可能爱事业、爱国家?

对孩子来说,感恩应该是父母必须给孩子上好的一堂人生必修课。让每个孩子懂得:他降临到这个世界上,每一步成长和发展,都离不开父母的养育、师长的教诲、朋友的关爱和大自然的慷慨赐予。

父母生日,孩子给父母送上一个生日蛋糕,写上一张生日卡,是感恩;孩子为父母倒一杯热茶,送上一条热毛巾,也是感恩。感恩应该发自每个人的内心,而不应由人提醒才想到。一个会心的微笑，一句关爱的话语，一个凝望的眼神，一种温暖的触摸，无不是感恩的载体。有了感恩，家庭就有了阳光，我们的日子就会变得快乐，日子即使过得非常清贫，但也活得有滋有味。懂得感恩的家庭，才是幸福的家庭。当然，感恩绝对不是家庭成人世界对孩子的单向要求，而家庭中的每一个成员的一种共同的生活态度。

【榜样引导法】英国有句名言说：一个好的榜样，就是最好的宣传。榜样是无声的语言，而这种无声的语言往往比有声的语言更有力量。榜样引导法是家长以他人的思想、模范行为影响孩子，促使其形成感恩品德的方法。以生动具体的典型形象来影响孩子心理，使教育有很强的吸引力、说服力和感染力。青少年的可塑性和模仿能力强，有了生动具体的形象作为榜样，便容易领会道德标准和行为规范，容易受到感染，容易跟着走。

家长的榜样引导要做好三点：一是用自己的言行举动为孩子做好榜样；二是用身边或媒体中的榜样教育孩子；三是用我国古代的榜样教育孩子。

【"计较"付出法】孩子没有亲吻父母，没有分一口好吃的给父母，没有记住父母的一个小要求，这都是父母必须"计较"的小事。否则，孩子会觉得父母对他一无所求，他根本不需要为父母做什么。家长要让孩子懂得：索取是要付出的，不能无条件地索取。

【对比法】如带孩子到孤儿院参观，还可以鼓励、组织孩子与贫困地区的孩子结对交友等，让孩子在对比中体会过去不懂、不在意因而也不会珍惜的东西，从而引发他的慈悲心、惜福心和感恩心。

【赏识法】孩子容易自我的重要原因之一在于：当他偶然做了件好事时，由于操作不够熟练而做得不尽如人意，或者事情太细小，而只得到了父母言不由衷的"谢谢"。如果父母在孩子做了件好事后，不管他是主动还是被动做的，不管他做得是否令人满意，都能发自肺腑地感谢他、赞扬他，那么孩子定会大受鼓舞。父母由衷的肯定是孩子关心他人的动力。

【养成感恩习惯法】要将感恩习惯的养成教育渗透于日常生活之中。让孩子从小就浸润在感恩的环境里，才会有真切感受。父母要从自身做起，做好示范，利用一切可以利用的机会对孩子进行教育。如妈妈帮爸爸做事时，爸爸要大声地对妈妈说："谢谢。"妈妈接受爸爸的帮助，也要说一声："谢谢。"爸爸送给孩子礼物时，要告诉他这件礼物是爸爸给你的，你要感谢爸爸；这本书是哥哥姐姐送你的，要谢谢哥哥姐姐。在这种氛围中，孩子耳濡目染，渐渐接受这种最基本的礼仪，也学会向父母道谢，将感恩内化于人格之中。

【利用节日法】利用各种节日作为感恩教育的载体。如：春节时，要教孩子热情接受亲属送给他的礼物，并表示感谢，不管价钱多少，回到家里都要求孩子妥善保管，学会珍惜别人的情意；教师节，让孩子亲手制作贺卡送给老师，表达对老师的美好祝愿；父亲节和母亲节，向爸爸妈妈说几句感谢的话，不一定要感谢爸爸妈妈给自己帮了多大的忙,而是表达生活中感觉很幸福的一点一滴。

【学会给予法】家长偶尔"示弱",让孩子为父母做些事。比如假装拿不动衣服,让孩子帮忙拿一两件;假装累了,请孩子倒杯水给爸妈喝……让孩子懂得父母和别人的给予和帮助是一种"恩惠",而不是理所当然或者欠他的。

【唱感恩歌法】"感恩的心,感谢命运,花开花落,我一样会珍惜……"让孩子学唱感恩歌曲,利用歌声表达感恩情怀,用歌声感恩党、感恩祖国、感恩社会、感恩父母。在潜移默化中让孩子受到感恩教育,同时也丰富了孩子的课余文化生活。

【布置家庭作业法】可让孩子完成以下一些作业:

(1) 送父母一句温馨的祝福。

(2) 给父母讲一个开心的故事。

(3) 给父母打一次电话,送去一声问候。

(4) 给父母捶捶背、搓搓手(握握手)。

(5) 让孩子为家里做家务:打扫卫生、叠被子、洗碗、洗衣物。

(6) 让孩子写写以下命题文章:《我的父亲母亲》《写给父母的话》《父母的手》《还给父母一个吻》《我和父母在一起》《父母的相册》。

【算亲情账法】

(1) 让孩子将自己的学费、书杂费、生活费、交通费、零花钱等支出加起来,算出家长为自己投资的总额。

(2) 计算学习投资的成本。

(3) 假定自己毕业后的收入,计算自己大致需要多少年才能回报父母。

【一日护蛋体验法】开展一日护蛋活动:让孩子上学时带一个鸡蛋,除上体育课、文体活动课以外,必须全天随身携带,回家后和妈妈说说护蛋体验,通过这一有趣的游戏体会妈妈十月怀胎的辛苦。

【观看录像法】用画面直观、生动、形象地展示一位母亲勇敢地接受剖腹产手术的全过程。这一血淋淋的画面告诉孩子:这就是我们的母亲。天下所有的母亲为了养育儿女都承受了巨大的痛苦与艰辛。让孩子感受到:创造一个生命仅仅是一个开始,要把这小小的生命培养成一个真正的人还要历尽千辛万苦。

【感激师恩法】要教育孩子对老师感恩。因为老师不仅教授了知识,更教会了自己如何做人。正是老师们春风化雨式的教育解开了孩子成长路上的心结。

感谢老师教育的活动推荐:

(1) 演讲:《人生路上的领路人——感谢您,老师》等。

(2) 习作:《给老师的一封信》等。

【感激同学帮助法】要对自己的同学感恩。因为他们不仅陪伴着自己度过了一个个春夏秋冬,更在生活和学习中与自己相互鼓励、相互支持、相互安慰。

感谢他人帮助的活动推荐:

(1) 我为同学做一件事。

（2）今天我值日活动。

（3）写一篇你受挫折的故事。

（4）回忆对自己帮助较大、恩情较大的 1～3 个人，然后通过邮件、电话、互联网等通信工具表达你们的感恩之情。

【阅读体验法】没有情感体验的感恩教育是肤浅的。可让孩子在阅读中体验情感，加深对感恩教育的印象。

（1）在朗读中体验。感恩教育的课文大多文质兼美，适宜在朗读中体验恩情和深深的感激之情。要引导孩子感情朗读。感情朗读的重点有以下几点：一是直接抒发感恩情感的语段。如《精彩极了和糟糕透了》，可反复朗读课文最后两个自然段，体会对父母的感恩之心。二是突出人物特点的语言、动作、心理等描写的语段，在朗读中体验人物的崇高。如《小抄写员》一课，要反复朗读描写叙利奥心理的语段，体会叙利奥对父母的感恩之心和对家庭的责任感。三是景物描写细致的语段，要在反复的朗读中深入意境，体验大自然的美，激发敬畏大自然、热爱大自然的情感。如《山雨》，要抓住描写山雨的语段反复朗读，体会大自然的神奇，愉悦自己的情感。

（2）在想象中体验。表现大自然美景的课文通过想象深入意境，能使大自然之美深入人心，如《黄河魂》对壶口瀑布的想象，能使人更加体验到大自然的造化之功、祖国的雄伟壮丽；表现祖国优秀儿女包括英烈的课文，通过想象，能使人物形象更加丰满，使人对人物高尚品质的认识更加深刻。

（3）在思考中体验。对表现事物意义的课文，我们要引导孩子深入思考，在思考中深刻认识事物的意义，体验恩情的深广。如学习《只有一个地球》，让孩子通过比较深入地认识地球对人类的意义，体会地球对人类的恩情是不可代替的。学习《圆明园的毁灭》，通过体会圆明园毁灭，从而体会到一个强大的祖国对人民的意义，激发建设祖国、保卫祖国的情感。学习《向往奥运》，让孩子理解举办奥运会的意义，进一步激发民族自豪感。

（二）孝心培养方法

孝敬父母，就是要真诚地尊敬、热爱、关心父母。家长就要确立威信，培养孩子对长辈的爱心，使孩子能自觉地帮助父母干力所能及的家务，理解父母的希望与要求，并能认真地去行动。

孩子不孝敬父母的表现有：

（1）不虚心听从父母教导，在父母面前经常顶嘴，耍脾气。

（2）衣来伸手，饭来张口，不爱劳动，不愿帮助父母做些力所能及的家务。

（3）讲究吃穿，互相攀比，胡乱花钱，对父母缺少体贴，甚至对父母怀有敌意。

家长可通过以下方法培养孩子的孝心：

【"八心"教育法】要求孩子背诵以下内容，培养孩子的孝敬行动，让父母有

"八心":

(1) 常问好,讲礼貌,让父母舒心。

(2) 少空谈,多帮忙,让父母省心。

(3) 求上进,走正道,让父母放心。

(4) 勤学习,苦钻研,让父母开心。

(5) 遇难事,勤商量,让父母称心。

(6) 遇矛盾,能宽容,让父母顺心。

(7) 忌盲从,不迁就,谏父母真心。

(8) 重感恩,能迁移,献社会爱心。

【歌诀教育法】以下是十条教导孩子孝敬父母的歌诀,家长可让孩子背诵并在行动中做到。

(1) 自己事情自己办,不给父母添麻烦。

(2) 家务劳动帮着干,多为父母减负担。

(3) 对待父母有礼貌,早晚起居要问安。

(4) 探亲访友离家前,禀告父母莫牵挂。

(5) 衣食住行牢牢记,尊长敬老想在前。

(6) 艰苦朴素少花钱,不与别人比吃穿。

(7) 思想学习勤汇报,恳求父母多指点。

(8) 批评教育不顶撞,感谢父母要求严。

(9) 养育之恩重如山,儿女责任勇承担。

(10) 为人在世品行高,孝敬父母最当先。

【欣赏行为法】欣赏并夸奖孩子的每一个孝顺行为,家长可采用面部表情、语言或手势表达自己对这一行为的欣赏或赞赏。心理学上有个"暗示效应"(也叫罗森塔尔效应):一个人被看成什么样,被怎样对待,在不长的时间内,就会变成现实。

如果在孩子很小的时候,父母就教导孩子给爷爷端杯水,说:"爷爷辛苦了!"给外婆拿个苹果,说:"外婆你真好,谢谢你!"同时适时表扬孩子,说:"孩子,你真是一个孝顺的宝贝!妈妈为你感到骄傲!"孩子真的就会成为一个很孝顺的孩子。这种暗示能对孩子发挥奇效,使孩子产生一种积极向上的精神状态,并付诸行动,直至成功。

【家长身教法】要求孩子学会孝顺,大人首先自己就要成为孝顺老人的榜样,并抓住各种孝顺的典型事例和故事来教导孩子。

年轻的父母如果想让自己的父母或者孩子帮助自己做什么事时,要说"请你……"而不是说生硬无感情的命令句;如果我们的父母或者孩子帮我们做完了某件事,我们要礼貌地说声"谢谢";如果我们要做的某件事情可能会影响到孩子和老人,应该用商量的语调询问:"我们想……好吗?"父母身体力行地尊重别人,替别人着想,孩子看在眼里,自然也就学会了尊重别人,而不是以自我为中心。

【列进家规法】 没有规矩,不成方圆。无论孩子多大,制定适合孩子年龄的尊敬长辈的规定都是十分必要的。其实,家训族规是我国传统文化宝库中最有特色的内容之一,而大凡成功的伟人,大多都是在一个很好的家教氛围中成长起来的。我们并不是要要求自己的孩子成为伟人,但孩子起码的孝道还是需要遵守的。好吃的先拿给长辈,舒适的床铺让给老人睡,见了长辈要主动打招呼,当长辈为孩子做了事情时,要让孩子通过语言和行动对长辈表示感谢。长此以往,孩子定能把孝道内化成自己的美德,很自然地成为一个孝顺的好孩子。

【新 24 孝行动法】 新 24 孝行动标准,是由全国妇联老龄工作协调办、全国老龄办、全国心系系列活动组委会于 2012 年 8 月 13 日共同发布的。2012 年 6 月《老年人权益保障法》修订草案首次提交全国人大常委会审议,修订草案中新增一条"常回家看看",引起社会广泛关注和争论。全国老龄办副主任、全国心系系列活动组委会副主任吴玉韶称,新 24 孝行动标准就是想告诉大家,时代的脚步在不断向前迈进,"我们对'孝'文化的理解,既要传承又要有创新"。与传统的 24 孝相比,新 24 孝更简洁易懂,朗朗上口,不仅包括"教父母学会上网""为父母购买合适的保险"等与现代生活紧密结合的行动准则,还包括"支持单身父母再婚""仔细聆听父母的往事"等观念突破和对老年人的心理关怀。

新 24 孝行动标准内容如下:

(1) 经常带着爱人、子女回家。

(2) 节假日尽量与父母共度。

(3) 为父母举办生日宴会。

(4) 亲自给父母做饭。

(5) 每周给父母打个电话。

(6) 父母的零花钱不能少。

(7) 为父母建立"关爱卡"。

(8) 仔细聆听父母的往事。

(9) 教父母学会上网。

(10) 经常为父母拍照。

(11) 对父母的爱要说出口。

(12) 打开父母的心结。

(13) 支持父母的业余爱好。

(14) 支持单身父母再婚。

(15) 定期带父母做体检。

(16) 为父母购买合适的保险。

(17) 常跟父母做交心的沟通。

（18）带父母一起出席重要的活动。

（19）带父母参观你工作的地方。

（20）带父母去旅行或故地重游。

（21）和父母一起锻炼身体。

（22）适当参与父母的活动。

（23）陪父母拜访他们的老朋友。

（24）陪父母看一场老电影。

（三）爱心培养方法

现在的孩子绝大多数是独生子女，备受家长的宠爱。有些家长在把全部的爱倾注给孩子的同时，没有注意培养孩子也去爱别人，家长对孩子的情感呈现出"单向输入"，而不是"双向交流"。久而久之，孩子只知道索取，而不知去爱别人，不会体谅他人的难处与痛苦。这样孩子长大后往往缺乏工作热情和对社会的责任感，对人对事淡漠无情，也不可能有热爱家乡、热爱祖国的高尚情感和对事业的献身精神。因此，培养孩子的爱心成为家庭教育的重要内容。

【说悄悄话教育法】每个孩子都会有缺乏爱心的行为表现，但这并不是他们的主观动机所致，而是身心发育不完善的结果，但是如果教育跟不上，偶发的行为会形成稳固的习惯，以后再纠正就难了。因此，当孩子出现不友好行为的时候，父母要当机立断地制止孩子，可以采取转移注意力、与孩子讲道理商量解决办法等方式中断孩子的不适宜行为。然后贴在孩子的耳边说悄悄话，告诉孩子在哪些地方错了。为什么要说悄悄话呢？因为孩子有自尊心，在批评的同时也要维护他的自尊心这样他才能健康成长。

【强化友好行为法】"人之初，性本善。"要在日常生活中注意观察孩子的表现，一旦发现孩子的友善行为，就要及时地亲吻、拥抱或赞扬孩子，受到鼓励的孩子比较容易再次出现类似行为。如果父母对孩子的"闪光点"视而不见，孩子表现同样行为的频率就会低得多。

【行为分享法】在对待食物和玩具方面，避免孩子养成独吃独占的习惯，尽量使孩子懂得应与家长、朋友共同分享的道理。这就首先需要家长改变"孩子小应当吃大的，吃好的"观念，让孩子处于与人平等的位置，只享用自己应得到的东西，不要给孩子优惠照顾。对孩子贪占、自私的行为应严加制止，使其改正。

【走向社区法】总是把孩子关在家里，是培养不出真正的爱心的。因为在家里，孩子属于"弱势群体"，理应享受很多"特权"和"优惠"，成人总是不知不觉地让着孩子。家长必须把孩子带出去，让孩子与社区里的人和同龄小朋友交往，才会发现孩子在没有"特权"和"优惠"的情境下，能不能识别和回应别人的好意，如果出现了不顺利的情况，孩子的应变能力怎样。这些都能反映孩子情商的高低，可以帮助父母有针对性地培养孩子表达爱心的技能。

【走向自然法】孩子与大自然的植物、动物和谐相处，也是培养爱心不可缺少的内容,是锻炼孩子爱心迁移能力的捷径。

【恰当时机选择法】在日常生活中,应随机对孩子进行爱的教育。如当妈妈蹲着择菜时,不妨让孩子给妈妈搬个小板凳;爸爸口渴了,让孩子递上一杯水;幼儿园里有小朋友生病了,要告诉孩子,生病很痛苦,有可能的话,带孩子去探望生病的小朋友。节假日也是教育孩子的好机会,如妇女节、父亲节、老年节(又叫重阳节)、中秋节、教师节等,教育孩子要尊敬长辈,尊敬老师。另外,当孩子过生日时,应抓住这个很好的教育时机,让孩子体会到亲人、朋友的爱,懂得爱自己的亲人。

【亲身实践法】让孩子做一些力所能及的事,增强他们为他人服务的意识。在家里,让孩子帮父母做些如洗餐具、买东西、打扫房间等家务;教育孩子在幼儿园或学校里参加劳动值日,如浇花、擦桌子、收拾玩具等。通过这些劳动,可培养孩子的耐心、责任感等,能让他们体会成人的工作,品尝做有益于他人的事而带来的喜悦。

【激励评价法】对孩子关心、帮助他人的行为,家长要及时给予赞许和鼓励,进行心理上的强化。如发现孩子帮助同伴系鞋带、擦鼻涕等行为,家长要及时给予肯定、表扬,让孩子理解这样做就是关心他人的好行为,唤起孩子欢乐情绪和自豪感。对孩子欺负弱小的行为,对同伴冷漠的态度,家长要及时给予批评并进行正确的引导。

【家长身教法】孩子单纯、幼稚,喜欢模仿。家长要以身作则,不断加强自身修养,对人对事要热忱友好,为孩子树立楷模。爱心是在人与人的接触中培养起来的,孩子可以从成人富于爱心的谈话和行为中,感受并学习成人心灵深处的这种优良品质。比如:当他人遭遇不幸时,家长不仅表示同情,还尽力帮助,这样,孩子长期耳濡目染,也会产生同情心,学会关心他人。

【同理心培养法】任何生命都有自我保护的本能,他首先是利己的,在经过教育或者是在现实社会中感受之后,才学会如何与他人相处。"己所不欲,勿施于人",这句话被很多人推崇,说明这句话有一定的积极意义,让孩子学会用同理心去思考问题,那他掌握"社会学"这门大学问的速度就会大大加快。

家长要培养孩子正确的人生观、价值观,让真、善、美充满孩子的心灵,成为他们为人处事的基本准则。孩子应该学会防止不法伤害的方法,但不是对人生处处设防。

(四)同情心培养方法

同情心是指真心诚意理解他人,设身处地体谅他人,对不幸者持关心、爱护态度的一种情感。同情别人的行为,不仅是一种良好的品德、高尚的情操,而且是一种必备的最基本的素质。

孩子缺乏同情心的表现有以下几种:

(1)认为在家里自己最重要。

（2）很少承担或不愿承担相应的家务劳动。

（3）经常和小朋友打架或者闹别扭。

（4）对自己的物品很敏感，不允许别的小朋友碰。

（5）会看不起幼儿园或小学里的某个小朋友。

（6）看到老师批评犯错误的小朋友会表现出幸灾乐祸的表情。

做家长的要改变孩子的以上习惯，可采用以下方法培养孩子的同情心：

【体味父母辛劳法】 亲情对孩子的成长和生活有难以替代的鼓舞和促进作用，感情亲疏在一定程度上决定了教育的成败。

为了使孩子感受父母孕育生命的艰辛，培养父母与孩子的亲情，懂得百善孝为先的道理，家长可有意识地开展一系列的亲情教育，让孩子知父母的苦，感父母的恩，报父母的情。一是阅读欣赏有关亲情描述的小作品，让孩子认识亲情，引发共鸣。二是让孩子做有心人，观察父母对他们的爱，体味亲情。妈妈早晨的催促声、风雨中送来的雨披、夜色中的守望、生病时父母的焦虑、失败时父母的鼓励等，这些都是亲情的体现。让孩子仔细观察将会让他们感受到父母之爱，感受到人间温暖，更加珍惜生命。三是利用他们喜欢的西方节日的特点，在父亲节、母亲节交流各自为父母做了什么，孩子会感到做得很少，很欠缺，从而激发感恩之心，他们将以更热烈的情绪投入到学习、生活中去，学会自我约束、自我激励，自觉性得到明显提高。

【培养善良之心法】 善良是智慧之舵，是幸福之源，没有善良的智慧会给人类带来灾难。

二战期间，希特勒集中了一些顶级的科学家研制化学武器，毒害了无数犹太人。战争结束后，从集中营里死里逃生的一位校长，对每一位即将走上讲台的老师，都会送上他亲笔写的一封信，信中告诫：我亲眼看到那些杰出的科学家用自己的聪明才智杀害了成千上万的生命……教育的结果难道是为了培养这样的人才吗？教育一定要培养孩子的善良，孩子的人格比什么都重要。

教育的最终目的不是传授知识，而是牵引孩子的灵魂！

父母要多赏识孩子的善良。善良就像肥沃的土壤，容易长出智慧的庄稼。如果只盯住孩子的分数而忽视善良，孩子就会像失去了舵的船一样迷失在汪洋大海。

【角色置换法】 让孩子进行"角色置换"。"角色置换"就是让孩子去感受别人的悲欢苦愁，让孩子设想自己就是那不幸者，从而体验不幸者的感受。例如，当孩子把一个小朋友推倒在地，该小朋友额头上起了个青疙瘩，痛得大哭不止时，你就可以问孩子："要是别人把你推倒，额头上起个大疙瘩，你痛不痛？"这时，孩子只要一想象，自身就与不幸者"调换"了位置，心理上甚至生理上就会感到一阵疼痛。当一个人能深切地知道别人的身心感受时，他就容易把别人的不幸当成自己的不幸，并产生帮助别人解脱不幸的愿望和行动。

【体贴长辈法】培养孩子对家长的体贴和关心。比如,帮爸爸倒杯水,给妈妈递东西,吃水果的时候挑大一些的给爷爷奶奶。每当孩子这样做的时候,父母都要及时地给予肯定和赞许,为孩子感到自豪,让他察觉到自己做了符合道德标准的行为,从而产生积极的情感体验。同时,让孩子有更多的机会接触家人以外的成人。可以带孩子到邻居家串门,在小区里遇到熟人亲切地进行交谈。让孩子在家长的引导下学习与别人和睦相处、互相帮助。所有这一切都会每时每刻影响着孩子,使他们从小与人友好相处,宽容待人。

【关心他人法】在日常生活中,家长应引导孩子关心和帮助他人。小朋友摔倒了,赶快去扶起来;同学的铅笔丢了,主动把自己的笔借给他;邻居奶奶提着满满一篮菜,上去搭把手;家人生了病,热情地送水、取药。孩子有这样好的表现时,家长应注意及时对他的行为进行肯定与鼓励。这样,不仅可以使孩子的良好行为得以强化,而且可以使孩子体验到关心帮助他人的乐趣,进而增强其同情心。

【爱护弱小法】虽然年龄小的孩子还不懂得同情的真正含义,但是家长要培养孩子有保护弱小的心理和习惯,哪怕是一棵小草,一只小蚂蚁,一只受伤的小鸟,都应当珍惜爱护。孩子能厌恶残忍,爱护弱小,他的同情心也就得到强化了。

【爱惜物品和小动物法】培养孩子爱惜物品和小动物的品德。有调查表明,在日常生活中,爱惜物品和小动物的儿童,绝大多数都具有强烈的同情心;而随意拆砸玩具、物品,摔打小动物的儿童,均具有强烈的攻击性,缺乏同情心。所以,应从小培养孩子爱惜物品和小动物的良好品德,严格纠正孩子有意损坏物品、残酷对待小动物的行为。

【厌恶残忍法】有些孩子年纪虽小,但很残忍,常揉烂鲜花,折断树苗,虐待雏禽,残害小动物。残忍行为和对残忍行为的麻木不仁、无动于衷,都是严重缺乏同情心的表现。培养同情心要使孩子对残忍的事物产生心理和生理上的反感,平常要尽量少让孩子接触残酷的场面,如电视、图画书中厮杀、虐待、殴打等内容。

【游戏培养法】游戏是孩子最主要的活动形式。家长可以通过游戏促进孩子的情感发展,培养他们的同情心。如让孩子扮演病人、医生、爸爸、妈妈等角色,体验生病时的痛苦,体会医生给人治病的快乐,感受妈妈做家务的辛苦、爸爸下班归来后的劳累等,从而懂得要热爱、关心自己的父母,去同情、帮助有困难的人。另外,也可开展其他的情景游戏,如在下雨的时候和没有雨伞的人共撑一把伞,在拥挤的公交车上给需要帮助的人让座等,来培养孩子互助友爱的精神,使孩子懂得只有众人的快乐才是真正的快乐。

(五)自信心培养方法

自信是孩子成长过程中的精神核心,是促使孩子充满信心去努力实现自己的愿望和理想的动力。一位哲人说得好:谁拥有自信,谁就成功了一半。自信可以使人产生许多优秀的心理品质,如坚持信念、坚持事业、欣赏自己、有顽强的意志、耐挫力强、判断力好、善于合作、人际关系融洽、勇于承担责任、勇于进取。这些都是成就事业和人生不可缺少的品质。自信加上上述品质,会形成"自信—成功"的良性循环,事业、人生的发展如虎添翼。如果在童年时代就培养了自信心,成年之后,就会有更大的潜力获得成功和幸福。但缺乏自信,过多地否定自己,精神上把自我打倒,总是觉得自己不如他人,失去主动精神和学习动力,产生了自卑感,就会严重地阻碍内在潜力的充分发挥,造成失败;不断失败又会更自卑、更失败,从而陷入恶性循环。

　　一些教育家认为有三分之一的学生成绩差是由于自信心不足。只要自信心提高,这些学生的成绩就会上去。自信心并非天生,而是要靠后天培养的。在日常生活中,家长培养孩子的信心,最重要的是要与孩子建立良好的关系,因为孩子的第一层人际关系是与父母建立的,这也是他们最在乎的关系。亲子关系稳定,孩子才有信心及能量发展与其他孩子的关系。

　　【"七多""七少"教育法】培养孩子自信心,可采用以下一些方法:

　　(1)多一分身教,少一分打骂。孩子会模仿大人的言行,学习如何适当表达情绪及想法。如果家长自己打骂小孩,却要求孩子不可以打骂别人,这是自相矛盾的。

　　(2)多一分询问,少一分指示。培养孩子的表达及思考能力,让别人了解他们的需求,适度地让孩子学习做选择。例如问他要玩什么游戏,穿哪一件衣服,吃哪一种水果,挑什么颜色,等等。

　　(3)多一分解释,少一分命令。让孩子学习了解别人的想法,当需要孩子配合我们的想法去做事时,尽量先让他们了解原因。

　　(4)多一分引导,少一分指责。当孩子有不适当行为时,先了解到底发生了什么事,帮助孩子学会说出自己的困难,然后引导孩子学习如何解决问题,提升能力及掌控感。例如当孩子打人时,家长可以先了解发生了什么事,帮助他说出当时的心情及想法,然后让他想想生气时可以怎么办,才不会让自己及别人倒霉。

　　(5)多一分自然结果,少一分处罚。当孩子不小心闯祸时,让他体验事情产生的自然结果。例如孩子打翻水杯时,考虑他的收拾能力,让他适度地学习如何善后。

　　(6)多一分激励,少一分干预。鼓励孩子从做中学,从失败中学,一方面接受失败的过程,另一方面积累成功的经验。

　　(7)多一分主动关怀,少一分被动拒绝。主动关怀孩子的感觉,多给肢体上的接触,尽量抽出时间陪他玩。

　　【挑前排座位法】注意观察,我们会发现,在教室或各种聚会中,后排的座位是先被坐满,大部分占据后排座的人,都希望自己不会"太显眼"。而他们怕受人注目的原因有可能就是缺乏信心。

坐在前排能建立信心。把它当作一个规则试试看,从现在开始就尽量往前坐。当然,坐前面会比较显眼,但要记住,有关成功的一切都是显眼的。

【正视别人法】一个人的眼神可以透露出许多信息。某人不正视你的时候,你会直觉地问自己:"他想要隐藏什么呢?他怕什么呢?他会对我不利吗?"

不正视别人通常意味着:在你旁边我感到很自卑;我感到不如你;我怕你。躲避别人的眼神意味着:我有罪恶感;我做了或想到什么我不希望你知道的事;我怕一接触你的眼神,你就会看穿我。这都是一些不好的信息。

正视别人等于告诉对方:我很诚实,而且光明正大。我相信我告诉你的话是真的,毫不心虚。

【加快走速法】许多心理学家将懒散的姿势、缓慢的步伐跟对自己、对工作以及对别人的不愉快的感受联系在一起。但是心理学家也告诉我们,借着改变姿势与速度,可以改变心理状态。身体的动作是心灵活动的结果,那些遭受打击、被排斥的人,走路都拖拖拉拉,完全没有自信心。

普通人有"普通人"走路的模样,做出"我并不怎么以自己为荣"的表白。另一种人则表现出超凡的信心,走起路来比一般人快,像跑。他们的步伐告诉整个世界:"我要到一个重要的地方,去做很重要的事情。"运用这种"走快25%"的技术,抬头挺胸走快一点,就会感到自信心在滋长。

【当众发言法】拿破仑·希尔指出,有很多思路敏锐、天资高的人,却无法发挥他们的长处参与讨论。并不是他们不想参与,而只是因为他们缺少信心。

在课堂上沉默寡言的孩子认为:"我的发言可能没有价值,如果说出来,别人可能会觉得很愚蠢,我最好什么也不说。而且,其他人可能都比我懂得多,我并不想让你们知道我是这么无知。"这些孩子常常会对自己许下很渺茫的诺言:"等下一次再发言。"可是他们很清楚自己是无法实现这个诺言的。每次这些沉默寡言的人不发言时,他就是又一次中了缺少信心的毒素了,他会愈来愈丧失自信。从积极的角度来看,如果尽量发言,就会增加信心,下次也更容易发言。所以,要多发言,这是信心的"维生素"。

不论是在课堂上还是参加什么性质的会议,每次都要主动发言,也许是评论,也许是建议或提问题,都不要有例外。而且,不要最后才发言。要做破冰船,第一个打破沉默。也不要担心你会显得很愚蠢。不会的。因为总会有人同意你的见解。

【咧嘴大笑法】笑能给人很实际的推动力,它是医治信心不足的良药。但是仍有一些人不相信这一套,因为在他们恐惧时,从不试着笑一下。真正的笑不但能治愈自己的不良情绪,还能马上化解别人的敌对情绪。如果你真诚地向一个人展颜微笑,他实在无法再对你生气。拿破仑·希尔讲了一个自己的亲身经历:"有一天,我的车停在十字路口的红灯前,突然'砰'的一声,原来是后面那辆车的驾驶员的脚滑开刹车器,他的车撞了我车后的保险杠。我从后视镜看到他下来,也跟着下车,准备痛骂他一顿。但是很幸运,我还来不及发作,他就走过来对我笑,并以最诚挚的语调对我说:'朋友,我实在不是有意的。'他的笑容和真诚的道歉把我融化了。我只有低声说:'没关系,这种事经常发生。'转眼间,我的敌意变成了友善。"

咧嘴大笑,你会觉得美好的日子又来了。笑就要笑得"大",半笑不笑是没有什么用的,要露齿大笑才能有功效。我们常听到:"是的,但是当我害怕或愤怒时,就是不想笑。"当然,这时,任何人都笑不出来。窍门就在于你强迫自己说:"我要开始笑了。"然后,笑。要学会控制、运用笑的能力。

【道出真情法】内观法是研究心理学的主要方法之一,就是很冷静地观察自己内心的情况,而后毫无隐瞒地抖出观察结果。这是实验心理学之祖威廉·华特所提出的观点。如能模仿这种方法,把时时刻刻都在变化的心理秘密毫不隐瞒地用言语表达出来,那么就没有产生烦恼的余力了。例如初次到一个陌生的地方,内心难免会疑惧万分,这时候,不妨将此不安的情绪清楚地用语言表达出来:"我几乎愣住了,我的心忐忑地跳个不停,甚至两眼也发黑,舌尖凝固,喉咙干渴得不能说话。"这样一来,不但可将内心的紧张驱除殆尽,而且也能使心情得到意外的平静。这要归功于坦白的效果。

【肯定语气法】有些女人面对着镜子,当她看到自己的形影或肤色时,忍不住产生某种幸福的感受。相反,有些女人却被自卑感所困扰。虽然彼此的肤色都很黑,但自信的女人会以为:"我的皮肤呈小麦色,几乎可跟黑发相媲美。"而她内心一定暗喜不已。可是,一个缺乏自信的女人却因此痛苦不堪地呻吟起来:"怎么搞的,我的肤色这么黑。"两种人的心情完全不同。由此可见,价值判断的标准是非常主观而又含糊的。只要认为漂亮,看起来就觉得很漂亮,如果认为讨厌,看来看去都觉得不顺眼。关于自卑感的情况也常常会受到语言的影响,所以说,否定意味的语言,对于一个人的心理健康有百害而无一利。

古罗马大诗人、《物性论》作者卢克莱修奉劝天下人要多多称赞肤色黝黑的女人说:"你的肤色如同胡桃那样迷人。"只要不断地赞赏对方,那么,这位女人即使再三对镜梳妆,或明知自己的皮肤黝黑,也会毫不在乎。这样一来,她就能专心于化妆,而且总觉得自己不失为迷人的女性。接着,卢克莱修奉劝大家不妨将"骨瘦如柴"改说为"可爱的羚羊",把"喋喋不休"改说为"雄辩的才华"。

总之,运用肯定或否定的措辞,可将同一件事实形容成有如天壤之别的结果。可见,措辞真是任何天才都无法比拟的魔术师。在任何情况之下,只要常用有价值的措辞或叙述法,就可以将同一个事实完全改观,驱除自卑感,令人享受愉快的生活。

【自我肯定法】如果缺乏自信时一直做些没有自信的举动,人就会愈来愈没有自信。

缺乏自信时更应该做些充满自信的举动。为了克服消极、否定的态度，我们应该试着采取积极、肯定的态度。有某一学生团体，提倡大学生每年选出一位最合乎现代且美丽标准的大学生，并且举办比赛。他们到大学、大街上，看到美丽的人，就把小册子拿给他看，请他们参加这个比赛。然后，大家变得愈来愈美，简直让人不敢相信。那里的工作人员说："大概是因为愈来愈有自信了吧！"这话完全正确。因为"我要参加这个比赛"的这种积极态度，使这些人显得好美。"我要参加这个比赛"，这种肯定生活的态度产生自信，使这些人显得更美。

丹麦有句格言说："好运临门，傻瓜也懂得把它请进门。"如果一个人抱着消极、否定的态度，即使好运来敲自己的门，也没法把它请进来。机会来临时，更应该抛开自己消极、否定的态度。运气不仅发自于外，也发自于内心。"今天一整天都不说刻薄话"，这类事看起来容易，其实不简单。但是，只要下定决心去做，就做得到。如果能在声音中表现得有笑容，那么人生就会一天天变得亮丽起来。因为，如果声音带着亲切的笑意，人们就会想和你交谈，然后你就会因为和人接触而有精神起来。电话交谈时，如果用有笑容的声音说话，对方听了舒服，自己也觉得愉快。如果苦着一张脸或者冷言冷语，不仅会让对方不舒服，自己也会不痛快。用言语冲撞对方，就是用言语在冲撞自己，自己对对方的态度同时也是对自己的态度。

【力尽所能法】做自己做得到的事时，个性会显现出来。要试着记下马上可以做的事，然后加以实践，没有必要非是伟大、不平凡的行动，只要是自己能力所及的事就足够了。因为我们就是想一步登天，所以才找不到事做。"今日事今日毕"，今天可以轻松学习完的内容，如果留到第二天，学习就会变得很沉重。

我们常遇到过分保护孩子的父母，他们习惯了为孩子摆平一切，并以为这是最好的为人父母之道。结果却事与愿违，因为孩子成长在几乎"无菌"的被保护的环境里，所以没有收获任何解决困难的能力以及成就感，当孩子遇上问题的时候，无法独自解决，对挫败的感受会很强烈，受挫后的创伤就很难修复。父母原想打造完美孩子，却因此使孩子丧失了对伤害的抵抗力而无法适应群体和社会生活。孩子自我否定，甚至反过来埋怨父母剥夺了自己的人生，亲子关系也变得非常恶劣。在这种情况下，父母要非常理性地自动隐身，选择"洞若观火"的姿态，默默地观察，在孩子需要帮助的时候再去帮助，在发现有孩子应对不了的危险时挺身而出。这种隐藏式的爱的方式，既可以给孩子独自面对生活的机会，也会获得孩子主动求助的尊重。

【信任孩子法】信任是可以传递的，父母信任孩子，孩子就会在不知不觉中受到影响。心理学发现，在被信任的背景下长大的孩子，都具备很好的自我认可度。每天都会给孩子吃维生素的妈妈，也要记得每天给孩子吃"自信"的维生素。"自信"的维生素就是来自父母潜移默化的信任。要经常认真地对孩子说："我相信你，你可以自己去做这件事情，如果这次做得不够好，妈妈相信总有一天你可以做得足够好!"

【宽容孩子法】培养孩子的自信心,宽容是非常重要的。在孩子犯错的时候,家长不要急于惩罚他,而是先给予惊恐的孩子理解和原谅,以抚平孩子内心的恐惧,才能培养出充满安全感的内心。这颗充满安全感的内心,会逐渐衍生出自我接纳和宽容的品质。在成长的岁月里,无论何时何地,当孩子遇上了困难或者受到伤害和打击,他都会是安全的,因为他已经从父母那里学会了如何谅解自己,也学会了谅解他人。继承着来自父母的"宽容"的孩子,就继承了"自我认可"和"自我接纳"的心理能力,这样的孩子,家长不必为他担心。

【多予关注法】家长要多关注孩子,这对培养孩子的自信心会有神奇的效果,因为你在向他传递这样的信息:你认为他非常重要、非常珍贵。你不需要花很多的时间,只需要一小会儿,在他跟你说话的时候,专注地听,或是关一会儿电视,回答孩子的某个问题。跟孩子有目光接触,让他清楚地知道,你确实在听他说话。当你确实赶时间的时候,就让你的孩子知道这一点,但是不要忽略他的需求。你可以说:"你画了什么,给妈妈好好讲讲。等你讲完,我就要给大家做晚饭了。"

【教清底线法】制定合理的规定。比如,如果家长告诉你的孩子必须在厨房里吃零食,第二天就不要让他拿着饼干和水果到客厅里去。知道某些家庭规定是雷打不动的,会让他觉得更有安全感。这可能需要家长不停地重复,但是他很快就不会让你失望了。家长说得要清楚、一致,让他明白。家长要表现出相信他,并期待他能做正确的事。

【提供选择法】一个基本原则是:让你的孩子在两者中选其一。因为对孩子而言,太多的选择会让他无所适从。比如,问他想穿带圆点的裤子还是条纹的,想涂色还是画画,早餐想吃小馒头还是面包。每多一次做选择的机会,他的自信心就会增长一些。让他知道你信任他的判断,会提升孩子的自我价值感。

【适度冒险法】鼓励你的孩子探索新事物,比如尝试一种新的食物,结交一个好朋友,或是滑下滑梯。虽然总是存在失败的可能,但是如果不冒险,成功的机会就会少得可怜。因此,在安全的范围内,让你的孩子去探索、去实验吧,克制你自己想去干预的冲动。比如,在他捉摸新玩具怎么玩时遇到了小挫折,尽量不要急着去"拯救"他。就算你只是跳过来说"我来吧",也会让他养成依赖性,有损他的自信。在你对他的保护欲和他解决新问题的需要之间取得平衡,这样才能培养他的自信和自尊。

【允许犯错法】让孩子自己选择的一个副作用是,他难免会犯错。对孩子的自信心来说,这是宝贵的教训。因此,就算外面很暖和,要是他坚持,就让他穿羽绒服吧。不过,你得在包里装几件合适的衣服。当他开始抱怨太热的时候,控制住跟他说"我跟你说过吧"的冲动。你只需要变出他最爱的短裤和 T 恤就行了。你可以说:"既然这么暖和,穿这件怎么样?"这样不会伤害他的自信心,他也会明白,偶尔犯错误是没有问题的。专家提醒说,当家长自己搞砸的时候,也要认错。承认你自己的错误并抛到脑后,会让你的孩子学到非常有用的东西,让他更容易接受自己的不足。

【赞扬法】有时家长很容易只记得孩子做错了哪些事,但是所有人都是在鼓励下取得更大进步的,因此,家长要在孩子在场时,对他做的所有好事表示认可。比如,你可以说:"今天你真棒,把自己所有的玩具都收拾起来了。"你的赞扬会让他如沐春风。称赞要具体,不要只说"做得好",而要说"谢谢你耐心地排队等待"之类的话。这会提升他的成就感和自我价值感,并且能让他知道,到底是哪件事做得好。

【鼓励法】每个孩子都需要他所爱的人的支持你可以对孩子说:"我相信你。我看得出你很努力。加油!"鼓励意味着承认进步,不仅仅是奖励他的成就。比如,感谢你的孩子能把自己的书收好,即使他漏了掉到床下面的几本。当他费力地使用自己的勺子时,你微笑着给他鼓劲,即便他的椅子上撒了很多食物。当他哼哼唧唧唱起"小燕子穿花衣"的时候,你要拥抱他,即使他落了两句歌词。

注意,赞扬和鼓励是有区别的。一个是回报所做的事,另一个是回报做事的人。前一个是"你成功了",后一个是"我以你为荣"。赞扬让孩子觉得,只有当他能做到完美时,他才是好孩子。而鼓励是承认他的努力。比如,可以说"给我讲讲你的画,我能看出来你喜欢紫色",而不要说"这是我见过的最漂亮的画了"。过度的赞扬会蚕食孩子的自信,因为这可能会激起孩子的表演欲望,让他越来越希望得到别人的肯定。因此,家长要公正地给予赞扬,但是可以慷慨地鼓励他。这会让你的孩子长大后自我感觉良好。

【善于倾听法】如果你的孩子需要跟你说话,就停下手头的事,听听他想说什么。他需要知道,他的想法、感觉、欲望和意见很重要。帮助他知道自己的情感是什么,会让他安心。你可以说:"我知道,我们必须跟旋转木马说再见,你很伤心。"通过不加评判地接受他的情感,你认可了他的情感,并告诉他,你重视他所说的话。如果你能分享你自己的感觉,比如:"要去动物园了,我可真兴奋啊!"他也会勇于表达自己的感情。

【放手参与法】积极参与各种活动,是孩子产生自信心的重要源泉。在活动中,孩子能增长知识技能,认识自己的能力,增加成功经验,体验成功的快乐。每个孩子都有自己的爱好,孩子在自己喜欢的领域活动时是非常投入、非常自信的。首先家长应给孩子准备充足的材料和宽广的活动区域,保证活动时间,让孩子按意愿自由选择活动内容。如在家庭的角落设置各种活动区域,让孩子自由地在那里剪、贴、读、观察等,在活动中引发他们的主动性、积极性,使他们在自由宽松的氛围中挖掘自己,展现自己的才能。各种实践和活动是孩子最喜欢的、心理健康教育的有效载体。如体育锻炼、文娱活动、劳动、社会实践等,孩子在其中动脑动手,快乐活泼,尽情表现自己,觉得自己是最棒的,加上同辈之间的互相感染、影响、竞争,更有利于自信品质的培养。

【切断退路法】切断退路,釜底抽薪,有时也不失为一种有效的方法。当孩子没信心做某一件事时,可引导他把这个目标当众说出来。大家都知道了,就使他有一种压力,非做不可了。

【悦纳自我法】家长要引导孩子悦纳自我。让孩子面对现实,高兴地接纳自己的一切,包括优点和缺点、长处和短处。喜爱自己,才能尊重自己,认为自己很不错,把这种美好的情感传播给和自己相处的每一个人。

【积极认识自我法】家长要帮助孩子形成对自我的积极认识,使孩子正确认识自我,有自知之明,正确对待自己的长处和短处,正确对待自己学习的成与败;激励孩子发挥自己的长处,把成功归于自己的努力、智慧和才能,使孩子看到自己的长处,认为"我能行",以此为突破点,形成促进自我不断进步的良性循环。

【表现长处法】创设机会让孩子大胆积极地表现自己的长处,从小事、容易成功的事做起,通过小的成功来增强自信。帮助孩子树立恰当的目标,引导他们一小步一小步地做,逐步强化;坚持每天记下一件成功的大小事,只要是成功的、可以增强自信的事都简单记下来;学会积极争取他人的帮助,增强成功的概率;循序渐进地积累成功的经验,淡化失败的体验;从积极方面去总结失败,吸取教训,把失败变为成功之母,自信心也就逐渐培养起来了。

【自我暗示质辩法】让孩子学会自我肯定、鼓励。经常说"我能行""我很棒""我一定可以做好"。只要自己不放弃自信,精神支撑就不会倒,成功就有希望。人生最大的敌人就是自己。建立自信,就要相信自己有能力干好每一件事,要把自己驳倒,用过去的成功例子,肯定自己一千次:"我能行。"自我质辩就是把自己分为甲方、乙方,甲方指责自己"笨""什么也做不好",乙方就用各种事实来证明自己不错,什么时候得过什么奖,得过什么第一名。这样,自质自辩,自信心就会不断增强。还可以用自信的表情动作,如说话大声、见人微笑、主动打招呼等,练习自信。

【自我调节补偿法】指导孩子自我调节,补偿自己的不足。补偿是人的天然动力。在正确认识自己的基础上,它可以使人不断提高自己、完善自己,从而培养自信。补偿有两种方法:一是以勤补拙。补短可以在自信的天平上逐步地增添砝码。就是失败,也不要看得太严重、太糟糕,也不要否定自己,失去信心。要找出原因,确定补救的办法,刻苦练习,发奋努力,持之以恒,付出比他人多许多倍的汗水,才能有志者事竟成。二是扬长避短。扬长可以增强自信。心理学认为,人只要大脑健全,总有潜在的能力可以开拓。古语说:"失之东隅,收之桑榆。"不要求自己各学科都齐头并进,自己不擅长的学科,达到一般要求则可,对擅长的、感兴趣的学科则加倍努力,使之特别优秀、出众。

【创设和谐环境法】在尊重、平等、宽松、愉快的氛围中培养自信。因为这种氛围令人安全、自由、放松,可以毫无顾忌地展示才能。家中人际关系的创设都要体现尊重、平等、宽松、愉快的氛围。

【增加成功体验法】孩子没有经历人生的坎坷和生活的磨砺,缺少韧性,往往经受不起大的挫折。而适度的成功体验往往会提高学习兴趣,帮助他们形成成功者的自我认识,从而成为上进的动力源泉。因此,家长要创设各种有利条件,使孩子在早期经历中更多地体验成功。通过创设顺境,增强孩子对家庭和学校生活的积极性,帮助孩子构筑美好的自我形象。

【发现自我长处法】帮助孩子认识自己拥有的巨大潜能和发展可能性,使他们深信:只要自己在某些领域的努力持之以恒,就一定能做出突出的成绩,成为国家的有用之材。家长要帮助孩子分析自己遗传素质的长处与短处,针对孩子的特点和优势,帮助他们及早确立正确的奋斗目标和远大理想,用美好的前景激励形成顽强的自信心和奋斗精神。

【"品味"失败法】培养孩子自信心的目的之一,是帮助他们正确地面对挫折与失败,以使其在以后的工作、生活中,不至于因为一次或者数次失败而气馁。家长要创设一定的情境,使孩子"品味"失败,引导他们在成功和失败的交织影响中明白这样一个道理:挫折和失败是人生必不可少的一个组成部分,可怕的不是失败,而是失败后丧失斗志、一蹶不振。顽强的自信心,是在挫折和失败中磨炼出来的。

【尽量独立法】自卑的人容易相信:自己离开他人就会一事无成。孩子随着年龄增大,必须摆脱依赖心理,靠自己的能力去完成事情。独立是自信的基础,也是自信的来源。只有独立地解决了问题,才会知道:原来我离开别人也是能够成功的,其实我也很厉害!让孩子承担自己的责任,是培养自信的第一步。让孩子独立地完成作业、思考、实践等,都可以培养孩子的自信心。

【掌握技能法】有一技之长的人,任何时候都不容易露怯。因为他在任何时候都有底气,知道自己有拿手绝活,就算这绝活现在不能用,但至少他也有学习的能力!通过学习掌握一项技能,不只锻炼了自己的学习能力,也能让自己在面对不了解的事物时,充满自信地说:"我现在不会,但我学习能力不错,只要我努力,一定能学会!"

【长期积累知识法】自信的来源在于自己掌握的知识,一个学识丰富的人,即使性格内向,少言寡语,很少和身边的人接触,他也不会认为自己被他人轻视。因为,他有傲视他人的本钱。当然,积累知识是一个长期的过程,就如同自信不是一朝一夕能够培养的。孩子不断地提高自己的学识,总有一天会无比自信。

【做足事前功夫法】做事没有自信,是因为对事情不了解,害怕出错,害怕失败。如果充分了解要做的事,了解它的每一个步骤,了解出现问题时相应的处理方法,那么,孩子就没有什么可害怕的了。俗话说,笨鸟先飞。害怕出错,就做足事前功夫,深入细致地调查要做的事,详细询问过来人的经验,有不懂的地方立刻请教他人，就会成竹在胸了。

【培养从容态度法】从容、淡定，是内在心态修炼到一定程度所呈现出来的那种优雅的感觉。淡定是一种思想境界，是一种心态。

宁宁是个自尊心特别强的孩子。有一天，他在幼儿园没得到棒棒星，回到家里情绪很低落。妈妈说："孩子，今天没得到棒棒星，说明你做得不够好，不要紧，明天继续努力，还会得到棒棒星的。"宁宁妈妈教育孩子的方法值得欣赏，对待生活、人生的态度从容、淡定。

我们的家长和孩子都需要这种心态，在生活中才会处之泰然，宠辱不惊，不会太过兴奋而忘乎所以，也不会太过悲伤而痛不欲生。淡然面对成功，坦然面对失败。失之坦然，得之淡然，顺其自然！当然，孩子要做到从容对待人生还得经历时间的磨炼。

【全面了解自己法】全面了解自己对于树立自信是非常重要的，认识自己的长处与短处，客观地评估自己的实力是孩子树立自信的基础。家长可以从以下几个方面教会孩子如何全面了解自己：

（1）认识自己的长处。尺有所短，寸有所长。每一个人都有自己的短处，也都有自己的长处。如果以己之长去比别人之短，就能发掘出自信，可以在客观地认识短处和劣势的基础上，找到自己的长处与优势。要让孩子经常对自己说："我还可以""我能行"。要让孩子时刻相信自己的能力，相信自己的判断和眼光。遇到任何问题的时候，不要被别人影响，试着自己独立解决，就能够做一个充满自信的人了。

（2）没有人十全十美。让孩子将自己的兴趣、嗜好、能力和特长全部列出来，哪怕是很细微的方面也不要忽略。然后再和其他同龄人做一比较。通过全面、辩证地看待自身情况和外部世界，认识到人都不可能十全十美，人的价值主要体现在通过自己的努力，达到力所能及的目标。对自己的失败持客观理智态度，既不自欺欺人，又不看得过于严重，而是以积极态度应对现实。如果孩子能够全面了解自己，就不会容易被别人的评价和判断影响了。

（3）客观评估自己的实力。孩子要克服不够自信的缺点，就要认识到自己是有能力的。孩子诚实面对自己和他人，知道自己能做与不能做的事，就能够坦然面对自己的失败，不会缺乏自信。一个人对自己的实力越清楚，越不会缺乏自信，也越喜欢现在的自己。反而是对真实的自己不太了解或者有错误期望的人，较容易缺乏自信。

【反思痛苦法】家长可以引导孩子反思不够自信给自己带来的痛苦。让孩子想想看：一个不够自信的人，有些什么痛苦？例如：被别人看不起，做事经常失败，内心非常痛苦，不快乐。想想这些痛苦，然后就要告诉自己，你不会再继续栽培自卑这种负面的情绪，你要栽培更多的正面情绪，如快乐、自信、诚实等。

【转移注意力法】一个人既不可能十全十美，也不可能一无是处。不要老把注意力放在自己的缺点和失败上，多注意自己优秀的一面。把注意力和精力转移到自己最感兴趣，也最擅长的事情上去，从中获得的乐趣与成就感将强化自己的自信心，驱散自己不够自信的阴影，缓解心理压力和紧张情绪。

【行动证明法】要求孩子用行动证明自己的能力与价值。看一个人有没有价值，可通过他所做的事情来判断。因此，可让孩子选择一件自己比较有把握也比较有意义的事情去做，如孩子写字很漂亮，就多练习，做成之后，再去寻找一个新目标。这样，孩子可以不断收获成功的喜悦，又在成功的喜悦中不断走向更高的目标。每一次成功都将强化孩子的自信心、弱化孩子不够自信的心态，一连串的成功则会使孩子的自信趋于巩固。当孩子切切实实感觉到自己能干成一些事情时，他还有什么理由怀疑自己的能力呢？

【补偿自己法】聋人尤聪，瞽者尤明，这是生理上的补偿，人的心理也同样具有补偿能力。为了克服自己的不够自信，可以将勤补拙。要让孩子知道自己在某些方面的缺点，以最大的决心和最顽强的毅力去克服这些缺点，这是积极的、有效的补偿。要扬长避短，缺点不是绝对不能改变的，关键是自己愿不愿意改变，只要下定决心，就能摆脱不够自信的自己。

【健壮体格法】只有体格健壮，孩子才会有良好的精神面貌。如果孩子身体虚弱，干什么事都容易疲劳，那么，他对所从事的活动就会缺乏信心。因此，父母不要总是逼孩子多读书、多做作业，还要督促孩子锻炼身体，让孩子有健康的体魄。

【游戏法】游戏是孩子天性的表现形式，孩子在游戏中获得成功，也会增强他的自信心。父母不要剥夺孩子玩的自由，要鼓励孩子与小伙伴玩，父母也要同孩子一起做游戏，让孩子在游戏中体验到成功的快乐。

【创造和睦家庭生活氛围法】父母良好的婚姻关系是孩子成长的基础，也是孩子自信心的来源。父母之间相亲相爱、相互信任、相互忠诚、相互支持，孩子在心中就确立了对人类之爱的信心，从而能勇敢地参与学校和社会生活。相反，父母不和，甚至离婚，就会给孩子心中留下悲伤的阴影，孩子就会局促不安，没有自信心。

【让孩子相信父母法】孩子的自信心也来源于对家庭成员的信任和爱。让孩子坚信父母的爱，就是在培养孩子的自信心。父母能与孩子多交谈、关心孩子的痛苦、说话算数，都能增进孩子对父母的信任和爱，使孩子觉得有安全感，从而让孩子有信心参与社会生活。

【给孩子表现机会法】一个人表现自己的机会越多，成功的可能性就越大。因为表现自己，就是表现自己的个性、意志、才能和德行，是在证明自己的力量。父母给孩子表现自己的机会，就是让孩子在生活中表现自己的力量，感受到自己成功的快乐。著名教育家苏霍姆林斯基说："成功的欢乐是一种巨大的精神力量，可以促进儿童好好学习的愿望。"孩子越能在成功的实践中证明自己的力量,他就越对自己有信心。因此,如果孩子想做饭,就让他做;孩子要搞家庭表演,就让他表演;孩子想办家庭板报,就让他办;孩子想表达自己的意见,就让他表达。总之,孩子想表现自己,父母就要为他创造表现的条件。剥夺孩子表现自己的机会,就限制了孩子发展的可能性。父母要知道,教育孩子就是提供孩子发展自己、表现自己的机会。

【发现表扬孩子长处法】一些孩子有能力却没有信心,这主要因为父母没有承认孩子的能力,甚至否定孩子。要树立孩子的自信心,就要发现并肯定孩子的能力,赞扬孩子的成功。每个孩子都有自己的长处、进步,即使成绩差的孩子也是如此。父母要留心发现孩子的每一次进步,如孩子期中考试数学考得好,画了一幅好的画,修理好了玩具,父母都要及时表扬。父母切不可忽视或否定孩子的成功,否则孩子会有挫败感,妨碍孩子的自信心的确立。一位女士说,她之所以做什么事都信心不足,原因在于童年时自己的成功遭到了父亲的冷遇。上小学时,她的作文被老师作为范文朗读,她非常高兴地告诉父亲,这位重男轻女的父亲却说:"女孩子写好作文有什么用。"从此,受到否定的阴影一直影响着她的学习和生活。

【鼓励孩子面对新生活法】如果孩子害羞,他会感到为难或觉得自己不行,父母要鼓励孩子参与新生活,帮助他渡过难关。比如鼓励孩子参与小伙伴的共同活动,与孩子讨论如何准备考试、如何与老师交往,帮助孩子处理新的情况。这样害羞的孩子也会信心百倍地走向新生活。父母不要漠视孩子的困难,不要提出孩子难以达到的要求,不要不恰当地把孩子同其他同学相比较来指责孩子的某些缺点。父母应当多给孩子鼓励和肯定,让孩子感受到成功与支持,这样他才有安全感,才有自信心。

(六) 羞耻心培养方法

羞耻心是对自己的言行、品质不符合社会道德准则及行为规范而产生的一种否定情绪体验,是对自己违反道德行为的知耻、惭愧和悔恨,具体表现为羞愧感和耻辱感。这种内在的情感体验是通过教育获得的。家长要利用正、反面典型,使孩子从厌恶坏事到有羞耻心,产生情感迁移,并使这种羞耻心得以强化,最后在实践中获得升华,让孩子自觉遵守道德行为规范。培养羞耻心的方法主要有以下几种。

【道德认知法】道德认知是人们对是非、善恶、荣辱的认识、判断和评价。比较固定的道德认知自然而然地成为孩子确定他们对客观事物的态度与行为准则的重要标准和依据。羞耻心的培养与道德认知的内容和水平关系密切。在孩子道德发展的早期阶段,他们主要是借助成人的教育和引导来获得一定的道德认知,知道哪些事情该做,做了会得到表扬,哪些事情不可以做,做了就要受到批评。一旦做了不该做的事情就会觉得丢人、不好意思、感到害羞,这是一种处于原始状态的羞耻心理,它经过实践的沉淀,会促使孩子对是非、善恶、荣辱的行为准则有一个初步认识,并基本上能够按照成人的要求行事。所以,道德认知的建构是一个发展和变化的动态过程,也是羞耻心培养过程中不可缺少的一个重要环节。一方面,一定的道德认知水平和能力为培养孩子羞耻心提供必要的前提和基础。另一方面,已经初步形成的羞耻心理也起着推动道德认知进一步发展的作用。

进行羞耻心培养时必须灌输给孩子最基本的道德常识,引导他们学习最基本的道德规范,让孩子懂得什么是道德的,为什么要讲道德,哪些道德规范应该遵守并倡导,哪些行为应该反对并唾弃。这里要注意的问题是家长要选择怎样的教育方式方法开展教育活动。家长既可以充分利用正面榜样的力量对孩子加以影响和引导,借之教育、引导和激励孩子懂得"做人从知耻开始"的道理;也可以利用反面教材的警示作用,让孩子对一些反面人物、事例进行讨论和思考,让他们产生做了坏事就会感到羞耻的心理。此外,还可以运用问题两难法帮助孩子在自我思考和分析中逐步澄清认知观念,达到自觉运用正确的道德准则和规范来约束自己言行的目的。

【培养自尊法】自尊心和羞耻心是道德认识和情感结合的产物,自尊心是羞耻心的基础,没有自尊心,也就没有羞耻心。二者是相辅相成的一种道德情感的两个方面。懂得羞耻的孩子才会自尊、自爱。孩子由于感受到自尊而确立做正派人的志气。因而,培养孩子羞耻心需要有非常重要而且强有力的促进因素——自尊心、自我尊重作为基础。

首先,要细心观察孩子的心理特征,从培养孩子自尊心入手来培养他的羞耻心。家长要细心观察孩子羞耻心理的微妙变化,并小心地去触及孩子最敏感的心灵,珍惜他们的自尊心和羞耻感。要善于观察、分析孩子羞耻心产生与发展的轨迹,并因势利导地进行教育。在孩子做错了事时,家长要善于运用他们的羞耻心,去激发他们的歉意、后悔的情绪体验,动之以情,晓之以理,导之以行,培养和爱护孩子的人格及自尊心,防止他们因教育失误而走向极端。

其次,要敏锐地捕捉孩子细微的外显特征。由于有了"自我",就需要别人承认他的人格,注意别人对自己行为品德的评价了。当孩子受到责备,自己也觉得事情做得不对时,就会萌发一种难为情,产生羞愧不安的羞耻心。但这种羞愧开始主要不是表现在内部的特殊情感体验上,而是表现在外部的表情动作上,如脸红、低头、不说话、用手捂脸或跑开、躲藏等。例如五六岁的孩子已开始用不着让成人说责备话,也能"自觉"地产生羞愧,表现出羞耻心。他们已经开始独立地评价自己,能从周围人们要求的角度看待自己的行为。可见,羞耻心只能产生在相应的道德认识之后,是与道德认识相联系的,并且已经开始由外部表情动作转化为内部情感体验。孩子一旦形成这种品格特征,认识到自己错了就会产生羞耻心。这说明他们有否定自我的情感意识,家长应从社会公众要求的角度来适时引导他们认识符合道德准则和行为规范的言行,引发他们的羞耻心。

再次,要培养、呵护孩子的自尊。孩子的羞耻感随知识的丰富和年龄的增长逐渐"社会化",小学生已会理解成人的责备的目光、讥讽和批评,已能借助周围人的眼光来评价自己的行为。他们不仅会为自己的行为感到羞愧,还会为别人、为同学、为兄弟姐妹,甚至因为父母的不良品行而感到羞耻,以至通过各种方式表示自己对他们行为的愤慨和谴责。这时,孩子已初步掌握了道德行为准则,羞耻感已更为高级——它能预见不良行为造成的后果,因而禁止自己去做错事。这对于羞耻心的形成起着十分重要的促进作用。

此时的孩子自尊会特别强,家长要培养和爱护孩子的自尊心以及由此引发的羞耻心。如果对孩子进行挖苦、讽刺、斥责、羞辱甚至体罚,会使孩子幼小的心灵受到创伤,磨掉他们的羞耻心。孩子失去了羞耻心,对自己的不良行为就不会感到难为情,甚至对教师和家长的表扬与批评也会无动于衷。这种麻木不仁的病态心理会给孩子的成长带来极大危害。

最后,要坚持正确的舆论导向。在孩子羞耻心发展的过程中,集体舆论起着重要的作用。集体教育力量不仅会扩大羞耻感的内容和范围,而且更加促使集体成员羞耻心的内化和深化,这样就能使孩子由被教育、影响、控制的对象,转化为能积极按着道德准则进行自我控制的主体。集体教育成为促使孩子羞耻感由外部被动的行为转化为内部特殊体验的催化剂。可见集体对孩子道德行为的严格公正的评价,具有不可估量的教育力量。家长要协助老师利用这一点,引导孩子鄙恶从善。

【自我实践法】羞耻心的教育,最后只有通过自我实践活动才能得到升华。

羞耻心发端于情感体验,内化于集体陶冶,在确立自尊心的基础上得以强化,最后在自我实践中获得升华。这是羞耻心教育中的基本一环,羞耻心只有使认识、情感转化为行动才能体现出来,而且也只有在自我实践中才能获得发展。

一般有以下几种自我实践的活动形式:一是记日记。把自己的所为、所思、所感写下来。二是阅读。阅读有益书籍会使人从另一个角度观察自己,用道德高尚的行为鼓舞自己,树立榜样。三是躬行。羞耻心形成发展的标志体现在行为上,羞耻心教育的实质是使孩子自觉遵循道德行为规范。四是学会评价。让孩子分析和评价自己行为上的是非、美丑,在自我教育、自我分析中克服缺点,纠正错误,积极向上,逐步培养起优良的品质和高尚的情操。

【情感迁移法】羞耻心是一种重要的思想道德情感,培养孩子的羞耻心,是提高其思想道德素质的基础。有羞耻心才能制止不良愿望、动机、言语、行为和防御自尊心受到侵袭,约束自己不道德的行为,激发、促进人痛改前非,将功赎罪。"知耻而后勇",为羞耻而痛心,是思想认识提高的表现。

当前,一些不良社会风气程度不同地腐蚀着儿童的心灵。有的孩子学习不动脑,抄袭作业,甚至考试抄袭,受到老师的批评也不以为然;有的孩子做了损害他人和集体的事,却不以为耻;有的孩子追求享受,挑吃拣穿,逃避集体劳动,丝毫不难为情。究其原因，就是那些孩子缺少一个人应具有的羞耻观念和缺乏羞耻的情感体验，未能形成羞耻心。因此，应及早对孩子进行羞耻心教育，这是当前心理健康教育的迫切需要。

羞耻心一旦变成孩子稳定的情绪状态，孩子就会具有接受道德教育的自觉性，提高思想道德素质，经过自己内部的情感体验积极主动地去追求获得高尚人格，通过自我认识、自我控制、自我监督、自我改造，促进道德情感的发展，使之与高尚的道德情感相符合。

【正面榜样法】提高孩子的道德认识，使他们能分清真、善、美与假、恶、丑，形成正确的是非观念，知道什么是光荣的，应当怎样做才符合道德规范，才能获得别人的尊敬。有些青少年的堕落，往往是由于他们对是非标准的无知。

【反面典型法】家长可利用反面典型促使孩子产生与思想认识相应的情感体验，使孩子懂得什么行为是卑鄙可耻的，为这一类行为而感到痛心。可耻的行为是多方面的，如欺负弱小、损坏别人的东西、取笑同学的缺陷、对人没礼貌等。孩子看到这些行为，为其感到可耻，从厌恶坏事到有羞耻心，这样，通过情感迁移，孩子的羞耻情绪体验就能变成一股激励他们向上的积极力量。

（七）责任感培养方法

责任是自己分内的事，或没有做好分内的事而承担的过失。一方面，责任来源于社会的规定。一个人在社会中生活总处于一定的社会位置上，这个位置就有职责、有要求、有任务，这一切就是人的责任。另一方面，责任来源于人的行为。人要对自己言行的后果承担责任，只有意识到自己的责任，履行自己的责任，才能做出有益于社会和人民的事，才能成为有价值的人。

父母要从小培养孩子的责任心。当今，让孩子学会负责显得更为重要。因为人与人、人与自然的关系越来越密切，而且世界面临着一系列威胁，诸如大气变化、臭氧层破坏、水污染、土质下降、动植物种类的急剧灭绝、森林遭到破坏等，这些都需要人有责任心，担负起改造世界、创造美好社会的责任。

【帮助孩子认识自己法】认识自己是自觉履行责任的前提。孩子意识到自己是什么样的人，认识自己的感觉、思想、忧愁、痛苦、快乐，就会思考自己应当成为什么样的人，会思考怎样实现未来的自我。在这一过程中，在孩子的心中产生了责任意识，一个真正有责任感的人就在父母身边诞生了。父母要经常同孩子进行有关自我的谈话，比如看完一场电影，让孩子谈自己的感受，谈对电影人物的看法，谈自己想到了什么。又如孩子考试不好，让孩子说出自己的委屈，表达自己的决心。父母也可把自己的经历、对人生的感触、对周围事物的想法告诉孩子，让自我形象直观地展现在孩子面前。

与孩子谈论自我是心灵之旅，是人的真情流露。父母言谈越能触及孩子心灵深处，就越能激起孩子成为父母所期望的好孩子的责任感。所以，父母要用心灵和孩子谈论自我。

【认识与他人、社会、自然的关系法】家长要引导孩子认识自己与他人、与社会、与自然的关系。

人生活在与他人、与社会、与自然的关系中，有关系就会有要求，有要求就有责任。孩子的责任意识和他对自己与周围世界关系的认识密切相关。

父母要引导孩子认识他与父母的关系，理解他是父母的期望，是家庭的未来；让孩子认识他与社会的关系，懂得他是社会的重要成员，是国家未来的主人；让孩子认识人与自然的关系，明白人要保护自然，关心地球。孩子明白了他在家庭中的位置，他就会努力给家里带来和睦、安宁、欢乐和幸福；明白了作为社会成员的责任，他就会遵守社会规则，为社会的公正、美好尽一份责任；明白了人与自然的关系，他就会爱护花草动物、保护生态环境。

父母要善于引起孩子的责任意识。比如，家里没有盐、酱油，可以让他去购买，为家庭尽一份责任；见路上有小石块，提醒他把石块捡开，尽一份社会成员的责任。

【提出具体要求法】责任是与社会要求相联系的，没有要求，就谈不上责任。父母要向孩子提出行为的具体要求，如爱护书本和书包、团结同学、尊敬师长、爱护花草、不要在路上砸玻璃瓶等。

【提高认识能力法】责任的确定是以人的认识能力为基础的。一个人能清醒地意识到自己的行为及其后果，他就有承担自己行为及其后果的责任。父母要让孩子理智地对待自己的行为，认识到自己行为的后果。

一方面，父母要教给孩子相应的知识，如安全知识、交通知识的知识等。有些孩子之所以造成严重的后果，往往是由于缺乏知识，如用铁丝往电插座孔里戳。另一方面，父母要帮助孩子积累社会经验，如让孩子学会做饭，学会照料病人，学会与陌生人打交道等等。孩子的知识、经验丰富了，就能促进孩子认知能力的发展，从而增强责任意识。

【对行为后果负责法】父母要引导孩子对自己行为的后果负责，在生活中培养孩子对行为后果负责的习惯。如孩子打哭了同学，让他自己去道歉；损坏了学校的公物，让他用自己的零花钱去赔偿；弄脏了家里的地面，让他自己清扫。

日本学者高桥敷先生在《丑陋的日本人》一书中讲过这样一个故事：他在秘鲁的一所大学担任客座教授期间，邻居是一对美国教授夫妇。有一天，邻居家12岁的男孩不小心将足球踢到了高桥先生家的门上，打碎了一块很大的茶色玻璃。事情发生后，不是孩子的父母来赔礼道歉，而是孩子用自己积攒的所有零花钱买了玻璃，带着玻璃来赔偿并道歉。在美国邻居看来，一个12岁的孩子应当对自己的行为后果负起他能负的责任，让他从为自己的过失所付出的代价中接受教训。父母要知道，孩子的事是他自己的事，他能承担多少，就让他承担多少，绝不能代孩子受过，因为那样只会助长孩子不负责任的心理。

【参与家庭生活法】培养责任心应遵循这样一个规律：从自己到他人，从家庭到学校,从小事到大事,从具体到抽象。对自己都不能负责的人,何谈对他人负责?不能承担家庭责任的人,如何承担社会责任?因此,家长对孩子责任心的培养应从家庭起步,从日常生活小事抓起,循序渐进,由近及远,从具体到抽象。今天让孩子承担起家庭的责任,明天他才能肩负学习科学文化的责任;孩子只有从小就能对自己的一言一行负责,将来才能真正懂得对他人负责。

孩子作为家庭的成员,既应该享受权利,当然也应该承担一定的家庭责任,包括一定的家务劳动。

〖让孩子当一天家法〗下面这个故事讲述了贺吉范夫妇是如何通过让孩子当一天家的方式,来培养孩子的责任心的:

一天晚饭时,桌子上没有儿子爱吃的红烧鲤鱼,他把小嘴噘得老高,满脸的不高兴,任凭怎么劝说,他就是不动筷子,急得我浑身冒汗却束手无策。妻子倒不慌不忙,慢条斯理地问道:"磊磊,你知道市场上鲤鱼卖多少钱一斤吗?"儿子摇摇头。妻子又问:"磊磊,你知道爸爸妈妈一月可以领多少工资吗?"儿子又摇了摇头。

妻子拿过一张纸,认真地跟儿子算起了经济账。儿子是二年级的学生,加减运算做得还挺熟练的。妻子先报总收入,也就是她和我的工资总数,然后报每月的支出:水费、电费、煤气费、米面费、房租、交通费等;另外,每月提取30元做全家购置服装用款,再提出20元存入银行,作为儿子将来上大学的费用;扣除这些开支,余款320元钱。每月30天,日平均生活费按10元开支,星期天另加5元,基本收支平衡。每月生活费不仅包括买菜,还包括油、盐、酱、醋等开支。算罢,妻子对儿子说:"磊磊,咱家如果不计划着花,每天都吃鱼吃肉,你看行吗?这还没计算你每学期的学费、零花钱和人情往来呢!"儿子的脸晴朗了许多,不情愿地端起了饭碗,慢吞吞地吃了起来……

晚饭后,妻子对我说:"明天是星期天,我们何不让磊磊当一天家呢!"我连忙表示拥护这一决定,并立即把儿子叫到跟前,郑重其事地把星期天15元钱的生活费交给他。儿子把钱拿在手里,既高兴又紧张。我叮嘱说:"磊磊,明天你当一天家,买什么你做主,就这15元钱,怎么花得有个计划。明天让妈妈陪你到菜市场。"

第二天一早,妻子便带着儿子去了菜市场,望着人头攒动的菜市场,儿子傻了眼。不远处有个摊点卖香蕉,他便径自走到跟前,犹豫片刻,他选了最小的一串,一下花去8.5元,妻子没有阻拦。不一会儿到了卖鱼的摊点前,儿子用剩下的6.5元买了一条不足一斤的鲤鱼。15元花个精光,只好打道回府。

回家的路上,儿子低着头,慢腾腾地挪动着双脚,去时的好奇和激动早已荡然无存。当天午饭,桌上不但没有鱼,连菜也是昨天剩下的冷羹冷炙,可儿子不但不耍脾气,饭还吃得津津有味。

从此之后,儿子似乎也长大了许多,懂事了许多,对家里的日常生活开支也多了份关心。有时买些鱼肉回来，他总要问个根底：多少钱一斤，花去了多少钱，超支了没有。偶尔还俨然像个"小大人"，一本正经地说："少买些鱼肉吧！"

〖分担家务法〗家长要有意识地分派给孩子一些力所能及的家务劳动，像擦桌子、拖地板、洗碗、取报纸、取牛奶、给花草浇水等，让孩子感觉到自己的行为对家庭、对父母的重要性。平时要多让孩子担任父母的"小助手"，做一些力所能及的事情，从而增强孩子的责任感，提高他的能力。

分担家务是孩子直接为家庭做出贡献的最好机会，也是孩子体会父母的辛劳，获得成就感、归属感，增加自己在家庭中的重要性的主要途径。同时，在分担家务的过程中，他们也能学到必要的生活技巧。家务技巧的重要性，丝毫不亚于其他任何孩子需要学会的生活技巧。

在分担家务的最初几个星期里，家长可以通过暗示、提醒，有时甚至还得运用压力或通过"行为契约"等手段让孩子做。考核标准要严格，如果孩子没有把某项家务做好，就必须重做。"忘了"做某件家务的后果，除了重做外，还要剥夺他的某种权利以示警醒。

〖服务家人法〗一位父亲被组织调到外地一年。临走时，他和9岁的儿子郑重地谈了一次话："儿子，我走之后，你是这个家庭唯一的男子汉，我的太太，也就是你的母亲，身体不太好，我就把她托付给你了，希望我不在的日子里，你能照顾好她！"儿子听完后郑重承诺，让父亲放心，他一定不辱使命，照顾好妈妈。每天放学后，他都会赶紧回家，然后打扫卫生，帮助妈妈择菜洗菜，晚上临睡前，总是要检查一下煤气和门窗关好了没有，比以前懂事了很多。

信任孩子，对他委以责任，给他服务父母的机会，孩子的责任感就能很好地被激发出来。

我们再来看国外优秀孩子的例子：汤姆的妈妈第一次参加幼儿园家长会，在去参加家长会的路上，妈妈半开玩笑地对汤姆说："汤姆，在你们幼儿园里，我可是一个人都不认识，我有些紧张，到时候你可得帮我呀！""没问题！我认识那里的每一个人，包括那些每天接送小朋友的爸爸妈妈。"汤姆认真地回答。

汤姆的确帮助了他的妈妈。他负责地陪妈妈到会议室，非常严肃地把妈妈介绍给园长以及其他老师，并且认真地将小朋友一一指给妈妈看，告诉妈妈他们的名字以及哪位是他的爸爸或妈妈。接着，汤姆把妈妈带到座位上，并给妈妈端来一杯水，说："妈妈，你先坐这儿，我去趟厕所，一会儿就回来。"

看，这就是3岁的汤姆表现出来的价值感和责任感。

责任感和价值感是紧密相连的，没有价值感的孩子就没有责任感。一个人只有服务他人，体验到自己的价值，感受到自己的重要，展示出自己的能力，看到自己的行为能对他人产生影响，能够得到别人的喜爱和尊重，他的自豪感才能油然而生，他才能增强自己的责任感。

〖生活自理法〗孩子责任心的养成有个过程，应从小开始培养，从生活小事做起。父母不能有孩子长大了再说的想法和做法,如果失去了从小培养的机会,孩子长大了也不可能突然就有了对人对事的责任心。教育孩子,应该从吃饭、穿衣、系鞋带、整理玩具、收拾书包、削铅笔、洗自己的袜子、整理房间等日常小事入手。只要孩子能够做的,就必须让孩子亲自去做,不要认为孩子做事慢、做得不好而不让他做,否则他永远也做不好。

不要总是对孩子说"你还小""你不懂""你不行",而要给孩子一定的锻炼机会,让他学会自我服务。孩子们的成长速度是惊人的,远远超出成人的想象,也许成年人认为孩子不能做的事,孩子完全有能力驾驭。因此,父母要尽量给创造孩子一些锻炼的机会,这样孩子便可以在自我服务中增强责任心。

人都有积极向上的内在趋势。孩子处于幼儿阶段时所表现出的各种主动尝试的愿望,正是一种责任心的萌芽。比如,幼儿要求独立吃饭,试穿衣服,手脏了自己洗……家长的责任是密切地关注他、扶植他、鼓励他,在尝试的过程中,培养其意识,增加其自信,使其逐步成为对个人、社会负责的,迈向自我实现的独立自主的个体。

相反,有的父母在孩子独立吃饭,将饭粒洒了一地时,立即夺过碗来喂他;有的父母在孩子第一次洗碗,摔坏了一个碗时,对着孩子摇头:"看你笨手笨脚的,还是我来洗……"长此以往,孩子会觉得自己无能,随之依赖性增强,责任心萎缩,慢慢地变得一步也离不开父母。由此可见,父母过多包办,反而会抑制孩子身上最为宝贵的责任心。

父母应该树立这样的观念:孩子能自己做的事,不要代劳;让孩子表达意见,让孩子自己选择、做决定。这是培养孩子责任心的重要方法。

【饲养小动物、种植花草法】可让孩子们饲养小动物,种点花草。让孩子在长期喂养小动物、给花草浇水施肥的过程中,一点一滴地培养耐心和责任心,并将这种感情迁移到对待其他人和事物上。事实证明,这种教育方法有利于培养孩子的责任心,能够促使孩子形成健康的人格。

【学习自主法】父母最希望的莫过于孩子学有所成,电脑、钢琴、家教……父母愿意不惜代价地对孩子进行智力投资。父母重视教育值得鼓励,但要真正提高孩子的学业,最重要的是要让孩子自己有学习的责任感。

有些父母不断向孩子施压,认为有了压力才有动力,有了动力才会有成绩。孩子则认为读书只是为了父母,是被动的、无奈的,甚至厌倦学习。只有当孩子自己主动地学习时,他才会有更高的效率。父母对待孩子应该像放风筝一样,握住手中的线,让它相对自由地飞翔。

一位优秀的母亲韩红玉说:"靠天靠地不如靠自己。"她没有陪读,也没有请家教,她尽量减少孩子对家长的依赖性,让孩子自己去面对学习,去承担责任。韩红玉是这样介绍她的教子经验的:

二年级的时候,老师每天都让学生回家做一篇口算交上去,但只发给一张口算卷。儿子拿回来说:"别的同学的父母都复印很多张留着每天使用,我们怎么办?"我给他找来几张复写纸,让他每3天重复写一次,再用复写的口算卷每天答一张。有一天,他写完语文作业就到晚上10点多了,在复写口算卷时,累得手指直发抖,就哀求我说:"妈妈帮我抄一遍好吗?"我就拉过他的小手给他揉,并对他说:"自己的事情,还是自己做,不要依靠大人。"孩子眨了眨眼睛,似乎听懂了,就又埋头抄写起来。

孩子在写语文作业的时候,遇到不会写的字常来问,我并没有一说了事,而是找来字典耐心地教他使用方法,遇到不认识的字怎么查。此后,字典就成了孩子的半个语文老师。当孩子对数学应用题不会列式而求助于我时,我并不急于帮助他列出算式,而是启发他反复分析例题,深刻理解各项已知条件和所求未知数之间的等量关系,并分析所做习题与哪一类型的例题比较接近,有哪些共同点和不同点,在列式过程中注意体现出哪些区别,等等。讲完这些道理后,还是让他自己去动脑筋列算式。通过这种一点一滴的培养,使孩子逐渐养成了依靠自己而不依赖别人的好习惯。从小学四年级开始,孩子已习惯于自己钻研解决学习上遇到的困难。

对于孩子放学后的业余时间,我也不强行安排他如何学习,而把自主权交给孩子,告诉他只要把老师当天讲过的内容弄懂,"消化"了,就可以去和小朋友玩。所以,孩子小学阶段的学习有张有弛,对孩子身心健康发展起到了良好的促进作用。到初中一年级时,孩子的学习成绩在全班排第五位,我就对他讲:初中的学习内容多了,需要比小学付出更多的努力,如果你认为自身还有潜力的话,希望你的名次能往前挪一挪。孩子默默地点点头。初二时,孩子的学习成绩已经名列全班第三,后来,又进入到全班第一,全年级第二,前不久获得全国中学生英语能力竞赛特等奖。

韩红玉给了孩子适当的引导,也给了孩子一定的发挥空间。试想一下,如果她一手包揽,能培养出孩子学习的自觉性吗?只有孩子主动去努力,才能真正去解决难题,取得成绩。

努力学习是孩子分内的责任,是孩子的义务,也是对家庭的责任,父母绝对不能助长孩子的依赖性,削弱孩子的自主性和责任感。

在家庭教育中,对于孩子责任心的培养,只有让孩子实践体验才能提高孩子的责任意识,家长越俎代庖是无济于事的。要杜绝陪读,减少督促和帮助,要相信孩子有能力管理好自己,把责任归还给孩子。有的家长教子成才心切,代孩子整理书包,帮助检查作业的错误,更有甚者,考试之前请假为孩子复习迎考,这是一种责任心的"错位"和"越位"。孩子做错了习题,打了"大叉",上课迟到挨老师批评,这些其实并不是什么大事,应让孩子承担这些"失责"的后果,从而懂得学习、成长是自己的责任。

家长在把做人的权利归还给孩子的同时,也要把做人的责任归还给孩子。

也就是说,让孩子承担相应的责任,对自己的行为负责。

【经历磨炼法】培养孩子的责任感,需要让他经历一点磨炼。有一位中国女孩4岁时来到在加拿大留学的父母身边。这个在国内住在外婆家的"小公主",是由保姆照顾的独生子女,大人们整天围着她转。到了国外,情况大变。刚住下10多天,妈妈就带着她去给别人家当保姆。从表面上看,她失去了"小公主"的幸福,但她得到了人生重要的经历。

妈妈当保姆的那家有两个男孩,一个3岁,一个1岁。妈妈要给他们喂饭,带他们出去玩,还要打扫卫生。4岁的中国女孩要帮助妈妈盯着他们,别让他们摔了,还得跟在他们后面收拾玩具。妈妈告诉女儿:"我们是穷学生,必须打工挣学费。"

在国外9年,女孩跟着父母打了许多工,从看孩子到浇花拔草,有时还要为在街头给游客画肖像画的父亲当模特。现在父母都有了固定的工作,不需要打工了,可一些老雇主非要妈妈去帮忙,她也一直跟着妈妈打工。打工生活使她学到了许多国内独生子女学不到的本领,她有如下体会:

我学会了自己的事情自己做,不让爸爸妈妈操心;也学会了做一些家务事和花园里的杂活。在亲身体会到爸爸妈妈打工读书的艰辛之后,我不仅养成了不乱花钱的习惯,也懂得了优越的生活不会从天而降,要靠自己努力争取的道理。但最重要的是,在和爸爸妈妈一起"工作"的过程中,我学会了他们做事勤勤恳恳、一丝不苟、不怕艰辛、乐于助人的工作作风与精神。我已经不再是一个全家人宠着、捧着的小姑娘,而是一个独立生活能力较强,也具有一定责任心的中学生了。

只要家长放手锻炼孩子,敢于狠心压担子,孩子们都会逐步坚强起来,养成可贵的责任心。

【服务他人法】我国著名的核物理专家钱三强15岁时在北京的孔德学校读书。有一天,他偶然读到孙中山先生的《建国方略》,书中把未来中国的蓝图描绘得十分鼓舞人:以兰州为中心的几大铁路干线,北方、东方和南方的大港……读着读着,他感到仿佛走出了黑暗的涵洞,立刻见到了光明。"可是,合上书本一想,由落后到富强,从黑暗到光明,其间有多么长多么大的空白要去填充啊!朦胧中感到有责任响应孙先生的主张。要使国家摆脱屈辱,走向富强,除了建立强大的工业,发展先进的科学技术,别无他途。"于是他下定决心,集中精力学习数学与物理,准备投身中国的建设。1948年夏天,在国外留学的钱三强毅然回国,参加祖国建设,终于实现了自己的梦想,为我国的国防科学研究、核研究作出了突出的贡献。

一个偶然的事件改变了钱三强,使他树立起自己的理想——以振兴中华为己任,并把这种责任感转变成鞭策自己不断前进的动力,从而使自己的人生变得灿烂辉煌。

前外经贸部副部长龙永图讲述了一个令人感慨的故事：他到瑞士访问的时候，在一个洗手间里，听到隔壁小间里一直有一种奇特的响动。这响动时间过长，而且也过于奇特，因此引起了他的好奇心。于是，他通过小门的缝隙向里探望。原来，小间里一个只有七八岁的小男孩正在修理马桶的冲刷设备。一问才知道，是这个小男孩上完厕所以后，因为冲刷设备出了问题，马桶没有把脏东西冲下去，因此他就一个人蹲在那里，千方百计地想修复那个冲刷设备。而他的父母、老师当时并不在他的身边。这件事令龙永图非常感慨，一个只有七八岁的小男孩，竟然有如此强烈的负责精神，可以说这种负责精神已经渗透了他全身的每个细胞，已经完完全全成了习惯。

我们的孩子很少有人因为这点小事而如此着急，他可能试几下就放弃了，因为他既可以因为年龄小原谅自己，也可以因为不是自己能力范围内的事而原谅自己。其实这不仅仅是公共道德的问题，更重要的是责任感问题，强烈的社会责任感让这个七八岁的孩子认为，不能把马桶冲干净就不能走，因为这会影响别人的使用。

家长一定要让孩子明白：我们不仅要对自己的亲人负责，而且要对别人、集体、社会负责，只有这样，才有可能成为社会所需要的人。所以，家长应鼓励孩子多接触社会，多参加公益性活动、"志愿者服务"活动，深入农村，服务社区，发挥自己的一技之长，做该做的事，做好该做的事。

【认真负责习惯养成法】法国心理学家林格尔曼让一些年轻人分别以 1 人、2 人、3 人、4 人……直到 8 个人一个小组的形式进行拔河，并用测力器测量他们在不同群体中用力的情况。结果发现，当这些人单独拔河时，人均拉力是 63 公斤；两人组的拉力是 118 公斤，比平均叠加值少 8 公斤；三人组的拉力是 160 公斤，比平均叠加值少 29 公斤；八人组的拉力是 256 公斤，比平均叠加值少 248 公斤。

这样的结果表明：群体力量的总数低于单个力量叠加的总和。

林格尔曼称这种现象为"责任分散"，即当个人单独完成某件事情时，因为独自承担责任，会有积极反应；但当众人一起完成时，人往往会希望别人担点责任，自己在行动上则有所保留和退缩。

当孩子面临某一任务时，家长应鼓励他负起个人责任，在可能的范围内，不等待而先干起来。这样，不仅有利于孩子独立精神和责任感的培养，而且有助于养成他们遇事积极主动地解决问题的自觉性。一个人的意识中，依赖性多一分，责任感就少一分，进取心就削弱了一些。

培养责任感最忌讳的就是有依赖、消极被动、推诿扯皮的思想。杜鲁门总统的座右铭是："责任到此，不能再推。"被告知过两次后才去做事情的人是很难成功的。

有着强烈责任感的人，做事做到位的可能性就大。培养责任感最有效的方法就是无论做什么事都要认真负责,拿出自己最高水准把它做好,哪怕事情很小、微不足道,也要认真干好,绝不能出现任何敷衍了事、应付差事、只图速度不讲效果的现象。比如,孩子刷碗草草冲洗一遍算是完事,碗上留污点或油腻,就要严格要求孩子重洗;做作业,发现一次不认真,就得重做;扫地就要扫得干干净净,不留死角;擦桌子就要擦得一尘不染。只有这样做任何事都认真负责,才能真正培养起强烈的责任意识。

要培养责任感,必须从点滴小事做起。对小事的责任感,往往是对大事的责任感的基础,一个人对所谓的小事采取马虎态度,在他的身上是难以养成对大事的责任感的。我们要抓紧小事不放松,"积善成德",责任感的形成只能用"积"的办法,通过一点一滴的努力来完成。比如,干净的地面上有一点纸屑,这时孩子看到就应该自觉地把它捡起来放到垃圾筒里;看到车棚里的车倒了,就去扶一下;看到水龙头由于没拧紧在滴水,就赶紧过去把它拧紧;在学习上要认真完成老师布置的作业和班级交给的具体任务;平时孝敬父母,尊敬师长,关心帮助同学,热爱集体,参加义务劳动等。孩子应从这些看似平凡,而实则蕴含高尚情操的小事做起,逐步建立良好的责任感。

【对己行为负责法】勇于负责是衡量一个人能力及成熟度的最佳方法之一。一个人只有对自己负责,才能对别人负责,一个对自己都不负责的人,将来肯定一事无成。任何人都应对自己的选择负责,对自己的所作所为负责。无论生活好坏,都是自己造成的,一个人只有对自己完全负责,才会拒绝找借口,拒绝推卸责任给别人,操之在我,才能勇敢地面对生活,积极进取。

所有成熟并取得较高成就的人最突出的一个特点就是他们愿意对生活中发生的一切承担全部责任,对任何事情都承担100%的责任是生活、学习、成长和发展的唯一路径。

不肯承担责任的人就会去责怪和批评别人,制造借口,贬低周围发生的一切。但一个人在贬低别人的过程中,不可避免地也把自己贬低到了同样的水平。如果一个人痛苦、过度挑剔并正在遭受不负责的行为带来的消极情感,那么就不可能指望他取得高水平的成就。

〖承担责任法〗孩子走路跌倒或不小心碰到身体的某个部位时,很多家长会迁怒于其他物体。比如,是凳子绊倒了孩子,妈妈就会说:"我们打凳子,害我们宝宝跌疼了。"于是妈妈作势打凳子,而孩子因为转移了注意力,也就不哭了,妈妈觉得这招很灵:瞧,孩子不哭了!可是这一招有个后果,就是给孩子一个信息:在任何时候都可以转移责任,找到"替罪羊"。长此以往,很难期待这样的孩子会有责任感。凳子绊倒了他,本来是他的责任,妈妈应该告诉他,下次走路要避开凳子,注意凳子的腿,等等。

家长要教会孩子承担自己行为的后果,要对自己的行为负责,而不是光踢凳子。只有承担责任,孩子才能感到自己掌握了控制权,才能建立自信。如果所有的控制权都在别人手中,孩子对自己的所想、所做没有一点责任感,那将会使孩子感到自己是软弱的、被动的。缺乏责任感必然会削弱自信。

许多年前,南非有一个叫古列的小镇发生了地震,5 个在游乐宫玩耍的小孩全部被埋在瓦砾中,唯独 10 岁的小奈尔从石缝里爬了出来。昏迷的他被送到医院,一天一夜后才醒来。醒来后,他立马翻身下床,拖着一条受伤的腿,拼命地往游乐宫爬去,他对救护人员说:"那里有我的朋友,是我带他们去玩的,我有责任把他们救出来!"后来,人们根据他的记忆,找到了路径,经过几个小时的艰苦营救,终于将奄奄一息的孩子们救了出来。小奈尔虽然落下了终身残疾,但他赢得了人们的尊敬。

下面我们来分享著名的少年儿童教育专家孙云晓先生的一则教育案例:

孙云晓 11 岁的女儿孙冉和 9 岁的邻居小男孩郑重经常到家前面的一家大饭店门口的停车场玩。一天晚上,他们玩得正高兴,身着制服的警卫走了过来,怕他们不小心弄坏汽车,对他们做了提醒。回到宿舍楼区,孙冉突然闪出一个念头:要报复一下那个警卫。结果她的提议得到了郑重的同意,他们捡了好些小石子,用停放的汽车做掩护,溜到警卫身后,朝水泥地使劲地扔石子,石子落地的响声吓坏了那个警卫,他紧张地东张西望,孩子们边笑边跑了回来。一连几个晚上捣乱,警卫都没有逮到他们。然而一天晚上,当他们又如法炮制时,警卫追了上来,孙冉吓得不要命地跑回了家,而身后的郑重被抓住了。

孙云晓问女儿:"怎么了?"女儿泪流满面地哭了。在孙云晓的再三追问下,女儿支支吾吾地讲了事情的经过。孙云晓严肃地说:"主意是你出的,你是姐姐,郑重是弟弟,你应该负责,否则你明天怎么见他呢? 你马上去承认错误!"

女儿犹犹豫豫地走了出去,到了郑重家惭愧地向郑重道了歉。

家庭教育千头万绪,关键是孩子责任心的培养。没有责任心的人是不值得信赖的,责任心是孩子能否成为一个真正的大写的"人"的关键。

〖自我收拾局面法〗家长应该培养孩子敢于犯错误,敢于失败,同时并不降低他自己的自尊心和自信心。

一次,一位朋友带着他 4 岁的女儿来我家做客。这个小女孩只顾自己玩耍,一不小心将一只盛有红茶的杯子碰掉在地上打碎了。

这件事如果发生在别处,许多爸爸的反应会是一边忙着收拾茶杯的碎片,一边不停地向主人道歉,并且还要当面呵斥孩子:"怎么搞的? 这么调皮。"而做了错事的小孩子也会躲在一边哭。

我这位朋友的做法却不一样。他只是马上把洒在地板上的茶水擦净,然后就严厉地对孩子说:"快去找阿姨借一只盘子来,把茶杯的碎片收拾干净,再向叔叔和阿姨道歉。"

小女孩几乎要哭了出来,她很快按照爸爸的吩咐借来了托盘,并且把茶杯的碎片从地上捡起放在托盘里面,然后过来向我们道歉:"我太冒失了,请叔叔阿姨原谅。"

看到小女孩收拾碎片时笨拙的样子,我妻子从厨房跟过来想帮她。可当我的妻子注意到那位爸爸投向女儿的既严厉又慈祥的目光时,随即打消了要帮忙的念头。我在旁边看着这一切,也深深感动,觉得这才是真正的教育! 这位爸爸当场教给孩子一个道理:即便你年龄再小,但只要是自己闯的祸,就要由自己来承担责任。

在现实生活中,很多父母往往是先批评孩子的过失,再由父母来收拾残局。然而,如不亲身体验一下如何为自己的过失付出代价的话,那么留在孩子心中的只有对过失的记忆,而不会从中得到任何启迪。长此以往,孩子就会害怕失败,或许会变得缩手缩脚,不再主动去做什么。

相比于训斥,更注重让孩子动手收拾局面的教育方法,却会把失败转化为孩子成长的营养。它会让孩子学会如何避免失败,失败后应如何去做。这才是真正的学习,让孩子更自信地去探索,去尝试,去行动,去实践。承担过错能促使孩子人格的发展,增强自信心和自尊心。

一般来说,孩子有了过失的时候,恰好是教育的良机,因为内疚和不安使他急于求助,而此时明白的道理有可能刻骨铭心。不论孩子有什么过失,只要他有一定的能力,就应当让他承担责任,这是现代父母的真正爱心。

让孩子为自己的过失负责,那么他从中悟出的道理,比父母讲出的道理要深刻得多。教训是他用行动总结出来的,如果让他用自己所付出的代价去反省、去更正自己所犯的错误,那么他今后犯错误的概率就会大大减小,因为他为此付出了沉重的代价。

【以身作则法】指导孩子做人,贯穿始终的是家长的榜样作用。家长的一言一行,都是孩子效仿的对象。家长加强自身的修养,提高自己对家庭、工作和社会的责任感,是培养孩子责任感的最好教材。

【提醒强化法】要有意识地提醒孩子,逐渐强化他的责任意识。比如,提醒孩子关注天气变化,记着将晾着的衣服收进来;每天晚上临睡前,让孩子帮助检查一下门窗、煤气,看看是否关好;家人病了,有意识地让孩子督促病人吃药,并暗示他多承担病人负担的工作。久而久之,习惯成自然,孩子就会觉得这就是自己应该做的事情,责任感自然会增强。

【反思总结法】家庭也会出现这样或那样的失误,家长要善于抓住典型事例,遇事而诲,对孩子进行责任感教育。比如,出现这样的事情是由于谁没有尽到责任? 家长可以和孩子共同讨论,使孩子在反思中成长,在实践中进步。

【自我责任感训练法】家长可从以下方面培养和锻炼孩子的自我责任感:

(1) 放开孩子的手。

(2) 用时间观念增强孩子的责任感。

(3) 别让孩子养成赖床的习惯。

（4）帮孩子戒掉马虎的习惯。

（5）提醒孩子带齐各学科学习用具。

（6）不要让孩子转嫁责任。

（7）教孩子关心身边的事。

（8）提醒孩子做完作业再去玩。

（9）培养孩子的主见和思考能力。

（10）培养孩子信守承诺。

（11）家长别过分袒护孩子。

（12）让孩子学会自理。

（13）帮孩子战胜惰性。

（14）让孩子自主学习。

（15）多听听孩子的意见。

（16）别小看家务对孩子的影响。

（17）为孩子制订家务计划。

（18）教导孩子自己的事情自己做。

【珍爱生命训练法】日本作家山本道子常常都把"死"挂在嘴边,比如到国外旅行之前,一定会清楚地对她的两个孩子说:"如果飞机坠落,我不幸死去了,你们一定要互相帮助,知道吗?"她要让孩子知道,父母的死亡一定会造成永久的分离。

山本的母亲是在她26岁时去世的,由于在此之前她从未想过父母会去世,所以母亲的去世给了她极大的打击,于是她下定决心,绝不让自己的孩子重蹈覆辙。

尽早让孩子面对死亡的事实,是断绝撒娇的有效方法之一,所以父母在参加亲友的葬礼时,不妨带着孩子们同行,让孩子亲眼看见昔日疼爱自己的亲友,已安息在棺材之中,孩子便不会认为死是抽象的。另外,由于孩子已具体目睹死亡,所以应当会兴起如此的意念:将来父母也会去世,如此我便必须独自过活了。让孩子早日有超越苦难的心理准备,是正确的做法。

如果你问犹太人的小孩:"人死之后会到哪里去?"他们必定会这样回答:"人死掉之后一切都结束啦!"犹太教不相信来世,所以他们教导孩子珍视生命,并且让他们明白生命只有一次。

带孩子参加葬礼,也可以使孩子在看见死者的生平与死亡后,对生命涌起另一种看法。一位作家对于父亲带他去参加朋友的葬礼之事印象非常深刻,死者是为了要解救触礁轮船上的同事们而不幸牺牲的船员。作家边看那脸色灰白的尸体,边听父亲谈论那个人的义举。几年后,他的父亲突然死去时,他的脑海里不自觉地便浮现那个船员的影像,并且说:"父亲和我的关系绝不会因此而结束,我觉得它已化成与过去完全不同的形态,与我常伴左右!"

要孩子面对死亡的存在，首先就必须让他知道"人生到底是什么"。能了解人生的意义，自能培养出孩子的忍耐力或责任感。被过分保护而娇生惯养的孩子，常因芝麻绿豆大的小事而闹自杀。借机会让孩子了解死亡的意义，是绝对必要的。

（八）正义感培养方法

正义是人应具备的一种品质。我们的教育目标是，让孩子在长大成人踏入社会后，在遭遇了一系列势利圆滑、自私冷漠、胆小懦弱的事件后，仍能将正义之心强化为本能的精神，这就是对事物判断持冷静客观的公正态度，有是非分明的界限和分寸，纵然在特殊状况下、必须对抗时，也力求公平竞争，不要诈占对方便宜，也不接受来源不当的恩惠。让孩子身上正义的火苗呈燎原之势，是家长的责任。家长要培养孩子以下两个方面的素质：

一是维护公平正义的品质。践行公平正义理念，首先要在思想上、情感上想公正。这种对公平正义的诚挚追求，是肩负起正义使命的动力源泉。公平正义又是善良和爱心的艺术，不仅需要一颗公正之心，而且要有一颗善良之心。

二是维护公平正义的勇气。在社会转型时期，人们时刻面临着来自权力、金钱、物质的各种诱惑。要始终把社会利益放到第一位，树立公平正义的观念。

【家长影响法】家长的行为对孩子的影响巨大。对于未成年的孩子来说，父母的榜样具有特别重要的作用。例如，孩子在幼儿园的时候就背"红灯停，绿灯行"的歌谣，所以他们过马路很少闯红灯，骑自行车也是规规矩矩地在自行车道里行驶。可是跟父母一起上街的时候，孩子却总被父母拉着不走人行横道线，不走地下通道，也不走人行天桥，而是翻栏杆、横穿马路。父母的借口是忙，赶时间，殊不知这会让孩子误认为是可以不遵守规则的，自己的利益大于规则的严肃性。社会是教育孩子的活教材，家长对社会上负面事件的不当看法也会极大地挫伤孩子的正义感。再如，有小偷偷东西，家长看见了还不许孩子说；有人被车撞伤了，肇事车逃走，家长就对孩子说不要插手，帮人不讨好，还脱不了干系……在这样的教育背景下，孩子怎么可能树立起正义感呢？

父母应做孩子的榜样，堂堂正正，光明磊落，勇敢机智，让孩子感受到正义的力量，受到正义情感的熏陶。下面我们来看一则报道，从中可体会到家长行为对孩子日后的影响：

意大利首都罗马街头有个50多岁的流浪汉，名叫纳塔莱·莫雷阿。他失业多年，靠街头乞讨为生，社会地位十分低下。不过他虽身处逆境，却颇有正义感，一次见义勇为的行动使他一举成为人们心目中的"流浪汉英雄"。

2003年11月14日，罗马火车站附近发生了一起数名歹徒持刀对5名女孩实施抢劫的恶性事件。正在车站广场乞讨的莫雷阿见状，奋不顾身地冲过去，赤手空拳与持刀歹徒搏斗起来。5名女孩得救了，但他却终因寡不敌众而身负重伤，被过路人送进医院抢救。这件事很快传遍了罗马的大街小巷，也传到了市长的耳朵里。

24日中午，罗马市市长亲自到医院看望了这位救人英雄。说来也巧，这一天恰好是"流浪汉英雄"的生日。得知这一情况，市长特意派人去买了一个蛋糕来祝贺他的生日。在他的病床前，市长高度赞扬了他见义勇为的精神，并代表市政府向他表示慰问，祝愿他早日康复。更让这位"流浪汉英雄"意想不到的是，在圣诞节前夕，市长给他带来了一份特别的惊喜，那就是交给他一套房子的钥匙，并通知他从当天开始就可以入住了。

原来，莫雷阿见义勇为救人的故事见报后感动了当地的一家建筑公司。考虑到他本人的状况，该公司决定拿出一套住房供他使用，并邀请他成为该公司的保安。于是市长代表那家公司，亲自把钥匙交到了他手里。

当记者询问莫雷阿为何有如此勇气面对歹徒时，他说："我的父亲去世前就是一名保安，他就是这样干的。我想，这个社会需要这样的人……"

莫雷阿的父亲是位成功的父亲，正是他关于正义的教育，挽救了那5个女孩，也挽救了身处逆境的儿子。

【培养观察判断力法】要培养孩子对人或事物具有一定的观察和判断力。正义是指人对事物和人与人之间的各种关系的应有的认识。正确的认识始于全面深入的观察和准确的判断。为此，要使孩子具有正义感，一定的观察力和判断力的培养和训练是必不可少的。要引导孩子注意观察生活，要求他们描述一天的所见所闻。家长也要不厌其烦地回答孩子提出的各式各样的问题。家长还可以借助一些文艺作品，提高孩子的思想水平。家长可以引导孩子多接触一些培养道德情操的优秀文艺作品，跟孩子一起讨论书中人物的表现。让孩子逐步懂得，诚实正直是中华民族的传统美德，要从小做一个有正义感的人。

【实践法】培养孩子的正义感最关键的是实践。父母应该让孩子多观察、参与周围发生的事，然后和孩子一起讨论，以提高孩子的认知水平。如果孩子看到了一个小男孩欺负一个小女孩，可以问孩子："那个男孩做得对吗？为什么？你会怎样做？"让孩子知道欺负弱小是不道德的行为。看到有人摘花坛里的花，可以问孩子："他做得对吗？为什么？你会怎样做？"让孩子知道爱护公物是做人应有的公德。另外，父母可以和孩子一起看一些时事新闻，特别是有关治安和青少年问题的案例，然后一起讨论，诱导孩子分析个案的正反两方面。当孩子在看警察抓小偷的故事时，让孩子思考：小偷偷别人的东西对不对？警察抓小偷是为了什么？孩子透过自己的思考和分析，对善恶之分的认识会特别深刻，无形中也就增强了正义感。

【培养平等意识法】要逐步培养孩子的平等观，养成他们的平等意识。人与人之间是平等的关系，没有高低贵贱之分。人在社会生活中不仅会受到政治体制和一系列的经济、社会条件的影响和限制，而且会受到家庭以及自身客观条件的深刻而持久的影响。家长要教育孩子平等待人，一是教育他们不要以父辈的优越地位作为自己炫耀的资本,并进而歧视他人,也不要因父辈的平凡平庸而感到自卑,要发愤图强,发挥自己的聪明和智慧。二是教育他们不要因自己的天资聪慧而傲视他人,居高临下,高人一等,也不要因为自己不够聪明而灰心丧气,要牢记"三分天才,七分努力"的道理,要勇于笨鸟先飞,锲而不舍,迎头赶上。

【儿童文学感染法】正义感不同于快乐、愤怒或悲伤。它不是人类与生俱来的情感,而是一种潜移默化社会化的过程,并随着社会认知水平的发展而发展。孩子在成长的过程中受环境影响会逐渐产生正义感。

孩子小的时候,给他讲道理有时是行不通的,他们对说教不感兴趣,也不理解,而故事和图画书的情感体验更适合孩子,所以,要充分利用儿童文学的感染力量。在大量的童话、故事、儿歌、寓言中不乏善良与邪恶、正直与狡诈、勇敢与怯懦、献身与自私的各种形象。家长要指导孩子欣赏生动的画面,让真善美的影响进入孩子的内心世界。

【不良品德行为的矫正法】不良品德行为是指错误的道德支配、违反道德规范、损害他人或集体利益的问题行为。在中学里有不良品德行为的学生虽属少数,但负面影响大,他们经常干扰学校和班级教育教学工作,有的带坏其他同学,甚至走上犯罪道路。研究表明 13～15 岁是初犯品行不良行为或劣迹行为的高发期,15～18 岁是青少年犯罪的高峰期。这说明中学生不良品德行为是一个不容忽视的社会问题,新形势下犯罪"低龄化"的趋势,给中学教育工作带来了新的挑战。

要矫正不良品德行为,必须先了解它的成因,才能对症下药。不良品德行为在初中阶段的高发,主要是由初中生身心变化的过渡性与学校教育的不当以及社会环境的不良影响造成的。进入青春期的中学生,可塑性极大,成人感的出现使他们独立地接受周围人的价值观念,学习他所认同的社会行为方式,这是积极走向社会、渴望成为社会成员的表现,但他们缺乏是非识别能力,加上自我行为控制能力较差,极易沾染恶习,成为有不良品德行为的问题少年。具体分析,不良品德行为是由社会环境中的消极因素、家庭教育中的不良影响、学校"教育不当"及学生不良的心理因素等多种因素造成的。下面我们着重谈谈学生的心理因素对学生品德行为的影响。

(1)形成不良品德行为的心理因素

中学生自身的某些心理因素也是形成不良品德的原因。这些原因包括:

① 不健康的个人需要。学生脱离实际,过分追求高消费,虚荣心强,或者追求低级的性刺激,都可能导致过错行为或不良品德行为。另外,如果学生的某些合理的,尤其是基本的心理需要,如自尊需要、情感需要、交往需要、成就需要等,长期得不到满足或遭到剥夺,也会盲目寻找补偿,如心理性的低级需要、畸形的物质或精神需要,也会导致产生不良品德行为。

因摆阔而奢侈浪费。某市初中一年级学生周海过生日时,定做了 100 块钱的大蛋糕,买了三箱可乐,又让爸爸妈妈在国际大饭店订了一桌800元的酒席,非常风光地宴请同班10个同学参加自己的生日晚宴。同学们对周海的派头惊叹不已,周海也因自己的一掷千金而自鸣得意。

② 消极的情绪体验。部分学生爱憎好恶颠倒、喜结伙、重"义气",被集体所冷落、受歧视,自尊心受到损伤,这些失败和挫折都可能引起消极的情绪体验。加上青少年情感强烈,易冲动,自控力弱,这些都可能导致过错行为、不良品德行为。

因哥们儿义气打架斗殴。某市高一(1)班学生方宏伟躺在医院里,因失血过多而面色苍白。原来,昨天同班好友蒯彪找到方宏伟,让他一起去教训高一(2)班的李和林,因为李和林总是带着一帮人欺负蒯彪。方宏伟和蒯彪是铁哥们儿,他二话没说就答应了。结果,他们和李和林一帮人恶战了一场,最后,方宏伟被人捅了一刀,昏迷在打斗现场。

③ 不正常的人际关系。有的孩子缺乏家庭温暖,有的则被家长过分溺爱,以自我为中心,不能与同学和睦相处,有的与教师关系紧张,对立情绪严重,有的与集体关系不好,感到孤寂苦闷,有的学生在外另找"伙伴",加入"团伙"等。这些人际关系的不良倾向,都可能成为产生不良行为的原因。

因自视甚高性格孤僻。某中学高二学生谭明成绩优秀,每次考试都拿第一,让同学们羡慕不已。他也因此对别人不屑一顾,认为其他同学智商太低,完全不能同自己相比。他从来不和班上的同学讨论学习问题,也不在一起聊天玩耍,而是一个人独来独往,傲视一切。原本对他敬佩不已的同学们也渐渐疏远了谭明,谭明变得越来越不合群,最后,除了学习外,他不再有任何同龄青少年的生活乐趣。

④ 不良行为习惯。不良行为若未能及时得到矫正,反而侥幸得逞,这些不良行为就会同个人私欲的满足进一步联系起来,经过多次重复,建立动力定型,形成不良习惯,从而成为继续产生不良品德行为的直接原因。

小偷小摸成癖好。某市高一学生程胜家庭环境不错,生活条件很好。可是他每次逛超市时,时常会控制不住自己,从货架上偷拿一些并不贵重的物品,他把它们放在不易被发现的地方带回家。每次小偷小摸的时候,程胜也担心被人发现而名誉扫地,但是偷窃的快乐总是占上风,他总是乐此不疲。

此外,错误的道德认识、强烈的好奇心、盲目模仿的心理,都可能使一些中学生产生过错行为或不良品德行为。

(2) 对形成不良品德行为的心理因素的矫正

中学生的可塑性较大,自尊心较强,只要教师弄清情况,了解原因,采取符合学生心理特点的教育方法,学生的不良品德行为是可以矫正的。一般认为,学生不良品德行为的矫正可以分为以下阶段和步骤:

① 激发学生改变不良品德行为的强烈动机。具有不良品德行为的学生一

般比较自卑,人际关系较差,但他们自尊心强。作为教师应该理解、尊重和关心他们,使他们产生"自新"的愿望,帮助他们树立改变自己的信心。达到这个目的,有赖于以下几个方面:

第一,消除情绪障碍,改善人际关系。品德不良的学生,一般都经常受到家长与教师的训斥和惩罚、同学的指责和嘲笑。他们对教师、家长、同学存在着疑惧的心理、对立的情绪和不信任的态度;家长、教师应该关心爱护他们,改善与他们的关系,用诚心、爱心去感化学生,消除情绪对立。

第二,保护自尊心,培养集体荣誉感。自尊心是个人要求得到他人或集体的承认、尊重的情感。自尊心和集体荣誉感是学生努力上进的重要动力。教师应该善于发现学生的"闪光点",激发其自尊心与自信心,消除其自卑心理。教师还应运用集体的力量形成正确的舆论来影响并教育产生不良品德行为的学生。

不良品德行为的学生对训斥已经习以为常,一般的谈话、劝说、批评不大见效。教师要抓住引起他们的内心冲突与情绪波动的事件,触动其心灵,使其感受到舆论与良心的谴责,认识到不良品德行为产生的严重后果,促使其醒悟。在此契机上讲究谈话艺术,纠正其模糊、错误的是非观念,增强其是非感,提高其道德认识。

② 促进不良品德行为的转化。如果有不良品德行为的学生开始认识到错误,有了改正错误的愿望,并在行为上转变。转变过程中可能有反复,教师应该积极关注,不仅要导之以行,更要持之以恒,养其成性。实践证明以下方法比较有效:

第一,环境调整法。适当调整更换学生所处的环境,有利于学生改掉旧习惯,巩固新习惯。

第二,活动矫正法。不良品德行为是在不健康的活动中形成的。丰富多彩的娱乐型活动、文艺型活动、体育型活动、劳动型活动、行为养成型活动,有利于消除学生的不良品德行为,巩固新的行为。

③ 行为强化法。运用多种强化法,巩固新的道德行为。既要重视外部强化,又要重视内部强化;既要多用正强化对正确行为给予肯定和表扬,也要恰当运用负强化,对错误给予否定和批评;既要及时强化,也可适当运用延缓性强化。

④ 榜样引导法。榜样的力量是无穷的,中学生模仿性强,榜样对矫正不良品德行为有着重要的作用。要注意榜样人物对学生的亲切性、可学性与感染性,增强学生对榜样的理解、认同与效仿。

⑤ 行为考验法。考验是一种信任的表示,可以激起学生的尊严感,从而坚定改正不良品德行为的决心。教师可引导学生主动地进行自我考验,但是要将坚强意志的考验与冒失蛮干区分开。

此外,教师还应及时运用表扬奖励与批评惩罚来强化学生矫正不良品德行为期间的行为,帮助学生改变旧行为,建立新的品德行为,促使其稳定化、习惯化、个性化。

【"言而有信"教育法】人无信不立。一个人只有信守诺言,实践成约,才能取得别人的信任。父母要把这种品德化作孩子的人格特征。那么,怎样让孩子说话算数呢?

(1) 父母以身作则

教育孩子说话算数,父母在孩子面前就要严守诺言,不要欺骗孩子。古代"曾子杀猪"的故事,就是要求父母为子女树立诚信无欺的榜样。故事说,有一天,曾子的妻子要上街买东西,儿子哭闹着要跟着去。曾子的妻子没有办法,便哄孩子说:"好孩子,你快回到家里,等我买东西回来,就把家里的猪杀了,让你美美地吃一顿!"孩子信以为真,便停止哭泣留在家里。妻子从街上回到家里,见曾子捉住猪,正往案上拖,准备杀猪。妻子忙上前制止,说:"你可不要当真,我刚才说的话不过是和孩子闹着玩的。"曾子严肃地说:"父母怎么能哄骗孩子呢?孩子年幼无知,一切都在学父母的样子,听父母的教育。今天你哄骗孩子,是教育孩子欺骗人。孩子不相信母亲,母亲又怎么能把孩子培养成人?"说完就把猪杀了。

(2) 信任孩子

信任孩子,就会让孩子有信心,就能激励孩子遵守诺言。父母要相信孩子能说话算数。比如孩子说"我今天洗碗""我明天6点钟起床锻炼身体""我每天放学后按时回家"等等,父母要表示赞赏和支持,不要嘲弄孩子。嘲弄是对孩子能力的否定,会让孩子丧失履行诺言的信心。

(3) 订"君子协定"

孩子的自律能力不强,外在的约束可以帮助孩子养成说话算数的习惯。父母可以同孩子订立"君子协定",比如学习协定:"一放学回家就首先完成作业";做客协定:"到别人家不要乱动,要向别人问好,要帮助别人做事";卫生协定:"饭前洗手,饭后刷牙";改正错误的协定:"不骂人,学习不马虎,不忘做作业"。君子协定的内容可以由父母提出,也可以由孩子提出,父母提出的要得到孩子的认可。父母不能把自己的要求强加到孩子身上,因为这样做会损害孩子的自尊心。最好是父母同孩子共同商定,共同订立规矩。

(4) 暗示与提醒

小学生行为的原则性不强,注意力容易受到外界事物的干扰,说过的话可能忘记。如孩子曾说过"晚上7点钟以后不看电视",可是电视节目生动有趣,孩子就会把说过的话抛到脑后。虽然前一天说"从明天起早晨起来锻炼身体",可是到了早晨孩子记不起自己的诺言。这时父母要暗示孩子履行成约,如让孩子看一看钟,也可以直接提醒孩子:"你不是说过7点钟以后不看电视吗?""你不是下决心每天早晨锻炼身体吗?"父母不要把孩子的诺言当作无所谓的事而不予理睬,要严肃对待,让孩子明白自己的诺言是自己必须完成的任务和应当承担的责任。如果父母对孩子是否履行诺言抱无所谓的态度，孩子就会认为诺言是无关紧要的事，久而久之，他会变得随口说空话，不负责任。

（5）帮助

履行诺言对孩子来说是一项艰苦的工作，既需要孩子有较强的意志力和自制力，又需要父母为孩子实现诺言给予指导，提供适当的帮助。如孩子决心每天早上跑步，父母就要教育孩子早睡早起，安排孩子晚上 8 点钟上床入睡，第二天早上 6 点钟将孩子叫醒。又如孩子决心期终考试考出好成绩，父母就要指导孩子学习方法，检查孩子的作业情况，帮助孩子解决疑难问题。

孩子说话算数，能兑现自己的诺言当然是好事。但是，如果孩子没有履行诺言又怎么办？父母是训斥孩子、打骂孩子呢，还是冷静分析，说出自己的感受呢？指责孩子"你永远不会说话算数""你只会欺骗人"，这只会伤害孩子的自尊心。父母应该先查明孩子违背诺言的原因，然后告诉他你的感受，让孩子为自己的行为而感到惭愧，这样做既维护了孩子的自尊，又让他认识到自己的错误。比如孩子许诺每天放学按时回家，可有一天天黑了他还没有回家，父亲赶到学校后，才发现孩子还在办黑板报。这时父亲已清楚孩子违背诺言的原因，就应告诉孩子你为他没有按时回家而担心，为他说话不算数而失望，然后要求孩子今后如果学校有事不能按时回家，应当让同学带口信或者打电话与父母联系。

【谦虚品质培养法】虚心使人进步，骄傲使人落后。父母要教育孩子做个谦虚的人。谦虚的人是有自知之明的人，不是一受夸奖就连自己都不认识的人；谦虚的人是能接受别人批评的人，不是自以为是、胡搅蛮缠的人；谦虚的人是能严于律己、宽以待人的人，不是抓别人小辫子的人；谦虚的人是能虚心向别人学习的人，不是因为自己有长处、优点而自傲的人。那么，父母应如何培养孩子谦虚的品质呢？

（1）教育孩子正确地面对表扬、夸奖

成人对孩子的表扬、夸奖是对他的鼓励，是希望他进步。孩子应当把成人的夸奖化作争取更好成绩的力量。为此，父母要让孩子在掌声中意识到自己的不足，意识到自己离父母的期望还有很大距离，启发孩子认清自己的位置，确立新的目标。如果得到了老师的表扬和周围人的喝彩，孩子就翘起尾巴，忘掉自己的不足，他就会吃苦头。"骄傲的青蛙"这个故事就是这样讲的：青蛙会唱歌会跳舞，所以小熊、小兔子、小虫子都为他喝彩。青蛙高兴得得意忘形了，便说："我还会飞。"于是他请两只小鸟帮忙，他用嘴咬住一根柳条，让小鸟衔着柳条飞起来。大家见了，纷纷叫："青蛙飞起来了，青蛙飞起来了！"有动物问："是谁想出了这个好主意？"骄傲的青蛙准备回答这个问题，结果一张嘴就掉下来了。父母要知道，夸奖对孩子成长是必要的，但同时要让孩子戒骄戒躁。

（2）让孩子经得住批评、接受批评

有的孩子只希望得到别人的赞扬，一听别人的批评就不高兴，甚至骂人。比如说他懒惰、指出他作业中的错误,他就翻脸不认人。这是不谦虚的表现。谦虚的人敢于承认错误,勇于接受批评。父母要让孩子懂得谁都会有缺点、都可能犯错误,伟大人物也是这样,要引导孩子努力改正错误。

有这样一则故事:一天,苏轼求见当朝宰相王安石,王安石不在家,苏轼见王安石案头有两句咏菊花的诗:"西风昨夜过园林,吹落黄花满地金。"苏轼一看,大不以为然。在他看来,黄花即菊花,此花开于深秋,能耐秋霜,不会落瓣。于是他续了两句诗来纠正王安石:"秋花不比春花落,说与诗人仔细吟。"后来,苏轼被贬到黄州为官,发现这里深秋菊花果然落瓣,于是认识到了自己的错误。

(3)教孩子不要抓别人的"小辫子"

抓别人的小辫子是为自己护短,是不虚心接受别人批评的表现。我们常见有些孩子受到别人的批评时,就反咬一口"你也怎样怎样"。父母要教育孩子宽容别人的小毛病,不要去挑剔,更不要抓住不放,而要乐意接受别人的批评,改掉自己的缺点。

(4)帮助孩子克服"居功自傲"的习惯

不管孩子取得了多大的成绩,父母都要把他放在普通人的位置上鼓励他、奖励他,让孩子懂得自己永远是社会、家庭中与他人平等的成员。

在现实生活中,每逢孩子有一点点进步,有些父母就大张旗鼓地为他买高档衣服、玩具,带孩子游玩,不让孩子干家务。这实际上是把孩子放在特殊的位置上,只会助长孩子的虚荣心。父母对孩子的进步给予奖励的目的,应当是激发孩子作为普通家庭成员的责任心,让孩子意识到自己的努力应给家里带来幸福而不是负担。同时,要引导孩子认识到周围一切人都有可以学习的长处,"三人行,必有我师"。父母要让孩子明白他人也有优点和长处,他应当向别人学习,自己不应该骄傲。

【宽容品质培养法】宽容就是宽恕容忍,宽以待人。一个人只要有了宽容的品质,他就能容纳不同的意见,尊重他人的生活方式,允许他人有这样或那样的过失,给他人改正错误的机会。有宽容之心的人一般能与人和睦共处,合作共事,保持良好的人际关系。

我国古代许多伟人都很重视宽容的品质。孔子说,一个真正的人要有宽容、恭敬、诚信、灵敏、慷慨五德,他把宽容放在五德之首。庄子也说,圣人应有包容天地、遍及天下的宽阔胸怀。我国近代民族英雄林则徐指出,"海纳百川,有容乃大",一个人善于宽容,他的人格才会像海一样伟大。

现代社会更具有组织性和开放性,这就更需要人们具有宽容的品质。在一个组织性强、生产社会化程度高的社会里,社会进步与个人事业的成功更需要人们相互合作,而合作要以宽容为基础。宽容是人们交往、合作的"润滑剂"。另外,现在的社会也更具有开放性。社会变化加速,新生事物层出不穷,社会价值取向出现了多元化的趋势,人们的个性也变得更加鲜明。在这种情况下,一个人只有具备宽容的品质,才敢接受变革,接纳新生事物,才能容忍多元化的价值取向和他人的独特个性。

宽容是现代人必备的个性品质,是待人接物的起码的道德要求。因此,家长应注意让孩子学会宽容。那么,家长应如何培养孩子的宽容品质呢?

(1)父母以身示教

苏联教育家马卡连柯曾指出,父母"在开始教育自己的子女之前,首先应当检点自身行为"。父母要让孩子学会宽容,首先自己应有宽容的品质。如果父母本人心胸狭窄,无视他人的意见,习惯于将自己的意志强加于人,不给人改错的机会,为一点小事争执不休,为一点小利而斤斤计较,孩子又怎么能学会宽容呢? 父母有一颗宽容之心,宽容的品质才会再现在孩子身上。

(2)用故事教育孩子

故事是教育孩子的重要手段,国内外有许多体现宽容品质的小故事,父母可以借此教育孩子。如我国历史典故"负荆请罪",将军廉颇屡建战功,不服蔺相如以口舌之劳而居上位,欲加凌辱。相如以国家利益为重,屡次忍辱避让。廉颇知道事情的原委后,深感惭愧,于是背负荆条,上门请罪,并感叹道:"鄙贱之人,不知将军宽之至此也。"两人终成刎颈之交。正是蔺相如的宽容避免了内讧,换来了友谊,维护了国家的利益。

(3)用自然景观陶冶孩子

大自然的博大与雄浑可使人心胸开阔,性格开朗,心情愉悦,进而催人产生宽容之心。家长可带领孩子观赏祖国的大好河山,让浩瀚的海洋、奔腾的河流、秀丽的湖光山色陶冶孩子的心灵,开阔孩子的视野和胸襟。

(4)让孩子在交往活动中学会宽容

宽容之心是在交往中发展起来的。孩子只有与人交往,才会发现缺点。错误在所难免,每个人都有这样或那样的缺点,都要犯点或大或小的错误,只有懂得宽容才能与人正常交往,友好相处。另外,孩子也只有通过交往,才能体验宽容的意义和快乐。如称赞别人的优点,庆贺同学的成功,帮助有困难的同学,采纳别人的合理建议,这些都能使孩子得到友谊,分享别人的成功,并使自己也获得进步。

在教育中,父母要特别注意引导孩子用宽容的态度来对待别人,让孩子不嫉妒比自己强的同学,不嘲弄比自己差的同学,不故意为难自己的竞争对手。引导孩子向先进的同学学习,帮助后进的同学,学会与竞争对手合作。

(5)让孩子习惯于"变化"

宽容不仅体现在对"人"的态度上,也表现在对"物"和"事"的态度上。因此,父母要引导孩子见识多种新生事物,让孩子喜欢并乐意接受新生事物,习惯于事物发生的变化,乐于创新。如让孩子观察生活的日新月异的变化,允许孩子独辟蹊径地解决问题。孩子一旦习惯于"变化",也就能"包容"新生事物和事物的变化。

三、道德意志磨炼与情绪管理方法

（一）道德意志磨炼方法

在孩子的品德教育过程中，经常遇到的一个问题就是孩子明知故犯。他们知道行为准则，做错事也脸红，但就是管不住自己。他们常常在外界的诱惑或内部需要的推动下，产生不符合道德要求的行为，这实际上是缺乏意志力的表现。所以，品德培养必须重视对孩子进行良好道德意志力的磨砺。

【意志力培养法】如果今天的孩子怕苦怕累、怕这怕那，意志薄弱，耐力差，做事不能长久，只重现"知之"，却不能"行之"，更不能"持之"，那么他们将来走上社会必败无疑。

意志力表现为一个人实现自己生活、学习、工作直至人生目标的重要品质，同时也是一个人克服困难、跨越障碍、解决矛盾的心智力量。爱迪生说：伟大人物最明显的标志，就是他坚强的意志，不管环境恶劣到什么地步，他的初衷仍不会有丝毫的改变，而后克服困难，以达到预期的目的。成功并非唾手可得，也不是别人双手奉送的，成功靠的是坚强的意志、矢志不渝的坚贞和持之以恒的耐力。一个人要想成功，首先要有成功的心理品质和坚忍不拔的意志。今天的社会是一个竞争的社会，在竞争中取胜，靠的是什么？不是力量，而是韧性、毅力和恒心，总结为一句话：靠意志力。

如何才能让孩子从小就变得坚强起来？父母如何培养孩子的意志力呢？

（1）父母要做坚强的榜样，孩子才会变得更加坚强。当父母碰到困难挫折的时候，不要轻言放弃，更不能唉声叹气，因为你的一言一行都在影响着孩子，父母榜样的力量是无穷的。

（2）给孩子制定合理的目标。每年一个大目标，每月一个中目标，每周一个小目标。让孩子在成长的道路上，积小胜为大胜，在克服困难、磨炼意志的过程中，体验成功的喜悦。

（3）为孩子设置必要的障碍。例如给孩子布置一些比较累、比较脏的家务；让孩子去完成一点难度较高的事情。当然可以故意设置障碍，也可以从家庭生活实际情况出发安排。

（4）鼓励孩子自我训练。让孩子在改变自我、完善自我过程中，战胜自己畏首畏尾、懒惰、胆怯、懦弱的一面。如为了克服自己懒惰的坏毛病，可以每天坚持早锻炼，不睡懒觉；为了锻炼胆量，可以多参加社区活动，在集体中勇于发表自己的观点和想法。

（5）让孩子学会生活，把握自己。首先要让孩子学会做家务，学会生活自理，不要事事依赖父母，父母不要越俎代庖，成为孩子的拐杖。

（6）给孩子一些劣性刺激。如果孩子挑食，浪费粮食，给孩子一点饥饿感；如果孩子有骄娇二气，让他在生活中吃点苦，懂得更加珍惜今天幸福的来之不易；在表扬声中长大的孩子，必要时也应感受一下批评的滋味；如果孩子经常粗心、丢三落四、忘这忘那，应该让他自己去接受自然的惩罚。

【树立榜样法】家长要让孩子获得道德意志的观念和榜样，产生锻炼意志的愿望，激发锻炼意志的自觉性。教育实践表明：与儿童进行关于意志锻炼必要性的谈话或讨论，可以使其形成意志观念和锻炼意志的意向。儿童模仿性强，可塑性大，家长要利用一些表现出坚强道德意志的优秀人物及其事迹来教育孩子，激发孩子锻炼道德意志的愿望。但榜样不能局限于英雄人物，也要用生活在儿童身边的道德榜样来教育儿童、感染儿童。这样的榜样让儿童感到实在、亲切，有利于激发儿童磨炼道德意志的自觉性。

【行为练习法】组织道德行为练习，使孩子获得意志锻炼的直接经验。意志是在实践中尤其是与困难做斗争的过程中产生和发展的。因此，要在孩子日常生活的各种实践活动中，有目的地创设一些困难的情境，给孩子布置一些不能立即引起兴趣同时又比较难以完成的任务，引起孩子内心的矛盾和意志上的紧张，使孩子从中经受意志的锻炼和考验，提高坚持性、自制力和抗诱惑能力。家长要通过抗诱惑锻炼来提高孩子道德上的免疫力，增强他们的道德意志。苏联教育家马卡连柯曾让偷盗成性的流浪儿谢苗一个人带枪去领取工学团的经费，运用抗拒金钱诱惑的方法来锻炼谢苗的道德意志，取得了成功，成为道德教育的典范。

【严格要求法】对孩子要严格要求，让他形成有规律的生活制度。养成良好的学习、生活和工作习惯，有助于意志力的培养和锻炼。要让孩子按照学生守则的要求，严格约束自己，遵守纪律和各项规章制度，并坚持经常做自我检查、监督和自我评价，这样有助于培养孩子的自觉性和自制能力，使其自觉地发扬优点、克服缺点。

【设置困难法】父母应该有意识地为孩子设置一些困难，尤其是一些孩子要经过努力才可以克服的困难。当然，在这一过程中，父母需要教给孩子克服困难的勇气，也要教给孩子克服困难的办法。父母在给孩子设置困难时，一定要有目的、有计划地组织一些困难以及障碍性的活动，既不要超过孩子的心理承受能力，又有利于提高孩子的适应能力，达到增强孩子韧性的目的。

【吃苦锻炼法】曾几何时，"再苦也不能苦孩子"一度成为中国父母关爱子女的流行话语，然而时至今日，它却成为家长娇惯溺爱子女的理由。不少家长对子女娇生惯养，有求必应，包办一切，孩子依赖意识增强，独立意识变弱，缺乏自理能力。家长这种目光短浅的过度宠爱，必然会误了孩子的未来。

大部分孩子在面对吃苦的时候就显示出娇弱的一面，父母不妨有意识地锻炼孩子，多让孩子参加一些野营活动，让孩子在艰苦的条件下吃点苦头，这样有利于培养孩子坚强的性格。中国香港前特首董建华的父亲董浩云是香港首屈一指的大富翁，他对子女的要求非常严格，对他们从不娇生惯养，十分重视孩子的吃苦教育，唯恐孩子走上"贵族化"的歧途。他认为长辈如果真为孩子着想，再富不能富孩子。因此，在董建华的童年时代，董浩云就适当地设置一些障碍，让他多受些挫折，少花钱，多动手，逐渐增强自力更生的意识。通过吃苦，孩子能感受到生活的艰辛，珍惜父母的劳动成果，对未来大有益处。

家长们都知道"触龙说赵太后"的故事，左师公触龙对赵太后说："父母疼爱子女，就得为他们考虑得长远些。"父母如何为孩子"考虑长远"呢？下面是笔者的尝试，供家长们参考：

〖饥饿之"苦"〗一是无钱之"苦"。笔者的孩子上小学四年级时参加班级组织的看电影活动，回家后他对我们说，班里只有他没有钱买东西吃（我们听了，告诉他为什么这样做，这样做是对他的健康负责，让他心服口服，不感到自卑）。二是饥饿之"苦"。许多孩子无法接受吃不喜欢的食物，这时父母可以适当让孩子饿一下，学会控制自己的偏好。一年中创造一两次让孩子尝尝饥饿之"苦"的机会，如旅游之时、劳动之时，故意推迟吃饭时间。

〖锻炼之"苦"〗孩子9岁的那年暑假，我们把他送到少年军校去锻炼。当年少年军校只收12岁以上的孩子，我们好说歹说，教官才勉强收下。半个月训练下来，孩子黑了，瘦了。教官对他的表现很满意，评他为"优秀学员"。

〖挫折之"苦"〗一是有意让孩子经受一些挫折。比如孩子在小学时做事马虎，有一次考试前连文具盒都没带，我们看在眼里，就是不告诉他。结果，他回家取文具盒既耽误了考试时间，又要因此向老师作检讨。通过那次"挫折"，他养成了做事细心的习惯。

〖劳动之"苦"〗让孩子参加一些家务劳动。如孩子5岁时，就让他洗洗衣、扫扫地等。在孩子7岁的时候，我们把他带到老家参加劳动，尤其是夏天，让他体会"汗滴禾下土"之"苦"。

〖自立之"苦"〗一是生活自理。孩子能做的事，我们不代其劳，而是袖手旁观或旁教。二是任其闯荡。孩子13岁那年，我们就送他到千里之外的苏州中学读书，除了第一次到校时有我们做家长的陪伴外，其余都是他自己来回。

〖学习之"苦"〗孩子在小学六年级和高三都跳级，并以优异成绩考入大学少年班，又跨学科以优异成绩成为清华大学的硕士研究生，除了掌握了科学的学习方法外，还和他的刻苦学习是分不开的。我们告诉孩子的是，世界上大多有意义的事，没有足够的刻苦、韧劲与恒心，是绝对不可能做得出色的。

《孟子·告子下》中说："天将降大任于斯人也，必先苦其心志，劳其筋骨，饿其体肤，空乏其身，行拂乱其所为，所以动心忍性，曾益其所不能。"虽然我们现在的物质充裕了，但为了让孩子胜任明天的"大任"，我们再富也要"苦"孩子！

【批评制止法】许多孩子的心理非常脆弱，根本无法接受别人的批评。没有规矩不成方圆。因此,必须明确规定一些孩子不应做的事情,比如,打人、骂人、偷东西等。如果孩子做了,就要给予批评,立即制止,有时还要严厉一些。这样对孩子的身心健康是有益的。

【适度惩罚法】对于孩子犯的较大的错误,家长应该给予适度的惩罚,这种惩罚可以是物质上的,也可以是精神上的。但切不可把惩罚与棍棒画上等号,动辄武力相加,让孩子产生对立情绪,这不仅不能让孩子改正错误,反而对孩子健康成长不利。比如,惩罚可以是把孩子关在一个比较安全的地方,不允许孩子买他想买的玩具等。

【暂时忽视法】很多父母总是一味地以孩子为中心,无论是在哪种环境下,孩子似乎永远是主角。一旦环境发生变化,孩子不能再当主角了,不被重视了,孩子就会失去平衡,可能承受不了这种角色的转变。因此,在生活中父母不要永远把孩子作为生活的重心,可以适当忽视孩子,让孩子调整自己的心态,从而帮助孩子在与人交往中保持良好的心态。

【目标导向法】家长应该指导和帮助孩子制定短期目标和长期目标,使孩子明确努力的方向。心中有了目标,他就会为实现目标而努力,表现出坚毅、顽强和勇敢。但目标一定要恰当,应该使孩子明白这目标不经过努力是达不到的,但稍经努力便能达到。太难或太易达到的目标都不能使孩子的意志得到锻炼。另外,目标如果是合理的,那就应当要求孩子坚决执行,直到实现为止,不可无原则地迁就孩子,更不能让他半途而废。

【独立活动法】应尽可能让孩子独立,如自己穿衣、收拾玩具、独立完成作业等。孩子在进行这些活动时,要克服外部困难和内部障碍,也正是在克服这些困难的过程中,他的意志能得到锻炼。如果孩子不能顺利完成这些活动,也不必急忙去帮助,而该"先等一会儿",让他自己克服困难去解决问题。一旦他战胜了困难,达到了目的,他就会获得一种经过努力终于取得胜利的满足感。在这个过程中,孩子克服困难的勇气和信心也就随之增强。

【自我控制法】孩子的意志品质是在成人严格要求下养成的,也是他们在日常生活中经常自我控制的结果。家长应经常启发孩子加强自我控制,自我鼓励、自我制止、自我命令以及自我暗示等都是意志锻炼的好形式。比如,当孩子感到很难开始行动时,可让他自己数:"一、二、三,开始!"或给自己下命令:"大胆些!""不要怕!""再坚持一下!"

【予以鼓励法】赞扬、鼓励可以鼓舞勇气,提高信心,有利于孩子意志的锻炼。对孩子在活动中表现出来的意志努力和取得的点滴进步,家长要适时、适度地给予肯定和赞许。当孩子完不成计划时,家长要进行具体分析,切不可说"我就知道你完不成任务""我早就说你没耐性"等诸如此类的话,因为这样会使孩子一次次增加挫折感,最终失去自信心。

【战胜挫折法】每一个有理想、有抱负的人,都要受到逆境的考验,逆境就如一块试金石。那么，家长应怎样教孩子战胜逆境呢？

（1）要树立正确的人生观、世界观。要用发展的眼光看待眼前的挫折。那种具有远大理想、能用正确的积极的眼光去看待社会、看待生活的人，往往更能够承受并化解挫折带来的负面影响。

（2）要正视逆境。生活中有晴天也有雨天，有欢乐也有痛苦。人的一生难免遭遇挫折。有人做过统计，发现成名的作家中，绝大多数都经历过坎坷的生活之路。凡成功者，都与挫折进行过无数次战斗，"宝剑锋从磨砺出，梅花香自苦寒来"。因此，平时要有良好的心态，有随时应付挫折的心理准备，要明白任何挫折的发生都是有可能的。这样，在挫折降临时，就不会茫然无措、无所适从。同时也要看到挫折积极的一面。挫折有利于我们提高自我认识水平，发现自己的优缺点，培养坚强的意志，增长知识和才干，积累丰富的生活经验。

（3）理智地对待挫折。司马迁在遭受残酷的宫刑后曾准备一死了之，可他想到父亲的嘱托，想到自己酝酿成熟的《史记》，毅然从生死的徘徊中解脱出来，才有了"史家之绝唱，无韵之离骚"——《史记》。青少年感情丰富，富有激情，但容易冲动，理智往往控制不住感情。因此，在打击来临后，首先要有一个冷静、理智的头脑，审时度势，认真分析挫折产生的原因及眼前的处境。眼睛看着理想，双脚踏着现实，努力朝着目标前进。暗暗对自己说：这正是考验我的时候，正是体现我生命本色的时候。对于不能实现的目标，我们可以用新的目标来代替。其次，对自己要有全面清晰的认识，"认识你自己"十分重要，每个人都有自己的优缺点，我们应扬长避短，充分发挥自己的优势。

（4）增强挫折容忍力。挫折容忍力是一个人在面对逆境或遭受打击后，摆脱不良情绪的影响，使心理保持正常的能力。挫折容忍力强，就能够在逆境中掌稳前进的舵，以乐观心态来迎接周围发生的一切。挫折容忍力的强弱在一定程度上取决于人的生活经历和社会阅历。经历过艰难困苦的人，对于挫折的承受力相对较强。要增强挫折容忍力，就要锻炼好身体，多参加社会活动，提高文化素质，完善个性。

（5）多增加成功的体验。一个人如果经常遭受挫折，自信心就会减弱。鼓励孩子多发扬自己的优点，在力所能及的范围内积极取得成功体验，有利于孩子增强自信心，战胜挫折。

（6）提高心理素质，学会自我调整。首先，培养自信心与意志力。"自信人生二百年，会当水击三千里。"一个人如果对自己丧失了信心，就会失去进取的勇气。其次，在挫折面前，要做最好的准备，做最坏的打算，对前景要抱有积极乐观的态度，相信："冬天已经来了，春天还会远吗？"只要有信心，就没有失败，就有逆境顺转的机会，就会看到希望之光。因此要经常给自己打气，鼓励自己。平时积极参与竞争，大胆表现自己，不计较眼前的得失。多看一些优秀的文艺作品，向书中主人公学习，自觉锻炼自己的意志。

【养成习惯法】良好的生活习惯对孩子的意志品质培养非常重要。要引导孩子从小就做到日常生活规律化、饮食起居定时化。如冬天再冷也要钻出热被窝,按时起床;晚上要做到按计划学习、按时睡觉。

【名言熏陶法】家长可以帮助孩子从小积累有关意志品德的名言和具体事例。这些名言和事例可以陶冶孩子的情操,内化为力量,不断激发孩子的积极情绪,克服消极情绪对孩子的干扰,使孩子主动用意志力去克服困难、战胜困难,从而实现预定的目标。例如:

苏东坡说:古之成大事者,不唯有超世之才,也有坚忍不拔之志。

《后汉书》载:"有志者事竟成。"

……

这样的名言积累多了,时间长了,对孩子的意志品质的培养定会有效。

【循序渐进法】循序渐进法包含了道德教育过程的一贯性和持续性,道德习惯的自然养成及内化接受过程。

儒家对道德教育过程的一贯性和持续性强调从小开始,至老而不辍,并为这一过程中不同年龄、不同层次的人提供了操作性很强的教育方法。例如,朱熹把对学生的教育划分为"小学"和"大学"两个阶段进行,这两个阶段对学生的要求和学习的内容不一样,但又是连续不断的统一的受教过程,小学是"学其事",大学是"明其理"。他把"学其事"规定为"衣服冠履""语言步趋""洒扫清洁""读书写事""杂细事宜"五个部分,每一项都与道德修养相连。在做这些事情的过程中,使孩子接受纲常伦理的教育。大学阶段就要"教之以穷理、正心、修己、治人之道"。朱熹从浩繁的儒家经典中选择了《论语》《孟子》《大学》《中庸》作为大学的基本教材,并对其重新进行了诠释。儒家主张对孩童实施蒙养教育,提出了"养正于蒙",使孩童在"洒扫应对"中接受道德教育。宋代思想家程颐创作了"洒扫、应对、事长之节"的通俗诗歌,让儿童"朝夕歌之",并伴以舞蹈,使之在有趣的活动中潜移默化地进行道德养正。

在自然的成长和生活过程中接受行为规范,避免了抵触、厌恶、对立等消极情绪的产生,因而孩子乐于受教。通过道德行为的反复陶冶和行为规范的多次重复,儿童在潜移默化中树立不可动摇的道德信念,这种道德信念的意义是:即使当孩子成年后处于不善的道德环境中,由于他已经养成了遵守道德规范的习惯,他也不会轻易受到腐蚀。这种道德养成的方法,在当时对培养人们的道德行为和坚定道德信念具有很大的教育意义,对今天的我们也有重要的参考价值。

一贯性教育必然是循序渐进的。《吕氏蒙童训》说:"今日记一事,明日记一事,久则自然贯穿。今日辨一理,明日辨一理,久则自然浃洽。今日行一难事,明日行一难事,久则自然坚固。"长时间的"记事""辨理""行难事",久而久之,就会在思想和行为上引起变化,达到预期效果。道德修养不是一朝一夕短时期内就能奏效的,最根本的办法是在日常生活中,从每一个细节、每一件事情做起,这是一个循序渐进、积小善成大德的持续培养过程。

【炼之以志法】炼之以志，可解决孩子"知而不行"问题。如《中学生日常行为规范》的有些内容（举止文明、不打人骂人、不说脏话等等），孩子大多能说出一定道理来，但部分孩子的"行"却不符合行为规范的要求。究其原因，是这部分孩子的自制能力差、道德意志薄弱。因而，应该从培养孩子的道德意志开始，即"炼之以志"。磨炼孩子的道德意志可用以下两种方法：

一是运用榜样示范，诱发孩子锻炼意志的愿望。榜样具有行为示范作用，孩子通过观察榜样在一定情境中的行为及其结果（如受到奖励或惩罚），不需要直接的强化，往往就能习得类似的行为。美国心理学家班杜拉将其称之为"观察学习"或"替代学习"。家长可以向孩子讲解意志的含义及其在事业成功中的作用，介绍意志坚强而令人景仰的英雄人物，激起孩子的敬慕之情，使孩子产生锻炼意志的愿望，进而学习他们的行为。

二是开展道德建设活动，让孩子加强练习，特别是设计一些难易适当、循序渐进的活动，让孩子在活动中与各种困难做斗争，在此过程中磨炼意志。让孩子以百折不挠的精神去经受各种困难的考验，如让容易粗心的孩子开展"作业百题无差错"活动，培养、锻炼他的坚强意志。

【坚持自我法】有时候孩子会因为自己和别人不一样，比如不跟别人一起逃学、作弊、抽烟、抄作业等，被嘲笑甚至孤立，因而感到恐惧、不知所措。这时，父母应当教导孩子要坚持原则，不对的事一定不能做。要让孩子知道，能够做到不随波逐流是很不容易的，这正是一个人成熟勇敢的表现，也是有主见、有头脑的表现。

【良好性格形成法】爱因斯坦说："优秀的性格和钢铁的意志，比智慧和博学更重要，智力的成熟，很大程度上是依靠性格的，这点往往超出人们通常的认识。"性格影响渗透个性的其他部分。良好的性格对社会有积极意义，使人上进，奋发图强。那么，家长应培养孩子哪些良好的性格呢？

（1）做事认真、一丝不苟的性格。

（2）诚实、勤劳、正直、勇敢、热情、开朗的性格。

（3）独立思考，善于观察，勤奋好学，具有自信心和独立意识的性格。

有心理工作者经过调查发现，父母对孩子的管教态度和教育方法不同，也会直接影响孩子的性格特征和心理品质，例如：

父母对孩子过分地照顾和保护，不放手让孩子去独立活动，孩子的性格多半消极、依赖，缺乏独立性和忍耐力，不适应集体生活，遇事胆小，优柔寡断。

父母对孩子缺乏抚爱，对孩子冷漠，置之不理，孩子的性格会变得冷淡，缺乏热情，甚至会变得压抑、怪僻。

父母对孩子过于迁就，过于溺爱，孩子的性格特征大多表现为骄傲、放肆、任性、懒惰，有时表现为自私，不关心别人。

父母对孩子过分严厉,孩子一般缺乏自尊心,性格容易扭曲,甚至还会形成当面一套、背后一套的虚伪性格。

父母对孩子采取严格而民主的态度,孩子性格特征大多表现为热情、直率、活泼、独立、大胆、自信,既不屈服权威、又尊重别人。

可见,家庭环境是熏陶孩子性格特征的熔炉,良好的性格特征要靠父母熏陶和培养。

培养孩子良好的性格,家长可从以下几方面着手:

(1) 家庭是儿童最早接触的生活环境,父母的一言一行对他们的影响最早也是最直接的,如父母的品德或行为不良,对儿童的性格发育会产生极大的负面影响,所以良好的家庭环境对儿童的个性发展及身心健康极为重要。

(2) 为了防止孩子养成娇生惯养和不合群的个性,应尽早让他们进托儿所或幼儿园,让孩子置身于集体之中,培养其集体意识,以消除不合群和娇惯的弱点。另外,家长还要有意识地鼓励孩子和其他小朋友多接触、多交往,使孩子能较早地认识和融入周围的环境,避免养成孤傲不合群的个性。

(3) 家长对人生、工作、生活、挫折等要有正确的观念、承受心理及应对良策。即使面临极大的困难,也要坚强和勇敢地面对,不要在孩子面前呈现唉声叹气、无能为力的样子。如果事情关系到孩子,需要孩子一起来面对困难,家长也应该给孩子克服困难的信念。

(4) 家长对孩子的举止、行为不要太苛刻。孩子还处于成长阶段,犯错误是难免的,孩子认识错误并改正错误的过程一样是成长。

(5) 一些家长事事包揽,使得孩子个性懦弱、懒散,长大后则不思进取,好逸恶劳。因此对孩子自小就应培养其独立生活能力,让其养成好的劳动习惯,只有通过不断的锤炼,孩子的个性及心身才能得到健康的发展。

(6) 爱抚子女是做父母的本能,但如果只有爱,而不严格要求,甚至在孩子做了错事后也是一味地袒护,这样的溺爱对孩子的个性发展极为有害,并可能导致孩子个性的畸形发展。因此对孩子的爱应该是理智的,这样才有利于孩子的健康成长。

(7) 制订一个可行的计划,树立一个切合实际的目标、让孩子自己努力去实现。切记少用或不用否定性的语言,不要采用伤害孩子积极性、自尊心的批评。即使孩子真的犯了错误,也要客观地分析、指正,教给他正确的方法。

【"他律"培养法】孩子会明知故犯,做出违反道德准则的事,这多半是由于他们的意志不强或没有养成良好的道德习惯。因此,家长应严格管理教育,让孩子养成自觉遵守道德规范的习惯,特别是对自制力薄弱的孩子来说更为重要。

升入小学是儿童身心发展的一个转折点,在学校里,他们面临新的生活环境、学习科目和要求、师生关系和同学关系。首先要求他们遵守《小学生守则》《小学生日常行为规范》及校规、班规等。如:要求他们必须按时到校、专心听讲、认真做作业、发言要举手、上课时不讲闲话、不搞小动作等。这些外部要求是小学生意志品质形成的基础和前提。只有当这些外部要求被他们接受，转化为他们的道德需要，形成某种道德信念且稳定地表现在一定的行为中时，才能形成意志。这就是说，培养小学生的意志品质首先必须通过"他律"来进行。

【"自律"教育法】孩子的自律能力不是自然形成的，而是家长正确进行教育的结果。为了培养学生自我教育的能力，发挥自我教育的作用，家长应注意以下几个方面：

第一，要激起孩子进行自我教育的愿望。最好的办法是给孩子介绍一些道德高尚的人进行自我修养、锻炼的生动事例，使他们了解自我教育的意义和实现自我教育的途径。

第二，要创设良好的自我教育环境，走进孩子的心灵，理解孩子的苦衷，解放孩子的思想，营造可以无拘无束地表白内心和自由争论的民主、和谐的氛围，缩短亲子距离，激励孩子自尊自强，引导孩子用自信战胜自卑。

第三，要帮助孩子学会自我分析，鼓励孩子写日记，引导他们把写日记当成是分析自我与监管自己行动的一种方式。

第四，要帮助孩子制订和执行自我教育计划，给孩子的自我教育行动设置一个科学的时期。计划应当具体和切实可行，执行时家长应给予关心和监督，在适当的时机帮助他们克服困难，无论成功失败都应帮助他们分析原因，勉励他们前进，以免他们因失败而丧失信心，以至放弃自我教育。

【自我锻炼法】家长要启发孩子加强意志的自我锻炼。意志品质的形成过程，也是孩子不断自我教育的过程。培养良好的意志品质，最终应落实到孩子的自我锻炼、自我检查、自我监督、自我鼓励上来。这是最重要也是最有效的方法和途径，因为只有自我具有主动性和能动性，效果才会更加明显。

家长在引导孩子自我锻炼时，应告诫他们：要善于掌握自己的愿望。做出决定要充分估计主客观条件，做到合理可行。执行决定要态度坚决，有始有终，坚持不懈。要制订切实可行的自我锻炼计划，从小处入手，从克服缺点开始，制订个人学习生活、体育锻炼以及公益劳动计划，在实施计划的行动中持之以恒，培养顽强的毅力。

【培养正确动机法】家长要加强孩子的目的动机教育，培养正确的观念。

孩子的学习动机多种多样，有的为父母而学，有的为老师而学，有的为考上好学校而学，有的为超过同伴、同学而学等。每个孩子都应该加强自我的学习目的和动机教育，逐步提高动机水平。比如，孩子可以适当地参加一些课外兴趣活动，培养自己的爱好，以帮助自己形成稳定的学习动机和认真负责的学习态度；也可利用正确的自我评价以及学习成果的反馈作用，来培养和激发学习动机；还可因势利导，逐步对自己提出更高的要求，从而克服利己主义动机，形成正确的动机。总之，培养正确的动机是意志品质培养的一个重要方面。

【参加实践法】家长要引导孩子参加各种实践活动,增强克服困难的毅力。良好的意志品质是在实践活动中与困难做斗争而产生和发展的。人只有经过艰苦的磨炼,才能形成坚强的意志品质。特别是那些看起来微不足道、平淡无奇的实践活动,一些令人兴趣不浓,甚至会给人带来不愉快感受的实践活动,更能使人的意志得到锻炼。所以家长带孩子进行一些有目的、有计划的实践活动正是培养孩子良好意志品质的一个途径。

【利用认知培养法】利用认知与意志关系的规律培养意志品质。意志和认识过程有着极为密切的联系。因为知识和技能是通过认识活动而获得的,离开了认识过程,就不会有意志活动,离开了认识过程,意志就无从产生。以学习为例,家长应注意让孩子明确学习的目标,提高他们对学习目的的认识,培养他们参与学习的自觉性。在生活上,要孩子学习简单的自我劳动,家长要让孩子确立"自己的事自己做"的意识,帮助孩子掌握做一些力所能及的生活本领。在学习中,当孩子遇到困难时,家长要及时地给孩子以鼓励,帮助他们找到解决困难的办法,树立学习信心,让他们不断感受成功的喜悦,引发他们克服困难的自觉性。这样不仅能帮助孩子具备解决问题的信心和战胜困难的勇气,又能锻炼他们迎难而上、持之以恒的意志品质,有利于培养孩子坚忍的意志。

【从小事做起法】家长要从小事开始锻炼孩子的意志,不要以为是小事就不屑注意,恰恰是小事能反映一个人的意志,要善于用孩子身边的小事来培养他们的意志。以注意卫生为例,不随地吐痰,不随地扔杂物,便后冲水等。生活中的小事俯拾皆是,让孩子反观自身的弱点、缺点,坚持去克服它,从小事做起,从现在做起,持之以恒,这样才能培养良好的意志品质。

【"跳一跳"目标法】有人把设定目标比喻成摘果子,实践证明,让孩子"跳一跳"摘到果子,最利于孩子成长。家长要让孩子完成一些有一定难度而又力所能及的任务。任务过于容易,激不起孩子克服困难的斗志,没有锻炼意志的价值;任务过于困难,孩子无论如何努力也无法成功,则会打击孩子的自信心,同样锻炼不了意志。为孩子确定恰当的目标,设定有一定难度的任务,就可以达到锻炼意志的目的。

【因人锻炼法】培养良好的意志品质的方法很多,一定要因人而异。家长要摸清孩子意志品质方面的薄弱因素,针对孩子的意志类型,采取不同的教育措施。对胆小、犹豫不决的孩子,要着重培养他勇敢、果断的性格;对冒失、轻率的孩子,要着重培养他沉着、细心的品质;对易受暗示、意志薄弱的孩子,要着重加强自觉性、目的性的教育;对缺乏毅力的孩子,要着重锻炼他们的坚韧精神。每个孩子都有一定的意志品质,只是强弱的具体环节不同,要从孩子的实际出发,找准弱点进行帮助。有的孩子做事虎头蛇尾,开始决心很大,干劲很足,三天热乎劲儿过后就放松了。这种孩子意志品质的优势在确定目标、确定行动阶段,而弱点在坚持性和自制力上。对这样的孩子,在确定目标之后,要打预防针,提醒他一旦干起来,就要克服困难坚持下去。在行动过程中,则要帮助孩子加大自我管理的力度,不断地激励他。在接近目标时,尤其要提醒"功败垂成"的道理。有几次这样的过程,孩子的薄弱环节就会得到加强。有的孩子做一件事开头犹犹豫豫,难下决心,而干起来之后能够较好地坚持。这种孩子的特点是执行计划坚决,决定计划薄弱,难以果断作出决定。对这样的孩子,就应在一个行动的起始阶段,帮他分析利弊因素,尽快确定目标,培养孩子的果断性。

【体育锻炼法】体育活动是锻炼意志品质的好方法,如长跑,如果没有一定的意志力是很难坚持跑完的。再如爬山、游泳、足球、俯卧撑、跳绳、篮球、围棋等,都对培养人的意志力有良好的效果。

【集体生活法】可借助集体生活来提高孩子的意志力。集体活动可以培养人的意志力,如集体去登山、野炊。集体的力量可以使一个人的意志力提高更快,也可以使一个弱者变成一个强者。

【目标确定法】让孩子给自己设定一个合理的奋斗目标。如学期初,让孩子根据自己学习的基础及能力制定短期学习目标。这个目标不能过高也不能过低,以孩子经过努力能达到为度。制定完目标后,让孩子抄在一个小卡片上。这些卡片有最崇拜的名人名言、近期学习目标,以及每次小测验的达标记录。要求孩子不忘自己的目标,努力为实现自己的目标而奋斗。

【典型激励法】榜样激励对于培养孩子坚强意志的重要性也不可低估。根据儿童具有容易接受生动形象化教育的年龄特征,他们的意志行动还处在发展的过程中,意志行动的独立性还未成熟,"受暗示性"强,因此榜样的权威作用,有时要比规则、约定、批评的效果好。如让孩子向著名科学家、英雄模范人物、领袖学习,让孩子选自己所崇拜的意志品质坚强的人的动人事迹,讲他们的故事。爱因斯坦、居里夫人、张海迪……他们刻苦学习、努力钻研的动人事迹会深深感动孩子,并成为激励他们锻炼自己意志品质的动力。

【"磨炼"自己法】要教育孩子做有志气的人,充满自信地对自己说:"我就不相信我不能改正缺点,别人能做到的,我也能做到;别人做不到的,我也要争取做到。"著名物理学家李政道年轻时,没有静心读书的环境,他就在人声鼎沸的茶馆里找一个角落读书。开始,嘈杂的人声使他头晕目眩,但他强迫自己把思想集中在物理知识上。经过一段时间的磨炼,再乱的环境也不能干扰他读书。

"劳其筋骨"是磨炼意志的重要方法。适合孩子的一些艰难的劳动和体育活动,能使孩子坚强起来。可供选择的内容很多,家长要指导孩子选择,但关键还在于坚持。在这些活动中,家长不要代替孩子,相信他有信心、有决心独立地克服困难。

按照严格的制度生活、学习,以养成良好的生活和学习习惯,是培养和磨炼坚强意志品质的重要途径之一,这是增强孩子行为坚持性和控制力的有效方法。

学会"磨炼"自己,还要避免盲目性。培养良好的意志品质要遵循适度的原则,不能激进冒险,不能脱离实际。一旦超越了孩子生理、心理的承受力,这种"磨炼"就会变成对孩子身心的摧残。

【率先垂范法】家长要率先垂范。如果家长意志坚强,做事具有不怕困难、百折不挠的意志品质,那么孩子也会在耳濡目染、潜移默化的过程中逐步完善自己的意志品质。反之,如果家长自由散漫,生活懈怠,做事没有信心,遇着困难绕道走,经常半途而废,工作、生活缺乏勤奋精神,孩子也很难培养出良好的意志品质。

【克服畏难法】家长要帮助孩子克服畏难和懒惰心理。当孩子遇到困难时,家长要给予温暖的支持和鼓励,并适时进行启发、引导,提供必要的帮助,最终使孩子体验到通过努力而获得成功的成就感。家长要学会帮助孩子把大目标分解成一个个容易达到的小目标,帮助孩子分析失败的原因,重新寻找合适的办法,建立克服困难的信心。家长可以用古今中外名人具有的坚强意志的故事,来感染孩子,使孩子鼓起克服畏难和懒惰的信心和勇气。在孩子出现畏难和懒惰的心理时,家长还要适当督促、提醒孩子,培养其行为的自制力。

【态度宽容法】家长要教育孩子对别人采取宽容的态度,不要计较别人的攻击行为。如果采取针锋相对的办法,不仅收不到好的效果,还有可能使矛盾激化,导致事态扩大。

【经受挫折法】中国一所大学的负责人说,考进这所大学的学生里有35人有自杀的倾向。能考进这所高校,表明这些学生在成绩上都是百里挑一甚至万里挑一的,为什么他们会有自杀倾向呢?到底出了什么问题?归根到底,是人格上有问题,承受挫折的能力有问题。就这个角度来看,中国教育走进了一个新的误区:在反思教育的时候,都认为对孩子太严厉,批评太多了,从而提倡一种激励教育,对孩子要多加赏识和表扬,因而忽略或放弃了批评和惩罚。

对孩子以表扬为主永远是对的,但是对孩子不能没有批评也永远是对的。没有批评的教育是不负责任的教育,是"缺钙"的教育,是危险的教育。父母的一个神圣的职责就是对孩子说"不",并且坚持到底。在这个世界上,父母不对孩子说"不",还有谁对孩子说"不"呢?

一个从没有被批评过的孩子是很危险的。有这样一个故事:

一个14岁的男孩和老师发生了矛盾,于是上课趁老师不注意的时候,他"啪"地往老师的衣服上甩了1滴墨水。老师感觉到了,一看衣服上有4滴墨水,就问:"谁干的?"男孩就说:"我只甩了1滴,其他3滴不是我甩的。"老师特别生气,说:"不是你甩的是谁甩的?做了坏事还不承认?我看你就像人渣!"谁知这个男孩回家就上吊自杀了,留了封遗书说:"我要用我的死维护我的尊严,证明我就甩了1滴墨水,不是4滴。"

老师说学生是人渣,这绝对是错的,有违师德,应当受到处罚。但是中国那么多老师,不可能每位老师都像圣人一样不会犯错误。老师犯了错误,学生受了点委屈就自杀吗？

父母当然爱自己的孩子,但不能指望全天下的人都爱自己的孩子。因为人是千差万别的。每个孩子都难免受到委屈、麻烦、挫折、打击,家长有没有想过自己的孩子能不能承受打击与挫折? 孩子就是在犯错误中长大的,犯错误是不可避免的,问题在于有没有让他看到自己的责任,并承担起自己的责任。

父母替孩子扛得越多,孩子就越没有责任心,碰到什么事都是皇帝不急太监急,父母操碎了心,孩子却跟个没事人似的。因此,明智的父母应该藏起一半的爱心,让孩子勇于承担自己的责任,经受一点挫折。

(二)情绪管理方法

拥有良好的社交和情绪管理能力,对孩子一生的身心健康都会有很大的帮助。很多家长过于关注孩子智商的发展而忽略孩子的情商培养,但实际上情商是有效使用智商的前提。引导孩子学会管理自己的情绪,了解自己和他人,并与他人建立良好的关系,能使孩子做事更加专注。

实践表明,如果孩子在上学前就能学会用建设性的方式表达情感,并与周围建立一种互相关爱和尊重的人际关系,他们长大后,学习积极性就会高于一般孩子,而不良行为及违纪行为会低于一般孩子。

培养良好的社交与情绪管理能力,能让孩子认识真实的自我,有自信和良好的情绪控制力、抗压力,愿意与他人分享、合作,这才是真正能让孩子享用一生的财富。家长必须让孩子拥有这笔财富!

1. 积极情绪管理方法

【提高幸福指数法】在家长的眼里,孩子是很幸福的,他们的吃穿住用与自己的童年相比,简直是天壤之别。然而,在孩子的心目中,他并没感受到幸福。一般来说,孩子感受到的幸福指数,城市孩子比农村孩子低,小学生比幼儿园小朋友低,中学生比小学生低。美国社会心理学家莱恩博士的研究表明,金钱多少不一定与幸福成正比。对孩子来说,物质生活的水准在逐年提升,但家庭中的人文关怀却"原地踏步"。因为孩子对幸福追求的内涵在不断丰富和拓展,对一个幼儿园小朋友来说,家长带他上一次公园他就会感到很幸福,但对中学生来说,也许希望父母带他去爬一次黄山、游一回海南才会感到幸福。莱恩博士认为,家庭收入水平与幸福指数之间不是直线关系,而是曲线关系。在收入水平达到一定高度前,收入提高会提高幸福指数,但当收入水平超过一定高度时,它的进一步提高未必会明显提高幸福指数。人的生存与发展,固然离不开物质,离不开金钱,但有一条规律:人对物质的追求毕竟有其极限,而对精神的追求是无限的。为什么我们中小学生的家庭物质生活在逐年上升,但他们的幸福指数不仅没有上升,反而在下降呢? 原因也许就在于当前家庭生活的现状:物质过剩,人文贫乏。

评价幸福的指标很多,但孩子如何评价幸福,他的幸福指数的标准是什么,这是孩子在家庭生活中体验感受的过程,这是一个与父母长期互动的过程,也是生活中一个个小小的"快乐"日积月累的过程。简单地说,是通过孩子的五官去感受去体验的,是通过眼睛去看,耳朵去听,嘴巴去沟通,对来自家庭、社会各种信息在他大脑中经过处理加工的过程。

孩子幸福指数高不高,从父母的眼睛里,从父母的目光中可以找到。在父母心目中,孩子是一个独立的人,还是父母的私有财产、附属品?他的人格与尊严,权利与需求,思想与情感,劳动与创造,成长与发展,是否能得到父母的尊重?鲁迅先生说:"小的时候,不把他当人,长大以后,他就做不了人。"自尊是孩子健康人格的脊梁,孩子的自尊是通过父母对孩子的尊重培养起来的。在民主平等的家庭里,孩子的幸福指数比霸道家长制的家庭高得多。

孩子幸福指数高不高,从父母的嘴巴里,从父母的言谈中可以听到。如果孩子经常能听到父母说出的赞美的话、诚恳的话、礼貌的话、尊敬的话、鼓励的话、关怀的话、宽容的话、合理的话、幽默的话、感恩的话、智慧的话,那么,这个孩子的幸福指数是高的。相反,如果孩子的耳边经常听到来自父母的训斥的话、粗鲁的话、虚伪的话、漫骂的话、尖酸的话、讥讽的话、污辱的话、鄙俗的话、无理的话、愚昧的话,那么,这个孩子即使享受着天堂般的物质生活,他的幸福指数也不会太高。

孩子的幸福指数高不高,不要仅听父母说什么话,还应看父母愿不愿听孩子的话、倾听孩子的心声。在家庭里,亲子之间不仅有沟通的话题,有沟通的平台,而且有沟通的共同的时间,在沟通无障碍的家庭里,孩子的幸福指数是高的;相反,在孩子只有"听话"的自由,而没有"说话"的权利,孩子只需长耳朵,不需长嘴巴的家庭里,孩子的幸福指数不会很高。

【读书明志法】 读书使人明志,读史让人明理。读政治书,以养大气;读文学书,以熏陶情操;读专业书,以养才干;读诸子百家,以思圆行方。只有多读书,才能使人从容面对各种问题。

书籍支配着人的生活,是人们精神的营养品,它给予人的是知识和学问,是生存的勇气和信心。读书使人的生活丰富多彩,能使人的生命激情昂扬。

古人说"开卷有益",又说"有益家国书多读,无益身心事莫为"。在书中,每个人都能找到自己的位置,都能有所收获、有所感悟,能使自己的情感得以撞击、得以宣泄。读什么样的书,体现出个人的人品、生活情趣和价值追求。

读书时,应当学会鉴别和取舍,多读品位高的书,才会大有裨益。只有在读好书的基础上,再来研究技巧和方法,做到善读书,才能更有收获。通过读书,加强思想道德的修养,明白应该怎样做人、做事,读书的过程实际上是提升道德、陶冶情操的过程,应当在读书中陶冶情操,升华境界。读书,能拓宽孩子的眼界,增长知识,怡情养性,远离纷扰。读书,能寻求一扇向往光明的窗口,使自己的内心从无垠的荒漠走向希望的绿洲。读书,能使人明理明德、知荣知耻,荡涤心中浮躁的尘埃,去邪气,存正气。所以家长一定要让孩子多读书,读好书。

【借助媒体法】家长应让孩子观看电视上救护、援助、服务、合作等方面的报道及阅读以互助友爱为主题的童话、故事等,培养孩子爱他人、爱集体、爱家乡、爱祖国的情感。如让孩子观看抗震救灾的纪实报道,启迪幼小的心灵,让孩子学习解放军和武警官兵争分夺秒抢救受灾群众生命财产的精神,激发孩子爱祖国、爱人民的情感。虽然孩子对"祖国"这个概念还不太理解,但"热爱祖国"这颗种子必须在早期就埋进孩子的心田。通过各种方式,让孩子了解贫困山区的很多儿童正面临失学、缺水等困难,让孩子参加"献爱心"活动,捐出自己的零花钱,向贫困山区的人民伸出友谊的手,激发孩子的同情心和爱心。

【参观游览法】古人说"读万卷书,行万里路",行万里路与读万卷书同样重要。有条件的家庭,可在假期带孩子出去旅游,游览秀丽河山,瞻仰名胜古迹,了解祖国几千年来的文明史。游泳可以亲身体会到大自然的壮美,这比书本上的图片、荧屏上的画面更直观,形象更具体,孩子不仅可以收获很多书本以外的人文、历史知识,还可以增强体质。爱好写作的孩子游览后,他们的笔下会出现优美的诗歌散文。爱好书画的孩子经常游览,万物尽收眼底,他们可以游览写生,搜集素材,练习笔法,提高技艺。运用此法,要明确目的,随身携带绘画工具,做到外出必有收获,决不空手而归。

【推己及人法】将心比心,推己及人,在教育中,孩子如能按照这一招去做,会达到意想不到的效果。

春秋时,有年冬天,齐国下大雪,连着三天三夜还没停。齐景公披着皮袍,坐在厅堂欣赏雪景,觉得景致新奇,心中盼望再多下几天,景色更漂亮。晏子走近,若有所思地望着翩翩下降的白雪。齐景公说:"下了三天雪,一点都不冷,倒是春暖的时候啦!"晏子看齐景公将皮袍裹得紧紧的,又在室内,就有意地追问:"真的不冷吗?"齐景公点点头。晏子知道齐景公没了解他的意思,就直率地说:"我听闻古之贤君自己吃饱了要去想想还有人饿着;自己穿暖了还有人冻着;自己安逸了还有人累着。可是,你怎么都不去想想别人啊!"齐景公被晏子说得一句话也答不出来。

这个故事告诉孩子:慈悲为怀的人,总是会设身处地地去体会别人的切身感受,总是会"推己及人"地为别人着想。

【克己修身法】修身是指提升自身的道德品质。以孔子为代表的儒家先贤,高度重视修身的作用,儒家经典《大学》突出地论述了"修身"在"齐家、治国、平天下"中的重要意义。

人之所以要修身,一是为去物欲所蔽,修养人性之本善;二是以修身为本,实现儒家的"内圣外王"的价值目标。儒家道德教育方法从人性本善的观点出发,对修身自得方法,强调克己自省和迁善改过。孔子认为克己自省是完善人格,达到道德至高境界的途径,在道德修养方法上他特别强调"克己",即用社会道德准则自我约束。孔子说："克己复礼为仁。"孔子特别强调"内省"，他说："内省不疚，夫何忧何惧？"自我反省而问心无愧，就会心安理得，就不会有忧愁和畏惧。孔子的弟子曾参提出："吾日三省吾身。"即强调每天都要对自己的言行进行多次反省检查，以求在道德上不断进步。其后，孟子要求君子不论遇到什么事首先应该"反求诸己"。比如他说："爱人不亲，反其仁。治人不治，反其智。礼人不答，反其敬。"意思是如果你爱别人，却得不到别人的亲近，就要反过来检查你自己待人的仁心是否够了。如果你去管别人，人家不买你的账，就要反过来检查你自己待人是否方法妥当。如果你对别人很讲礼节，人家却不理睬，就要反过来检查你自己是否恭敬。要是严于律己之后，别人依然如故，不亲、不治、不答，你该怎么办呢？孟子认为，爱别人的人，总会得到别人的爱，尊敬别人的人，也一定会得到别人的尊敬。

人有缺点、有过失在所难免，改正错误，人们就会敬仰他。克己自省、迁善改过的修身自得方法是中国文化中特有的塑造至善道德的重要途径，它倡导自己对自己的道德认识、道德动机和道德行为进行反省，不断克服错误的道德观念，凭借内心信念来选择道德行为，时刻以社会道德规范来严格约束自己的言行。"克己""内讼""正心""诚意"等反省内求方法，对于陶冶性情可起到巨大作用。

【主体体验法】要尊重、珍视孩子的主体体验，了解孩子品德学习、发展的实际与需要，努力通过各种方法，使孩子在轻松、愉快、自主平等的氛围中获得良好的道德教育和积极的人生态度。尊重孩子个体人格尊严和个体选择，始终把孩子看作独立的主体，鼓励孩子在民主、公正的生活环境中做出积极的道德反应。

家长可以经常与孩子开展小辩论、小讨论等活动，让孩子在参与自由选择、审思求证、公开答辩等环节中，充分表达自己的观点，不断辨别正确的、有价值的观点，进而获得知识的增加和道德的提升。

【情境体验法】体验式学习是指以情感体验为核心的知、情、行整合学习。情感体验式学习的最大特征是强化道德感悟，从根本上打破传统的"听—背—答"的教育模式，以"情境体验、价值辨析、活动践行"的体验模式，触动孩子的真情实感，使孩子在身临其境的亲身体验中"悟道"，而不是死记硬背，"生吞"现成的大道理。

情境体验指创设情境直接刺激感官，激发情感，产生觉知体悟。这是一种以"情"为开端实现体验的教育结构，其基本步骤为：创设情境—充分感受—引导体验。

价值辨析指通过对意义事件的价值分析，使个体认识多种价值水平，并形成关怀价值取向。这是一种从"知"入手实现体验的结构，其基本步骤为：引入事件—价值分析—价值抉择。价值辨析的核心是引导孩子在意义事件的讨论中体悟价值观，形成关怀取向的价值信念。

活动践行指创设引发道德行为的情境，通过自身行为的社会反馈，产生道德体验。这是以"行"为开端进行体验的结构,其基本步骤为:导入实践—强化反馈—体验整合。在教育实践中,这三种基本方法可以综合应用。

家长可在生活中设计出一些符合孩子身心特点的情境活动,让孩子扮演其中的角色,并真实地面对情景难题做出决策,使孩子在真切的实践中解决道德问题,形成自我认识,帮助他们明晰内心正确的价值观。

如孩子在学习《我心中的那颗星》,体会了"星光如此灿烂"和"星途那么艰难"后,为帮助孩子更加明确自己心中真正正确的、认同多元文化的价值观是什么,家长可有意设计一些情景活动,让孩子把自己当成是其中的一个明星,然后提出一个简单的题目:"既然成为明星那么困难,还不如做个普通人好。"让孩子讨论对这句话的看法。在讨论中,孩子可能会说:"能做明星最好,可以用自己的明星效应更好地为国家、为社会出力。"孩子也有可能说:"做不上明星就不要硬做,做个普通人也好,可以在平凡的岗位上做不平凡的事。""那如果你真正成了一个演艺明星或其他什么明星的话,你会怎么做?"家长可继续引领深入探讨……这样,通过民主的情境探讨,一些普适的价值观就可逐渐清晰、稳固地建构在孩子的心目中。

【动之以情法】动之以情,可解决孩子"知之不深"的问题。如《中学生日常行为规范》第九条要求:"要讲普通话,使用礼貌用语,讲话注意场合,态度和蔼。"其实,社会上已提倡使用礼貌用语多年,高年级的学生(主要是高中学生)在"知"的方面是做得较好的,但使用礼貌用语的情况却不理想。造成这种现象的原因主要是学生"知之不深"。如"十字礼貌用语"(请、您好、谢谢、对不起、再见),多数学生是知道的,但对于为什么要使用这些礼貌用语,使用礼貌用语有什么好处等,他们还是缺乏深刻的理解和体验。

道德教育心理学的研究指出,个体道德意识的产生、道德情感的陶冶、道德意志的锤炼、道德信念的确立都离不开个体活生生的现实生活和活动,在个体现实的道德生活活动和社会交往中,个体的道德主体意识和主体能力得到提高,使个体道德不断完善和超越。孔子说:"知之者不如好之者,好之者不如乐之者。"因此,要有目的地让孩子参加道德建设实践活动,在学校、家庭、社会生活中践行道德规则,并引导孩子去观察、体验道德行为会给自己、他人、社会带来什么样好的影响,从而丰富孩子的道德情感。如通过话剧、小品表演等形式,由孩子和家长分别扮演顾客和营业员、乘客和乘务员等,通过扮演特定情境中的角色,学习和实践作为该角色要遵循的各种规范,从而学会与人相处,履行角色职责。通过创设一定的情境,营造气氛,使孩子置身于所设情境中,耳濡目染,潜移默化地受到心灵感化,产生情感共鸣。还可以有目的地安排孩子走向社会,观察他人或亲身体验使用礼貌用语给社会带来的好处,进而陶冶孩子的情操,培养其健康向上的道德情感。

【道德修养法】道德修养是指思想意识和道德品质方面的自我锻炼、自我教育、自我陶冶及由此而达到一定的道德境界和水平。把一定的社会道德转化为个体的道德,关键在于个体自身的道德修养,即个体对自身进行自我观察、自我调控,核心问题是形成一定的自制力。

当今家庭教育要培养孩子的自制力,就要改进家长的教育态度和教育方法,对孩子实施情感教育、民主教育和自主教育。比如家长在教育孩子如何正确控制自己的情感时,就要教给他们一些心理发泄方法:

(1)当受到表扬和奖励时,要控制情绪,不要过于激动。一方面,可以给家长、同学、老师讲自己的感受,让大家一起分享成功的喜悦;另一方面,想想自己的不足及继续前进的目标。

(2)当受到批评时,可以通过适当的方式,如拖地、擦玻璃、整理学习用具等行为来表示认错、吸取教训等。

(3)当别人给自己提意见和建议时,要以虚心的态度接受,如"谢谢您的提醒""我一定认真考虑您的意见"等。

(4)当个人受到委屈时,不要用哭、吵、闹等方式来发泄,受小委屈时可以"瞪一眼",受大委屈时可以大喊一声"我讨厌你",受一般委屈时可用摆事实、讲道理的办法来求得心理平衡。

再如,在指导孩子如何养成良好的行为习惯方面,家长可向孩子提出字少、易记的行为规范要求,要求孩子牢记并付诸实践。

【以情为轴法】情感是人特有的对客观事物的态度体验,对人正在进行着的认识过程起着评价和监督作用,还对主体产生道德需要、形成观念和信念起着中介作用。

在道德教育过程中,家长要以情为中轴,引导孩子选一些有针对性的名言作为座右铭,坚持每日"三省吾身",让它激励自己不断进步;选一位自己心目中最敬佩的名人作为学习的榜样,激励自己前进;制订一个实现一定理想信念的行动计划,在家长指导、帮助和监督下落实。通过这些活动,可丰富孩子的道德情感,促进孩子道德信念的形成,发展孩子的主体性。

【亲子聊天法】孩子还不会说话时,你"咿咿呀呀"地和他"聊聊",他也会出现欣喜的表情;再大一点,他就会"咿咿呀呀"地和你"交谈"了;学会说话以后,他会向你提出许多平常或古怪的问题;上幼儿园后,他会不厌其烦地把幼儿园发生的种种事情告诉你,也愿意听你讲许多有趣的事情……

父母经常和孩子聊聊,有利于增进彼此的感情,拉近距离;有利于营造和谐的家庭氛围,促进孩子的心理健康成长;有利于孩子认识到自己作为一个独立的人的平等地位和尊严;有利于满足孩子的好奇心和求知欲;有利于孩子思维能力、语言能力的发展;有利于在轻松和谐的气氛中,给孩子讲一些做人的道理,说服孩子改正某些缺点,从而培养孩子良好的思想品德和行为习惯。家长们应珍惜和孩子在一起的美好时光,多和孩子交流思想和情感。

〖吃饭前后〗餐桌是家人团圆、感情汇聚的欢乐之处，在餐桌上，也是对孩子进行品德渗透、习惯养成教育和知识传播的课堂。充分用好这一阵地和孩子聊聊，对孩子的成长大有裨益。

〖看电视时〗在看电视或休息时，心情比较轻松，家长和孩子可以边看节目边聊天，既不浪费孩子的学习时间，又可以及时交流。

〖做家务时〗比如可以在孩子帮妈妈洗菜或帮爸爸浇花时，和孩子聊天。一方面，这时候大家都会把更多的精力集中在活动中而不是话题里，这样可以避免面对面的冲突和尴尬；另一方面，通过这种方式，可以让孩子感觉到自己长大了，能帮父母分担生活中的一些事情了。

〖最佳话题〗聊天时父母可以讲讲自己一些值得骄傲的童年往事，也可以聊聊自己的人生坎坷，让孩子在不知不觉中被吸引，愿意对父母敞开心扉。这时，孩子更容易理解父母目前的经历和感受。

〖学校趣闻〗引导让孩子把当天在学校里看到的、听到的、高兴的、气愤的、苦恼的事情，一股脑儿倒出来。这类话题轻松有趣，可以让孩子觉得你在分享他们的喜怒哀乐，也可以让你熟悉孩子所处的学习环境，不必对孩子事事放心不下。

〖生活琐事〗聊父母自己生活的经验或教训，可以让孩子增长人生的间接经验；和孩子多谈谈彼此生活上遇到的事情，可以给孩子必要的指导和帮助。

〖是非问题〗如果家长遇到事情或问题，也可以和孩子聊聊。在观点不同的时候，不要着急争辩，先听孩子把话说完，然后再说出你的想法。记住，先倾听再诉说比急于争辩的效果要好得多。

〖参观游览〗假期带孩子出去旅游，观祖国秀丽河山，聊聊大自然的壮美；瞻仰名胜古迹，聊聊中国几千年的文明史……

【渗透法】结合生活日积月累地进行，这就是渗透性策略。渗透的方法有多种，最主要的有目标渗透和过程渗透。首先，以情感为中介，实现知识向信息的转化。运用渗透性策略，以情感目标引导认知目标，使认知过程成为情意并举与精神完善的过程。其次，实现教育过程与道德实践的一体化，实现真、善、美的融合。

【生态法】生态教育的方法，首先要求家长必须关注孩子现实的道德生活质量，建立亲子之间平等、信任的关系；建立同伴友谊，形成分担共享关系，建立人与人之间真诚的道德关系。其次，要求家长关注孩子的精神需求，以人文关怀构建家庭文化，提升精神生活质量。通过营造家庭关爱文化，激发孩子追求真、善、美的潜能，在审美体验中升华心灵。最后，家长要以博爱之心营造生态德育，教导孩子抛开传统观念上狭隘的利益道德观，以更为广博的、超越特定利益关系的普遍的人类关怀，关爱本民族、其他民族、其他物种，乃至整个生态环境。

【移情教育法】移情是指个体对他人情感状态的感知和体验。在品德培养上要加强对孩子移情能力的训练,使孩子从小学会关注别人的情绪,与别人分享快乐与痛苦,把自己的情感与别人的情感联系起来,不断对自己的情感做出客观的评价。还可以运用角色扮演法,鼓励孩子进行换位思考,体验他人的道德情感,从而理智地控制自己不适当的道德情感,养成自我监督情感的习惯,提高孩子调节和控制道德情感的能力。

让孩子体验如下情境:

(1)如果你或你的亲人是残疾人,在学习、生活、工作中有许多不便,被人嘲笑,你的心情如何?你觉得该怎样对待残疾人?

(2)岁月的流逝会使黑发少年变成白发老翁。如果你是一个行动迟缓、无人照顾的老人,你的心情如何?你觉得该怎样对待老人?

(3)如果你在学习、工作、生活中遇到挫折甚至不幸,你的心情如何?你觉得该怎样对待别人遭遇的不幸?

通过情绪追忆和情感换位,孩子能更为敏感地察觉他人、群体的情绪,易于唤起自己的情绪反应,从而为消除内心张力而试图采取的行为提供一种动机力量。同时,这种强有力的移情体验还可以对特定情境下引起的社会责任意识规范起到放大与催化作用,从而推动个体选择履行社会责任的方式。

【省身笔记法】要求孩子每周写省身笔记,感悟生活,反省自身言行,体味中华民族传统美德在日常生活、学习中的充分展现,深化对传统美德的价值认识,锻炼其道德思维、道德判断能力。

2. 消极情绪调节方法

当某些事总是没完没了地在你身边出现,让你感觉无法摆脱这种糟糕的情绪而烦躁不安的时候,你会怎么办呢?人在生活中难免会遇到不开心,遇到不顺利,这时应如何调整自己,让自己能够摆脱这些情绪,保持自身不会受到过多消极情绪的影响呢?可尝试以下方法:

【顺其自然法】顺其自然其实是一种考虑事情的方法,对于不同的人有着不一样的意义。这意味着不要刻意地去摆脱或者隐藏难题,倒不如试着尝尽这其中的辛酸苦辣,以一种不胆怯、不逃避的态度面对它们;与其忍气吞声,不如"以其人之道还治其人之身",要清楚愈合伤口花费的时间是值得的。当你越是以一颗平常心去面对时,当你越是以一种"尽管来吧"的气势去面对时,就越会发现自己的强大与敌人的弱不禁风。如果此时你处在极度的悲痛之中,那么千万不要忘记自己内心深处的声音,一点点地慢慢摸索。这不是漠视它,而是在生理和心理上给予更多的呵护,感受生命的每一刻的节拍,寻求生活的平衡。

【认知调控法】一个人被激怒时,常会做出过激的行为,但如果此时能够先冷静地分析一下引起愤怒情绪的原因和可能解决问题的种种方法,并选择其中较为理智、恰当的方法去解决问题,就能尽量避免过激的情绪反应和行为的出现。

有人在遇到不顺心的事情时,往往会凭自己的主观臆断,把事情想象得十分糟糕,过分夸大后果。其实只要换一个角度去认识问题,就可以纠正认识上的偏差,达到减弱或消除不良情绪的效果。

但应该注意的是,使用认知调控法来调节和控制情绪,其前提是必须对刺激有一个正确的认知与评价,否则,不但不能调节和控制情绪,反而会激化矛盾,导致更为恶劣的情况出现。

认知调控法在实际应用时可分为以下两步:首先,分析刺激的性质与程度。冷静地分析问题的症结所在,可以及时调控过度的情绪反应,以避免因情绪反应过于强烈而产生不良的后果。其次,积极地寻找多种解决问题的方案,多方比较后择优而行。情绪引发的即刻反应往往带有冲动性的本能反应,它反应迅速,强度大,有时可以帮助我们脱离险境,但如果选择不当,则会带来严重的后果。在一般情况下,许多问题的解决都会有多种可行性方案,只要我们能冷静地思考,总能找到最佳的解决途径。

【活动转移法】活动转移法是指当人处于情绪困境之中时,可以先设法离开该环境的持续刺激,暂时将问题放下,转向自己所喜爱的活动以转变情绪体验的性质,达到情绪调控的目的,以避免不良情绪的爆发。

活动转移法按其转移的方向可分为两类,即积极的转移和消极的转移。消极的转移就是当情绪不佳时,转向吸烟、酗酒、吸毒等消极行为。这种消极的转移是我们应该努力避免的。积极的转移就是把时间和精力从消极的情绪体验转移到对调控情绪较为有利的活动中去。事实证明,音乐疗法是调控情绪的最佳方式之一。欢快有力的节奏能使情绪消沉者振奋,轻松优美的旋律能使紧张不安者放松,悠扬婉转的乐曲能使情绪烦躁者安静。有条件的人学习乐器演奏和音乐创作,把内心的感受和体验转化为心灵的乐曲,就更能舒缓和调节情绪。体育活动也是转移调控情绪的良好方法。当情绪状态不佳时,跑步、健身、打球、下棋等活动,都是极佳的情绪调控的手段。体育活动既可以松弛紧张的神经,又可以促进机体的新陈代谢,消除心理上的疲劳,使消沉者活跃,激愤者平静,从而达到平衡情绪的目的。此外,观看一场幽默的相声、哑剧、滑稽电影,阅读一本轻松愉快、饶有情趣的小说,欣赏一幅优美的书画作品,都可以舒体宽怀,排忧解愁,怡养心神。

【环境调节法】环境调节法是指脱离不良的环境,借助于优美的自然环境,舒缓消极的情绪,调节身心。当一个人情绪不佳、郁郁寡欢时,如果把自己困在一边生闷气,只会使消极情绪更为强烈。如果换个环境,去环境优美、空气宜人的花园,或者走进郊外的田园风光,就可以使人心绪舒缓,心境开朗。如果有条件的话还可以来一次短途旅游,彻底放松自我,山清水秀的自然环境会使人心境豁达明朗,一切忧愁和烦恼会随之消散。

【心理暗示法】心理暗示法是指当不良的情绪要爆发或感到心情十分压抑

时,可以通过心理暗示来提醒自己调整和放松心理上的紧张,使不良的情绪得以舒缓。心理暗示法通常是通过语言和想象来达到自我调节的。例如,当你将要发怒时,要提醒自己:"别做蠢事,发怒是无能的表现""发怒既伤自己,又伤别人,还于事无补"。我国历史上的禁烟功臣林则徐的脾气很大,他在中堂挂了一幅写有"制怒"两字的大条幅,以便随时提醒自己控制怒气。

人是有理性的,可以通过心理暗示来调节情绪。当你将要发怒时,当你抑郁时,当你沮丧时,都可以通过自我暗示来提醒自己、激励自己、释放自己,使不良情绪得以缓解,回复到良好的状态。

【情绪宣泄法】情绪宣泄法是指当人处于较激烈的情绪状态时,采取直接或间接的方式表达其情绪体验与反应。简单来说,就是当情绪体验处于激烈状态时,选择适当的场合,想哭就哭,想笑就笑,想叫就叫,合理地宣泄激烈的情绪,坦率地表达内心强烈的情绪,可以使宣泄者的心理压力得以减轻,心情会平静舒畅些,与情绪体验同步产生的生理反应也能较快地恢复正常。

情绪宣泄法可分为直接宣泄法与间接宣泄法。直接宣泄法是在刺激引发强烈的情绪反应时,即时表达自己的内心感受,以使状况得以改变。例如,当遭遇不公平对待时,马上提出来,争取平等权益;当被别人伤害时,直接告诉对方自己的愤怒,要求赔礼道歉。但是,并不是所有的情形都可以用这种方法,这要看场合和对象。更多的时候,人们会采取间接宣泄法来宣泄情绪。间接宣泄法是在脱离了引发强烈的情绪的情境之后,向与情境无关的人表达当时的内心感受,发泄自己的愤怒、悲痛等情绪体验,或采取一些其他方式来发泄不良情绪量。例如,当陷入苦恼时,找你所信任的、谈得来的,同时头脑也较为冷静的知心朋友倾心交谈,将心中的郁闷及时发泄出来;当情感遭遇激烈震荡时,将不良情绪能量转移到其他活动上去,或找一种适合的体力劳动大干一场,或做一些既能消耗体力又能转移注意力的体育运动,积聚的怒气也会随着大量的体力消耗而得以释放,但劳动或运动的强度要视自己的实际情况而定。另外,找一个合适的场合大哭一场,也有助于人们释放痛苦和悲伤。因为哭能释放积聚的能量,调节机体平衡。

情绪宣泄法在使用时应合理有度,不能把合理的情绪宣泄理解为激烈的情绪发泄,切忌在激情的状态之下,以暴力或不恰当的方式发泄情绪,那样不但不利于问题的解决,反而会造成更为严重的后果,引发新的问题。

【寻求他人帮助法】当一个人陷入比较严重的情绪障碍,单凭个人力量无法获得较好的改善时,就有必要向社会支持系统寻求帮助。每个人都应该建立自己的社会支持系统,即能够在心理方面给予自己支持与帮助的社会网络,如亲朋好友、专业的社会工作者、心理医生等。

社会支持系统的存在具有以下积极意义:一是提供倾诉的对象,当一个人苦闷抑郁时,倾诉是一种很好的解脱方式,有利于及时而有效地调控情绪;二是提供新的看问题的视角和思路,帮助当事人走出个人习惯的思维模式,重新评价困境,对问题产生新的认知与评价,寻求新的出路;三是专业的社会工作者和心理医生可以提供专业的分析与建议,运用专业的手段和方法对情绪障碍进行干预,能更为彻底而有效地解除情绪障碍。

【放松训练调节法】放松训练调节法主要是个体用自己的意志来调节机体的机能,通过机体的主动放松可使肌肉放松、呼吸深沉、思想入静、杂念全无,增强对个体生理和心理活动的控制,最终达到降低唤醒水平、调整情绪的目的。

放松训练需要经过一定的练习才能达到较好的效果。练习者首先要使自己心神安静下来,坐卧姿势舒适,然后想象自己已置身于一个十分优美的环境之中。按照深吸气、长呼气等呼吸要点和方式来调理气息;配合呼吸,伴随着一定部位肌肉的运动和放松,最后达到全身肌肉的放松。此时,练习者的意念在轻松缥渺中沉浮,进入一个忘我的境界。放松训练不仅可以使人精神舒缓、情绪稳定,长期坚持下去,对焦虑症等身心疾患也有良好的治疗效果。

【积极暗示法】每天早晨起床对着镜子给自己一个微笑,告诉自己:"我很棒!"同时避免刻意去与他人比较。每个人的境遇不同,一味参照别人而分出的优劣,只会让自己在希望和失望间徘徊。我们应该学着给予自己在人生发展轨迹上所需要的东西,争取做最好的自己。学会感激,感谢生活所赐予你的一切,记得对每一个帮助过你的人说"谢谢"。

【与己沟通法】每天晚上花几分钟时间静坐,回顾当天的情绪,倾听自己内心的声音。一个人的内部世界和谐了,外部人际关系才会和谐。

【兴趣转移法】当孩子的情绪沉到了谷底,对学习和生活一点也打不起精神的时候,不妨重拾过去的乐事:进行绘画;练习长久被你搁置的乐曲;买一副拼图把它们拼起来;等等。

【量力而行法】当一个人什么都想抓的时候,常常什么都抓不住。知道自己要什么是很重要的。

3. 负面情感使用方法

每个人都有失意、痛苦的时候,将这些负面情绪控制好,就会很快走出阴影,快乐前进;反之,则会困顿焦躁,耽误学习。

下面认识与运用一些常见的负面情绪:

(1)生气。可以被用来帮助我们做出反应并采取行动,能够帮助我们克服那些原本看似不可逾越的障碍和困难。它经常与我们不喜欢的情况联系在一起,为我们提供能量使我们采取行动,对这些障碍和困难做出反应。生气就是鼓气,一鼓作气才能成功。

(2)悲伤。一种能促进深沉思考的反应,使我们能更好地从失去中获得智慧,从而更珍惜目前所拥有的。

(3)后悔。它提醒我们,要找出一个更有效果的做法。

（4）左右为难。说明内心价值观的排序尚未清晰明确，需要我们继续用心体验。

（5）恐惧。恐惧可以提高神经系统的灵敏度，并能使意识性增强，是一种高能量的情绪。恐惧对我们提高对潜在问题的警觉性很有帮助。它使我们获得本不能得到的信息，迅速做出反应，并在必要条件下选择逃避。

（6）无可奈何。这表明已知的办法全不适用，需要创新与突破思考。

（7）内疚。这是一种与评估是非对错相关联的情绪。如果我们没有其他的方式评估与价值有关的行为的话，内疚可限制我们的行为选择范围。

（8）紧张。紧张让我们有额外的能量去保证成功。

（9）害怕。它促使我们对所期望的东西重新进行评价，并对实现期望采取的方法重新进行调整。

（10）惭愧。它提醒我们需要检讨自己以往的行为。

（11）失望。它发生在所期望的目标已确定但没有实现的时候，是一种能促使我们对期望做出重新评估和对实现期望目标所采取的方法做出重新调整的信号。

（12）讨厌。它是一种需要摆脱或者改变的提醒信号，帮助我们去找出改变及摆脱的办法。

（13）愤怒。它是一种高能量的情绪，可以充分调动身体的能量，准备对一个不愿接受的状况做出改变的行动。

（14）压力。它是转变动力之前的准备，就像弹簧一样，压得越低，弹得越高。

（15）忧虑。它是一种高能量的情绪，把注意力集中在一个就要发生但后果令我们担心的事情上。它让我们集中精力，提供为事件做好准备的能量。

（16）痛苦。它是使我们能避开危险，并提升人生经验的信号。

上面这些定义表明，每个负面情绪其实都能给人一份推动力，推动当事人做出行动。这种推动力可能是指出了一个方向，也可能给予了一种力量，或者两者皆有。

在生活中，这些负面情绪时刻伴随着孩子，我们要辩证地看待它们。因为我们所认定的负面情绪也许并不是我们所认为的那样讨厌，而是完全值得我们重视的，情绪本身就是一种能量。

虽然我们无法选择发生的事情，但我们可以选择我们的情绪状态；虽然我们无法调整环境来适应自己的生活，但可以调整情绪来适应环境。毕竟，我们的生活不是由生命里所发生的事决定的，而是由自己面对生命的态度和看待事情的态度来决定的。

那么，怎样让孩子在学习和生活中控制不期而至的负面情绪呢？具体来说可采用以下几种形式：

【忆喜忘忧法】把令自己高兴的事一条条地列在一张纸上，并且边写边努力地反复回想，沉醉于当时的愉快情景中去。这样会使你乐而忘忧，从而感到前途依然是光明的。

【欣赏音乐法】当消极情绪出现时，听喜爱的音乐，在熟悉的旋律中心情会放松，变得舒畅起来。

【选择爱好法】当某件事一直萦绕在脑海里而影响你的情绪时，不如暂时避开，去进行你喜欢的活动或游戏，如下棋或玩扑克，你将会在快乐的游戏中忘掉烦心事。

【勤奋学习法】越是懒于做事的人，越容易发生心理危机。把作息时间安排得井然有序，勤奋学习，让自己没有时间去考虑烦心事。比如，一个孩子攻克某道难题后，心里会踏实许多。

四、道德行为养成方法

道德行为培养教育包括深化道德认识、激发道德情感、磨炼道德意志、规范道德行为以及纠正和克服不良生活习惯与行为方式等内容。家长要明确自身的角色定位，提高教育能力，培养孩子健康的心理素质，从根源上杜绝犯罪，维护社会的稳定，并为国家建设输送德、智、体全面发展的合格人才。

（一）良好道德行为养成方法

孩子的道德行为是其道德认识、道德意志和道德情感的具体表现，也是人们确认其道德认识、道德意志和道德情感之有无、真假及其程度的重要依据。所以，在品德教育和培养中，应重视引导孩子形成良好的道德行为习惯。

【榜样学习法】孩子往往通过观察他人在相同社会环境中的行为进行体验学习。观察学习是孩子学习的主要形式，从动作的模拟到语言的掌握，从态度、品德的习得到人格的形成，都可以通过观察学习来完成，孩子的大部分道德行为都是通过观察学习获得和改变的。

孩子的道德定向，主要是由于不同的社会学习和不同的成人及同辈榜样的影响使孩子具有了个体差异性。替代惩罚可以降低孩子对攻击行为的模仿。孩子的道德行为也表现在能否抗拒各种外界诱惑，而对诱惑的抗拒可以通过榜样的影响加以学习和改变。榜样的示范活动具有一种替代强化的作用，在很大程度上影响着孩子对诱惑的抗拒能力。要提高孩子的道德水平，父母和教师不能只进行口头指导，还要给孩子树立榜样，包括同伴中的榜样。

孩子观察榜样的行为表现并加以模仿的过程，受到观察者内部和外部因素的影响。外部因素指榜样的示范特征及其后果。一般来说，榜样的地位越高，越具权威性，就越容易被模仿；榜样与观察者越相似，被模仿的可能性越大；攻击行为易被模仿，受奖励的行为更易被模仿；与观察者自我判断相符的行为容易被模仿,不符合观察者动机倾向的行为容易被拒绝和排斥。

可见,榜样学习有利于孩子品德和行为习惯的形成。孩子模仿榜样有以下规律:他们开始模仿周围亲近的人,随后模仿距离较远的人;先模仿父母、教师,后模仿社会上的人;先模仿现实存在的人,后模仿文学、电影等艺术作品中的人物等。所以,家长在为孩子选择榜样时要注意:榜样的优点既胜过孩子的优点,又是可以学到的;榜样应该是公认的,具有权威性;榜样要有针对性,向榜样学习要激发孩子的上进心和解决孩子的实际问题。

榜样可以是集体,也可以是个人。为了使先进榜样发挥更大的教育作用,家长应注意:第一,实事求是地宣传先进榜样的优秀事迹,引导孩子的模仿指向正确的方向,激发孩子模仿先进榜样的动机;第二,引导孩子正确对待榜样,一分为二地看待先进榜样,学其所长,防止效仿其缺点;第三,分析先进榜样形成的条件,指明达到要求的途径,增强孩子模仿先进榜样的信心;第四,在树立先进时,要激发孩子产生敬慕的心情;第五,及时表扬孩子学习先进榜样而取得的成绩,提高孩子模仿先进榜样的积极性。

孩子在模仿和榜样学习中所获得的道德行为,只有通过有意练习才能有效地形成道德行为习惯。所以在道德行为习惯培养中还应注意:第一,使孩子了解有关行为的社会意义和产生自愿练习的意向;第二,创设按规定的方式一贯行动的条件,其中包括家长的监督,尽可能地不给孩子重复不良行为的机会;第三,使孩子了解行为的结果和练习的进步情况,及时给予强化。强化的方式是多种多样的,一般可采用表扬与批评、肯定或否定的示意、奖励与惩罚、评分的高低等。这些外部强化手段,对于年幼孩子道德行为习惯的形成有着至关重要的作用。但也不可忽视孩子的自我评价在形成道德行为习惯中的内部自我强化作用。

强化训练要在家长指导下有目的、有计划、有步骤地进行。赞扬或批评,要遵循实事求是、及时性、适当性和儿童化的原则。奖励是运用物质的或精神的手段来激励孩子。利用奖励可以鼓励孩子重复良好的行为,有利于孩子良好习惯的形成。

家长进行奖励时要注意以下几点:首先,要奖励孩子通过模仿和榜样学习所获得的良好行为习惯;其次,要注意孩子的年龄特点和个性差异;再次,奖励应满足孩子合理的需要;最后,奖励要注重教育性。

惩罚则是对犯有错误的孩子给予适当的处置,对个体施加心理上不愉快的反馈刺激,从而抑制不良行为的重现。要正确使用惩罚应注意:惩罚的实施越及时,效果越好;掌握好惩罚的强度,注意惩罚的负面作用。

【及早教育法】道德教育就像种地一样,假如你不把优良的种子撒在地上,它便生长不出别的东西,只会生长杂草。但如果你想开垦那块土地,并能在开春的时候把它犁一遍,耕耙一遍,撒一遍种子,你的工作就比较容易,成功的希望就比较大。因此,要及早对孩子进行道德教育,打好基础,使良好的德行成为孩子的第二天性。因此,德行的教育应该在邪恶尚未占领孩子的心灵之前早早地实行。家长要让孩子小心地防备一切腐败的根源,如不良的社交、不道德的谈话、无益的书籍之类(因为邪恶的榜样,不论是由眼睛进入还是从耳朵进入,对于心灵都是一种毒害)。

在道德教育方面,没有一件事情是可以省略的。对于懒惰也应当加以防备,否则,一些孩子便由于懒惰而去做邪恶的事情或养成一种怠惰的倾向。为了使孩子避免懒惰,就要求他们勤勉,孩子毕竟总是爱活动的,因此,应该使他们不断学习或从事游戏,同时,还要避免一切过度的压力,这样就可以产生一种勤奋的性情,使孩子性情活泼。

【从"小事"抓起法】有位家长说:"我对孩子要求不高,只要他将来不偷不抢不犯法就行了,其他生活中的一些小事不必过多地去管教。如孩子有时骂别人几句、打一下他人,或者说捡到几角钱去买糖吃等等,都属小事。"这位家长列举的"小事"从孩子方面看可不是小事。因为这些事具有是非善恶的性质,如果把这些都看作是小事,在孩子的幼小心灵中就会形成是非颠倒、善恶不分的错误观念。假如不及早纠正孩子的错误观念而任其发展下去,就难以保证孩子不偷不窃不犯法。孩子正在成长之中,他不可能像成人那样来控制自己。其实,在家庭教育工作中,是没有什么小事的。每件事都是整个家庭生活与教育中的一个组成因素,它们时时刻刻、日日夜夜都在影响着孩子。一个好家长不应该忽略或忘记生活中的各种细枝末节的地方。家长不仅要通过生活来锻炼教育孩子,自身也应该时刻注意自己的言行是否给孩子带来良好的影响。我们说家庭教育无小事,并不等于要家长天天用眼睛盯着孩子,发现其不是就严加训斥,而是要家长注意在日常生活的细小事情上积极地引导孩子健康发展。家长自己在家庭日常生活细节上也要注意严格要求,谨防以消极的东西去感染孩子纯洁的心灵。

【做好事时的失误免惩法】家长应该教育孩子从小关心他人和集体,乐于助人。孩子由于年龄小,认识水平不高,考虑问题不周全,力量小,在做好事的过程中出现一些失误也是难免的。家长不应该指责孩子在这方面的失误,甚至惩罚孩子,而首先应该鼓励和肯定孩子做好事的行为。对于在做好事过程中出现的一些失误,只能引导他分析失误的原因,从而提高其认识和操作水平。这样既能保护孩子做好事的自觉性、积极性,培养其良好心理品质,又可以帮助孩子更加成熟,不断提高其认识水平和活动能力。

【导之以行法】导之以行,可解决解决孩子"明知故犯"问题。"知而不行"的极端是"明知故犯",对此,不能简单地以"堵"当头,而从孩子的行为心理特点出发,正确地进行训练。

对孩子所表现出来的良好行为,应及时给予肯定和奖励,强化孩子正确的条件反射;对于孩子出现的不良行为,应及时给予否定和惩罚,抑制孩子错误的条件反射。久而久之,孩子错误的条件反射被抑制,正确的条件反射得到强化,良好的行为习惯便可形成。

【实践培养法】要通过实践来培养孩子的德行,因为德行的培养是由经常做正当的事情而学来的,一味地叮嘱或告诫而不付诸实践,在道德教育中是根本行不通的。

孩子们从行走学会行走,从谈话学会谈话,从写字学会写字,同样,他们可以从服从学会服从,从节制学会节制,从说真话学会说真话,从有恒心学会有恒心。因此,孩子们同样会从良好的道德品行中学到良好的道德品行。

此外,在孩子活动的过程中,我们必须给予他们一定的忠告,对他们加以正确的引导。这样,他们就能学会在日后的生活中所需要的正确行为,同时也会引起他们的身心不断发生变化,从而产生良好的性情,并最终形成良好的道德品行。

下面我们看看瑞典是怎样让孩子们在实践中学习的:

在瑞典,2岁多的小班学生最初学的单词除了"你好""谢谢"以外,都是森林里的植物及野果的名称。在夏天,每星期中有两天老师要带着小宝贝们到森林里玩耍或做小试验。例如,在地上挖几个坑,分别将塑料袋、纸、玻璃、香蕉皮等埋进去,过几个星期后再挖出来,看看它们发生了什么变化,据此对小孩讲解土地可以吸收或不可以吸收哪些垃圾。比如土地不会吸收玻璃,而且玻璃碎片还会伤害到人和动物的脚,反射聚焦太阳光还会引起火灾,所以不可乱扔玻璃垃圾。瑞典的环境建设搞得好,这与瑞典人自身从小受的教育是分不开的。

与理论教育相比,实践教育更加形象直观,孩子更容易接受。瑞典这种通过实践活动培养孩子对大自然的接受、对生活及人类的热爱的教育方法是值得我们借鉴的。

【需要满足法】我们常常把道德行为的好坏归因于道德认识,而忽视了道德需要。其实人的道德行为动机来源于道德需要,孩子表现出来的多种多样的道德行为和道德能力是由多种多样的道德需要所引出的。因此,在德育过程中如何满足孩子合理的道德需要,成为我们研究的重要内容之一。

比如,到了小学三年级,孩子的自我表现欲望增强:有的想当个小干部,展示自己的管理才能;有的会画画,想展示自己的绘画才能;有的善于表达,想给大家讲故事;等等。家长应尽量满足孩子的合理要求,积极引导孩子进行实践,让孩子"竞争上岗",逐步形成道德需要与自我教育相结合的机制,这样孩子的道德行为就有了坚实的基础。

【自我教育法】自我教育就是要让孩子自己提出任务,主动采取措施自觉进行思想转化与行为控制。

孩子是独立的主体,基本的行为特征是独立自主性。家长必须注意维护和尊重孩子的独立人格,提高其自我教育的能力。在教育过程中要始终坚持孩子的主体地位,保证孩子独立自主地行使、支配自己的权利,培养孩子自我教育的能力。在活动中可以坚持以下几点：

一是自愿选择。家长把选择活动的权利交给孩子,指导但不指令,孩子可以根据自己的兴趣爱好选择活动内容,可以多项多次选择,直到自己满意为止。

二是独立自主。家长把开展活动的主动权交给孩子,诱导而不包办。孩子在活动中可以根据现有的条件确定自己的奋斗目标,学习自己管理自己,自己教育自己,充分发挥自己的聪明才干。

三是实践锻炼。家长要为孩子实践锻炼积极创造条件,引导而不代替。孩子在实践活动中要刻苦锻炼自己的毅力,想方设法使自己的爱好形成个性特长。

四是积极探索。家长要为孩子提供机会,让他在活动中积极思考,主动发现问题,及时提出问题,自觉分析问题和解决问题,进而使其创新意识得到增强,创造才干得以提高。

【生活实践法】要"让道德回归生活,让生活成为道德最重要的老师"(朱小蔓语)。实际上道德原本就产生于现实的社会生活关系,离开了生活就不可能滋养德行。只有体验百味人生,人才能不断超越自身从而扩展和丰富个体的精神世界。如有的家长对"园艺文化"有研究,就引导孩子了解、学习园艺的发展史,尤其是改革开放以来现代园艺产业的形成和发展史;通过学习种植、养护的技术,孩子能增强热爱园艺的信念。家长带领孩子去苗圃,深入园艺场实地参加劳动,让孩子体验"日晒、雨淋、虫咬、担压"的艰辛,体验劳动创造价值的乐趣,锻炼劳动技能,从而养成良好的劳动习惯,树立正确的劳动观。简单的园艺实践活动,留给孩子的却是朴素的道理。

【防患于未然法】家长要勤于了解孩子的思想状况,积极发现问题,防患于未然。有些孩子上了中学后思想性格极不稳定,他们表现的问题也各不相同。有些孩子虚荣心强,不顾家庭实际情况,在吃穿上与别人攀比,给家庭增加负担,特别是一些从农村到城市或者从普通学校进入重点学校的孩子在穿着上向城里学生看齐;有的为了赶时髦拿生活费去赌博、上网、打游戏等,然后向家长撒谎要钱;有的在考试中作弊;有的为当上学生会干部,不仅请吃拉选票,还要投上自己一票,唯恐自己当不了"官";还有的学生行为习惯差,爱占小便宜,甚至有小偷小摸行为,只看到眼前利益,从不考虑做事后果。对孩子已出现的和可能出现的问题,家长如能及时且认真地教育,便能及时纠正孩子的思想偏差,促使他们改正恶习。

【勤俭培养法】据调查,在美国的多数幼儿园,都设有美劳角、木工角等,老师经常对孩子们讲述节约和保护森林、海洋等资源的重要性。据国际儿童机构的统计,世界各国儿童中,以美国儿童干家务活最多,时间也最长,平均每天1.2小时以上。在日本中小学道德教育的目标和课程中,很重视"勤劳与奉献,热爱家庭,孝敬父母,爱国心"等品质的教育。最近,德国家长在带孩子外出旅游时,喜欢同孩子一道到工厂去,了解生产的过程、资源的开发与节约,特别是了解生活用品是怎样生产出来的,这样既能让孩子开阔视野,又能培养孩子勤俭节约的意识和品德。

外国家庭在对孩子进行勤劳节俭教育时的特点是:

(1)要求孩子分担一定的家务,鼓励他们外出做一些力所能及的工作。

(2)配合学校进行教育。日本家长很注意同学校教育保持一致,在家中进行勤劳、节俭等教育,不少母亲甚至特意外出,多给孩子一些学着独立干家务的机会。在美国,家长们还鼓励大、中学生当义工,如到孤儿院、养老院去劳动服务。

(3)榜样与示范教育。不少家长经常把孩子带到自己的工作单位去,让他们亲自体验家长们工作的艰辛。

【能力建构法】家长可用具体可操作的方法,协助孩子参与道德教育的体验活动,提升自己的道德选择能力。同时,还可采用一些道德教育的实际操作策略,如让孩子写下20件自己最喜欢做的事、价值观投票、绘制价值观地图、填写未完成的句子、角色游戏等。以上策略充满趣味,运用灵活,过程明确,适合各类孩子,实践效果比较明显。

【经验积累法】经验是人类最伟大的人生导师之一。正如人在某个领域中的能力会随着时间和经验的增多而获得一样,道德的形成与成熟也是随着经验而来的。家长要重视"经验"技巧在孩子品德学习中的重要性,在日常的品德教育中,应特别留意"经验"的效用发挥,要让孩子努力成为道德的行动者,而不是只会传讲道德话语的人。例如,指导孩子文明购物、智慧购物,就一定得带他真正去超市或商场购物,他才能有真实体验。

【岗位服务体验法】针对现代孩子爱表现、爱展示的心理需求,充分发挥孩子自我教育的主体作用,给孩子创造众多自我表现的机会,让他在岗位服务中获得亲身体验,在精神上获得自我发展、自我实现的满足。

支持孩子在学校承担具体责任,除了鼓励孩子积极竞选班干部外,还可以通过支持孩子担任旗手、为班级开门、为同学分饭、负责办黑板报、负责照顾班级的花草等具体的工作事务来培养孩子的责任感。

有的学校和班级在管理中设立了"学生自我服务岗",岗位有图书管理、板报编辑、园艺角管理、两操管理、清洁区管理、路队管理等。设立好岗位后"招兵买马",请学生根据自己的实际能力自愿报名定岗定职,并制定管理目标和实施要求,充分发挥他们的自主性,让他们在自己的岗位上服务大家,通过辛勤劳动,得到应有的锻炼,体会到做人与做事的喜悦。

家长要鼓励孩子参加这些活动,让孩子在这些活动中提升能力,陶冶情操。个别家长怕影响孩子学习,对他们参加社会活动和集体活动、承担义务、尽点责任、做点贡献、服务学校、服务集体不够积极支持,这是不利于孩子责任感的培养的。一个缺乏为学校、为集体、为社会、为他人服务精神的人,不会有大的作为。

【行为逐步形成法】儿童期是品德形成的最佳时期,家长要立足于孩子的点滴行为,给予指导,让孩子逐步形成良好的品德。

家长对孩子的品德教育要有躬行的标准。如孩子在小学低年级的时候,可要求他每天检查一下自己的衣冠是否整洁,必要时是否说了礼貌用语,有没有做力所能及的家务;可以让孩子发现、讲述美好的事物;等等。

当孩子上小学高年级的时候,可利用假日在家开展"今天我当家""亲朋到我家""做生活的主人""天天一个好习惯"等活动,让孩子承担一定的责任,做一些力所能及的家务,提高孩子的文明素质和生活自理能力,增强孩子的家庭意识和社会责任感。

这些做法不仅对孩子的品德形成有好处,而且对孩子的写作也很有帮助,有了切身的生活体验,他的笔下会写出丰富多彩的生活,言之有物,而不会胡编乱造。

【合作意识培养法】合作意识涵盖着与人热诚相处的能力、处理问题的能力以及以博大的胸怀接纳他人的能力。现在的孩子多数是独生子女,做事常以自我为中心,合作意识较差。然而不管是在家庭、学校,还是社会生活中,都无法光靠一个人的力量完成所有的工作,所以家长要培养孩子良好的合作精神。

(1)培养融洽的合作情感。子女在与父母的交流沟通中,受到多种暗含情感交流的影响,形成了初步的人生观、价值观、世界观。因此,父母在日常生活中,要不失时机地以赞美、鼓励的语言同孩子说话,孩子会感到很亲切,对父母产生情感依赖,从而缩短了彼此的距离,合作就会更加亲密。

(2)建立平等的合作关系。合作是亲子间平等关系的一种表现,父母要理解与尊重孩子。合作不是要求父母对孩子一味迁就,也不是要求孩子对父母言听计从。真正的合作应该是在平等基础上的、双方都乐意接受的一种态度和行为。所以,对父母而言,必须处处讲究合作技巧,想办法赢得孩子的合作。

① 多为他人着想。家庭中每一位成员都应该学习为他人着想,为家庭幸福着想。父母不应该强迫孩子放弃自己的想法和感受,而应站在孩子的角度去体谅孩子、理解孩子。只有在理解的基础上,孩子才会接受父母的"教诲",同时学会理解他人。合作中要引导孩子为他人着想,比如:家长可以和孩子一起完成手工,并利用制作手工的过程对孩子进行合作教育,使孩子在剪贴的过程中细致一些,为别人的下一步制作带来方便。

② 懂得欣赏孩子。大多数父母一般从自己的意愿出发去要求子女,而忽视理解和接纳子女。批评和挑剔只会增加子女的挫折感和逆反心理。父母应与子女一起分析产生行为缺陷的原因和后果,主动积极地倾听子女的诉说,共同寻找克服的途径和方法,使子女感受到父母的关怀。父母要善于欣赏自己的孩子,对孩子的优点或点滴进步,都要学会用欣赏的眼光去看,孩子得到了家长的认可,才有信心完成其他任务。受到父母欣赏的孩子往往比较友善,乐于与人合作,他

们从父母那儿学会了对别人的尊重和关切,也学会欣赏别人,增强了与人相处的能力。

③说话口吻亲切。交流时家长要使用委婉的语调,这样比较容易赢得孩子的合作。其一,可以表明家长对孩子的尊重,孩子在合作中需要与家长一样的待遇;其二,委婉的口气可以增加协调的气氛,让孩子产生乐于和家长合作的心理状态,投入合作。父母千万不要以为孩子年龄小,不懂事,就可以任意训斥他们。强迫的方法无法赢得孩子真正的合作,相反会损伤其自尊心,使其产生逆反情绪,造成与父母情感上的对立,即使孩子参与了合作,也是充满了敌视情绪,达不到良好的合作效果,甚至再也不想和家长合作了,所以家长要"放下架子",以朋友的身份和他交流。

④正确对待错误。这里所说的错误不仅指孩子的错误,还有家长的错误。家长一般善于指出孩子的错误,但对于自己的错误,往往因为要维护自己在孩子面前的权威性,明知有错而不肯承认,经常用"小孩知道什么""还敢顶嘴""我是家长,还是你是家长"诸如此类的话逃避错误。其实,这种做法极不恰当,越是这样,孩子越是不服,会造成孩子今后也和家长一样知错不改、死不承认,久而久之甚至养成撒谎的坏习惯。家长承认错误是勇敢的表现,因为世界上没有哪个人什么都知道。家长承认错误可以激励孩子和自己一起查找资料,共同学习,岂不是更好?这样不仅有利于孩子对知识的尊重,而且能促进融洽合作关系的形成。

(3)创造更多的合作机会。合作意识要在实践中培养和形成,所以家长要适时地为孩子创造合作的机会,寻求可以参与合作的最佳方法。例如:老师布置了制作一份家庭手抄小报的任务,家长可以和孩子一起查找资料,共同设计、排版;然后在制作过程中进行明确分工,谁画画,谁抄写;最后一起校对,在肯定成绩的基础上指出不足,以便今后更好地合作。经常完成这样的任务,能促进孩子良好的合作意识的形成。

【合作能力培养法】合作是指在需要相互配合的事情上能够与别人协调一致,做好自己负责的那个部分。在合作中,要学会乐于助人、虚心请教别人、团结友善、平等待人。

〖乐于助人法〗要教育孩子乐于助人。乐于助人的人,才能够在帮助别人克服和度过困难的过程中获得朋友。

弗莱明是一个穷苦的苏格兰农夫,有一天当他在田里工作时,听到附近泥沼里有人发出求救的哭声。于是,他放下农具,跑到泥沼边,发现一个小孩掉到了里面,弗莱明忙把这个孩子救了出来。

第二天,有一辆崭新的马车停在农夫家门前,下来一位优雅的绅士,他自我介绍是那个被救小孩的父亲。绅士说:"我要报答你,你救了我儿子的生命。"农夫说:"我不能因救了你的小孩而接受报答。"

就在这时，农夫的儿子从屋外走进来，绅士问："这是你的儿子吗？"农夫很骄傲地回答："是。"绅士说："我们来个协议，让我带走他，并让他接受良好的教育。假如这个小孩像他父亲一样，他将来一定会成为一位令你骄傲的人。"

农夫答应了。后来农夫的儿子从圣玛利亚医学院毕业，成为举世闻名的弗莱明·亚历山大爵士，也就是盘尼西林（青霉素）的发明者。他在1944年受封骑士爵位，1945年获得诺贝尔生理学和医学奖。

数年后，绅士的儿子染上肺炎，是盘尼西林救活了他。那位绅士是谁？上议院议员丘吉尔。他的儿子是谁？英国政治家丘吉尔爵士。

〖请教别人法〗有的人喜欢自以为是，总觉得别人都不如他，对别人的意见总是不理不睬，因此每当获得成功时总会归因于自己的聪明，而遇到了问题就抱怨别人太笨。这样的人往往没有朋友，也很难取得真正的成功。其实，在生活中即使是"最"聪明的人，也不能一个人做好所有的事情。每个人都有自己不能够做到的事情，虚心请教别人，就可以把自己的精力放在自己最擅长、最能有效地发挥自己能力的方面，而摆脱烦琐事务的纠缠，各得其所。

虚心请教别人，请求别人的帮助，也是勇敢的一种表现。人不是孤立的，在合作中得到的力量是巨大的。所以，在你遇到困难的时候，似乎已经尽了全力还不能成功的时候，不要忘记还有一种力量叫作请教。

〖团结友善法〗对待别人要和善，充满友谊和温情。人间充满真情才温暖。

在一个又冷又黑的夜晚，一位老妇人的汽车在郊区的道路上抛锚了。她等了很久，好不容易有一辆车经过，开车的男子见此情况二话没说便下车帮忙。

几分钟后，车修好了，老妇人问他要多少钱，那位男子回答说："我这么做只是为了助人为乐。"但老妇人坚持要付些钱作为报酬。他谢绝了她的好意，并说："我感谢您的深情厚谊，但我想还有更多的人比我更需要钱，您不妨把钱给那些比我更需要的人。"

他们各自上路了。老妇人来到一家咖啡馆，一位身怀六甲的女招待员即刻为她送上一杯热咖啡，问："夫人，欢迎光临本店，您为什么这么晚还在赶路呢？"于是老妇人就讲了刚才遇到的事，女招待听后感慨道："这样的好人现在真难得，您真幸运碰到这样的好人。"老妇人问她怎么工作到这么晚，女招待说为了迎接孩子的出世而需要第二份工作的薪水。老妇人听后执意要女招待员收下200美元小费。女招待员惊呼不能收下这么一大笔钱。老妇人回答说："你比我更需要它。"

女招待员回到家，把这件事告诉了她的丈夫，她丈夫大感诧异，世界上竟有这么巧的事情。原来她丈夫就是那个好心的修车人。

想得到爱，先付出爱，要得到快乐，先献出快乐，播种终会有收获。

〖平等待人法〗不管你是谁，你的职位多么高，财产多么多，在人格上你不比任何人高，也不比任何人低，众生是平等的。所以，永远坚持别人和你在人格上的平等这一基本原则,是合作的基础。否则,你将在不经意间失去朋友的友谊、失去亲人的亲近。

阿尔倍托和维多利亚女王夫妻感情和谐,但是也有不愉快的时候,原因就在于妻子是女王的缘故。

有一天晚上,皇宫举行盛大宴会,女王忙于接见贵族王公,却把她的丈夫冷落在一边。阿尔倍托很是生气,就悄悄回到卧室。不久,有人敲门,房间里的人很冷静地问:"谁?"

敲门的人昂然答道:"我是女王。"

门没有开,房间里没有一点动静。敲门人悻悻地离开了,但她走了一半,又回过头,再去敲门。房内又问:"谁?"

敲门的人和气地说:"维多利亚。"

可是,门依然紧闭。她气极了,想不到以英国女王之尊,竟然还敲不开一扇房门。她带着气愤的心情走开了,可走了一半,想想还是要回去,于是又重新敲门。里面仍然冷静地问:"谁?"

敲门的人和婉地说:"你的妻子。"

这一次,门开了。

平等对待你生活中的每个朋友、亲人、一面之缘的人,他们也会一样平等地对待你。

【学会负责法】孩子不可能永远躲在父母的羽翼下过日子,面对生活和社会的严苛考验,家长应及早培养孩子负责的态度,将属于自己的责任范围划分清楚,让孩子尽力去学习、认真地完成。这样做既提升孩子的自信心,又不至于剥夺孩子学习成长的机会。父母过度宠溺、凡事代劳的保护主义,其实是让孩子成为永远的输家,唯有让孩子勇敢地扛起自己的责任,将本分的事做好,才是教养子女的良方。

从现在起,要让孩子努力做到:

(1)对自己的生活负责。做人从早起开始,因为这是每人每天所做的第一件事,如果贪恋被窝、随性赖床,那便是在做人的道上交出了第一回败绩。又如晚上就寝时刻也要规律有时,学会自我负责,不要沉迷电视、贪玩游戏,或者将作业功课一再拖延,弄得迟迟入睡精神不济,那就打乱了生活,做什么事都难有成效了。

(2)对自己所说的话负责。一些孩子从报刊媒体和网络中接收到一些不好的用语,还来不及弄懂它的含义便四处传递。有些不雅、嘲弄甚至极具杀伤力的语句,让身边的人伤痕累累、咬牙切齿。一些孩子故意贬抑他人突显自己,极尽挖苦讽刺以为乐事。切不要以为说话如过眼云烟或事后收回就没事,正所谓"语出似剑,一入人耳,有力难拔"。

(3)为自己的错误负责。孩子难免会出些问题,其实错误本身也是一本活教材,如果能让孩子从中学会避免重犯相同的过错,甚至防患于未然,那么这个行为就有了教育的意义。还要让孩子懂得面对问题,用谦逊悔悟的态度弥补所犯的过错,相信这种负责的态度也会让事情有转机,毕竟勇于认错、诚实补过是可贵的。

有一个刚从大学英文系毕业的年轻人,他寄了许多英文履历表到一些贸易公司求职,结果收到的回复都表示"再联络",只有一家公司写了一封信给他:"我们公司并不缺人,就算我们有需要也不会雇用你,虽然你自以为懂得英语,但是从你的来信中,我们发现你的文章写得很差,而且文法上也有许多错误。"这个人看完信后非常生气,原本打算狠狠写一封信寄回去臭骂他们一顿,但是他静下心来转念一想,对方说得对,自己有很多英文上的错误却不自知,于是他写了一张感谢卡给这家公司:"谢谢你们纠正我的错误,我会加倍努力的。"几天后,他再次收到这家公司的信函,通知他可以上班了。这真是一个令人意想不到的结果,只因他愿意承认错误,勇于改过。

"自己不学好,别人帮不了;自己要学好,别人挡不了。"让孩子学会为自己的言行负责,即使未来的人生有风也有雨,他也能冲破迷雾,迎向光明。

【学会分享法】乐意与他人分享是孩子从小就该学习的美德,这是很重要的一种社交能力。那么如何让孩子学会分享呢?

(1) 分享要从小开始教。孩子 5 岁前还无法理解"分享"的概念。然而一些基本规则可以从小时候教起,比如:"玩具大家轮流玩""她先玩,然后轮到你""玩具你不玩了,就让别的小朋友玩吧"。

(2) 不强迫孩子分享。与大人一样,孩子也会有自己特别珍爱的玩具或图书,不要强迫孩子与他人分享。告诉孩子,与小伙伴一起玩的时候,不要把自己珍爱的东西拿出来炫耀。

(3) 角色互换。如果孩子经常对分享说"不",那么不妨考虑与孩子互换角色。与孩子一起玩耍,当孩子想要你手中玩具的时候,你就说"不"。当他感觉心烦时,你不妨晓之以理,让他明白"只有学会与小朋友分享玩具,大家才能开心地一起玩"。

(4) 家长以身作则。身教重于言教,父母的行为对孩子影响最大。父母可为孩子做出"分享示范"。比如,吃三明治的时候,问问孩子:"你要吃一块吗?"父母做其他事情的时候,也应注意让孩子观察到父母在"分享"。

(5) 选择一个主题玩。当孩子们在一起玩的时候,可以选择一个主题,比如沙滩、农场、厨房等。如果玩具类似,颜色差不多,那么孩子就不太会争抢,更容易学会分享。

(6) 限制时间。可以采取限制时间的方法,他先玩 10 分钟,然后让别的孩子玩 10 分钟。让孩子明白,与别人分享玩具不等于永远失去玩具。

在家庭生活中,应该倡导多种多样、丰富多彩的分享方式,比如:

（1）每天，全家人在一起共进晚餐，这就是一种分享，再好吃的美食也绝不让孩子一个人吃"独食"。

（2）亲子共读一本书，一起讨论，一起交流，这也是一种分享。

（3）听爸爸妈妈讲过去的事情，听孩子讲幼儿园或学校里每天的收获和见闻，这也是一种分享。

（4）全家一起去逛商店、去运动、去旅游，也是一种分享。

（5）对孩子说，不要乱抛纸屑，整洁的环境让大家分享；夜晚看电视的时候，提醒孩子把电视机的声音调得低一点，让小区的每一个人分享夜的宁静；在公园，对孩子说，美丽的花朵不能采，这里的一草一木应该让大家来分享。

在家庭以外，家长也要让孩子学会分享他人的快乐。真正讲义气的人，不仅会把自己的珍贵物品拿出来跟别人分享，还会分享别人更宝贵的东西，那就是喜悦，也有人将之称为"随喜"。"随喜"，就是看到别人得了好处，自己跟着高兴。

心理专家认为，"随喜"是一个纯粹的心理活动，看似简单，要做到其实很难。因为普通人看见别人得了好处，往往不但不高兴，反而会嫉妒；能做到不嫉妒，心平气和，就已经很不错了。如果看见别人得了好处，内心会出现由衷的喜悦，这就说明嫉妒心没有了；什么时候能心花怒放，比受益者自己还高兴，那我们就比神仙还要快乐。

分享别人的快乐，会让别人对我们产生很大的好感，也会让别人更加快乐。没有了嫉妒心的折磨，心灵轻松了，快乐和善念足以让人心情舒畅。

【适当约束和自由法】人与动物本质的区别之一就是人有意识。人能用理智去控制自己的行为，限制和削弱甚至消除自己的动物性冲动行为，这样才算是一个合格的社会成员。

家长在教育孩子时，应该看到"自由"与"约束"所产生的正与负的各种不同的心理效应。家长在儿童人格训练中，既要给孩子合理的自由活动的权利，又要对孩子的不合理的行为给予必要的约束和限制。只有把"自由"与"约束"恰当地配合使用，才能使孩子养成健康人格。

现代家庭教育中的一个重大失误就在于不少家长不能正确地认识孩子教育中的"自由"与"约束"所产生的不同的心理效应，因而不能恰当地控制孩子行为的自由度，而导致孩子人格的严重偏异的状态。这些家长往往是从纯真的爱开始，以悔恨的心理告终。

有一类家长总认为孩子年龄小，长大了再管教也不晚。年龄小的孩子一般都是以"快乐"作为是非好坏的准则。所以，当孩子的某些要求或行为受到大人的限制或约束时，不可避免地都会产生一种不愉快的情绪体验，不是哭闹，就是撒泼。家长看到孩子的这番"可怜景象"时，一方面不忍心让孩子继续"伤心"哭下去，另一方面又担心孩子因此而生病影响健康，所以只得让步，以满足孩子的任何要求，让其为所欲为。孩子一旦掌握了这种对付家长的办法，就达到了"自由"境界了。另一类家长认为,对孩子不应给予任何限制和约束,否则就会影响孩子个性的自由发展。因此,孩子要什么就给什么,孩子想做什么就让他做什么,不给任何引导和约束。这两类家长的心理状态虽然不同,但是他们对孩子所采取的放任态度都是一致的。他们只看到孩子的"自由"可以满足其自身的需求,有利于情绪的暂时稳定和心理的短暂平衡,但是,他们却没有看到任其自由的背后所潜伏的危险问题:

第一,长期的放任自流必然形成自我中心的人格特质,以自己的利害关系作为衡量一切的标准,养成只顾自己不顾别人的心理倾向,严重缺乏分享精神和利他行为。

第二,一个人的需求经常都能得到满足,一切行动都不受他人的干预,在生活道路上从来没有经受过什么挫折,他当然就不知道要控制自己的行为,不可能形成承受挫折的心理能力。所以,一旦受到一些挫折,就会感到是莫大的痛苦而难以忍受,出现严重的激情或人格的变态。可见,让孩子绝对自由并非都是好的。它也可能给孩子的人格发展带来了严重的负效应。

另一方面,有不少家长对于给孩子的行为适当的约束也感到"过意不去",把对孩子的一些不合理行为的约束和限制看作是让孩子"受罪",让孩子"造孽"。但是,他不知道,孩子的年龄越小,其本能冲动和需求就越强烈。家长的责任之一就是逐渐消除孩子的这些动物性本能并养成社会成员所必需的人的社会性品质。在这个"消除"和"养成"的过程中,靠的就是对孩子行为必要的约束和限制。否则,孩子就不可能学会如何控制自己的行为,形成必要的自控能力。任何一个人在生活道路上都不可能不受任何挫折。如果一个人严重缺乏自控能力和承受挫折的心理准备,一旦生活中出现了挫折,他就会茫然不知所措而陷入绝境。可见,对孩子的行为给予适当的限制和约束很有必要。

【参与公益活动法】在当今这个竞争激烈的社会环境里,一些家长在教育孩子时追求"短平快",过分重视文化课成绩,忽略了对孩子道德品质和综合素质的培养。公益活动可为孩子提供接触社会的机会,是积极的、成长性的、快乐的投入。因此,适当、适量地参与公益活动,不但不会影响学习,还会从正面激发孩子的学习潜能。

家长可在能力范围内,积极带领孩子参与公益活动,让孩子学会待人接物,学会关爱他人,引导孩子形成健康的价值观,树立社会责任感。如小学生可以在老年公寓为老人唱歌、跳舞,中学生可在社区或校园里进行环保宣传,在超市、商店为来购物的残疾人服务,帮他们推车或选购商品等等。孩子们不应该是单向的被呵护、被帮助对象,而应该与社会进行互动式的平等交流,这对孩子自我价值的形成以及自信、自尊的建立都有着非常重要的促进作用。

(二)不良行为的纠正方法

经常违反社会道德行为规范或犯有较严重道德过错的孩子,就是品德不良的孩子,他们在学校中尽管只是极少数,却有着不可忽视的坏影响。矫正他们的不良品德,不仅关系到这部分孩子自身的成长,而且关系到其他孩子的成长,甚至影响着整个社会的精神文明建设。

下面的问题,可以作为父母判断孩子的行为是否属于不良行为的参考。在需要时,可以试着回答下面几个问题:

(1)是否明显地妨碍孩子的学习,使学习效率明显下降?

(2)是否明显地妨碍孩子的日常生活,使日常生活难以进行?

(3)是否明显地妨碍孩子与别人之间的关系(父母、老师、同伴们因这种行为而使别人不愿和孩子交往,或者使孩子不愿与别人交往)?

(4)是否违反了校规校纪和法规法纪或者社会道德和文化标准,受到社会的严厉指责?

(5)是否明显地使孩子感到不喜欢自己,憎恨自己?

(6)是否明显地对孩子的身体造成了伤害?

(7)是否明显地妨碍孩子与周围环境的接触,使孩子不容易认识周围的环境?

如果上述几个问题的回答都是"否",那么你可以肯定孩子的行为没有不良的表现,不必予以理会。如果发现孩子有不良的行为,那么父母就有必要采取进一步的行动了。

在教育和改变孩子不良行为的过程中,父母可以掌握下面一些基本方法:

(1)较小的孩子,以行为控制为主,说理教育为辅。可多用游戏、讲故事的方法。

(2)大一点的孩子,以说理教育为主,行为控制为辅。可多用准则、辅导的方法。

(3)较大的孩子,以交流沟通为主,说服管教为辅。可多用谈心、讨论的方法。

(4)以奖励好的行为来减少坏的行为为主,以惩罚坏的行为来增加好的行为为辅。可多表扬和鼓励,少批评和打骂。

(5)以爱的方式来表现为主,以恨的方式来表现为辅。可多些关心和爱护、耐心指导,少些拒绝和疏远、暴躁驱逐。

(6)以循序渐进为主,以快速戒断为辅。父母要有耐心,不要急于求成。

(7)以言传身教、以身作则为主,以口若悬河、只说不做为辅。父母要言行一致,注意自己的行为模范作用,不要使自己的行为让孩子看样学样,有机可乘,反唇相讥。

(8)对胆小内向的孩子以鼓励表扬为主,对胆大妄为的孩子以管制劝说为主。

(9)可以让孩子做的事情,就不要拒绝孩子;不能让孩子做的事情,就不要迁就孩子。

（10）要坚持原则，爱憎分明，不要反复无常。

（11）孩子自己能做的事情，父母就不要代做，也不要陪做。要鼓励孩子独立和自觉地完成自己的事情。

（12）尽量征求孩子的意见、平等交谈，与孩子有礼貌地进行沟通，避免强加意见、强加指责、指挥命令。

（13）尽量认真仔细地了解事情的前因后果，多问问孩子为什么要这样做。不要以自己的偏见来随便推测孩子的行为。

（14）尽量统一父母的意见，不要各持己见，对孩子的同一种行为，不要一方批评，另一方却表扬和袒护。父母不要在孩子面前互相争执、诋毁对方。

掌握了这些方法，父母在改变孩子不良行为的过程中就可以做到心中有数、有的放矢了。不论孩子的行为方式是怎样的，父母的具体方法可变，但基本原则却应该保持不变。

了解孩子不良行为产生的各种根源，有助于父母采用正确的方式方法来处理孩子的不良行为。父母需要注意的是，书是"死"的，而人是"活"的，书的篇幅是有限的，而人的行为往往千奇百怪。书本不可能将孩子所有的不良行为都一一列举出来，然后告诉父母应该怎么做。孩子的不良行为有时也并不能与书中介绍的完全对上号，父母应找出适合自己与孩子的最佳方法，达到改变孩子不良行为的最终目的。

【不良品德矫正法】矫正孩子的不良品德，需要家长付出一定的心血，乃至长期、艰巨的努力。这种矫治工作具有相当的难度，但有难度并不是不能矫正，因为孩子的可塑性很大，只要我们坚定信心，采取符合孩子心理活动规律和特点的教育，孩子的品德不良行为是完全可以矫正的。

（1）改变认知，转化态度。道德认识是道德行为的基础，一个人有了正确的道德认识和独立的道德判断能力，才能有正确的道德行为。品德不良孩子之所以会违反道德规范，产生不良道德行为，正是由于他们在道德上无知，是非观念不清，缺乏正确的行为导向能力。所以，矫正品德不良学生，就要设法改变他们原有的道德认识，使他们的道德态度发生转化。这就要求家长向品德不良的孩子传递正确的道德信息，提高他们的道德认识水平。

向孩子传递道德信息有两条途径：一是家长直接向孩子传递道德信息，即通过与孩子谈心、对话等传递信息。在这一直接的途径中，家长要关心、爱护孩子，以赢得孩子的信赖，这样才能使孩子乐于接受家长所传递的信息。二是家长要采取多种形式、有针对性地间接向品德不良的孩子传递道德信息。当品德不良的孩子接受的新信息与原有因素不一致时，心理上便会产生不稳定状态，导致原来不良认识的改变与态度的转化。在这一过程中，家长要经常进行道德评价的示范，培养和提高孩子的道德评价能力。孩子有了正确的自我评价能力，就会对他人及自己的行为进行分析和判断,扬善弃恶,在实践中采取合理的道德行为。

(2)创设情境,感化引导。品德不良孩子存在着自卑心理,认为老师和同学都看不起自己,往往以怀疑或粗暴无礼的态度对待别人,但他们的自尊心并没有泯灭,他们特别希望得到别人的尊重。这种既自卑又自尊的矛盾心理状态,导致他们情绪多变。要使他们摆脱消极的态度定势,就必须创设良好的道德情境,对他们进行有效的教育。家长应主动改善与孩子的关系,关心、爱护、尊重孩子,用一颗爱心去感化他,使他感受到深厚的亲情,从而把家长当作可以信赖的知心人。这样,他才会克服消极的情感,增强积极的道德情感。在感化引导中,家长要做到"三多三少":多一点勤奋学习气氛,少一点推诿懒惰习性;多一点关心理解,少一点打骂责难;多一些正当兴趣爱好,少一点不良的言行举止。

(3)锻炼意志,培养习惯。矫正孩子品德不良的根本目的,就是使孩子改变旧的不良行为习惯,养成优良的品德行为和习惯。孩子在由坏习惯向好习惯转变的过程中,往往会出现"旧病复发"的情况,这是由于他们本身意志薄弱,不能抵制外部不良诱惑。因此,要使品德不良孩子转化为品德优良的孩子,就必须使他们能够有效地抵制外部不良影响,锻炼与外界不良诱因决裂乃至斗争的意志力,培养、巩固他们良好的行为习惯。家长可以有意识地给予他们与诱因接近的机会,以锻炼其与诱因决裂和斗争的意志力,巩固新的道德行为习惯。例如:让犯有偷窃错误的孩子经手家里的部分经费收支。这种考验,可以使品德不良的孩子感受到别人对自己的信任,产生一种尊严感,使新的高尚的动机战胜旧的不良动机,达到锻炼和增强其意志力的目的。在锻炼他们的意志力的过程中,家长要进行必要的引导和强化,以培养他们良好的道德习惯。

(4)针对个性,因人施"矫"。矫正孩子的品德不良,要针对其个性特点进行。这是因为他们个性不同、不良品德行为表现也不同。因此,要做好矫正工作,必须具体问题具体分析,依据孩子个性心理特征及不良行为表现,采取有针对性的措施。对于有过错时间较长的孩子,要以疏导思想为主,使其逐步在行为上改变;对于犯错误时间不长的孩子,可以要求其迅速改变行为,伴之以思想教育;对于性格外向的孩子,要直截了当地进行批评教育,督促其行为的改变;对于性格内向的孩子,则要循循善诱,调动其改正过错的内部动力;对于独立性较强的孩子,要从提高其道德认识水平入手,进而改变其原有态度,再改变其不良行为;对于顺从型的孩子,可以运用家长的威严及规章制度的制约,迫使其改变不良行为。在矫正的同时,还要对孩子进行正面教育,使孩子认识上发生彻底转变。

(5)总结经验,掌握技巧。矫正孩子的品德不良,是一个灵魂的再塑造过程。因此,家长仅有良好的愿望和教育精神是不够的,还必须在实践中不断总结经验教训,摸索、掌握矫正技巧,以便收到事半功倍的效果。一要善于寻找突破口。在矫正品德不良孩子的态度时,家长要善于发现他们内心深处的"闪光点"，发挥他在某一方面的兴趣、特长，重新唤起他的自尊心和自豪感，打开一条通向孩子心灵的通路，使之产生改错的内部动力。二要善于抓住转化的时机。当孩子开始在行动上有改正错误的表现时，他们对家长的态度特别敏感，甚至对家长的一个眼神都特别注意。这就要求家长抓住这种时机，给予孩子赞许的目光、信任的微笑，或给予表扬、鼓励，进一步激发他们要求进步的热情。三要善于对待转化过程中的反复。品德不良孩子在转化过程中一旦出现反复，自己心理上就会矛盾不安，思想上有压力。家长绝不能在此时表现出厌烦情绪，而必须及时消除他们的心理负担，分析他们出现反复的原因，并在其反复中寻找积极因素，引导他们战胜消极因素，使他们今后不再出现反复和动摇。

【不守时行为矫正法】孩子在小的时候，对守时的概念不是很清晰，如果家长把自己的意愿强加到孩子身上，指责、抱怨、批评，那么孩子自然不会想到要去守时，只会感觉到心灵受到了伤害而已，这样久而久之就会形成恶性循环，亲子关系会遭到破坏。在亲子关系不融洽的时候想要训练孩子守时的习惯是绝对行不通的。

孩子的自控能力比较差，时间观念不强，所以他们做起事情来常常杂乱无章，也常常不守时，如果家长不加注意，他们就很容易养成拖拉的坏习惯。

有些孩子无论做什么事情都拖拖拉拉，上学总是最后一个到，和别人约好了几点见面，也总是让别人多等几分钟。小的时候学不会守时，养成习惯了长大后依旧会如此，不守时的人总是难以给人留下好印象。因此，家长要及时帮孩子纠正不守时的坏习惯。

那么，如何才能帮助孩子改掉不守时的坏毛病呢？

（1）帮孩子认识到守时的重要性

孩子之所以不守时，是因为家长一次次地原谅他，他没有机会认识到守时的重要性。要让孩子知道"一寸光阴一寸金"，时间和机会一样从来不等人。所以，珍惜自己和他人的时间，不要总是迟到，让别人等待自己。一旦养成了不守时的坏毛病，将来错过的可能不仅仅是时间，也许还有机会，甚至更多。

（2）为孩子做守时的表率

家长对时间的态度也会影响到孩子，如果家长经常迟到，孩子就会认为迟到犹如家常便饭，没什么大不了。想要纠正孩子不守时的坏习惯，家长要以身作则，严格遵守时间，做到上班不迟到、不早退，只有家长做好了，孩子才会受到积极的影响，才会从家长对待时间的态度中学会珍视时间，做一个守时的好孩子。

（3）不要为孩子的迟到找借口

许多孩子上学迟到时会缠着家长帮他找借口，让他免受老师批评。帮孩子找借口，就等于纵容他不守时的坏习惯，所以家长一定不能这样做。要鼓励孩子自己去面对迟到所带来的后果，而他一旦因为上学不守时受到了批评，就会记住教训，以后就不敢再迟到了。

【变坏孩子发现法】《中华人民共和国预防未成年人犯罪法》规定了未成年人的 9 种不良行为:① 旷课、夜不归宿;② 携带管制刀具;③ 打架斗殴、辱骂他人;④ 强行向他人索要财物;⑤ 偷窃、故意毁坏财物;⑥ 参与赌博或者变相赌博;⑦ 观看、收听色情、淫秽的音像制品、读物等;⑧ 进入法律、法规规定未成年人不适宜进入的营业性歌舞厅等场所;⑨ 其他严重违背社会公德的不良行为。

严重不良行为是指下列严重危害社会,还不够刑事处罚的违法行为:① 纠集他人结伙滋事,扰乱治安;② 携带管制刀具,屡教不改;③ 多次拦截殴打他人或者强行索要他人财物;④ 传播淫秽的读物或者音像制品等;⑤ 进行淫乱或者色情、卖淫活动;⑥ 多次偷窃;⑦ 参与赌博,屡教不改;⑧ 吸食、注射毒品;⑨ 其他严重危害社会的行为。根据我国《治安管理处罚条例》规定,未成年人具有这 9 种严重不良行为,尚不够刑事处罚的,处十五日以下拘留、二百元以下罚款或警告的处罚。

孩子在发生异常变化之前,必然会在言行上表现出来。家长只要留心观察,肯定能发现许多蛛丝马迹,从而及时采取相应的教育对策。具体地说,家长可从以下 16 个方面观察孩子的点滴变化。

(1)发型。男孩突然不想理发,长发披肩,或要烫发染发,这很可能是受到了不良的影响;女孩如果过于在发饰上下功夫,也是变坏的先兆。

(2)书包。孩子背书包的姿势与常人不同,书包内常有与学校的课程表不一致的书,而且常有未做完的作业本留在书包里,说明孩子的心思已不在学习上。

(3)课本。检查孩子的课本和听课笔记是个好办法。孩子在课本上胡写乱画或一字不写、一笔不画都是不正常的。

(4)交友。上了中学的孩子只与个别异性同学交往且行踪诡秘,用钱突然大手大脚,这很可能是恋爱的征兆;如果孩子经常与一大帮同学(甚至社会青年)活动,而其中还有一些同学有劣迹,他们的谈话常避着大人,父母询问时躲躲闪闪,这说明他们已结成了不良帮派。

(5)电话。外面打进的电话突然增多,孩子接完电话后立即出门,即使是手头正有事情也从不耽搁;常因怕大人听到谈话内容而支支吾吾,甚至干脆用暗号或黑话交谈。这些说明孩子行为不正常。

(6)出入。孩子经常借口学校有事而放学迟归,说不出理由又不告诉家长其去处;有老师反映孩子经常上课迟到,偶尔还有夜不归宿现象。这种情况下,家长应尽快摸清孩子的底细。

(7)房间。孩子在房间里贴满了异性明星的彩照或裸画,经常独自待在自己的房间里,并将门反锁,嘴上说是做功课,却常有作业完不成,学习成绩每况愈下,这表明他已经心猿意马了。

(8)物件。孩子随身带打火机、香烟、水果刀一类物件,在洗衣服时发现其口袋底有香烟末,说明孩子已染上抽烟恶习。水果刀或弹簧刀带在身上肯定不会有好事,尤其是那些不守纪律且法纪意识淡薄的孩子。如藏有黄色书刊,也表明孩子在学坏。

（9）文具。孩子新买的文具常常不翼而飞,而隔三岔五地又会带回一些来历不明的新文具,家长必须向孩子了解清楚原因。

（10）学习。如果孩子学习成绩突然下降而又没有明显的外在原因,平时谈论吃喝玩乐时眉飞色舞,而话题一转到学习上便"偃旗息鼓",还有逃学现象,这说明他对学习已经完全放松。

（11）言谈。孩子跟父母讲话经常含糊其辞,还时常有撒谎现象;平时说话好吹牛、爱漫谈,对什么都不在乎;跟别人讲话,往往爱说黑话、脏话、江湖气话。这些都是很危险的信号。

（12）服饰。孩子突然爱打扮,穿奇装异服,还常与别人换衣服穿,这是很不好的兆头。

（13）外观。孩子脖子上不伦不类地挂"十字架"之类的东西,身上有刺青,常有外伤,说明已没在学习上用心。

（14）情绪。孩子突然变得过分地顺从父母,或经常无缘无故地顶撞父母,这其中肯定事出有因。

（15）行为。孩子突然变得讲话吞吞吐吐、底气不足,说话时不敢正视父母,常用眼睛偷瞄大人,这说明他一定心中有鬼,必须尽快查明根源。

（16）零用钱。孩子将一个月或一周的零用钱在很短的时间内就花完了,又说不出用途,而其口袋里又常有来历不明的钱,数额又较大,父母则应对其实行严格监控。

【说脏话矫正法】有的孩子常说脏话,完全不顾别人的感受,没有最基本的礼貌。要防止孩子说脏话的行为,家长首先应该提高自身的修养,为孩子做出良好的榜样。

其次,家长还应该有目的地筛选影视作品,让孩子结交语言文明的小伙伴,尽可能杜绝孩子学脏话的渠道。

家长想要引导孩子用文明的话语去表达自己的想法,就先要教会孩子使用适当的语言,比如"请你走开""你不讲道理,我很不高兴"等,这样,孩子在处理矛盾时就会掌握更多的文明用语。

当孩子仅仅是模仿说脏话时,家长应该做的就是尽量保持平静。一旦孩子觉得这样的话语不能引起别人的注意,他们就会觉得索然无味,不会再去故意模仿这些词汇了。

当孩子总是故意说脏话,并且在家长劝告也无济于事的情况下,家长应该立即采用一些措施来制止孩子的这种行为。如合理地剥夺孩子看动画片或去游乐园玩的权利等,使孩子深刻地认识到说脏话会给自己带来的不良后果,从而达到改正的目的。

【丢三落四行为矫正法】孩子丢三落四是常见现象,原因大致有以下四种类型:一是态度马虎,没有听完或听清别人的话,就急急忙忙去做;二是生活缺乏条理,东西乱放,需要时找不到;三是记忆力较差;四是父母包办得太多。

对孩子丢三落四的不良现象应该及早矫正,矫正时要有耐心和恒心,不能急躁。建议从以下几点做起:

(1) 引导孩子对别人的讲话要认真听完,不理解或没听清楚的,应该学会有礼貌地再询问一遍,有意识地培养孩子办事认真、善始善终的良好习惯。

(2) 给孩子立规矩,健全生活制度。家长应该从小指导孩子把自己的东西放在固定的地方,以便拿放方便。

(3) 培养孩子的记忆力。经常让孩子做有目的的记忆力练习,并告诉孩子"能记住""一定能做到"等积极的心理暗示语言。

(4) 家长该放手时就放手,狠下心来让孩子锻炼,彻底改变孩子"衣来伸手,饭来张口"的依赖心理和无责任感的思想。

【自私行为矫正法】自私行为作为孩子成长过程中一种不良的行为表现,其发生和发展对儿童的身心健康和品德走向将产生极大的不良影响。孩子小时,一切行为意识大都来自于本能。当自我意识在孩子心中开始萌发并进一步强化时,孩子往往会独占自己喜好的物品不准他人触碰。凡此种种,都成为自私行为产生的心理基础。

面对孩子日渐膨胀的自私欲,父母如能及时加以引导,孩子一般都能接受父母的劝诫并做出积极的反应。相反,如放任自流,无疑会加剧孩子自私行为的发展。

在我国,独生子女家庭溺爱孩子的原因有以下几种:

(1) 在独生子女的家庭里,家长将自己所有的钟爱与厚望都集中到了这唯一的一个孩子的身上,并强烈意识到自己对孩子的安全、幸福所应负的责任。他们愿意牺牲自己的舒适和利益,去满足孩子的一切要求。

(2) 现代的家庭里只有一个孩子,家长们普遍存在怕孩子学坏、生病、不成才等紧张心理,所以表现出过度保护宠爱及期望过高的教养态度。

(3) 家长自己的儿童期及青年期条件相对较差,物质匮乏,所以在为人父母后都有一个想法:不愿意让自己的孩子过苦日子了,愿意为孩子创造优越的生活环境及物质条件。所以家长们宁愿委屈自己,去满足孩子各种需求,甚至满足孩子超出家庭实际承受力的种种要求。

要想纠正孩子的自私行为,让孩子成为一个身心健康、品德高尚的人,应该从以下几方面做起:

(1) 培养孩子的合作意识。合作意识不仅是现代人所必须具备的现代素质之一,也是作为一个人应当具备的起码的人格品质。所以家长应当加强对孩子合作精神和利他意识的培养,要让孩子懂得为他人着想,能体会为别人付出劳动的幸福。

(2)树立父母的威信。要教育孩子尊重父母,不能让孩子从小养成随意对长辈发号施令、无理取闹的恶习。如果一个孩子从小貌视父母的权威,不懂得尊重辛勤养育自己的父母,那么他成人后更不会懂得尊重别人。当然,要做到这点,需要父母有很强的意志力和心理承受力。

(3)戒除护短心理。孩子自控自律能力较差,父母要善于听取别人对自己孩子的批评忠告,并注意观察孩子的一点一滴,及时地把握时机纠正孩子的错误,以免孩子小错不改,酿成大祸。

态度过分严厉、方法简单的家长,容易使孩子吹牛虚夸,养成的不良行为习惯,还容易使孩子形成癔症型人格障碍和攻击型人格障碍。

对这类孩子行为,家长可参考以下纠正方法:

(1)家庭暴力会使孩子的情绪转向另外发泄的可能,单纯只是态度严厉而没有方法的指导是不可能使孩子克服困难、向上前进的。家长的态度、方式、方法的转变对孩子纠正这一行为有着决定性的作用。

(2)开展亲子活动,与孩子交流自己的困难和短处,达成共识,团结一致,一起寻找前进的方法。

(3)在学校,家长可以让这样的孩子去做正面的宣传管理工作。但是,在此之前要告诉他们培养他们去做这些工作的目的,并且使他们在做这些事情之前有甘受老师、同学监督的心愿,使得他们能够清醒地认识到只有通过出色的工作才能得到大家的尊敬,不切实际的吹牛、虚夸只能使人产生厌恶,是不可能得到大家的尊重的。

(4)让这些孩子把自己希望成为的人物用故事的方法写下来,使他们的情绪得到正常合理的转化,并且在他们写成以后对自己的作品做一个人物、性格、行为表现的客观评价,间接实现让他们自己客观认识自己的目的。

【迷恋网络行为矫正法】网络是社会进步的产物,是无法拒绝和阻挡的,网络不是洪水猛兽,所以要正确区分正常上网和网络成瘾,认真对待上网。

拯救迷失网络的少年,方法不止一个,但最重要的还是交流,再厚重的门也会被和善的交流、平等的对话叩开。孩子第一次上网是在家里还是在网吧?接触的是什么内容?平日里你对孩子上网进行过哪些辅导?孩子与你探讨电脑和网络吗?你对孩子上网进行过引导吗?一些家长只知道孩子喜欢玩游戏,却不知道是为什么,所以也就无法改变孩子迷恋网络的现状。

(1)迷恋网络的原因

网络上的游戏聊天、小说色情等内容都是吸引少年沉迷网络的重要因素。

(2)容易迷恋网络的孩子类型

一个孩子要健康成长,身心两方面都需要很多的"营养素"。从心理上来说,"营养素"包括安全感、成就感、自信、与他人建立关系的能力等。他如果在现实中得不到,就会寻找其他的替代品,比如网络。

① 学习成绩差。中学生的学业相当繁重,有一部分孩子学习上遇到困难,被老师打入"差生"的行列。当老师给孩子贴上"差生"的标签时,家长若没有及时干预引导,孩子的自尊心受到伤害,自然就会对学习丧失信心,他们只好破罐子破摔,到网络上去逃避。家长、老师对孩子的评价往往只看成绩,学习成绩的好坏成为孩子成就感的唯一来源,此时,一旦学习失败,孩子会产生很强的挫败感。但是在网上,他们很容易体验成功:闯过任何一关,都可以得到"回报",这种成就感是他们在现实生活中很难体验到的。其实,学习成绩不好既是原因,又是结果,这是一个怪圈。

② 学习成绩由好变普通。不少本来学习好的孩子在升入更好的学校后,无法再保持原有的名次和位置,这时,他们对"努力学习"的目的产生了怀疑。按照老师和父母的逻辑,学习是为了"上大学—找到好工作—挣钱",一些孩子失去了为"名次""位置"等学习的内在动力,于是开始迷恋网络。其实,造成这些孩子依赖网络的根本原因是没有形成正确的学习观。

③ 人际关系差。一些孩子虽然成绩不错,可是性格内向、猜忌心强,而且小心眼,在交往中处于被动,自卑感比较严重。他们的交往需求在现实生活中无法得到满足,而网络正好给他们创造了一个表现自己的平台,于是他们到虚幻的网络世界中去寻求精神寄托,满足个人的虚荣心,获取个人的成就感。

④ 家庭不和。随着离婚率、犯罪率升高等社会问题的增多,社会上的"问题家庭"也在增多,生活在这些家庭的孩子通常在家里得不到温暖,在学校里又得不到尊重,他们没有人生目标,没有精神寄托,但是在网络上,他们提出的任何一点儿小小的请求都会得到不少人的帮助。现实生活和虚拟社会在人文关怀方面的反差,很容易让"问题家庭"的孩子"躲"进网络。

⑤ 自制能力弱。不少上网成瘾者都有自制能力弱的问题,他自己也知道沉迷网络不好,也不想这样下去,但是一接触电脑就情不自禁。这是典型的自我控制力不强。生活中孩子要面对很多选择,选择什么是对,什么是错,什么该做,什么不该做,需要父母的不断引导和协助。

⑥ 缺乏兴趣爱好。有这样一部分孩子,他们缺乏兴趣爱好,不喜欢阅读、音乐、美术、体育、旅游等。这些高尚的,能提高修养、陶冶情操的爱好一概与他们无缘,他们的心灵处于荒漠状态。这种孩子一旦接触到网络,就像发现了新大陆一样,往往会如醉如痴不能自拔,把网络当成生活的全部。调查表明,兴趣爱好广泛、业余生活充实的孩子很少迷恋网络。由此看来,在孩子小时候培养他们广泛的兴趣爱好太重要了,孩子有了精神滋养,也就有了辨别能力。

⑦ 目标不明确。有些学校以应试教育为主,如果家庭教育没有跟上,孩子的品德教育、做人教育就成为薄弱环节。孩子的人生目标不明确,糊里糊涂,得

过且过,面对网络的巨大诱惑,就很容易迷失方向,而到网络上去实现自己所谓的"人生价值"。由于他们没有理想,缺乏信念,因此他们的免疫力非常差,碰到网络游戏很快就会陷入网络的沼泽,而且越陷越深。

（3）孩子易染上网瘾的家庭类型

① 控制型。一些父母特别愿意控制孩子,对孩子的前途、命运都早早给设定好了,把孩子的学习成绩看成是第一位的,除了学习,对孩子交朋友、外出等都进行严格的控制。生活在这样的家庭中的孩子就容易形成一种服从、懦弱、胆小、人际交往比较差的性格。这样的孩子长期受控制、受压抑,到了青春期以后,他的自我会突然爆发出来,不听家长的管理和约束,很容易无节制地上网。

小米(化名)的童年在很多人看来是非常幸福的。妈妈每天都把她打扮得像个漂亮的小公主,穿什么颜色的衣服,梳什么样的头发,妈妈都一一为小米打点好,妈妈还告诉小米,不要跟那些调皮捣蛋、不爱干净的小朋友一起玩。小米高中三年是由妈妈陪读的,现在已上了大学的小米,还要随时接听妈妈打来的询问电话,还要随时应付妈妈的突击检查。外表看起来乖巧顺从的小米,其实是一个网络游戏的疯狂爱好者,平时经常会不自觉地在桌子上有着敲打键盘的动作,上网玩游戏几乎成了她的主业,一玩就是几天几夜。

由于控制型家庭里父亲教育的缺失或者过于薄弱,孩子在成长过程中没有建立起规则,就会缺少责任心,对社会的适应能力也很差。

② 溺爱型。溺爱型家庭的孩子,往往在家要什么就能得到什么,形成一个以自我为中心,想干什么就得干什么,多疑、敏感、自私、任性的性格,家长说不得,说一点就认为是对他的讽刺、挖苦等。他一旦到了青春期,遇到家长管理就会更逆反,想做什么不让家长管,所以这样的孩子一投入到网络世界里,就没有自控能力。

18 岁的小佳(化名)自小受家人的宠爱,老实胆小,六年级开始变得顽皮,跟同学一起去上网。从此以后越来越疯狂,由沉迷网络发展到初中时抽烟、喝酒、早恋、偷窃、离家出走、打架。小佳说:"爸妈在我离家出走后会更疼我,以后对我就言听计从了。""父母有时候干涉我的自由,我不喜欢他们,我痛恨他们,恨不得他们立刻死在我的面前。"

在溺爱环境下长大的孩子,他自己也知道这样不好,也不想这样下去,但由于缺乏自控能力,平时随意惯了,所以一接触电脑就情不自禁。

③ 忽视型。忽视型的家庭有两类:一类是单亲家庭,一类是父母外出工作,不在身边,孩子成为留守儿童。这些孩子都缺乏父爱或母爱,他们往往就到社会上去游荡,形成放荡不羁的个性。他们一旦接触了网络,到了青春期以后,家长就很难管得了。家长要管,他们就往往采取非常强硬的手段来对抗家长。

15 岁的小文(化名)自幼跟随奶奶长大,上初中时,作为中学教师的父母开始管理孩子,可是由于小文从小与父母缺少感情上的沟通交流,再加上父母对他的学习要求十分严格,结果小文与父母的冲突不断,最后靠玩网游来反抗。现在的他沉迷其中,不能自拔,对学习已经根本提不起兴趣,每天只专注于游戏,父母稍有干涉,他就拿刀威胁他们。

忽视型家庭一般都是单亲家庭或者父母双方工作都很忙,而把孩子交给隔辈人照顾,这中间还会导致隔辈人对孩子的溺爱。在这样的家庭教育模式下成长的孩子,他们缺乏爱、尊重和交流,没有安全感。老师和父母的批评,又会使他们产生很强的自卑心理,所以就很容易到网络游戏中寻找成就感,久而久之染上网瘾。调查显示,约有接近20%的网瘾青少年来自忽视型家庭。

忽视型家庭的孩子通常在家里得不到温暖,但是在网络上,他们提出的任何一点儿小小的请求都会得到不少人的帮助。现实生活和虚拟社会在人文关怀方面的反差,很容易让忽视型家庭的孩子"躲"进网络。

④ 严厉型。严厉型的家庭容易让孩子染上网瘾,这种情况占总数的10%左右。严厉型家庭的最大特点就是很容易出现暴力,有的家长有意无意地把孩子当作自己的私有财产,觉得孩子不打不成器。在这样的家庭教育模式下成长的孩子,爱欺负弱小、调皮、爱撒谎、不自信、没有自己的思想,到了青春期以后,亲人说什么管理他约束他的话,他认为都是虚伪的。他认为好玩的东西,就得去玩,谁管他都不行。这样的孩子一旦上网成瘾也很难纠正。另外,一般来讲这些家庭的孩子,人际关系都不是特别好,而且小心眼,碰到问题时没能得到及时解决就沉迷于网络,从而使学习和生活受到严重影响。

小华(化名)从小学到初中成绩一直名列前茅,初中毕业时偷着到网吧玩游戏,父亲抓到他之后一路踢回家,到家后又打了一顿,从那以后小华和父亲便很少说话。在父母的严加管教下,小华边学习边玩游戏,最后勉强考了个二本。上大学后小华一下子自由了,整日整夜泡在网络游戏中。一年以后,小华从精神到外形都颓废到了极点,父母只得替他办了休学手续。

严厉型家庭的孩子因为长期受父母的打骂,变得非常冷酷,非常偏执,行为非常怪异,没有安全感,常常会为了逃避现实和寻求安全进入网吧。

(4)迷恋网络行为的矫正。信息时代的今天,信息与潮流刺激的是孩子们的神经,影响的是孩子们的思维,改变的是孩子们的行为。网络是一种带有鲜明时代色彩的潮流,堵不住压不服,唯有疏导才是上上策。正确引导孩子,让网络为我所用,才是家长和老师应当考虑的。

【家长自我改变法】要想改变孩子,必须先改变父母。孩子不难教育,难教育的其实是父母。所以做家长的要有这样的一些教育理念:孩子不是自己的私有财产,不可以用简单粗暴的方式教育孩子。要学会向孩子学习,放下做父母的架子,学会尊重孩子。

问题孩子的产生主要源于问题家长。当孩子出现问题时,父母首先要检讨自己。教育孩子首先教育的是自己,改变也还要先改变自己。

　　只有不懂教的家长，没有教不好的孩子。好父母是学出来的，好孩子都是教出来的，没有天生成功的父母，也没有不需要学习的父母，每个孩子都是可教的。

　　学会和孩子平等交流是两代人共同成长的基石。只有做到平等才可以给孩子一个健全的心理、平等的人格、正确的价值观和人生观。

　　〖参与法〗如果条件允许的话，家长可以跟孩子一起玩网络游戏，取得信任和共同语言。这样不仅能有效地控制孩子的游戏时间，还能了解他的交友情况。

　　〖转移法〗孩子沉迷网络游戏的根源在于没有多方面的兴趣爱好，大都背负着沉重的课业压力。作为家长，有义务因势利导地转移孩子的兴奋点，比如练书法、画画、登山、打篮球或者踢足球等。

　　〖限制法〗和孩子达成协议，限制玩游戏的时间。电脑一定不能放在孩子的卧室，这样在很大程度上可以限制孩子的上网时间。

　　【"撒谎"行为矫正法】根据德国儿童心理学家斯特恩的研究，儿童直到七八岁，都不能完全陈述事实。他们并不是要欺骗谁，他们甚至不知道自己在做什么，他们只是根据自己的需要而扭曲现实。

　　这种"撒谎"无关乎我们成年人心目中的道德理念，而是儿童心理发展的必经之路。一方面，他们的经验和记忆有限，会错误地解释某个事件，也会为了博取成年人的关注而"捏造事实"；另一方面，他们的思维具有自我中心的特性，会为了达到自己的目的而不顾及事实真相，以为成年人不知道就没什么大不了，比如当他打碎了碗时，他会告诉妈妈是小狗打碎的，以此来保护自己。既然他们不能区分"事实"和"谎言"，他们也就不知道说真话的重要性，更不明白"撒谎"的严重性。

　　如何矫正孩子的"撒谎"呢？家长可参考以下建议：

　　（1）切记，孩子不一定能够像成人那样理解"诚实"。面对孩子杜撰的话语，不要一味地批驳为"谎言"。假如我们所有的人只能说真话，那么世间所有的童话、故事、小说都是在"撒谎"。

　　（2）当孩子的叙述和事实不相吻合时，不要急于下结论说他在"撒谎"，站在他的角度看一看，他这样说是不是有很好的理由。比如，假如他"吹牛"了，那么，他是不是希望自己能够飞翔？是超级英雄？比其他小朋友跑得快？能得到老师的表扬？

　　（3）当你发现孩子为了逃避责任而编了"瞎话"时，不要急于揭穿他。给他一点时间和空间，让他帮助你收拾"残局"，将他的注意力集中在事件本身，而不是你的情绪反应上。

　　（4）营造一种温馨的家庭环境，让孩子感觉到，即便"闯了祸"，说出真相来也并不会给他带来灾难。当孩子确认说实话没有坏处时，他会本能地更加乐意做一个诚实的人。相反，如果他认为说实话没有什么好处，反而不如掩盖事实更能让他逃脱，那么他就不会选择诚实了。

（5）向孩子探索事实真相，是一门需要掌握的技巧。记住，你问话的口气、态度、声调，都会影响孩子的回答。孩子会说出你所期待的答案，因为对于他来说，讨好你或者摆脱受训的折磨，比所谓的"真话"更加现实。

（6）如果你发现孩子的确经常"撒谎"，那么在评判孩子有道德问题之前，最好反省一下：是不是对孩子过于严厉？是不是让孩子感觉到有撒谎的必要性？

（7）当孩子承认事实时，不论他所承认的"错误"有多么严重，都不要再惩罚他。鼓励孩子拥有诚实的品格，比他打碎了珍贵的花瓶而严厉地惩罚他更加重要！

（8）培养孩子做一个诚实的人，家长首先要以身作则、言传身教。家长不仅要做到对孩子坦诚相待、从不撒谎、言而有信、遵守诺言，也要在孩子面前对所有的人都做到以上这几点。

（9）千万不要逼迫孩子承认错误。大多数孩子不愿意在家长面前承认自己做错了，让他们进行口头检讨，会被他们认为是一种羞辱。不要为了满足成年人的尊严感，而去伤害孩子的自尊心。

【偷窃行为制止法】遇到孩子有偷窃不良行为，家长该如何去做呢？

（1）教给孩子"所有权"的概念

低年龄孩子是以自我为中心和具有"地盘"概念的人，他们不仅在别人敢碰他们的东西时会大叫"这是我的"，而且会把想要的东西和已经得到的东西都视为己物。许多父母都遇到过这样尴尬的处境：他们在超市出口处被查出孩子拿了店里的棒棒糖，或者发现朋友家的玩具塞在自己孩子的衣服口袋里。

第一，向孩子解释"购买"的含义。让孩子知道家里的每一样东西都是你付钱买来的。和孩子讨论什么叫作接受礼物。当你们买东西时，让孩子看你怎样为你选取的物品付款。当孩子大了，他可以得到零花钱或靠做家务活挣钱时，你要教他懂得爱惜东西，允许孩子自己去买他需要的东西，督促孩子把钱存起来。

第二，向孩子解释"所有权"的含义。做游戏可以教孩子辨别哪些是或哪些不是他的东西。让孩子在每个房间都转一转，用指出他的东西的方法公布他对该物的所有权。然后，在孩子的物品上写上他的名字，告诉孩子，家里每个人都有私人财物，这些东西不经本人允许是不能拿走或使用的。另外，还可以与孩子表演借东西和还东西的情景。

第三，和孩子谈心。如果你的孩子拿了别人的东西，你要和他谈一谈别人拿了他的东西时他会有什么感觉，让孩子把东西还回去。但是由于对幼儿来讲向人道歉是一件很困难的事，你不要指望孩子第一次拿了别人的东西时就能道歉。你告诉孩子如果他再拿别人的东西，就必须说"对不起"了。教孩子在看到他想要的东西时，必须先问你或别人他是否能拿这件东西。

第四，练习道歉。让孩子学会道歉不是一件容易的事情。可以和孩子一起练习道歉。如果孩子仍然拿别人的东西，你要坚持让他把东西立即还回去并且道歉。

（2）教孩子学会控制冲动

所有的孩子必须学会控制拿走不属于他但他又十分喜欢的东西的冲动。当你们去超级市场时，告诉孩子商店里的东西都不是他的，他绝对不能不付钱就拿走。如果孩子没有拿东西，你一定要表扬孩子的控制力，你可用让孩子选一种东西的方法来强化他的自我约束力。

（3）严肃指出严重性

当你的孩子拿了别人的东西时，你要立即指出这个问题，同时尽快找机会单独和孩子认真谈一谈，要求孩子必须把东西归还给主人。如果孩子的行为属于明知故犯，你要告诉他这是偷窃行为。你发觉孩子的口袋里装着别人的东西时，不要问他是不是拿了别人的东西，也不要让孩子解释他的行为，而是严肃地告诉他："你偷了这件东西。"但一定要注意，在这种场合下不要责骂、嫌弃或鄙视孩子，而是要心平气和地给孩子讲清道理。不要让孩子感到自己是一个坏孩子，因为不是孩子本人不好，而仅仅是他的这种行为不好。

（4）惩罚

吼叫、责骂、长篇大论都不是纠正偷窃行为的正确方法。要想让孩子认识到偷窃行为的严重性，必须让他吃到苦头。

第一，弥补错误。让大孩子自己说说他认为应该怎样弥补错误，你也可以给孩子提出一些建议。然后你们一起去孩子偷东西的现场。即使孩子没有说一个字，但他至少要面对被他偷了东西的那个人。可能的话，他应该道歉。

第二，惩罚。为了让孩子深刻记取教训，应该让孩子得到处罚。大孩子必须做额外的家务活赔偿他偷的东西的钱，即使他已经把东西还回去了。如果孩子从商店偷了一支棒棒糖，你要让孩子在适当的时间内不能吃糖（小孩子几天，大孩子一个星期）。

（5）奖励孩子的诚实行为

对孩子表现的诚实行为，可以表扬，也可以用物质奖励。

【不良行为自我矫正法】不良行为的基本特征是与人们公认并且遵守的社会规范相对立，不受社会规范的约束并试图打破这种约束，具有扰乱行为准则、扰乱是非观念、破坏社会秩序、破坏公共安全的潜在危害性和现实危害性，成为犯罪的先兆和基础。因此，预防未成年人犯罪应当从预防不良行为开始。

〖提高自我认识法〗青少年不良行为的产生，往往与错误的认识有联系。错误的认识不但会促使各种不良行为的产生，而且似乎为不良行为的存在找到了理由或借口，使得不良行为继续下去，有不良行为的青少年就越陷越深。

因此，有不良行为的青少年应该调整自己的认识，从而改变对某些问题的错误认识，树立新的正确的认识。

具体地说，有不良行为的青少年可以了解一下周围的人对不良行为是怎样评价的，人们的认识与自己的认识是否不一致，为什么不一致，并从中悟出自己认识的不正确以及错在哪里。要重视他人评价的意义,因为对某些行为和活动的评价,是具有一致性、经常性的。

有不良行为的青少年也可以通过分析自己的行为来提高自我认识。平心静气地想一想自己的不良行为:比较一下自己在滋生不良行为前后的情况,不良行为究竟给自己带来了进步还是不好结果;这种不良行为是不是辜负了父母、老师和集体的希望,他们期望的自己的行为形象又是怎样的;如果自己的不良行为继续发展下去,自己又会变成怎样的一个人。应该说,以冷静的、沉着的状态进行自我分析、自我观察是最有利的,因为在这种条件下才能清楚地充分地完成自我分析、自我观察,对矫正错误的认识最有帮助。

有不良行为的青少年要自我教育。如果觉察到自己认识方面的问题,那么就要进一步完善自己的认识,应该看到自己的缺点和力量,从而确定改正不良行为的目标,有一个自我教育、自我提高的计划,一步一个脚印,从旧的不良行为的模式中摆脱出来,同时在这个过程中形成新的良好行为的模式。

〖摆脱孤独感法〗青少年不良行为与孤独感是有联系的。国外的研究表明,孤独感与酒精依赖、吸烟、吸毒、赌博、自杀等问题行为有密切联系。一些青少年正是为了排遣孤独而沾上吸烟、迷恋游戏机、打麻将、不正当性行为等不良品行的。

青少年特别是中学生对付孤独的方法有下列几种:(1)找同学或朋友谈心,可以遣散孤独心情,获得他人的帮助;(2)参加正当有益的文娱体育活动,如看小说或电影、游泳、打球等,既能松弛心情、缓解孤独感,又能从中受到教育或激励;(3)刻苦学习,摆脱空虚的情绪,一方面从学习中汲取知识,另一方面获得精神享受;(4)写日记和作文,既可在多余的时间中充实活动,遣散孤独感,又可提高自己的文化和修养;(5)做一些适当的家务劳动,也可帮助周围的老人、残疾人等做一些好事,既排除了孤独感,又得到了情感上的补偿,起到净化心灵的作用。

〖控制发怒法〗愤怒是人类的基本情绪之一,常常是在个体的愿望不能实现或行动持续受到挫折时产生的。心理学研究表明,愤怒往往会导致攻击性行为,特别是在激烈地愤怒时,主体不能意识到自己行为的意义和后果,失去意志控制力,造成严重的社会危害。

青少年容易在感到自尊心受挫的情况下发怒,甚至与他人发生冲突而实施攻击行为,因而,制止发怒可以预防和遏制攻击行为的发生。青少年制怒可采用下列措施:

(1)主动回避。这是一种消极退让的方法,尽可能避开易引起发怒的刺激物(包括人、物、事等)。比如有的孩子说:"我一看到某某心里就不高兴,跟他合不来,他惹我发火,我就要揍他了。"那么,就可以尽量不接触他,跟其他的同学或朋友多交往就是了。

（2）注意转移。当面临着易激怒的情景时，应立即转移注意力，去注意另外的感兴趣、有意义的事物，这样就不会发怒了。有的青少年被人挫伤了自尊心，如果老是想着这件事，就易产生报复攻击的心理；如果主动地把注意力转移到自己感兴趣的、积极的活动上去，把不愉快的事情丢在脑后，时间一长，过去的事就淡化了，就会妥善处之。

（3）主动发泄。为了消除怒气，主动地把有关的事情向信得过的人倾诉出来。青少年受了委屈，感到十分不满，千万不要积怒于心头，可以找父母、老师或知心朋友倾诉，甚至哭诉一番。此外，还可以写日记、写信、打电话等，把自己的心情释放出来，得以息怒。

（4）意识控制法。通过自我意识的调节作用来制止发怒。青少年面对着冲突情景时容易发怒，特别是在对方先有错的情形下，就会怒气更大，这时应保持清醒的意识，尤其不能头脑发热，要提醒自己：不能发火，千万不能发火。在这种情景下，自己内心可以默念数字，默念老师教导自己的话，情绪放松了，理智就更清醒了，冲动的行为就不易发生了。

（5）升华法。把愤怒的情绪转到从事其他活动上去，这种替代作用具有升华的意义。在生活中，也可以说化愤怒为力量。有的孩子被人讽刺，自尊心受到伤害，心中当然很气愤，但可以把怒气压抑下去，转化为一种力量，去积极地从事读书、写作、唱歌、绘画等有意义的活动，结果既能消除怒气，又能获得新的成绩。

〖正确对待错误法〗有不良行为的青少年往往有缺点、错误，甚至受过学校处分，因此，对他们来说，重要的是要勇于承认错误，畏惧错误就是毁灭进步。任何一个人都难免犯错误，青少年在发展时期，沾上了不良行为，这点错误不会也不该毁掉他们的一生。所以，有不良行为的青少年要正视自己的错误，有自责心，有羞耻心，在矫正不良行为的过程中，经常自我激励，自我鞭策，自我鼓励。在取得哪怕是一点小小的进步时，自己也要肯定自己。也可以采取自我奖惩的措施，在确定矫正某种不良行为的目标后，下决心不达目标就放弃看电影电视，或不让父母给自己买新衣服等，起到激发积极情绪、增强前进动力的作用。还可以通过写日记的方法，把自己的行为变化一点一滴地记下来，经常比较、分析，从中看到进步，看到远景。

〖榜样学习法〗树立先进榜样是青少年不良行为自我矫正的一种重要方法。活生生的榜样，直观、具体、形象，标志着进步的方向，不但可对青少年产生强烈的激励作用，而且会在日常生活中对青少年产生潜移默化的积极影响。

现代学习心理学理论认为，儿童可以模仿攻击行为，也可以模仿利他行为。青少年具有较强的模仿倾向，模仿榜样对形成青少年的良好行为模式、消除他们的不良行为模式具有重要的意义。

青少年要矫正不良行为，就应该选择熟悉的先进榜样来学习。心理学研究显示，模仿和学习的榜样与青少年本身越相似，学习的效果就越好。因此，有品行障碍的青少年,应选择自己班上或校内的好同学为榜样,这样对照比较起来,既亲切又生动,容易模仿学习。同时,也可选择过去有过不良行为、现已表现良好的进步学生做榜样,更容易产生共鸣,激励自己的自信心。

青少年学习榜样,要落在实际行动上。要在具体行为规范中,体现出学了榜样以后的新变化。榜样的力量是无穷的,学习榜样也是不断深入和发展的。这种自我矫正的方法,应该是步步前进、层层提高。

【矫正不良习惯法】与青少年不良行为有关的是有害的不良习惯。这些青少年首先要确实明白习惯是可以改变的,自己身上的某些不良习惯也是可以矫正的。

【替代性反应法】替代性反应法就是选择一个适当的行为来替代自己某种坏习惯,直到坏习惯消除。心理学的实验表明,这种方法可以有效地阻止某一坏习惯的出现。

要用这种方法,先要了解自己的坏习惯,接着再适当选择一种行为作为替代。如抽烟的少年,想抽烟时就大声朗诵或读英语,就没法吸烟了;又如想赌博的时候,可以找一个同学来下棋,这样既替代了赌博行为,又获得了高尚娱乐的情趣。

青少年在自我矫正过程中,要做好记录,进行自我监督。每星期检查一次,当新行为能替代不良行为时,应表扬或奖励自己。

【切断诱因法】由于各种坏习惯是在诱因影响下产生的,因而破除诱因就可能矫正某一种不良习惯。比如,少年吸烟者常常是群体吸烟,几个人在一起就烟雾腾腾。为了戒烟,吸烟少年应与反对吸烟的同学在一起,而远离其他吸烟者,这样的环境压力不利于吸烟。坚持下去,是可以克服吸烟恶习的。

【中断改变刺激法】当引发某一习惯的刺激发生中断或者改变时,不良习惯自然就会逐渐消失。这个方法要求具有一定的自觉性和意志力。比如,要改掉考试作弊的习惯,一方面要努力学习和认真复习,另一方面可以征得老师同意,与表现好的班干部或同学等坐在一起,中断有利于作弊的环境,以此来消除作弊行为。

【自我教育法】国外有一种心理剧疗法,是指通过扮演某一角色,主体可以体会角色的情感与思想,从而改变自己以前的不良习惯。青少年为了矫正自己的不良行为,可以运用心理剧方法进行自我教育。在心理剧中可以扮演家庭的一个成员、一个老朋友、一个陌生人或一位老师。剧情可以是一般性的,涉及日常生活的各种家庭纠纷,也可以是与自己的情况相似的。在表演时,青少年扮演的角色与生活中的自己不一样,因而可以体验角色的各种感情,有利于揭示自己内心深处的症结,发泄或控制自己的情感,并学会模仿一种正确的行为方式。

有的青少年与父母关系处理不好,时常与父母发生争吵,或是对父母有成见。针对这种情况,父母可以与子女一起表演心理剧,事前设计一些情节,可以在剧中让青少年把自己的缺点尽情表现出来,演出后共同讨论。这样做可以使青少年的敌对情绪缓和下来,逐渐减少。当然,这种自我矫正方法需要心理学专家给予一定指导,同时也要有其他人的配合。

【**对立违抗行为消除法**】对立违抗性障碍主要表现为:消极、敌意、对立和违抗行为,与成人争吵,发脾气,骂人,对周围人抱怨和不满,往往因为自己的失误或过错而埋怨他人;故意对抗或拒绝成人对自己的要求,甚至出现报复行为。

以上行为多数发生在家庭环境中,违抗的对象多为家长或其他家庭成员。当然也可发生在学校中,违抗老师和同龄人。对立违抗性障碍患者一般没有智力问题和精神症状,可以伴随多动障碍,可表现为自尊心下降、情绪不稳定。年龄再大一些会出现滥用物质、吸烟、喝酒等情况。少数患者成年后发展为被动攻击型人格障碍。

这种障碍常发生于 10 岁以前,男孩明显多于女孩。这种障碍一般表现为:故意大声讲话,对老师的批评不以为然,不遵守学校纪律,上体育课或做游戏时不能很好地与他人配合,破坏游戏规则,最终妨碍其他人的游戏,为此曾多次受到老师的点名批评。患者无明显的说谎、偷窃、打架行为,学习成绩始终维持在中等水平,与同学关系不好。

孩子对立违抗行为的消除可参考以下方法:

(1)家长管理训练。这是对对立违抗性障碍最有效的一种干预手段。主要是利用社会学习理论的技巧,利用积极强化方法促进良好行为的建立和巩固,并且使不良的对立和违抗行为消退。家长要掌握积极强化技术,并用于与孩子的交往中。

(2)消除家长的不良行为。家长自己要意识到自己的反社会行为或不为社会规则所接受的行为对自己和孩子的危害性,通过自身不良行为的消除,给孩子做出榜样,使孩子行为发生改变。

(3)消除影响因素。消除日常生活中可能影响孩子行为的因素,增加亲子间的交往,互相理解对方行为的意义,而不是以敌意和对抗的方式进行交往;保持父母教育观点的一致性,要求家庭成员之间相互平等。

(三)违法犯罪的预防方法

由于各种消极因素和不良环境的影响,青少年违法犯罪问题日渐突出。为此,家长必须把预防孩子违法犯罪列为家庭教育的重点工作之一,认真研究和分析近年来青少年犯罪的原因、对策。

(1)青少年犯罪的现状

① 从犯罪的类型来看,以侵占财产案件为主。据调查,青少年违法犯罪类型主要以盗窃、抢劫、敲诈勒索等侵财类为主,犯罪呈多元化特征,暴力程度有所加剧。有的青少年贪图吃、喝、玩、乐等物质享受,又想不劳而获,最终从小偷小

摸走向盗窃犯罪。

② 从犯罪身份来看,大部分是文化程度较低、不懂法的青少年。

（2）青少年犯罪呈现的特点

① 突发性暴力犯罪。指犯罪故意的突发性和犯罪手段的残忍性。青少年犯罪一般没有事前的充分考虑和酝酿过程,没有预谋,往往只要受到某种影响和刺激,一时冲动,萌生犯意,突发犯罪,而且青少年常常想干什么就干什么,不计后果,从而易酿成恶性犯罪。

② 文化程度较低,而且多有恶习。犯罪的青少年多是没有读书的无业青年,多在社会上无所事事,由于文化程度低,而且比较懒惰,还有许多的坏习惯,因此找工作存在困难,很容易以犯罪为业。在校的也多为成绩差且不愿意学习者。

③ 财产犯罪突出。当前,财产犯罪已经上升到了首位。由于青少年没有经济来源,又经不起金钱的诱惑,因此财产犯罪成为青少年犯罪的主要犯罪形式。青少年犯罪主要集中在抢劫、盗窃、敲诈勒索等类型上。

④ 组织结构的团伙性和犯罪结合的偶合性。从组织结构看,一般都是临时纠合、时聚时散性的,而且这种组合往往是一拍即合、一哄而起的团伙性犯罪。这与有组织、有策划的团伙性犯罪有所区别,这种偶然性的纠合也往往随着一次犯罪活动的终结而自行解体。青少年大多心理还不成熟,在情急下一个人也许不敢犯罪,然而如果人多了一起哄就容易犯罪了,所以青少年犯罪多为多人的共同犯罪。

⑤ 犯罪动机的单一性和犯罪目的的荒诞性。青少年犯罪的动机往往是出于好胜猎奇、对照模仿。他们有的是简单地模仿电影电视中的某个镜头和情节,有的是模仿小说或现实社会新近发生的一些作案的犯罪伎俩,有的是因同学或朋友间所谓的争强好胜而犯罪。

⑥ 犯罪心理的报复性和犯罪心态的逆反性。青少年渴望人格上的独立和自立,渴望获得平等和尊重,不愿受管束。这种心理随年龄的增长有时会越来越强烈,特别是当他们具有一些不良行为而被管教时,他们轻则反感对抗,重则予以报复。

⑦ 连续性。具有偷窃、抢劫等犯罪行为的青少年,一般在初次作案得手之后,侥幸心理便得到强化,从而对物质享受产生贪得无厌的欲求,从而容易产生连续性犯罪。

（3）青少年犯罪的原因分析

青少年犯罪的原因具体表现在以下几个方面:

① 受社会负面效应的影响。市场经济的全面发展,促进了社会的全面进步。但各种社会不良现象时有发生,对社会风气造成较大的不良影响。而青少年正处于人生观、世界观的形成阶段,缺乏社会经验和明辨是非的能力,受这种

不良风气的影响,经受不住各种物质享乐的诱惑,在一定条件和某种因素的作用下,就有可能走上犯罪的道路。

② 受社会不良文化影响。在文化市场上,图书报刊、音像制品、文化娱乐中充斥着大量的封建迷信、凶杀暴力、淫秽色情以及其他有损人民群众健康的内容,对社会文化环境造成了一定程度的污染。这种受污染的社会文化生活环境会对涉世不深的青少年产生极大的消极影响。国外流入的暴力恐怖片在一定程度上激起了青少年好奇心和模仿的欲望,许多青少年正是由于受剧情的指引而做出与其年龄并不相称的违法犯罪行为的。

③ 受家庭不良教育的影响。家庭是人生的第一课堂,家庭环境影响着一个人的成长和发展,甚至可能起着决定性的作用。家庭经济的贫困有可能使孩子失去学习的机会和信心;以孩子为中心的宠爱加溺爱使孩子从小就养成以自己为核心、随心所欲、骄横任性、我行我素的性格;家长望子成龙的心态,迫使孩子从小就承受巨大的竞争压力,使心灵受到撞击和伤害;家庭暴力的影响,在孩子幼小的心里埋下了逆反的种子和实施暴力犯罪的祸根;家庭的不稳定,也会导致孩子从小失去家庭温暖,缺少亲情的呵护,极易误入歧途。

④ 法制道德教育滞后。近几年来,虽然不少中小学设立了法律知识和品德教育课,社会上也开展"送法上门""法律进家"等多种形式的普法教育活动,但在力度上还有欠缺,在面上还有死角。青少年自身更是不重视此方面的学习,致使一些青少年缺乏是非、荣辱、善恶观念,分不清罪与非罪的界限、此罪与彼罪的区别。

⑤ 青少年自身素质不高,抵御能力差。前四个方面对于青少年来说是外部因素,青少年本身的素质才是犯罪的根本原因。由于青少年大多文化素质较低,分辨是非能力较差,处世具有无知性、盲目性,很难应付来自社会各方面的影响,经不起诱惑,很容易被别人拉拢、利用,容易控制不住自己的情绪,意气用事,不计后果,从而走上犯罪的道路。

(4) 未成年人违法犯罪的类型

分析未成年人行为不良及违法犯罪的表现及其形成原因,依据他们的心理特征采取有效的方法,矫正其不良品德,是家庭和学校教育不可推卸的责任。未成年人违法犯罪的类型主要有以下五类:

① 单亲家庭的孩子犯罪。这类孩子由于缺乏长辈的引导,往往容易误入歧途。大量的事实表明,单亲家庭的孩子会因缺少父爱或母爱而变得心理失衡,常常感到孤独、自卑、消沉,这种被扭曲的心态会影响其情感、意识和品格的发展,使其出现一些不良行为。

② 监护人品行不端的孩子犯罪。有的父母有赌博、盗窃等恶习,未成年人好奇心强,易受暗示,善于模仿,但辨别是非、自我控制、自我约束的能力较差,常常把父母作为自己模仿的对象。

③ 上网导致的未成年人犯罪。近些年青少年因上网而走上犯罪道路的案件数量较多,有的孩子一天大多数时间均"泡"在网吧里,吃住都在网吧,只是没钱的时候才出去"整钱",或偷或抢。他们犯罪起因和生活轨道一样简单,"上网—盗窃—再上网"。

④ 农村的进城子女犯罪。有些农村孩子进城读书,与城里的孩子攀比,追求吃喝玩乐、高消费,而家庭收入低又满足不了他们的需求,于是心理产生不平衡,极易聚合在一起进行偷、抢、骗等一些极端危害社会的犯罪行为。

⑤ 外来务工人员的未成年子女作案。外来务工人员子女跟父母走南闯北,有些孩子沾染了不少社会恶习,臭味相投后聚在一起,对社会破坏性大。这类人员犯罪最容易被忽视。

(5)青少年违法犯罪预防方法

青少年犯罪是一个多种因素形成的综合病症,对青少年犯罪的预防,必须由社会各方面力量齐心协力来完成,预防青少年犯罪应当采取教育、保护、预防性的措施和打、防、管、教多种手段综合治理,才能最终达到标本兼治的目的。预防青少年违法犯罪,必须重视家庭的中心作用。家庭教育是家庭预防机制中最直接、最有效的一种形式。父母是子女的第一任教师,是孩子模仿和学习的对象。父母的处世态度、兴趣爱好、生活习惯及性格特征,父母的一言一行都会对子女产生潜移默化的作用。作为家长,对孩子违法犯罪的预防可采取以下方法:

【违法犯罪遏制法】 未成年人违法犯罪的原因是多方面的,比如,市场经济的负面冲击、不良社会文化的熏染、不完善的教育和用人制度、学校和家庭教育的偏差等。要想有效遏制青少年违法犯罪,就要找准原因,对症下药。

(1)要让青少年树立正确的世界观、人生观、价值观,并使之成为行动的指南。这应该是家庭教育最为重要的内容。这项工作的第一责任人应该是孩子的家长。

(2)要通过各种途径在未成年人当中进行法制教育,使他们逐步树立起法制观念。有了法制观念就如同无形中有了一个抵抗不法侵害、保护自己的武器,也有了不越雷池的尺度。事实上,许多未成年违法犯罪行为的发生在某种程度上与未成年人法制观念淡薄有关,有的未成年人甚至是"法盲"。法制观念是现代社会对一个现代人最起码的素质要求。每位家长都要带头学法用法,让家庭中对孩子的法制教育进行得扎实一点、深入一点。

(3)要加大教育力度,对孩子的违法犯罪行为决不姑息迁就、掉以轻心;对孩子的不良行为,要加强思想教育。家长对孩子的不良行为和轻微违法行为要善于发现、及时处理,力求将其遏制在萌芽状态,防微杜渐,不给不良行为一点发展和蔓延的空间;对于孩子的违法犯罪行为,要协助行政和司法机关严格执法,坚决打击,打消孩子的侥幸心理,让未成年人违法犯罪现象得到根本遏制。

【加强管理约束法】 家庭的管理与约束对孩子的行为和孩子对外界事物的

认知能力会起到规范和促进作用。精力旺盛的青少年乐于结交朋友,同伴之间的行为模仿和情绪感染很容易使青少年染上不良习气,因此父母应该了解子女的交友情况和所交朋友的思想品德情况,警惕那些可能引起违法犯罪的不良观念渗入到青少年的思想之中,尽可能将青少年违法犯罪的风险降到最低程度。研究资料表明,青少年犯罪与家庭教育不当密切相关。家庭教育应该以科学、健康的方法教育孩子,使孩子从小就养成良好的生活习惯和健康向上的精神面貌。

家长对孩子既要严格要求,又要尊重理解。当发现孩子产生错误思想和不良行为时,要进行耐心的说服教育,甚至严肃的批评,帮助其及时改正;对孩子的优点和成绩要给予肯定,要激励他们不断前进,更要尊重他们的兴趣、人格和独立性,注意因势利导、因材施教,加强心理卫生教育。

【强化法制观念教育法】要重视家庭法制宣传教育功能,努力提高家庭法制宣传教育水平。家庭是青少年成长的第一关口,家庭法制教育至关重要。首先,家长必须努力提高自身文化修养和法律知识水平,为孩子树立榜样,以身作则,使孩子从小便树立正确的法制观念,做合格小公民。其次,家长要注意传授法律知识的方法,不得要领、不注意场合和分寸的教育不仅起不到应有的作用,而且往往适得其反,使孩子产生逆反心理,达不到家庭教育功能。青少年违法犯罪的主体往往缺乏正确的人生观、价值观、世界观和法制观念,因此,加强对青少年的思想品德和法制观念教育,对增强青少年法制观念,帮助青少年树立正确的人生观、价值观,预防和减少青少年犯罪,有着十分重要的意义。家长要重点做好以下几方面:一是把好法制教育关,及时掌握孩子在校期间和毕业前夕的思想动态,对一些"问题少年"要及时采取措施进行帮教,避免将一些有违法犯罪倾向的孩子推向社会。要将法制教育贯穿在日常生活的全过程。二是要让孩子了解常见的法律、法规以及诸如"什么是违法""什么是犯罪""怎样才能预防违法犯罪"等常识,让孩子掌握一些基本的法律知识。三是要建立家长和学校及社会各有关部门的联系制度,发现苗头要及时防范教育。

【营造和谐家庭环境法】家长学法、知法、守法,营造和谐的家庭气氛,潜移默化、以身作则的渗透性,能给孩子的品德发展带来"随风潜入夜,润物细无声"的效果。家长还要经常向孩子介绍发生在身边的正反典型,以榜样促进孩子成长,以反面典型提升孩子的免疫力。

【注意社会环境法】要从根本上遏制导致青少年犯罪的不良社会因素,家长要为孩子提供内容健康、精神丰富的出版物及音像制品。让内容健康、积极向上的文化占据主导地位,堵塞可能对孩子产生毒害的文化传播渠道。要为孩子提供良好的法制环境,提供文明健康、积极向上的文化精神食粮;从而提高自身涵养,塑造完美人格,走好完整人生路。对网吧、发廊、歌舞厅、迪厅、酒吧等娱乐场所,孩子如果去的话,家长必须把关,不让孩子沾染充斥其中的涉及毒品、淫秽、赌博等的违法犯罪行为,防止其给孩子造成的不良影响和危害。

【获取升学和就业机会法】每年有大量因无法继续升学而流入社会的初中毕业生,由于年龄、文化程度等原因,在社会上无法立足,稍有不慎就容易被社会上一些不良人员引入违法犯罪的歧途。因此,要从根本上解决青少年的违法犯罪问题,必须增加孩子的升学或就业的机会,不断提高他们的文化素质和法制意识,减少青少年违法犯罪的可能。要积极引导因升学而分流的青少年报考职业技术学校或民办学校,培养青少年掌握一技之长,增加青少年的就业机会。可让孩子参加各种就业培训,为他们提供技术、咨询、就业等方面的信息服务,为他们就业造福社会创造良好的条件。此外,家长要大力宣传优秀青少年艰苦创业的成功事例,鼓励孩子走自食其力、勤劳致富之路,用自己的智慧,用自己的双手,寻找一条适合自己发展的道路,创造一个美好的未来。

【违法犯罪征兆发现法】未成年人犯罪也有一个发展过程,特别是初犯之前,总是有一些明显的外部表现,也就是犯罪的征兆。如果家长能明察秋毫,就有可能防患于未然。

未成年人犯罪都有哪些前期征兆呢?

(1) 对学习不感兴趣,学习成绩下滑,不按时完成老师布置的作业,考试爱偷看、抄袭,对考试结果不以为然,认为留级也无所谓。

(2) 对事物的兴趣开始发生变化,行动懒散,上课思想不集中,而对武侠、言情和低级庸俗甚至黄色的视频、书刊和光盘很感兴趣。

(3) 经常迟到、早退、旷课,厌恶学校生活,这种孩子如果与校外的不法分子或无业人员有了联系,就会越来越不愿意回家。

(4) 心理方面有变化,如精神恍惚、情绪波动、举止反常、心神不定、东张西望。

(5) 对教师和家长的关心帮助表示反感,甚至怀有敌意,恶语顶撞,有时给教育者出难题,故意看教育者的笑话。

(6) 对遵守纪律、要求进步的学生进行讽刺、挖苦和打击,同情和包庇甚至效仿有劣迹或不法行为的人,把反社会的人格或行为当作是"勇敢"的表现。

(7) 原本养成的生活规律出现变化,如从早起变成睡懒觉,从注意卫生变为邋里邋遢、不修边幅,或一反常态地特别喜欢梳妆打扮。

(8) 道德品质起了变化,如从诚实变成爱撒谎,爱说空话、大话、假话,从谦虚变成傲慢,从斯文变成野蛮、喜欢逞能,从文明礼貌变成口吐秽言、动作粗野,或在家长、老师面前循规蹈矩,而背后却胡作非为。

(9) 结交不三不四的人,或与校外的流失生和有前科的人结交,或拉帮结伙聚在一起甩扑克打麻将,或三五成群出入公共场所,惹是生非,遇事便大打出手,唯恐天下不乱。

(10) 过分追求物质享受,染上了一些不良行为习惯,如抽烟、喝酒等。

未成年人犯罪不仅有征兆可寻,还有易发期。从大量未成年人犯罪案例分析来看,14 岁的孩子(相当于初中二年级学生)是未成年人犯罪的易发期。

【违法犯罪心理诊断法】从未成年人的心理特点看,主要有以下几种不正常心理诱发了他们犯罪的发生,最终也给这些未成年人造成了终生的遗憾。如果家长能关注孩子心理,就有可能及时制止。

(1) 好奇心理。未成年人对外界事物充满了好奇,这是他们的天性。但由于他们的社会阅历浅,辨别是非的能力差,有时对好坏良莠缺乏全面正确的判断,在缺乏良性诱导的情况下,就会在好奇心的驱使下随心所欲,甚至走上违法犯罪的道路。如少女李某,本是一位品学兼优、多才多艺的中学生,因看到一些大龄青年吸食毒品,在好奇心的驱使下也试了试,结果一发不可收拾,最后发展到以卖淫换取毒资的地步。

(2) 盲从心理。在一些共同犯罪中,相当一部分未成年人并没有完全认识到自己的所作所为,只是随其他成员盲目行动,人云亦云,没有明确的犯罪动机。如一个少年抢劫、盗窃团伙,6 人中有 3 人不满 12 周岁,这 3 人跟随一个 16 岁的"头目"在两年内作案数十起。当被问到为什么犯罪时,他们都说:"他(指'头目')让我们干的。"

(3) 攀比虚荣心理。近年来,受拜金主义、享乐主义等不良社会风气的影响,一些未成年人幼小的心灵里埋下了贪慕虚荣的种子,讲排场、讲穿戴、讲吃喝,好逸恶劳,梦想一夜暴富,导致他们不择手段地侵犯公私财物。因贪慕虚荣而走上犯罪道路是近几年未成年人犯罪最突出的特点,特别值得警惕和关注。

(4) 逆反心理。从生理角度讲,未成年人正当逆反心理强烈的时期,"不堪忍受"一些家长的"棍棒教育"和学校片面追求升学率、歧视差生的做法,产生了强烈的对立情绪,严重时他们甚至会采取暴力手段进行反抗。如 16 岁的少年刘某,因偷家里的钱玩电子游戏,受到母亲的打骂批评,心生不满,竟然活活勒死亲生母亲;一个 12 岁的初中生,因违反学校纪律,被老师罚站,竟把老师打成重伤。

(5) 报复心理。蓄意报复是未成年人故意伤害、故意杀人的主要动机之一。由于未成年人心理状态不稳定,控制力不强,容易冲动,当遇到别人的挑衅时,往往表现得格外烦躁,缺乏理性思考。如 16 岁的刘某,因为谁先上楼的问题和邻居发生口角,竟然丧失理性举刀将邻居砍成重伤。

【家长以身作则法】"孩子是家长的一面镜子,你对他笑,他对你笑;你对他好,他对你好!"面对日益长大的孩子,无论他出现了多少令你不甚满意的问题,父母都应首先从自身出发,找到调整的办法。

有时,家长对教育孩子的问题很迷惑:平时没少对孩子进行说理和教训,可孩子还是我行我素,不听家长的话,做一些令家长伤脑筋的事。其实,孩子的好品质是在感染、熏陶中潜移默化形成的,而不是靠枯燥、粗暴的说教培养的。

父母就是一面时刻立在孩子眼前的镜子,孩子常常是通过"照镜子"的方式,在不知不觉中"修改"自己的言行的。家长的一言一行都要给孩子做好表率,这样孩子才能跟在父母后面学习他们的优点,摈除自己身上的缺点。

（1）美德传承,润物细无声

有这样一则公益广告:第一个镜头,是一位年轻的妈妈给年迈的婆婆端来洗脚水,为婆婆洗脚。跳过镜头,则是一个可爱的小男孩,端着一盆水,很费力、却很开心地朝自己年轻的妈妈走去。然后是从幕后传来的话外音:中华美德,代代相传。广告中的妈妈用自己的实际行动告诉孩子:该怎样对待父母,该如何尊敬老人;孩子也就立即从妈妈的行动中,学到了孝敬父母的良好品德。"好雨知时节,当春乃发生。随风潜入夜,润物细无声",家庭教育的好坏,就如这春雨一般,都是"润物细无声"的。

在平时的生活中,家长应该特别注意自己的一言一行,用自身良好的行为去引导孩子,就能更多体会到这种"此时无声胜有声"的效果了。

（2）照镜子,审视自身不足

有时,作为成熟的成年人,在社会的浸染中,已经忘记了生命原本应当遵循的那些美好品质,那请记住:孩子是父母的翻版,我们多留些时间陪陪自己的孩子,就能够从孩子的行为中,检查出自己言行的正确与否。

韩妈妈发现孩子这几天总是有点不耐烦,玩魔方玩到一半,还没几分钟就把魔方丢了,看书时也是一样。韩妈妈就问孩子怎么了,孩子说:"我学你啊!"原来,韩妈妈在写作时碰到不顺的地方,就很不高兴地把稿子弄成团,丢到垃圾桶。这个动作被孩子看见了,孩子就跟着妈妈学了。

韩妈妈赶紧跟孩子说"对不起",并不再在孩子面前表现出不顺的神情了,果然过了几天,孩子不耐烦的举动也不见了。

（3）为纯洁的心涂上最美的色

孩子的心灵是张白纸,要靠他们在日常生活中涂上颜色。家长作为他们人生中第一个老师,其言行对孩子的影响深远。家长想使孩子成为怎样的一个人,自己就得先成为那样的人,至少,应当朝那个目标努力!

生命真的非常奇妙!辩证地去看待自己对孩子的要求,你会发觉:其实对孩子要求宽松的父母,自有其要求宽松的好处。人们常常说:父母太能干,儿女就无能。你事事都替他想好了,还有什么空间让他自己去用心体验、去大动脑筋的呢?父母在严格要求子女的时候,也就是给自己提出了更高的要求:父母的一言一行、一举一动,都在无形中感染和熏陶着孩子。想让孩子做到的,自己就要首先做到。

父母是孩子的镜子,孩子是父母的影子。因为孩子总在"照镜子",那父母该拿些什么教育孩子呢?应该是较高的文化水平、道德水准、良好的思想品质以及那些积极向上、健康美好的东西。

用你的言传身教擦亮那一面面立在孩子眼前的"镜子"吧,不要让它们蒙上污垢！

【让孩子远离网吧暴力法】网吧暴力带给人们的是惨痛的血的教训。

谁也不会想到，一个外表斯文、曾在班上名列前茅的年仅 14 岁的学生，竟做出令人发指的惊人之举：他手执半截砖头，连击奶奶 30 余下，几十分钟后，见奶奶还有呼吸，又用菜刀砍了两刀，接着用砖头再砸，直至奶奶断气。4 月 12 日，因涉嫌故意杀人罪，李某被湖南省衡阳市祁东县人民检察院依法批捕。

是什么让他做出如此疯狂的举动？带着疑问，记者进行了调查。

2012 年 3 月 28 日上午，家里只有李某和奶奶两人，趁奶奶睡午觉时，李某偷偷潜入奶奶房中。近 1 个多小时后，奶奶发出了鼾声，李某走进奶奶的卧室。

据李某交待，当天，他在奶奶卧室翻东西时被发现，奶奶问其在干什么，李某二话没说，当场拿起砖头就砸，一口气砸了 30 余下。当他发现奶奶还有呼吸时，便拿出菜刀再次砍了奶奶两刀，其后，李某从奶奶裤袋里搜走 100.2 元钱。"这时已是 28 日 13 点多了。"李某说，作案后，他特地记了下时间。担心被发现，李某换上了新衣，找到朋友买了瓶涂改液，将牛仔裤上血迹一一涂掉。为了制造奶奶外出的假象，次日清早，李某在门上挂上了门锁。直到被抓，李某的口袋里只剩下 1 元钱。

从 28 日至 30 日，李某每天像没事一样早出晚归，几乎没有深度恐慌过。他晚上住在二楼，而一楼的奶奶却早已僵硬地躺在床上。李某的父亲说，李某从小学五年级就学会了上网，上中学后经常泡在网吧，受网络毒害很深。初中一年级时，李某还是班上前几名，后因沉溺于网络，成绩急剧下滑。"她常年累月地说教我，我恨她。"李某这样解释杀人的动机。"有一次我打弟弟，奶奶就用棒子打我，我还了手。从那以后，我就看奶奶不爽，觉得奶奶对我不好。"李某说。据李某交待，动杀机的前几天，因骑单车带弟弟玩到很晚才回家，奶奶对他进行了批评，"这让我很没面子"，李某说，28 日那天，家里正好没有其他人。而李某的父亲则认为，儿子犯罪另有原因，"我母亲身边有 3 万多元钱，他一定是逼我母亲要钱用来还赌债的。"李某的父亲说，因赌博，儿子欠下几万元外债，"可能是被人追讨，被逼无奈，只好回家逼钱"。

是什么使这样一个曾经有过好成绩、好表现的少年走上杀亲的道路呢？祁东县检察院的检察官们试着对此进行深层解读。

"网吧暴力游戏与电影使他习惯了血腥与杀戮，这是能令他从容作案和显得有点冷血的主要原因。事前的预备，事中的凶狠，事后的淡定，所有的一切都说明了他深受某些暴力影视作品的影响。"该院曾爱森检察官有着办理未成年人犯罪案件多年的经验，他对李某的行为一针见血地指出，"严重的心理不健康也导致了李某认识的误判，青春期叛逆的加深导致了悲剧的发生"。

心理专家指出，家长要对青春期的青少年特别关注，因为他们有着很强的叛逆心理，对事物缺乏正确判断和认知，容易驶离正确的人生航道。李某认为奶奶的批评教育是对他不好,甚至认为是偏心,所以拒绝与长辈进行沟通,加上母亲外出打工、父亲几乎从来没有与他沟通过,所以网吧暴力才得以长驱直入。

【让孩子隔绝网络色情法】色情信息是网络上的毒瘤,严重危害着网络的健康发展,伤害青少年身心健康,已成为诱发性犯罪的重要因素。家长帮助孩子隔绝网络色情尤其重要。

(1)把上网搜索变为家庭活动。家长主动帮孩子选择优良网站,尽可能把电脑放在客厅或家人一起活动的区域。

(2)安装适当的网络反黄软件,最好是在电信骨干网上能够对色情信息做出根本性拦击的软件。

(3)随时注意孩子浏览的网站中是否包含了暴力或色情的内容。

(4)注意异常现象。例如电话账单或信用卡账单是否有异常支出,孩子是否常深夜上网,而且沉湎于网络中。

(5)了解孩子的网友,帮助他正确辨别网友的人品,注意孩子网络道德的培养。

(6)了解孩子在学校上网的情形,以及学校在这方面的保护措施。

(7)关心孩子的个人成长。孩子可能受互联网的影响,但这种影响不是孤立的,它与孩子的身心发展、自我认识以及对环境的感受有非常密切的关系。父母应该善于发现孩子在生活、学习、交往中遇到的障碍,帮助他在现实生活中获得成功和快乐,建立平等的家庭文化,这会在很大程度上避免互联网的负面影响。

【预防孩子不法行为法】青少年违法犯罪的类型比较集中。据上海市调查,近年来发生的绝大多数犯罪是循着"财""色"两字的轨迹的。

(1)青少年犯罪的类型

从全国来看,青少年犯罪的类型以偷盗扒窃为最,打架行凶次之,侮辱妇女再次之。

① 团伙作案多。

② 突发性强。青少年由于自我控制能力差,易意气用事,在社会生活中往往因一点小事而大打出手,铸成大错,或容易为诱因直接引起的欲望所驱使,遗憾终身。

③ 凶狠残忍。当前青少年犯罪带有凶狠残忍的特征。有的青少年胆大妄为,不计后果,在作案过程中表现出野蛮、凶狠和残忍。

④ 在校生犯罪增加。

(2)造成孩子不法行为发生的原因

青少年的不法行为作为一种社会现象,其产生的原因是复杂多样的。理论上分为外因与内因,具体分析如下:

首先是外因。

第一，家庭问题。家庭教育对人的一生具有非常重要的影响。这种影响既有可能是正面的积极影响，也有可能是负面的消极影响。一般而言，良好的家庭有利于青少年儿童的健康成长，不良的家庭不仅不利于青少年儿童的健康成长，还常常成为导致青少年儿童产生各种各样不法行为的重要根源。一些家长对子女教育不力，方法不当，有的家庭自然结构受破坏，有的家长品行不端……这些都是导致青少年儿童产生不法行为的一个重要的外界因素。

第二，学校问题。有些学校教育思想不端正，片面追求升学率，忽视或放松了对学生的思想政治教育。有些学校领导和老师重智育，轻德育、体育、美育和劳动技术教育，只抓少数好学生，轻视或放弃后进学生，甚至歧视打击那些升学无望的后进生，迫使他们离校。

有的老师教育方法简单粗暴，用歧视、嘲讽、体罚，甚至赶出学校的办法来对待后进生。有些教师平时不认真备课，上课时不是照本宣科，就是不着边际地海吹一通，学生听得乏味，进教室就感到精神压抑。特别是学习成绩较差的学生，他们在学校中常常是低人一等，被人看不起，对那些脱离实际的教学内容有着一种更为强烈的抵触情绪。由于在学校得不到应有的关怀和重视，他们就会到社会上去寻找安慰和欢乐，其中有不少人因结交坏朋友而走上了违法犯罪的道路。

有些学校生活枯燥单调，而青少年精力充沛，求知欲旺盛，他们需要七色阳光，需要丰富多彩的学校生活。然而有许多学校就连这些起码的需要也满足不了，枯燥单调的学校生活使得青少年学生感到生活于其中实在是太没劲了，于是他们常常将自己旺盛的精力发泄到不该发泄的地方，一失足成千古恨。

有些学校教育与家庭教育分离，有些教师对学生在学校外的情况一无所知，而家长对孩子在家庭外的情况也漠不关心，只是当孩子出了问题时，他们才会感到大吃一惊，埋怨孩子怎么会这样，而忘记了自身应该担负的教育责任。

第三，社会问题。

① 不良的社会风气。我国实行改革开放 30 多年来，经济得到了长足的进步，同时也不可避免地出现了一些不良社会风气，给涉世不深的青少年以不良的影响。

② 不良的文化信息。随着大众传播媒介的迅猛发展，我国的社会信息环境已经发生了根本性的变化：传播速度日益迅速、传播内容日趋广泛、传播手段日渐丰富。新的信息环境给青少年儿童的成长带来什么样的影响，固然不能一概而论，然而不良的文化信息只能给青少年儿童的成长带来不良影响，这是确定无疑的。

③ 坏人引诱。有些少年儿童因思想单纯，很容易受外界不良因素影响，也很容易被社会上的坏人看中，将其拖下水。青少年犯罪为何以团伙犯罪见多，个中原因不言自明，团伙首领的引诱和威逼常在其中起了重要作用。

其次是内因。

孩子在小学高年级到高中阶段,是生理和心理发展急剧变化的时期,他们虽然在生理上、心理上发育很快,但还未成熟,处在半幼稚半成熟、半儿童半成人状态,充满着独立性和依赖性、成熟性和幼稚性错综复杂的矛盾。这期间,如果给以正确的教育和影响,他们就能顺利地健康地向成人过渡;反之,如果受到不良的教育和影响,他们就容易误入歧途,甚至走上违法犯罪道路。国内外对青少年犯罪问题的大量研究表明,导致青少年违法犯罪的自身因素主要有以下几个方面:

① 错误的道德认识。品德不良的青少年中,缺乏正确的道德观点的就占了大部分,他们的认识能力低下,因而很容易在无政府主义的自由观、低级下流的乐趣观、亡命称霸的英雄观、哥儿们义气的友谊观等错误观念的支配下,强烈追求私欲(物欲、性欲、报复欲等),产生种种不计后果的违法犯罪为。

② 不良的道德情感。有些青少年不懂得什么是真正的友谊,极易感情用事,甚至爱憎和好恶颠倒,对社会具有强烈的对抗性,因而很容易受别人引诱,结成群伙,误入歧途。

③ 自我控制能力低下。有些青少年极易产生激情而又往往难以自我控制,由此而走上违法犯罪的道路,实在是大令人遗憾了。

(3)完善家庭教育,预防孩子的不法行为

一般而言,青少年时期是容易产生不法行为的时期。家长有必要采取适当的措施,为及早发现和预防不法行为而作出努力。从教育和预防的角度讲,可以采取的措施应是多种多样、因人而异的。建议家长做好以下几点:

① 加强学习。家长要尽可能了解家庭教育的科学知识,不断优化教育方法,强化亲子间的沟通。

② 作好榜样。家长自己首先做一个遵纪守法的好公民。

③ 尽可能让孩子的学习与生活丰富多彩。

④ 多和学校、老师沟通,掌握孩子的日常表现。

⑤ 留心孩子的言行举动。了解前文介绍的孩子变坏和违法犯罪的征兆,及时发现孩子身上的变化并给予正确的教导。

第二部分　习惯养成方法

理念先行
丁骥良关于孩子"习惯养成"的言论选

＊微笑是一张通行证，可以让人顺利前行。

＊人不可能取得他自己并不追求的成就。

＊改变自己的最好方法是拥有积极的心态。

＊不论对方怎样，都应该尊重对方生命的尊严。

＊我们怎样对待生活，生活就会怎样对待我们。

＊永远也不要消极地认为什么事是不可能做到的。

＊人们相信会有什么结果，就可能有什么结果。

＊人不相信他能达到的成就，他便不会去争取。

＊关心并帮助他人可以让自己感到快乐和积极。

＊自卑者把一生中的大部分时间都消耗在抱怨上。

＊一个不能接纳他人的人，无法与他人友好合作。

＊具有积极心理态度的人能从逆境中求得极大的发展。

＊积极的心理态度和确定的目标是走向一切成就的起点。

＊人能设想和相信什么，人就有可能用积极的心态去完成什么。

＊积极行动会导致积极思维，而积极思维会导致积极的人生心态。

＊在任何特定的环境中，人们还有一种最后的自由，就是选择自己的态度。

＊我们怎样对待别人，别人就怎样对待我们。

＊一个孩子的过错和耻辱只能代表过去，真正代表孩子一生的，是现在和将来的所作所为。

＊不要对自己过分苛求，应该把奋斗目标定在自己能力所及的范围之内。尽量使自己有完满完成目标的可能。这样，你的心情就会十分愉悦。

＊学会自我调控情绪，排除不良情绪，让自己在愉快的环境中度过每一天。

＊积极向上的情绪状态，使人心情开朗，轻松稳定，精力充沛，对生活充满热情与信心。因此生活中应避免不良情绪的发展，遇到不好的事，要换个方法、变个方式思考，这样你将大有收获。

＊乐观是心胸豁达的表现,乐观是生理健康的目的,乐观是人际交往的基础,乐观是学习顺利的保证,乐观是避免挫折的法宝。

＊心晴的时候,雨也是晴;心雨的时候,晴也是雨。这就是说:心态决定一切——积极的心态会带来积极的结果,保持积极的心态,你就可以控制环境,反之环境将会控制你。

＊积极的人视挫折为成功的踏脚石,并将挫折转化为机会;消极的人视挫折为成功的绊脚石,任机会悄悄溜走。

＊我们常常忽视身边所拥有的美好事物,而当失去它时又悔恨不已。

＊自我接纳是自信的起点。自我接纳和能力,是构成自信的两大基石。

＊经常与生活态度积极的人在一起的人,自己的生活也会积极起来。

＊任何事物都有积极的一面和消极的一面,心态积极的人看到积极的一面,对人生充满了乐观和自信;心态消极的人则看到消极的一面,他对人生就感觉失望和悲观。

＊消极和逃避永远不是解决问题的办法,只有积极、勇敢地面对才是解决问题之道。

＊暗示分为他人暗示、自我暗示、行为暗示、环境暗示、言语暗示等。从作用上讲,自我暗示对人的心理作用很大,有时甚至会创造奇迹。

＊教育的核心是培养健康人格,培养健康人格最有效的途径就是从培养行为习惯做起。

＊孩子行为优秀不是真正的优秀,孩子行为习惯优秀才是真正的优秀。所以,家长要注重培养孩子优秀的行为习惯。

＊家庭是习惯的学校,父母是习惯的老师。良好的习惯比高分更重要。拥有好习惯的孩子走遍天下都让父母放心,拥有坏习惯的孩子会让父母一生不得安宁。

＊学习习惯比学习成绩更重要,学习习惯决定学习成绩;好的学习成绩是一时的,好的学习习惯会让人受益终身。

＊要从小抓起,从每一个细节抓起,让文明礼貌成为植入孩子生命底色的阳光、水分和养料。

＊鼓励孩子勇于承认自己所犯的错,勇于自我反省,这才是通往成功的路。

＊礼貌是一个人的思想道德水平、文化修养、交际能力的外在表现。

＊与人相遇时,礼仪是最好的名片;与人发生摩擦时,礼仪是最好的润滑剂。

＊友谊需要以忠诚去播种、以热情去浇灌、以原则去培育、以谅解去护理。

＊一个人有了好习惯,一辈子都有用不完的利息;一个人有了坏习惯,一辈子就有偿还不了的债务。

＊身体活动时虽然会消耗精力,但这并不像加减数那样简单,以为只要不动就可以保留精力,那是绝对错误的。适量的运动,可以令身体产生强大的动力,

做起事来精力充沛。

*孩子做了错事后,为了逃避父母的惩罚,只好用说谎来掩饰自己的过错。要帮助孩子克服和纠正这种不良行为,家长必须改变不良的教育方法,坚持正面教育。民主型的家庭教育最有利于孩子良好品质的形成。

*礼貌教育从内容上看有仪容、举止、表情、服饰、谈吐、待人接物等;从对象上看有个人礼仪、公共场所礼仪、待客与做客礼仪、餐桌礼仪、馈赠礼仪、文明交往等。要教育孩子在自律、适度、真诚的基础上与人交往,告别不文明的行为。

*孩子对人有礼貌,主要表现在语言、态度和行为等方面。语言文明、态度亲和、举止端庄,是与人友好交往必备的素质。

*当你需要他人关爱的同时,他人也需要你的关爱。如果你只想掠夺别人的关爱而不愿付出,你会发现人们将渐渐离你而去,你会被孤立起来。

*人不能总想着自己,应该多想想别人。以开朗豁达的心境、热情友好的态度,去尊重他人、理解他人、关爱他人、帮助他人。

*请不要一味地指责别人的冷漠、挑剔别人的毛病、挑拨别人的是非、猜疑别人的好意、嫉妒别人的成绩。不良的心态是极端自私的表现,会把自己与人群隔离开来而处处碰壁、寸步难行。

*当朋友遇到困难时,你热情帮助,当你患难时,会遇到更多的朋友;你必须懂得:吃亏是福,斤斤计较则适得其反。

*犯错误是孩子的权利。家长过于要求完美、过度指责,会造成孩子爱面子、过度害怕面对失败或挫折,或过于自我防卫。

*你需要感情的理解,就应该理解别人的感情;你需要安全的庇护,就应该帮助别人排忧解难;你需要精神的安慰,就应该接受别人的倾诉;你需要生活的照顾,就应该竭尽所能去关照别人。

*不爱收拾东西的孩子,不但表现出懒惰、杂乱无章的学习生活作风,而且表现出做事没有效率的现象。这种习惯常常会浪费许多时间,直接影响孩子的生活和学习。习惯一旦养成,将来在工作中还会出现不负责任、物品乱放、不遵守规矩等不良的行为表现,不但耽误许多事情,甚至可能会造成重大事故。所以,对孩子不爱收拾东西的习惯应该加以纠正。

*父母不但要训练孩子在摆放东西方面分门别类,还可以建议孩子在学习方面也使用同样的方法,把学到的知识在头脑里加以整理分类,将来回忆或者使用的时候,只要按照分类排列和记忆储存的位置,就可以很容易地找到所需要的知识了,这是学习生活中的一种非常好的用脑习惯,应该提倡。

*每个孩子都免不了会犯这样那样的错误,而孩子正是在不断犯错误、纠正错误的过程中成长起来的。所以说,重要的问题不在于孩子是否犯错误,而在于父母采取何种态度让孩子认识并纠正错误。善于在孩子的错误中发现优点,用

赏识的态度去教育孩子纠正错误,比严肃的批评和打骂更有效。

　　*时间是最公平的,不论贫富贵贱,每个人每天所拥有的时间都一样多;时间又是最不公平的,每个人每天取得的成就不会一样多。那是因为每个人在时间观念上的认识不同。智者利用时间创造机会,所以他的成功机会永远比别人多;庸者等待时间给予机会,所以他只有极少数的成功机会;愚者浪费时间、错过机会,所以他永远都没有成功的机会。

　　*优点对人是助力,缺点则是阻力,因此优点多的人成功得快,缺点多的人不易成功。可是事实又不尽然,有很多优秀的人才一生抑郁潦倒,也有不少平庸之辈表现不凡。之所以如此,主要在于:有些人虽然优点不少,可是却有致命的缺点,这些缺点会破坏甚至毁灭其他优点所创造的成果,潦倒的优秀人才大都如此。平庸的人缺点虽多,但若这些缺点不具有破坏性,而优点又具有建设性,那么这种人的成功自可预期。

　　著名的教育家叶圣陶曾说过："什么是教育？简单一句话，就是养成良好的习惯。"家庭是孩子成长的第一环境，是孩子习惯形成的摇篮，家庭生活对孩子的影响非常重要。父母应该积极为孩子创造适宜的家庭环境，同时，父母应当经常在行为、举止和谈吐等方面给孩子树立一个好榜样，讲话时要注意礼貌、举止要文雅，表现出高尚的情操、道德行为和良好的习惯。如果父母能够以身作则，让孩子在潜移默化中得到最佳的教养，通过日积月累，孩子的良好习惯就会在不知不觉中形成。

一、优良品行习惯培养方法

　　良好的行为习惯包括文明、积极的生活态度，良好的行为举止，与人和周围事物良好相处的行为方式，做事专心、有始有终等等。

　　社会需要高质量的人才。良好的行为习惯是高质量人才应具备的基本素质。科学研究和大量事实都表明，人能否成功的关键往往取决于人的非智力因素，如做事有条不紊、诚实守信、细心、耐心、恒心等优秀的品质，而这些都源于最初步的习惯的养成。可以说良好行为习惯的养成是孩子学会做人的基础，养成良好的行为习惯，将使孩子受益终身。

　　【积极心态习惯培养法】一个人能飞多高，主要并不是由人的其他因素，而是由他自己的心态所制约的。一个人的心态在很大程度上决定了他的成败。

　　（1）对孩子的教育可从以下几个方面做起：

　　① 经常对孩子讲事情的两面性，让孩子懂得任何事情都有积极的一面和消极的一面。

　　中国科学院院士朱清时毕业被分配到青海做铸造工人。但是，他不像其他同学那样放弃了学习，整天打扑克、喝酒。他依然整天看数理化和英语书。六年后，中国科学院决定要在青海做一个重要的项目，这时他就脱颖而出，开始了辉煌的事业。很多人可能说他运气好，被分配到缺乏人才的青海，才有这机会。但是，如果他在毕业后没有积极学习，也无法得到这个机遇。所以，只有做好充分的准备，你才能在机遇来临时抓住它。

　　② 用积极的眼光看待孩子，欣赏他们的长处，并告诉孩子积极看待自己的好处，让他们对积极的选择有切身体会。

　　③ 对孩子存在的短处，要客观看待，甚至积极看待，相信孩子会越来越好。

　　④ 当孩子心情不好的时候，告诉他用积极的心态去解决问题。

　　⑤ 在家里营造轻松愉快的生活环境。

　　（2）家长可向孩子渗透以下理念的教育：

　　① 言行举止像你希望成为的人。许多人总是等到自己有了一种积极的感受再去付诸行动，这是本末倒置。积极行动会导致积极思维，从而拥有积极的人

生心态。从开始就积极行动起来,去努力成为你想成为的人,心态自然也跟着积极起来。

② 要心怀必胜的想法。当我们开始运用积极的心态并把自己看成成功者时,我们就已经开始走向成功了。谁想收获成功的人生,谁就要当个好"农民"。我们绝不能仅仅播下几粒积极乐观的种子,然后指望不劳而获,我们必须不断给这些种子浇水,给幼苗培土施肥。要是疏忽这些,消极心态的野草就会丛生,夺去土壤的养分,直至庄稼枯死。

③ 用美好的感觉、信心与目标去影响别人。随着你的行动与心态日渐积极,你就会慢慢获得一种美满人生的感觉,信心日增,人生中的目标感也越来越强烈。紧接着,别人会被你吸引,因为人们总是喜欢跟积极乐观者在一起。运用别人的这种积极响应来发展积极的关系,同时帮助别人获得这种积极态度。

④ 使你遇到的每一个人都感到自己重要、被需要。每个人都有一种欲望,即感觉到自己的重要性,以及别人对他的需要与感激。这是我们普通人的自我意识的核心。如果你能满足别人心中的这一欲望,他们就会对自己,也对你抱有积极的态度,一种你好我好大家好的局面就将形成。

(3) 要努力成就孩子以下十大积极心态:

① 执着:对个人的学习追求满怀信心。

② 挑战:积极地迎接变化和新的学习任务。

③ 热情:对自己的学习具有强烈的感情和浓厚的兴趣。

④ 奉献:全心全意地完成学习和家长、老师布置的任务。

⑤ 激情:始终对未来充满憧憬和希望,对现在全力以赴地投入。

⑥ 愉快:乐于接受微笑、乐趣,并分享成功。

⑦ 爱心:助人为乐,常怀感恩之心。

⑧ 自豪:为自身价值或团队成绩而深感荣耀。

⑨ 渴望:具有强烈的成功欲望。

⑩ 信赖:相信他人和集体的素质、价值和可靠性。

(4) 要让孩子保持健康心态。

健康心态 = 阳光心态 + 积极心态。什么是阳光心态?就是把别人的批评、责骂、指出不足、建议等,看成是善意的"关爱、帮助和造就",以感恩和学习的心态,虚心听取,思考、分析、反省,从中吸收有利于自己进步成长的营养,促进自己进步成长。阳光心态主要是指做人方面。什么是积极心态?就是面对工作、问题、困难、挫折、挑战和责任,从正面去想,从积极的一面去想,从可能成功的一面去想,积极采取行动,努力去做。积极心态也就是可能性思维、积极思维、肯定性思维。

积极心态是一种主动的生活态度,对任何事都有足够的控制能力,反映了一个人的胸襟、魄力。积极的心态会感染人,给人以力量。

【**乐观心态习惯培养法**】一个人如何才能将自己每天的精力发挥出它最大的功效呢？答案是：怀着乐观的态度去做每一件事，以及把注意力放在你手头现有的任务上。

每一天所发生的事情都不可能和我们计划的一模一样，所以不如放开自己的心态。你要明白，乐观的态度会给你带来积极的生活，正如悲观的态度会给你带来消极的生活一样。不管这一天发生了什么，我们总是能够挺过去的，明天的太阳照常升起，并且依然灿烂。快乐的心态会让你更加健康向上，并且会给你带来更多的机遇和可能，让你与身边的一切和谐融洽相处。因为只有你自己处于最佳状态的时候，别人才能从你这里得到最好的反馈。

家长可给孩子下面五个建议：

（1）用乐观和感恩的心态来面对你遇到的每一个人。获取别人好感的最快途径就是先让别人感受到你对他们的好感。通过帮助别人能够让你的生活更加积极向上，付出的越多，得到的回报也就越多，有些时候甚至能够出乎你的意料。

（2）梳理自己的生活。把那些陈旧的、腐朽的、消极的能量统统找出来，然后打包扔掉！这是给自己的生活注入新鲜积极能量的最快的方法。

（3）制订一个每日目标，做那些能够刺激自己、启发自己的事情。不必制订一个庞大的计划，也不必制订那种需要花费自己很多时间和金钱的计划，你可以去读一本有关自我提高的书或学习一种乐器。

（4）规划好自己的时间，从而让自己在这一天内完成一些比较实际的事情。不要制定不切实际的目标，那样一开始就把自己放在了一个易于失败的位置。如果有一个很庞大的计划，那么不如先将这个计划分割成若干个小的计划，然后再看每一个具体的小计划应该如何去实施，然后从小计划着手去做。还有，不要忘了在每一个小计划完成的时候给自己庆祝一下，我们应该学会去享受通过自己努力所取得的成绩，尤其是在执行那些看起来并不是轻易就能够完成的任务的时候。

（5）去附近的公园走一走，停下脚步听听鸟儿们的歌声、风吹过树林的声音，脱下鞋袜走在松软的草地上。即使只有半个小时的时间，也可以坐下来听听自己喜欢的音乐。反省自己，去寻找最真实的自己，要明白自己在这个宇宙中是独一无二的。

【**孝敬长辈习惯培养法**】"百善孝为先"，"孝"是中华传统美德。作为子女，应当感激父母的生育、养育、教育之恩，应当孝敬父母，尊重父母，长大后赡养父母，履行子女对父母的责任和义务，这是做人最起码、最基本的道德品质。让子女养成孝敬父母和老人的好习惯，可从以下几方面入手：

（1）言传身教为孩子树立榜样。要让孩子尊敬老人，父母首先要给孩子做出榜样。俄国著名作家列夫·托尔斯泰曾写过一个故事：

爷爷老了，行动不便，吃饭时口水鼻涕一起流出来，儿子儿媳嫌他脏，不让他同桌吃,把他赶到灶边独个吃。

有一次,爷爷不小心把吃饭的瓷碗打碎了,儿媳破口大骂:"老不死的,以后给你一个木盆吃饭算了。"过了几天,夫妇俩发现他们的儿子米沙拿着斧头在做什么东西,爸爸问:"米沙,我的宝贝,你在做什么?"米沙一本正经地回答:"亲爱的爸爸,我在做木盆,等到你和妈妈老了用它吃饭,免得打碎碗。"

这时,这对夫妇猛然醒悟,感到十分惭愧,把爷爷请回来,并拿出家里最好吃的给他吃。

如果父母想让孩子从小养成尊敬老人的习惯,那么就需要在孩子做出不礼貌行为的时候,及时予以纠正。比如:当孩子对老人大吼大叫的时候,父母一定要惩罚孩子,让孩子向老人道歉;在吃东西的时候,如果孩子抢先拿了东西自己吃,父母要适时教育孩子。如果父母能够在一些小事情上稍加注意,孩子就会养成尊敬老人的好习惯。

(2)让孩子把孝敬老人变成一种习惯。要从小事入手训练培养孩子孝敬父母的行为习惯。教育子女孝敬父母的一般要求是:听从父母教导,关心父母健康,分担父母忧虑,参与家务劳动,不给父母添乱。要把这些要求变为孩子的实际行动,就应当从日常小事抓起。如关心家长健康方面:要求孩子每天要问候下班回家的父母;当父母劳累时,孩子应主动帮助或请父母休息一下;当父母外出时,孩子应提醒父母是否遗忘东西或注意天气变化;当父母生病时,孩子应主动照顾,多说宽慰话,替他们接待客人等。孩子应承担一定的家务劳动,哪怕是吃饭时摆筷子这样的小事。这样不但有利于孩子养成家务劳动的习惯,也有利于孩子不断增强孝敬父母的观念:"父母养育了我,我应为他们多做事。"

(3)要让孩子了解父母为家庭所付出的辛劳。现在不少孩子不知道父母的工作情况,不知道父母的钱是怎样得来的,只知道要钱买这买那,认为父母给孩子吃好、穿好、用好是天经地义的。这样的孩子怎么会从心里孝敬父母呢?为此,父母应当有意识地把自己在外工作和收入的情况告诉孩子,说得越具体越好,从而让孩子明白父母的钱得来不易。自然,孩子会逐渐珍惜自己的生活,也会从心底产生对父母的感激和敬重。

(4)给孩子讲"孝"的故事。家长要给孩子讲道理、举实例,让孩子明白长辈辛苦劳动换来了一家的幸福,理应受到孩子的尊敬。父母可以多和孩子讲一些尊敬老人、孝顺父母的故事,让孩子在潜移默化中养成尊敬老人的习惯。

【诚实习惯培养法】诚实是做人的首要品质,诚实的基本要求是不说谎。父母应该积极地影响孩子——让孩子养成说实话的习惯。

王磊是小学一年级的学生,聪明伶俐,惹人喜爱,但他有个毛病:爱撒谎。当他想要一只漂亮的铅笔盒时,他就对爸妈谎称是学校老师要求大家买的;当他去取冰箱里的东西吃,不小心把玻璃杯打碎时,他对父母谎称是家里的那只小猫咪干的;等等。王磊的爸妈惊呼:"我们的孩子都成'谎话大王'了,这可怎么办?"

　　说谎是儿童中普遍存在的一种现象,但儿童说谎的原因多种多样,表现的形式也是不同的。一般来说,儿童说谎主要有以下几种类型:

　　一是幻想式谎言。这主要发生在幼小的孩子身上。他们具有很强的"神话编造才能",由于无法分清想象与现实,经常会将自己想象内容"编"进对现实的描述中。例如,到动物园玩了一天的幼儿回家后,当父母问他在动物园都看到了什么时,幼儿可能会将童话里的动物也"放"进动物园。严格来说,这种幻想式谎言并不是真正意义上的谎言,家长无须过分担心。

　　二是夸大式谎言。为了吸引别人的注意,或者为了达到某种效果,孩子常常在真实的故事里"添油加醋"。

　　三是社交性谎言。成人为了拒绝一些应酬,同时又不伤人面子,会说一些"白谎",这种谎言一般不会对他人造成伤害,在生活中比较常见。儿童见多了以后,也会使用这种谎言。

　　四是补偿性谎言。当孩子没有达到父母或老师规定的目标(如语文、数学考试得双百分),又想得到父母的赞美时,或者当孩子并不拥有某些东西,但又想在同伴中保持受崇拜的地位时,往往用谎言来将自己不足的地方"补"上,从而达到目的。

　　五是防卫性谎言。这种谎言在儿童身上最常见,而且大多数时候是被"逼"出来的。通常是由于父母、老师对孩子的期望很高,或者父母习惯用严厉的惩罚来管教孩子,孩子为了逃避惩罚,就用说谎来挡驾。

　　六是逃避任务类的谎言。当孩子面临某些自己不喜欢的任务时,会用谎言来帮助自己逃避。例如,当父母要求孩子帮忙做家务时,贪玩的孩子会欺骗父母说自己正在做作业,没有时间。

　　七是报复性谎言。这是儿童情绪的一种表现。当儿童对某人心怀不满时,可能通过谎言来向对方示威和挑战。例如,有些孩子对父母的管教不满,当父母问他放学后是否玩过游戏时,明明没有玩游戏的孩子,可能故意说自己玩过游戏,以此激怒父母。

　　试想一下,如果当孩子说了自己做错事的实话,父亲反而大发雷霆,把孩子痛打一顿,那孩子以后还敢说实话吗? 我们应该让孩子感到,对父母讲真话并不可怕,完全可以得到父母的谅解,而不必说谎。

　　如果父母发现孩子有说谎的毛病,不要仅就说谎本身批评孩子:"这么小的孩子就说谎,长大了那还了得?"这样的训斥对孩子没有丝毫的帮助。真正需要做的是对孩子的行为进行观察,必要时对孩子的言行做些调查核实,这样可以堵塞孩子说谎的漏洞,或者使孩子的谎言不攻自破,千万别让孩子尝到说谎的"甜头"。

　　美国第一任总统乔治·华盛顿小时候聪明好动。有一次,他为了试试自己的小斧头是否锋利,竟把父亲心爱的一棵樱桃树砍倒了。父亲发现后,大发脾气:"这是谁干的?"乔治·华盛顿心里有些紧张,但他想了想之后,还是勇敢地走到父亲面前,羞愧地说:"爸爸,是我干的。"父亲说:"孩子,承认把我喜欢的樱桃树砍倒了,你不知道要挨打吗?"乔治·华盛顿见父亲怒气未消,便诚恳地回答说:"可我告诉您的是实话啊。"父亲听了华盛顿的话,气消了,高兴地说:"小乔治,我很高兴你讲实话,我宁愿不要一千棵樱桃树,也不愿听到你撒谎。"

乔治·华盛顿从父亲的眼神里看到了原谅和期望的目光,受到了莫大的鼓舞和鞭策。

华盛顿正是在这样的家教影响下,养成了诚实的品质。

纠正孩子说谎要采取"冷处理"的办法,即让孩子经过思考与自我道德评价后,自己承认错误。这种办法能使孩子从内心深处认识到撒谎不是好孩子,诚实才是美德。

父母要把孩子培养成一个说实话的人,自己首先要做一个说实话的人。具体来说,父母要从以下几方面做起:

(1)要有行为规范的具体要求。要教育孩子说实话,光讲道理不行,还要有行为规范的具体要求,让孩子从小就按诚实的标准来严格要求自己,自觉养成说实话的良好习惯。因此,父母要针对孩子的实际情况,提出具体要求,比如不拿人家的东西、不编瞎话、不说大话、不谎报成绩等等。

(2)要鼓励孩子说实话。孩子有了过错,当他如实向父母汇报时,父母在处理上应该明显地和他说谎时不同。错误自然要批评,因为这种批评能让孩子明是非、辨善恶,是对他一辈子负责。同时,父母不但不能由于孩子承认过错而加重责罚,还要对这种说实话敢认错的行为给予表扬。这种表扬可以巩固孩子说实话这一美德,同时,对孩子勇于改正错误也极有好处。

(3)适当惩戒。有些父母往往采取惩戒的方法纠正孩子的撒谎行为。这种为"戒"而"罚",也是爱的基本方式之一,然而这又是一种最棘手和带有风险的爱,因为孩子容易抵触施加惩戒的人。但是,如果你的惩戒出于爱心,又执行得合理、巧妙,事后讲清道理,孩子会受益很大,并心悦诚服。比如,可以要求孩子朗诵一个讲实话的故事,抄写一段论讲实话的名人名言,写一篇讨论讲实话问题的日记或文章,取消一次外出游玩的安排等。

【尊重他人习惯培养法】尊重他人,是一种健康的人生态度,是现代社会里最重要的人格品质。一个具有自我尊严感的人,应当会尊重他人,尊重他人的尊严与个性。不尊重他人,实际上就是不尊重自己,也不能得到他人的尊重。

两千多年前,亚里士多德就曾教导他的门徒:你要别人怎么待你,就得先怎样待别人。中国的孔子也曾这样教育弟子:己欲立而立人,己欲达而达人。尊重别人和获得尊重是一个问题的两个方面,最根本的方面是主动地奉献,主动地付出。把尊重、理解、爱献给别人,把自己最渴望的东西献给对方,这既是情感法则的必然,也是道德要求使然。

有这样一个故事:

一个少年随着父亲排队买票看马戏，前面是个大家庭。这一家有 10 口人，8 个孩子手牵手跟在父母身后。他们叽叽喳喳地谈论着马戏场里的小丑、大象。今晚必定是这些孩子最快乐的时刻。他们的父亲查理神气地站在最前端。售票员问他要多少张票，并开出了价格。查理的嘴唇发抖了。显然钱不够，但他又怎能转身告诉那 8 个兴致勃勃的小孩，他没有足够的钱带他们看马戏？

少年的父亲目睹了这一切，他悄悄地把手伸进口袋，把一张 20 元的钞票拉出来，让它掉在地上，又蹲下来，拾起钞票，拍着查理的肩膀说："对不起，先生，这是从你的口袋里掉下来的！"

查理当然知道原因。他深深感激有人在他绝望、心碎时帮了忙，他用双手握住少年父亲的手，嘴唇颤抖着："谢谢，谢谢您！先生，这对我全家意义重大。"

父子俩就这样花掉了身上仅有的 20 元。那晚，他们并没有进去看马戏，也没有钱看马戏，却收获了极大的快乐。

故事中，查理固然需要钱去买票，而他更需要得到尊重，他不能在 8 个孩子面前丢脸。"少年的父亲"深知这一点，以极其巧妙的方式帮查理解除了难堪，他把尊严献给了对方。

人的需要是多方面的，在基本的生活需要和安全需要得到基本满足时，人们最迫切、最普遍的愿望是获得尊重和认可。哲人曾经说过：人类本质里最深远的驱策力就是——希望具有重要性；人类本质里最殷切的需要是——渴望被肯定。

1994 年，某教育考察团曾到瑞典访问，给他们留下深刻印象的是人与人之间的尊重。有一天，他们在路上问路，一位瑞典人耐心指点，另一个过路人一直等在旁边。等指点的人走后，他告诉中国人："我听到他告诉你们的路错了，但为了尊重他的好意，我等他走了再告诉你们正确的路。"

一位曾做过 20 多年班主任和校长的考察团员那晚失眠了。他想："我们为什么不能把我们的孩子也培养成这样？尊重，可不可以成为传统道德与现代道德、现代教育的结合点？"

国际 21 世纪教育委员会报告中指出：尊重他人的教育作为民主的必要条件，应被视为一项综合性的持久的事业。家长有责任教育孩子从小事中学会尊重他人。

衡量一个社会的文明程度以及公民素质的高低，尊重他人是一个重要的尺度。在一个社会里，处处尊重他人的权益和人格，人被看作一个独立的人，而不是等级中的人，不是某种关联的人际关系中的人，这个社会的观念便超越了世俗的偏见与平庸，进入到一个崭新的世界。

中国的父母为孩子支出从不吝啬，对孩子的物质要求几乎是一一满足，而很少对孩子进行关于爱和尊重的教育，以致很多孩子缺乏尊重他人之心。

那么，父母怎样培养孩子尊重他人的习惯呢？

（1）让孩子在"心理"上尊重别人。只有在心理上有尊重别人的想法，才可能有尊重别人的行动。

（2）让孩子在"态度"上尊重别人。在交往过程中，一个人采取什么样的态度将体现出这个人对别人的尊重程度。比如注意倾听别人的谈话，谦虚待人，礼貌待人，实事求是地评论人或事，都是尊重别人的表现。

（3）让孩子在"礼仪"上尊重别人。礼仪不仅能体现一个人的修养和人品，还能表现出对他人的尊重，赢得别人的好感。出入公共场所而蓬头垢面、不修边幅，不仅有损自己的形象，也是对别人的不尊重。凑到对方耳边窃窃私语，也是对别人的不尊重。

（4）让孩子在"名字"上尊重别人。没有任何语言能比亲切地称呼人的名字更能打动人心，所以，给别人取绰号、滥用贬称是对别人的不尊重。

（5）教育孩子在"时间"上尊重别人。如果要参加一个聚会，就应当准时赴约，如果要去上学，就应该准时到校，否则，会被视为对邀请人或老师的不尊重。

【乐于助人习惯培养法】"赠人玫瑰，手留余香"，关心和帮助他人，生活才能美好。关心和帮助他人是人类生存和发展的需要，也是个人生存和发展的需要。父母应当告诉孩子，帮助别人就是帮助自己。

首先，当孩子主动地帮助别的同学的时候，他的大脑处于学习的最佳境界。因为，他一定会努力像老师那样高明地思考问题，俗话说"要给别人一杯，自己得先有一桶"，为了能帮助同学，孩子在心理上就会给自己提出更高的要求，这样一努力，对于知识的掌握和理解就会有一种"会当凌绝顶"的感觉，很容易就超出自己原来的水平。

其次，当孩子无私地帮助同学的时候，心中是自豪的、宽容的，当他全身心投入的时候，无形之中提高了自己的自信心。对于下一步的学习，他就会更加充满热情和活力，因为他学习的价值在帮助别人的时候得到了充分的展现。

再次，当孩子乐于帮助同学的时候，形成了良好的习惯，对于竞争和合作就会有更加准确的理解。他甚至会认为，竞争实质上就是一种合作，在这样的状况下，对于学习就会有更高层次上的主动性和积极性，学习起来就更加从容、豁达、有效。

鼓励孩子帮助他人，那么帮助什么内容呢？无私不是"无底线"。比如代替同学做作业就不是无私的，恰恰是自私的。不是吗？代替了同学做作业，实质上就是代替了同学应付老师，代替了同学思考，实质上就是不想让同学进步嘛，所以，于人于己都是自私的。教育专家经过研究发现，应当鼓励孩子在以下方面尽力帮助同学：

（1）同学因事或者因病漏课了，需要进行补课，可以帮助同学补习。

（2）对于基本概念的掌握和理解，可以为同学讲解。

（3）考后一起分析出现错误的具体原因。

（4）对于作业中的难题，可以在同学积极参与的情况下进行讨论。

让孩子养成乐于帮助他人的习惯,父母应从以下几方面做起:

(1)父母必须做出榜样。父母要在生活中热心帮助弱者,帮助需要帮助的人。在这个社会上,只有互相帮助,才能构成一个完美的世界,当然,帮助别人一定不是为了获取什么,而是一种无私的、坦荡的自觉。

(2)鼓励孩子从小事做起。无论是生活上还是学习上,鼓励孩子帮助同学时,事情不分大小,而在于用心、主动去帮助,从小事做起恰恰是养成帮助别人的关键。

(3)注重可实现性。父母需要经常强调的原则和道理,一定要有可实现性,让孩子结合自己学习的实际,使用自己的长处去帮助同学,逐渐形成习惯。

【与人分享习惯培养法】在生活中,许多孩子都不愿与其他人分享自己的东西。有些孩子不喜欢别人分享他的玩具;有些孩子总是把大的、好的抢到自己的手里;有些孩子在吃饭时总是把自己喜欢吃的菜移到自己的前面,别人吃一点都不高兴。这样的行为,可以叫作"独占"行为。

其实幼小的孩子由于自我认识不清,不易将自己的东西和别人的东西分开,常把别人的东西当作是自己的,这是自然的。父母不能因此而指责孩子,而应该做积极的引导。

随着孩子年龄的增长和自我认识水平的提高,孩子仍然占别人的东西为己有,那就不是自我认识不清了,而是个人"自私""独占"意识的表现,是环境影响的结果。一般来说,父母都疼爱自己的孩子,独生子女更被父母疼爱有加,但爱的方法各有不同。有些父母对子女百依百顺,要什么给什么,不仅如此,还把孩子当成贵宾一样,用要用最好的,吃要吃最好的。一事当前,先替孩子打算,家中的物品先由孩子挑选,大人长者皆在其后。众多家人意见中,以孩子意见为准,孩子说一不二。久而久之,孩子成了家庭霸主,主宰家庭的一切。这些孩子在家里是这样,自然也习惯地把它带到外面。

当孩子的"独占"行为成为牢固的习惯后,孩子就会处处以自我为中心,把自己置于其他人之上,认为自己才是最重要的,其他人的利益是不重要的。如果别人也和他一样,那么矛盾就产生了。由此可见,自我中心对孩子人格的影响是巨大的。自我中心产生的消极作用主要以自私表现出来。这就导致了自我中心的孩子在与外界的交往中排斥"异己"、拒绝开放、忽视理性力量、回避真诚、吝啬付出、难以与他人合作、缺乏公心(为他人、为集体考虑)。因此,父母需巧妙地用计策来击碎孩子自私的外壳,让孩子能够拥有一份懂得分享的智慧。

现实生活中,"小气"虽然不是什么大毛病,但是一个什么都不愿与他人分享、独占意识很强的人,是很难与他人建立良好的人际关系的。所以,从小培养孩子与他人分享的习惯很重要。为此,家长应该做到下面几点:

(1)不要溺爱孩子。孩子吃独食,不愿与他人分享,是与父母的溺爱密切相关的。很多家长出于对孩子的爱,把好吃的、好玩的全让给孩子,孩子偶尔想让父母分享,父母却常在感动之余说:"我们不吃,你自己吃吧。"长此下去就强化了孩子的独享意识,他们理所当然地把好吃的、好玩的据为己有。

(2)不能让孩子搞特殊化。在家庭生活中要形成一定的"公平"环境,这无疑对防止孩子滋长"独享"意识有积极的意义。家长还要教育孩子既看到自己也要想到别人,知道自己与其他成员是平等的,自己有愿望,别人也一样有愿望,好东西应该大家分享,不能只顾自己不顾别人。

(3)让孩子明白分享不是失去而是互利。孩子之所以不愿与人分享,是因为他觉得分享就是失去。家长应该理解孩子这种难以割舍的"痛苦",让孩子明白,分享其实不是失去,而是一种互利。分享体现了自己对别人的关心与帮助,自己与别人分享了,别人也会回报自己同样的关心与帮助,这样彼此关心、爱护、体贴,大家都会觉得温暖和快乐。

(4)对孩子进行分享行为的训练要从婴儿期开始。可让孩子拿着镜子,家长拿着钥匙,家长温柔而愉快地递给孩子钥匙,然后从他手中拿走镜子,通过这样反复地交换,孩子便学会了互惠和信任。

(5)给孩子分享的实践机会。经常让孩子与其他小朋友开展生动有趣、共同分享的活动。另外,应常提供孩子为家长服务的机会,如家里买了水果、糕点时,让孩子进行分配,如果孩子分配得合理,就及时表扬强化。

(6)自己为孩子树立榜样。父母要做与人分享的模范,经常主动地关心帮助他人,如帮助孤寡老人、给灾区人民捐衣物等。

(7)不要矫枉过正。家长要注意掌握分寸,要知道孩子毕竟是孩子,不要勉强孩子什么东西都与人分享,更不要因孩子拒绝分享而惩罚他。

【守时守信习惯培养法】守时守信能博得他人的信任。

有一个美国孩子,他父亲早逝。他父亲去世时留下一堆债务。如按常规,欠债人已去世,把他的物品拍卖掉,债主们把拍卖所得的钱分掉,债务差不多也就算了。但是这孩子一一拜访债主,希望他们宽限自己,并保证将父亲留下的债务分文不少地还掉。后来这孩子果然花二十年工夫,把父亲留下的债务,连本带息、分文不落地全还了。周围的人都非常感动,知道他是一个可靠之人,也都非常愿意和他做生意。结果他不但博得了别人的合作,也赢得了他人的尊敬。他在以后的工作中,也越来越顺利。

一个人与人合作的基本前提就是要守时守信。守时守信的孩子,别人就愿意与他合作。

宋庆龄是一位有教养的女性,这跟她的家庭教育分不开。宋庆龄的母亲倪桂芝,早年毕业于上海培文女子高等学堂,同时又接受了西方文化的熏陶,是个贤淑的女性。她对宋庆龄的教育成就了一位伟大的女性。

有一次,父亲准备带着全家去朋友家做客,宋庆龄刚迈出大门,突然又停住了脚步。

"怎么啦?"一旁的父亲看到宋庆龄停住脚步,不解地问道。

"今天我不能去伯伯家了!"庆龄有些着急地说。

"为什么不能去,孩子?"母亲望着女儿说。

"妈妈,爸爸,我昨天答应小珍,今天她来我们家,我教她叠花。"庆龄说。

"我原以为有什么非常重要的事情呢?这好办,以后再教她吧!"父亲说完,拉着庆龄的手就要走。

"不行!不行!小珍来了会扑空的,那多不好呀!"庆龄边说边把手从父亲的大手里抽回来。

"那也不要紧呀!回来后你就到小珍家去解释一下,并表示歉意。明天再教她叠花不也可以吗?"妈妈说。

"不!妈妈,您不是常说要信守诺言,我答应了别人的事,怎么可以随意改变呢?"宋庆龄不停地摇着头说。

"我明白了,我们的罗莎蒙黛是一个守信用的孩子,不能自食其言是吗?"妈妈望着庆龄笑了笑,接着说:"好吧,那就让我们的罗莎蒙黛留下吧!"父母放心不下家中的小庆龄,在客人家吃过中午饭,就提前匆匆回到家中。一进门,父亲高声喊道:"亲爱的罗莎蒙黛,你的朋友小珍呢?"宋庆龄回答说:"小珍没有来,可能是她临时有什么急事吧!""没有来?那我的小罗莎蒙黛一个人在家该多寂寞呀!"母亲心疼地对女儿说。"不,小珍没有来,虽然家中只有我一个人,但是我仍然很快活,因为我信守了诺言。"

守时守信的孩子更受人欢迎,更容易获得社交的成功。父母可以从以下几方面着手培养孩子的守时守信。

(1)说到做到。父母应该告诉孩子在答应别人之前,要慎重考虑自己有没有能力和把握做到,对不能做到的,就不要轻易答应;对比较有把握做到的,也应留有余地,不要大包大揽。要教育孩子对别人要讲信用,负责任,答应别人的事要兑现;如果经过再三努力仍没有做到,应诚恳地说明原因,表示歉意。

(2)培养时间观念。培养孩子良好的时间观念,使孩子养成不拖拉的好习惯,应该从小抓起,让孩子在很小的时候就感知时间,懂得按时作息。同时,要帮助孩子严格遵守时间,如画画、游戏、做作业等要按时进行,按时结束。纵使孩子与朋友的约定没有什么价值,也要令其遵守。孩子必能在这些小小的约束中,学习到如何以自己的力量管理自己的行为。久而久之,孩子面对任何事情都会守信践诺。

(3)及时鼓励。当孩子守时守信时,不管事情多么微小,父母都要及时鼓励褒奖,相反便加以苛责。要让孩子懂得,在人际交往中守时既是对对方的重视和尊重,也是约束自己的基本要求,是懂礼貌、有教养的最直观表现。

【文明习惯培养法】有对父母是这样教育孩子的:

在早期教育当中,他们除了开发她的智力外,也同步进行着文明行为的训练,培养孩子彬彬有礼的习惯。例如,在宴席上,他们让孩子坐在椅子上,默不作声地吃大人夹给她的饭菜。咳嗽时,他们提醒孩子要对客人说"对不起"。饭桌上,孩子不小心把饭粒掉在地上,他们提醒她不许再犯。饭后,孩子要保姆替她取水,他们提醒孩子,不该随意让别人帮自己做事,如是非麻烦不可,一定要说"请""对不起""麻烦您""谢谢"等礼貌用语。

凡是见过这个孩子的人都说她气质好、彬彬有礼、落落大方。这也是从小到大逐步养成的。父母的目标是不仅要培养出一个聪明的孩子,也要培养出一个文明的孩子。从她学会说话,能够听懂一些简单的提示和要求时起,他们就有意识地在各种场合下告诉她应该怎样做。比如早晨离开家时,要和家里人说"再见",到了托儿所要说"阿姨好""小朋友好"等等。她是坐医院通勤车长大的,在通勤车上,医护人员还教她学会分辈儿,当她准确地称呼"爷爷""奶奶""叔叔""阿姨"时,那稚声稚气的样子着实惹人喜爱。

其实,许多父母都做了这样的教育。为什么有的效果差些呢?原因有两个:一是不能一以贯之地坚持下去,仍是重智力教育、轻文明启蒙;二是父母对孩子要求是一回事,自己却未能以身示教,使孩子感到迷茫,不知如何是好。因而,父母要利用一切机会培养孩子讲礼貌的习惯,持之以恒,反复训练。

培养孩子文明礼貌的习惯,要从一点一滴做起。父母可以从以下几个方面入手:

(1)父母要为孩子树立榜样。古语说:"正己而后正人。"作为父母,若要孩子礼貌待人,自己首先要做表率,父母对孩子的影响最直接、最深刻。父母的身教是对孩子最生动、最实际的教育。父母应充分利用家里来客的有利时机提醒孩子,给孩子示范,使孩子在亲身体验和实践中理解文明、礼貌、热情的含义,并通过父母的行为潜移默化地影响孩子,使孩子在耳濡目染的环境中,逐步形成礼貌待人的品德。

(2)强化孩子的自尊意识。文明礼貌习惯看起来是一种外在行为表现,实际上它与人的内心修养,特别是与人是否具有自尊与尊重他人的意识有着十分密切的关系。文明礼貌习惯实际上是人满足自尊心的一种重要手段。自尊就是维护自己的人格和尊严,不容受到侮辱和歧视,争取获得好的社会评价。正常人都有自尊心,欲自尊须先尊重他人,遵守社会秩序,注意文明礼貌。很难想象,一个丧失了自尊心的人会拥有什么文明礼貌习惯。

(3)对孩子的表现做出评价。别人的肯定通常是刺激孩子学习的最佳催化剂。客人在时,父母对于孩子良好的表现可做出表扬、鼓励的表示;客人走后,父母也可以对孩子的表现做出评价,肯定做得好的地方,指出不足以及今后要注意的地方。需要指出的是,孩子在接待客人中出现了失误,如打碎了茶杯、弄脏了饭桌,父母千万不要当面批评,要保护孩子的积极性,对待孩子的过失要重动机轻后果,要原谅他们由于缺乏经验而出现的过失。孩子礼貌待人的行为规范不是一朝一夕形成的,要靠平时不断教育、训练和强化。年轻的父母要经常为孩子提供"教育情境",让孩子不断练习,巩固热情、礼貌待人的行为,这对孩子思想品德、学识能力、行为习惯的培养都有积极的推动作用。

(4)要帮助孩子掌握必要的文明礼貌常识。文明礼貌常识包括两方面的内容:语言和行为。文明礼貌语言要求不说粗俗的话,文明礼貌行为包括交往行为和环境行为两种。交往行为包括见面或分手时打招呼、握手,与人交谈时眼神、体态和表情要体现出对对方的尊重。与别人说话的时候要用眼睛看着对方,这也是一种礼仪,与别人说话眼睛却看着旁边,是不礼貌的行为。文明礼貌的环境行为要求遵守公共秩序和社会公德,如:爱护公共卫生,不随地吐痰,不乱扔纸屑果皮;待人态度热情和蔼;遵守交通规则;乘车时主动购票,给老、幼、病、残、孕让座,不争不抢座位;爱护公共设施、文物古迹;观看演出和比赛时做文明观众;等等。

【友好交往习惯培养法】父母要让孩子学会建立良好的人际关系,培养孩子与同学、朋友友好相处的习惯。

父母引导孩子养成与他人友好相处的习惯,建立良好的人际关系,需要注意以下几个方面:

(1)引导孩子学会关心别人

只有真心地关心别人,才能赢得真心的回报。不要总是想着自己,凡事都让别人围着自己转,要学会多关心别人、尊重他人、真诚待人,这是与人建立良好关系的基础。

(2)鼓励孩子主动与他人交往和沟通

在人际交往活动中,如果双方都不主动,就会因缺乏沟通而使人际交往受到阻碍。如果双方都比较主动,那么就会很快建立起良好的关系。在现实生活中,妨碍交往的原因很多,有些属于性格问题,有些属于观念问题,也有些孩子是因为缺乏信心。家长要针对具体原因帮助孩子消除疑虑,建立信心,鼓励孩子主动交往。要让孩子明白,人与人之间是一种相互依存的关系,每个人都需要别人的帮助,每个人也都应该尽可能地帮助别人。

充分沟通是保持友谊的重要条件之一。这是因为朋友间不可能对所有问题的看法都一致,如果对一些问题的看法不一样就心生猜忌和疑虑,还谈什么友谊。作家曹禺说过:"长相知,才能不相疑;不相疑,才能长相知。"要相互了解、信任,就要经常地相互交流、沟通思想感情。如果对朋友有意见,也应该及时交换意见,通过讨论达到新的一致,这样才能使友谊之树常青。

(3)塑造孩子良好的性格

个性缺陷常会妨碍人际交往,要想让别人喜欢和自己交往,就要改掉自身的坏毛病,不断塑造良好的性格。孩子们喜欢的同伴主要具有以下特点:友好、谦虚、助人、诚实、勤奋、好学、不造谣、整洁、慷慨、谈吐文雅等。孩子们喜欢那些与自己志趣相投、具有优良品质的同伴,并渴望与之建立良好的关系。因此,家长要教育自己的孩子不断完善自己,塑造良好的性格,使自己有更强的吸引力,有更多的人喜欢自己。

(4)要学会理解与宽容

水至清则无鱼,人至察则无徒。假如对人要求过于苛刻,求全责备,不允许别人有缺点,这实际上就是将所有的人拒之门外。所以,要与他人建立一种稳定而持久的良好关系,一定要有容人之量,学会理解和宽容。当别人的想法、做法和自己不一致时,要站在对方的角度体会和理解对方;当别人做了对不起自己的事情时,如果不是原则问题,就不要揪住不放,要给人改正的机会;当与他人发生利益冲突时,不要斤斤计较,必要时,还要做出一些让步。

(5)教孩子学会倾听

善于倾听是良好沟通的前提。一是听别人说话要专心,眼睛要看着对方的脸部,不要东张西望或心不在焉。二是听别人说话要耐心,不要听而不闻或表现出明显的不耐烦,转换话题也要等对方把话说完,不要中途打断。三是听别人谈话要学会用心听,不能溜号,应主动做出反应或适当呼应,而不能表现得无动于衷、若无其事,让人感觉索然无味而使交谈中止。四是听别人谈话时要虚心,不要过于显示自己,如果确实不赞成对方的意见,也不要立即反驳,可以在对方讲完以后再比较委婉地谈出自己的看法。

(6)教孩子学会交谈

父母应该教育孩子在交谈时注意以下几点:一是要正确使用礼貌用语。二是要说双方都感兴趣的话,不要只顾自己痛快,不管对方是否爱听。三是不要总抢话,也不要一个人说起来没完没了,要给对方说话的机会。四是不要谈对方不愿意谈的事情,尤其要注意避开对方忌讳的话题,以免引起对方的不快或反感。五是不要说贬低、嘲弄、有损对方自尊的话,更不要说揭露对方短处的话。六是说话要有幽默感,使谈话妙趣横生、氛围和谐。七是要谦虚、诚恳,不要在同伴面前卖弄自己的知识、才学,也不要油腔滑调,否则会引起同伴的反感。八是不要随便议论别人,说别人的坏话。

(7)教孩子注意交往时的表情运用

表情运用得好,可以更充分地表现一个人内心感情的变化。因此应教孩子学会合理运用表情来表达自己的感受。一是表情运用要自然,不要矫揉造作,与人交谈时,不要故意夸张、故作深沉。二是与人交谈时,眼睛要注视对方,不要游移不定,但又不要死盯住对方,让人感到不安。三是要学会微笑,面带微笑会给人以鼓励,使对方增强交往的信心,同时也有助于形成轻松、愉快的气氛。四是要适时变化,随着交谈内容的进展,表情也应变化,这是一种及时的反馈,对交谈能够起到促进作用。

(8)教孩子善解人意

父母应该告诉孩子注意观察他人的情绪与情感的变化,体察别人的内心感受,只有这样才能在交往中赢得主动。对方的眼神如果游移不定,说明其注意力并未集中在交谈的内容上,可能另有心事,现在只是在敷衍、应付,应尽快结束谈话。交谈中对方如果有撇嘴、皱眉的表情,说明对你的话有不同见解,此时应考虑自己的话是否得当,必要时可以征求对方的意见。对方如果眼皮下垂、目光旁移,或听了你说的话以后变得面红耳赤,说明你的话可能触动了对方的敏感部分,此时应尽快转换话题。

【与他人合作习惯培养法】 在现代社会,合作意识和合作能力是一项重要素质。所以父母要积极引导孩子与人合作,在合作中培养团队精神。

父母应从以下几个方面培养孩子与他人合作的习惯。

(1) 教孩子学会欣赏和接受别人

只有能够真诚地欣赏他人的长处,才能从内心深处真正地愿意接受别人。从实质上讲,合作就是取人之长,补己之短,是双方长处的交融,也是双方短处的相互弥补。只有相互认识到对方的长处,欣赏对方的长处,合作才会有真正的动力和基础。

(2) 提醒孩子凡事要想到别人

父母要注意培养孩子慷慨大方的气度,要经常提醒孩子想到别人。如果孩子自私自利,凡事都只想到自己,就会遇事斤斤计较,也就难以与别人友好相处,又怎么谈得上与别人合作呢? 当孩子较小时,父母不妨对孩子进行这方面的"分享训练":孩子手中拿着玩具,父母可以拿另外的东西,轻轻地、慢慢地递给他,从他手中取走玩具。通过这样的反复训练,孩子便学会了互惠与信任。同时适当地给孩子以引导,让孩子觉得分享对他来说不是一种剥夺,而是平添更多更新更好的乐趣和机会。

(3) 多为孩子创造机会参加有利于建立合作关系的活动

苏联社会心理学家多伊奇曾经提出了这样一种理论:当一个活动的目标和手段是参与者积极地相互依赖时,最可能产生合作关系。因此,应该让孩子多玩一些诸如过家家、拼板等需要彼此协作的活动。像许多体育和游戏活动,如足球、篮球、跳皮筋、跳绳等,既有团体之间的对抗与竞争,更有团队内部的协调一致,这些都非常有利于培养孩子的团队精神与竞争能力。

(4) 让孩子学会一些合作的规则与技巧

父母要让孩子明白在合作中既要尊重对方,服从大局,讲统一,又要有自己的立场。在合作过程中,不能唯我独尊,只想着自己,要充分顾及他人的要求与需要,哪怕必要时做出一定的让步与牺牲;但是,迁就与让步是有限度的,不能放弃原则,在合作中要有自己的立场与个性,要知道取得同伴的信任与尊重是合作成功的前提。

团队精神是一种优秀的品质,如果孩子具有这种精神,将更有益于他立足于世,因此,父母应该在日常生活中多给孩子合作的机会,让孩子在合作中获得团队精神。

【善待他人习惯培养法】教育孩子善待他人,首先要教育他善待自己的亲人。因为孩子来到世上,首先接触的人就是周围的亲人。一个不懂得善待亲人的孩子,将揣着一颗自私和冷漠的心走向社会,他得到的将是孤独和冷寂;一个懂得善待亲人的孩子,将揣着一颗友爱和宽容的心走向人群,他得到的将是温暖和接纳。

(1)善待他人就要学会了解人

有的父母常常说:"我实在不了解我的孩子,因为他太不听我的话了!"实际上,这样的话在逻辑上是不通的。父母要了解孩子,首先要听孩子的话,听多了就会知道孩子在想什么,他希望什么,埋怨什么,需要什么。因此,建议父母蹲下来和孩子平等对话,同时也要教孩子学着去了解周围的人,用平等的眼光看待周围和自己生活环境不同的人。

(2)善待他人就要学会欣赏人

有一次中外孩子举行测验,测验后的分数让孩子分别拿回家给各自的父母看,结果中国的父母看了孩子的成绩后,有80%不满意,而外国的父母则有80%表示满意。而实际成绩怎样呢? 实际上,外国孩子的成绩还不如中国孩子。这说明中国的父母习惯用挑剔的眼光来看待孩子,看待别人和世界。而外国的父母习惯用欣赏的眼光来看待孩子,看待别人和世界。所以,建议父母们用欣赏的眼光去看待孩子,并教会孩子发现别人的长处,真诚地赞赏他人。

(3)善待他人就要学会关爱人

这是善待他人最重要的一点。教育的秘诀也是爱,有句话说"要爱得孩子不好意思犯错误",也是这个意思。父母要让孩子懂得怎样去爱长辈,爱同学,爱老师。

(4)善待他人尤其要善待弱者

攻击性是每个人都有的隐藏在本性里的冲动力量。向着弱小者发泄的孩子,他会在心里丢弃同情和正义,这样的孩子也容易向强横屈服,见着"羊"便显"狼"样,见着"狼"便显"羊"样。善待弱者的孩子,心里充满温柔和同情,他的内心的冲动力量只为正义而发,这样的孩子将会培养起一种伟大的、光明的人格。

(5)善待他人还要善待对手

现代社会处处有竞争,这无法避免。不要让孩子在竞争中长出嫉妒、憎恨、敌意的毒瘤。要教育孩子懂得:对手固然是一种威胁,但也历练了我们,要感谢对手使我们永远不敢懈怠。教会孩子善待他人,就是为孩子幸福、成功的人生奠定了基础。

【负责任习惯培养法】责任心是孩子做人的基础,因为有责任心的人,首先要有一定的道德水准,否则他也不可能对事情负责任。责任心也是做事情的标准之一,没有责任心就不可能认真去做事。培养负责任习惯可参考以下方法:

（1）在家庭中有意识地给孩子布置一些适当的、力所能及的任务，如打扫卫生、给花草浇水等，看他能否完成，完成了立即加以鼓励。

（2）听取孩子对家庭生活的建议。经常和孩子讲讲家里的花销添置、人情来往，并请孩子谈谈自己的看法，或者请孩子出主意、想办法。当父母经常聆听他们的意见、采纳他们的有价值的建议的时候，孩子对家庭的责任感就会油然而生。

（3）让孩子学会自我服务。不要总是对孩子说"你还小""你不懂""你不行"，而要给孩子一定的锻炼机会。孩子们的成长速度是惊人的，远远超出成年人的想象。成年人认为孩子不能做的事，可能孩子已经完全有能力驾驭。因此，父母要尽量给孩子一些锻炼的机会和勇气，这样孩子便可以在自我服务中增强责任心。

（4）强调做事的结果，使孩子养成凡事要么不做，要做就要做得认真、做得出色、做得卓越的好习惯。

（5）父母不要轻易给孩子许诺，如果许诺了就要做到。同时，父母也不要总是让孩子承诺什么，给孩子提出的要求要符合他的年龄特点，否则孩子容易养成说了不算的坏习惯。

【持之以恒习惯培养法】求知并不困难，只要有恒心、勤耕耘就能结出丰硕的果实。事实证明，只有把想和做结合起来，脚踏实地，坚持不懈，才能获得成功。

（1）让孩子学会从失败中学习

孩子犯错误或者遭遇失败在所难免，父母无须因此大惊小怪甚至生气动怒。父母的不良情绪只会使孩子惊慌失措，在困难面前裹足不前。因此，无论孩子犯了小错误或者遭遇小失败，父母都应持温和开放的态度，并鼓励他继续新的尝试。

如果孩子从小养成不怕挫折的个性，他就会在今后的成长道路上不断克服困难，达成自己的目标。当孩子碰了钉子或受到委屈、被人欺负时，父母切记不能挺身而出，急切地替孩子解围，这样只会滋长孩子的依赖性，形成遇事就找父母的思维定式，对孩子的心理成长和培养孩子解决问题的能力都是有百害而无一利的。此外，父母不妨在日常生活中人为地设置一些"沟沟坎坎"，让孩子尝试自己克服，以培养孩子战胜困难的信心与勇气，同时也培养孩子顽强的毅力。

（2）制订适合孩子的目标

儿童教育家曾经有过这样形象的比喻：假定要求孩子到果园里摘取长在高不可及的树枝上的苹果，孩子会望树兴叹，随后失去信心，放弃摘苹果的欲望；如果让孩子摘那些伸手可及的苹果，孩子很快就会厌倦摘苹果的活动；但是，如果让孩子去摘那些需要稍微跳一跳才可以够着的苹果，孩子会从摘苹果的活动中获得很多乐趣，并且将摘苹果的游戏不断地进行下去。

孩子做事之所以不能持之以恒,最可能的原因是孩子对要做的事情失去了兴趣。因此,要培养孩子做事持之以恒的好习惯,首先需要给孩子制订一个适当的目标,为他找到"最恰当的苹果",让他在品尝成功的甘美的同时也感受努力的乐趣。因此,给孩子提供需要稍微蹦一蹦才可以够着的苹果,就会给孩子带来再次探索与继续努力的原动力。

(3)持之以恒的习惯要从小养成

培养孩子持之以恒的习惯可以从培养孩子自己的事情自己做入手,培养孩子的自理能力,给孩子自由,让他自己安排自己的活动。无论孩子决定要做什么,都要鼓励孩子有始有终,比如玩完玩具之后要收拾整齐,看完书后要将书放回书架等等。

(4)从培养孩子的专注力入手

要让孩子养成持之以恒的习惯,在早期教育中可从训练孩子注意力的持久性入手。婴儿活泼好动,对什么事都好奇,注意力不集中完全正常。因为注意力不集中,婴儿很难持之以恒地完成某件事,但这并不意味着父母可以就此放松对婴儿专注力的培养。相反,在婴儿成长的过程中,父母应有意识地培养他做事专注的习惯。

对刚刚学习爬的婴儿,可用一个色彩鲜艳的玩具引起他的注意,当他对此发生兴趣时,把玩具放在他伸手还差一点才能够到的地方,吸引他去抓。几经努力失败后,婴儿可能会放弃,这时母亲可用手推他的小脚丫,鼓励他用力蹬腿,抓住玩具。婴儿会爬以后,可增加训练的难度,在他就要够着目标物时,把它移到更远的地方,鼓励他继续去拿,直到拿到为止。

对于大点的婴儿,可从婴儿感兴趣的活动入手,让他在他感兴趣的事情上花费的时间长一点、再长一点。比如,婴儿喜欢玩积木,那就从玩积木入手,鼓励他一次次将倒下的积木搭成"高楼"或其他的东西。在一再尝试的过程中,他的专注力也得到了锻炼和提升。

(5)给孩子一个专注的环境

当父母试图通过让孩子做某件事来培养他持之以恒的习惯的时候,一定要给孩子创造一个专注的环境。比如,孩子看书的时候可以一次只给他一本书,等他看完一本再换一本,而不是将很多书同时堆在他面前;宝宝玩玩具的时候,可以一次只投放一两个玩具,而不是一下子给他一大堆玩具。如果孩子面临的选择太多,那么他就可能无从选择,就会一会儿干干这个,一会儿干干那个,或者干着这个,想着那个,形成注意力分散的坏习惯。

(6)通过倾听培养孩子的注意力

就是比较小的孩子也对故事表现出强烈的好奇心,因此,当父母给孩子讲故事的时候,孩子会被故事里的角色与情节所深深吸引,因此注意认真地倾听。父母在给孩子讲故事的时候可以随时创设一些与故事有关的问题,紧紧扣住孩子的注意力。大点的孩子就可以让他尝试复述故事,锻炼他专心致志听故事的好习惯。

（7）通过游戏进行训练

游戏是启发孩子独立解决问题、坚持完成某项任务的最好方式。比如给孩子一块布,让他把布娃娃包起来,直到从外表上看不见布娃娃为止。一开始,孩子可能藏住了布娃娃的头,又漏了布娃娃的脚。孩子很难在极短的时间里完成这个任务,因为遭遇挫折,他可能会有些心灰意冷,甚至想要放弃。这时,父母可以在一旁以轻松的语气给孩子一些适当提醒。"哦,布娃娃的小脚丫漏出来了。布娃娃说,我的小脚丫好冷啊!"于是,孩子会很愉快地将这个游戏继续下去。不过,父母可以鼓励他思考解决问题的方案,但绝对不要越俎代庖。过不了多久,他就会在不停地探索中找到解决问题的方法,通过调整将布娃娃裹得严严实实。

用拼插玩具和孩子玩交通游戏也是培养孩子毅力的好方法。父母可以在"路"上设置障碍,比如修路牌,让他的小汽车绕道行驶,看他能不能到达目的地;或者在汽车行驶中假定车没油了,加油站就在眼前却没有路,让他想办法到达加油站。这样,他就会在游戏中发现解决问题的过程实际上充满了乐趣,并因此培养他做事持之以恒,一定要把任务进行到底的好习惯。

（8）切忌急躁用事

培养孩子持之以恒的好习惯不是一朝一夕的事情。一般孩子越小注意力越不容易集中,做事情就越没有耐性。因此,父母可以采取循序渐进的方法,从2分钟、3分钟入手,一点点延长时间。只要他有一点点进步,就及时给予鼓励。一般孩子在游戏过程中,会有一些令人意外的发现,这时候,父母的肯定以及父母惊喜的表情是对他最好的鼓励,可以让他在原有的基础上做得更好,以求达到最理想的效果。

【勤俭节约习惯培养法】现在孩子花钱大手大脚的情况相当严重,从根本上来看,孩子的浪费是父母约束不力造成的。

勤俭节约既是对创造财富的劳动者的尊重,也是对用自己血汗钱购买物品的父母的尊敬。"俭以养德"的许多事例告诉我们:要把孩子培养成有志向、有追求的人,勤俭节约、艰苦朴素的教育是不可或缺的,这是给孩子的永久的财富。

（1）培养孩子勤俭节约的意识是塑造良好品德的开端。我们说"有钱难买幼时贫"并不是让孩子去过"苦行僧"的生活,而是为孩子创造朴素的家庭环境,让孩子继承中华民族的俭朴美德。

（2）教育孩子从小事做起,养成节约的习惯。勤俭节约,从我做起,从节约一滴水、一度电、一粒米、一张纸开始,从小培养勤俭节约的美德:不大开水龙头,洗手、洗餐具时应缩短用水时间,养成随手关水龙头的良好习惯,确保人走水断;少开一盏灯,节约一度电,努力做到人人节约用电,随手关灯,少用电器,人走灯灭,人离扇停,光线充足时,不要开灯,外出时关闭室内电脑、电灯、电视机等用电设备;节约用纸,尽量少用餐巾纸,多用手绢和抹布;不浪费一张纸,不随便丢弃没写完的作业本和空白纸,能做草稿纸的要留着做草稿纸。

(3)教会孩子量入为出。家长要经常给孩子讲勤俭持家的道理,使孩子懂得一粒米、一滴水、一度电都是辛勤劳动得来的。父母供他的衣食住行的所需费用,都是花费力气挣来的。

(4)要求孩子打扮上不要过分。不要追求新奇时髦,更不要互相攀比。合理、适度消费,减少不必要的消费。

(5)教育孩子不要乱花钱。不随便向家长要钱,不经常买零食吃,能节约的钱一定要节约。

(6)教育孩子珍惜自己和别人的劳动成果。对家里、他人、集体、国家的财物都要爱护。吃饭时不乱倒饭菜,节约水、电,随时注意随手关灯、关水龙头,爱惜书本,不乱撕书本,爱护桌椅、门窗、教学仪器和体育设备等。

(7)让孩子做些力所能及的事情。不仅身体力行,而且要带动身边的邻居、小朋友、家人共同参与节能活动,及时制止各种浪费行为;为身边贫困小伙伴捐出自己闲置的学习用品和辅导书籍,帮助弱势群体,为他们做些力所能及的事情。

如想让孩子成为谈吐高雅的人,就应让孩子从小远离脏话。负责任的家长应该纠正孩子说脏话的不良习惯。

【不打人骂人习惯培养法】爱动手打人的孩子会一失手酿成千古恨。为人父母者,要坚决矫正孩子爱打人的坏习惯。

赵江是江南某市英才学校高一年级的学生。他的家境比较优越,而且他的学习成绩一直不错,还是班上的体育委员。但在寒假考试之前,他因与同学发生口角,便用水果刀将同学刺伤……

在接受采访时,赵江对记者说:

"只要我学习好,犯了什么错都不是错,父母都不会责怪我。爸爸虽然跟我朝夕相处,其实他并不真正了解我。爸爸说人都是自私的,人不为己天诛地灭。自私是没有什么可值得谴责的。他们在别的方面不管我,就是要我做一个强人。他们说的强人,就是指不被别人欺负。他们帮不了我,因为他们不想真正了解自己的孩子,有时还会起反作用。他们认为,一个人只有聪明,成绩好,别人才会买你的账,成绩不好,别的地方做得再好,别人也不会把你放在眼里……"

近距离地与赵江接触,他给人的印象是机智、真诚和冷静。而且,他长得高大、英俊,看上去属于"很阳光"的那种少年。发生了这件事情后,他经过深刻的反省,感觉到了事态的严重。他说:"我不知道我是不是天生就很任性,反正从小到大,爸爸妈妈就是这样依着我的。他们认为男孩子任性是应该的,正常的。可能是任性造成了我的一种霸气,我的个头在班上最高,成绩也好,同学们都很服我。老实说,有时我心里真有一种满足感。爸爸妈妈送我到贵族学校是要我学习好,然后就是在外不要吃亏,不要被别人欺负。如果我吃了亏,被别人欺负了,他们肯定会认为我窝囊,没有用。记得我在上学前班的时候,有一次我带了玩具飞机去学校,小朋友们抢着玩,有一个小朋友玩着玩着居然不给我了。我急了,夺过飞机就朝他脑袋上刺去,把他的头刺出了血。家里赔了人家钱。我害怕死了,以为回家要被处罚。哪知道,爸爸妈妈并没有责备我。他们认为我没有被人欺负,懂得保护自己。我读小学三年级时打了同学,同学的家长找到我家里来,我爸爸向人家赔了不是。送走了人家后,他对我说,小子行嘛,懂得教训别人了。当时我不明白,为什么欺负了别人回来不受罚还得到表扬。妈妈告诉了我道理,她说,到贵族学校里读书的孩子都很霸气,你要是不让别人怕你,你就会被别人欺负。后来,为了得到爸爸妈妈的夸奖,我在学校没打人也说打人了。爸爸妈妈开始还表扬我,后来发现不对,孩子怎么可能天天打人,他们一查发现我骗了他们……我是父母唯一的孩子,他们不宠我宠谁? 他们对我很关心,生活上无微不至,我从小到大几乎没有什么心愿没有得到满足。在学习方面,他们从我小时就注意挖掘我的学习潜能,发现和培养我的学习兴趣。我上一年级前,就去过全国十多个城市。有的地方,比如北京,是爸爸妈妈为了开阔我的眼界专门陪我去的。他们很耐心,很尽责,经常陪着我做作业到深夜。在这些方面,我的父母可能比别人的家长要做得好。但他们在别的方面则不管我,就是要我做一个强人。我的班主任老师曾说我在情商方面是不及格的,这也是我为什么历年来没有评上甲级生的原因。因此,我对我爸爸妈妈的评价也就很难说了,他们有的方面合格,有的方面不合格。我担心我将来在人格的发育上会出现问题。我有一个表叔在大学教书,他说我看上去像个大男人,其实不是这样,因为我内心是自私和脆弱的。关于脆弱,爸爸认为表叔胡说,因为爸爸从来没有看到我有任何脆弱的表现。但我知道,表叔的话是对的。爸爸虽然跟我朝夕相处,其实并不真正了解我,只有我知道我是多么外强中干……"

　　赵江所以发展到持刀伤人的地步,很明显,主要责任在他的父母身上。发生在赵江身上的悲剧,对于大多数家长来说应该是"前车之覆,后车之鉴"。那么怎样才能纠正孩子爱打人的坏习惯呢?

　　(1) 让孩子明白,打人是一种野蛮行为。父母要让孩子意识到,人与人之间应该和睦相处,互相帮助和爱护,经常打人的孩子是不会交上好朋友的。

　　(2) 观察孩子的习性,弄清楚孩子在什么情况下要打人。孩子打人的情况是千差万别的。比如,有的孩子玩累了,精神疲惫,就特别容易打人。这时父母应该将孩子带走,不让孩子再玩。

　　(3) 让孩子换一种方法应付恼人的事情。恼人的事情可以用多种方式解决。比如,当孩子遭到别的孩子抢夺玩具时,情急之下就会打人。这时候,家长应该教育孩子对抢他玩具的小朋友说:"这是我的玩具,让我先玩一会儿,等会儿我给你玩。"或者让孩子请求大人的帮助。

（4）用说理代替武力。家长应告诫孩子不要用武力解决和小朋友之间的冲突，这是不理智的行为。让孩子在碰到争执时，最好是和小朋友讲道理。

（5）平静地对待孩子之间的冲突。如果孩子之间发生了冲突，父母一定要保持冷静，不要立即大声呵斥孩子，更不能因为害怕自己的孩子吃亏而护着他。应该让孩子自己说清楚发生冲突的原因，然后让他们自己提出解决冲突的方法，或者为孩子们提一些解决冲突的建议。当然，最好是让双方都做出让步。

（6）警告或惩罚。如果孩子打人的坏习惯老是改不了，父母就应该警告孩子，如果再打人，就将受到严厉的处罚。虽然这种方法不是很理想，但可以起到一定的作用。

【不欺负弱小习惯培养法】一些孩子喜欢欺负弱小、行为粗鲁，原因有两种：一是缺乏父母的爱，或觉得父母和师长都不喜欢自己，自觉已经失去依靠，所以自暴自弃。由于内心充满了被欺负的恐惧，便把自己先武装起来。同时通过打人、欺负人把那股不满情绪发泄出来。二是觉得自己体能不如人，害怕被人欺负，所以先下手为强，让别人觉得自己不是弱者，从而不敢欺负自己。这是一种自我保护行为。

不论是哪一种原因，恃强凌弱和欺负他人的行为，对孩子身心成长都会造成障碍。别人不会喜欢和他交往，渐渐地他会没有朋友，变得孤独，在心理上受到很大伤害。而他用自己幼稚的想法去判断，以为只要把别人制服，令别人害怕，就可以使别人不得不帮他做事、与他来往，于是暴力行为会渐趋严重。所以父母有必要帮助孩子克服这些心理障碍。

从这个角度来看，孩子的行为等于他正向父母发出寻求"爱"的信息。如果父母只懂得责骂，只会产生负面作用，因为孩子没有足够的判断能力，根本分不清自己的行为是对还是错。责备与惩罚只会使他更加肯定自己的想法，以为父母真的不再喜欢他了，内心更难受，更不满。所以，父母的爱是治疗此症的良药，多给他一些关怀与爱护才是切实可行的治疗方法，不论家里情况是否有变，父母都不应该忽略了孩子的感受。

此外，人性中本来具有攻击性。一般来说，六岁以上的孩子，尤其是男孩，很希望可以成为领导者，爱发号施令，对事情有决策权。如果不适当地压抑这种心理需求，孩子就容易做出攻击别人的行为。所以，父母应鼓励这个年龄段的孩子多参与群体活动，如足球、篮球、学会组织、群体游戏等，让他们可以从中施展自己领导、争取、进攻的能力，给他拥有他想要的玩具枪或武器，以满足孩子自然发展的心理需求。

父母要想办法阻止孩子的侵略行为，与孩子约定，和其他小朋友玩，要一起分享玩具，不可吵架、打架；同时教导他如何分配玩具，有困难时，如何以和平方式解决或向大人求助。大人在处理这些小孩子纠纷时，一定要公正，不可偏袒任何一方,这样才能取信于孩子。当孩子欺负别人时,要立即加以阻止,并以平和的口吻指出他的错误并告诉他原因。严重的要给予责备,但不能打孩子,免得孩子不服气,觉得凭什么大人可以打人、欺负人,而自己却不可以。必要时,要将孩子与其他人分开一段时间,确定他已经恢复平静后,再让他与其他人一起玩,免得孩子激动起来无法收拾。要记住,若要责备,必须前后一致,切忌每一次的处理方式都不同,一时责备他做错了,一时又纵容他。这样会把孩子弄糊涂,不知哪一种做法才是对的,以致屡改屡犯。

【不拿别人东西习惯培养法】孩子的"偷窃"是一个普遍存在的现象,很多人在小的时候都有过拿别人的东西的经历。但这和成人的偷盗又有所不同。对幼儿而言,他还没有财产私有的概念,拿别人的东西并不意味着是一件完全错误的行为;对稍微大一些的孩子而言,偷窃有时并不完全是为了经济上的要求,很有可能是孩子心理上另有需求,却借偷窃表现出来。作为家长,一定要找到孩子"拿别人的东西"的具体原因,对症下药,谨慎处理,帮助孩子及早根除这种极其有害的坏习惯。

偷窃作为恶习,是一种备受社会谴责的行为。所以当家长看到孩子有"拿别人的东西"的坏习惯时,内心大为震惊,甚至担心孩子会走上犯罪的道路,这是可以理解的。但有些家长由此采取一些非常过激的行为,对孩子大发雷霆,甚至大打出手,效果却不一定会好,还有可能适得其反。

那么,作为家长应该怎样对待孩子"拿别人的东西"的毛病呢?教育专家认为应该从以下几个方面着手:

(1)首先要弄清楚孩子为什么会"拿别人的东西"。对于不足四五岁的孩子,他们不知道什么东西是自己的,什么东西是别人的,不知道什么可以拿,什么不可以拿,看到喜欢的东西就想据为己有,因为孩子从幼小时都是以自我为中心的,所以这种心态是完全正常的。作为家长,应该帮助孩子慢慢树立起物品所有权的概念。平时还可以给孩子划定自己拥有的小世界和小圈子,让他拥有自己的小桌子、小椅子、储钱罐等,尊重他的财产所有权,这样孩子就会慢慢知道把自己的东西和别人的区分开了。有个小女孩老是偷拿家里的钱,家长指责她时,她还觉得挺委屈:"我是拿爸爸妈妈的钱,怎么算是偷呢?"这就是由于家长平时没能向她解释清楚什么东西属于她的缘故。

年龄稍大些的孩子,已经知道东西各有所有权,知道拿别人的东西是不对的,这时如果还有"拿别人的东西"的坏习惯,家长就要注意了。一般来说,孩子并不是故意学坏,偷窃可能有各种各样的心理原因。

① 父母没有满足他的要求。有些孩子看到别人有漂亮的文具或者玩具,就缠着父母要,如果父母没能给他买,他就有可能直接从别的孩子那里拿。孩子的道德观念并没有那么强,所以对东西的占有欲很容易压倒做错事带来的心理自责。

②想赢得别人的尊重。有的孩子"拿别人的东西"只是为了证明给人看,自己有能力做别人做不到的事。甚至还有的孩子拿来别人的东西分给小伙伴,以赢得小伙伴的好感。

③想借此吸引家长或老师的注意。有些家长平时对孩子的关心不够,孩子就有可能通过做一些出格的事让家长注意到自己,这是孩子情感匮乏的表现。在学校里成绩不太突出的学生也可能有这种心理。

④通过"拿别人的东西"来表示报复和反抗。有的孩子出于对别人的嫉妒,或是在家长老师那里受了批评和斥责,可能会借拿别人的东西来表示不满。

如果家长不能细致深入地了解这些根源,只是努力去制止表面的现象,常常不能从根本上解决问题。只有了解了孩子坏习惯的根源,对症下药,才有可能帮助他纠正坏习惯。

(2)对孩子进行及时的教育,让他了解"拿别人的东西"的危害。知道孩子拿别人东西的坏习惯之后,家长一定要向孩子讲清楚为什么不能"拿别人的东西"。年幼的孩子还没有形成道德观念,家长可以通过一些活动让孩子理解,比如给孩子讲一些有教育意义的故事,或者把孩子心爱的东西没收掉,让他体会一下别人丢掉东西的感受。对年龄较大点的孩子,可以直接找他聊天,向他解释偷窃是一种可耻的行为,一旦孩子认识到顺手牵羊对社会的危害,树立起牢固的善恶观念,其内心的向善力量会帮助他早日克服"拿别人的东西"坏习惯。

(3)要以说服规劝为主,绝对不要态度粗暴。家长态度粗暴的结果往往是适得其反,孩子不仅不会改正"拿别人的东西"的坏习惯,还会把"拿别人的东西"当作报复家长的手段,"既然'拿别人的东西'可以让你们生气,那我就再来一次气气你们"。如此下去,形成恶性循环,再想教育就难上加难了。有的孩子在受了处罚后还离家出走,后来真的就陷入犯罪的泥潭之中,生活中这样的例子并不少见。而和风细雨式的说服教育,孩子多易于接受,不容易产生抵触情绪。

(4)不要在别人面前嘲讽孩子的行为,要维护孩子的自尊。孩子"拿别人的东西"被人发现之后,如果被人说成是小偷,就会给孩子的自尊心造成严重的伤害。家长们在教育时一定要顾及孩子的面子,不要给他安上"偷东西"的罪名。在事情发生过之后,一般不要再在别人面前提及,争取把事件的影响范围缩减到最小。如果别的孩子或者老师有讥讽孩子的行为,使孩子抬不起头来,家长要想办法解决,帮助孩子重新找回自尊。

(5)采取具体措施,协助孩子克服"拿别人的东西"的毛病。孩子自控能力较弱,可能还会有意无意地再次犯错,家长要密切关注孩子的行为,及时给孩子提个醒,让他改掉坏习惯,形成良好的习惯。

有一位母亲,发现读一年级的儿子衣兜里有别人的玩具青蛙。她先询问玩具的原主是谁,得知儿子是向同伴借来玩的,一时忘记归还,母亲就耐心教育儿子。鉴于儿子年幼贪玩的特点,在一周之内,每次上学前都再三叮嘱儿子切记:

别人的东西不能随便拿,借人的东西要及时归还。儿子逐渐懂得这些道理,自此以后,再没有发生类似的事件。

这位母亲的处理方法就比较得当,小孩子贪玩好动,只讲几次道理是没有用的,她在一段时间里每天都给孩子提个醒,让拿别人东西不对的观念深深地印在孩子的脑中,孩子就不那么容易犯错误了。

【中小学阶段孩子习惯培养的衔接法】青少年在小学阶段已形成的心理状态,是其初中阶段心理发展的基础,也直接影响青少年心理的进一步发展。我们的研究和调查表明,小学教育对刚进入中学的初中一年级孩子而言,影响最大的有两个方面的内容:

(1)小学阶段形成的良好习惯

青少年在小学阶段是不是具有各种良好习惯,例如良好的听课习惯、作业习惯、管理学习用品习惯、安排学习环境方面的习惯等等,是决定青少年学习起步、继而影响学生发展状况的最重要的心理条件。青少年从小培养的良好习惯,在其当前学习和将来发展中,起着非同小可的作用,这是为什么呢?

心理学认为,习惯是指人在一定情境下自动地去进行某种动作的需要或特殊倾向。它是人们心理内部的一种顽强而巨大的力量。亚里士多德有"习惯是第二天性"的名言。培根将习惯视作超越天性的一种力量,认为"一切天性与诺言都不如习惯更有力量"。

小学生的各种习惯是在有意或无意之中多次重复而产生的,许多有益的好的习惯,往往比坏的习惯更难形成,要通过必要的训练、经培养而形成。习惯并非一成不变,然而要想改变一个人的不良习惯,实非易事。为此心理学各个学派都曾为探讨习惯的形成机制和变化规律而作出努力:行为学派认为,习惯是人们学习的结果;条件反射理论认为,习惯是诱因和反射动作之间牢固联系的建立,在大脑皮层形成动力定型;而精神分析学派则与它们大相径庭,认为习惯是人们潜意识愿望的一种反应,许多习惯带有原始本能的成分。

总之,不同学派从不同角度对习惯的深层问题进行了探索,从目前看还难以达成一个统一的见解,然而这种分歧并不影响它们在这一点上达成共识:从小形成的良好习惯,将使人终身受益,会给青少年的学习、生活带来莫大的好处;而不良的习惯危害很大。因此,中学老师从青少年入学的那天起,就要注意自己的学生在小学已经形成的各种习惯,做出分析并及时地纠劣扶正,培养其各种良好习惯。

(2)在小学阶段的品德状况

调查表明,约有1/5的教师认为青少年在小学阶段的品德状况是影响初中新生进步的最重要因素。

持这种观点的教育者以孩子日常的表现为依据,从整体去考察青少年的各个方面,认为品德发展较好的青少年,往往表现出亲近教师、听从教导、专心听讲、认真作业、关心集体和关心同学的行为,学习成绩也较优秀。他们的考察结论是符合教育实际的,也是符合品德发展理论的。从某种意义上说,人的道德品质也是习惯形成的结果,而且还是更高层次上的习惯。

依照品德心理学的观点,人的品德包括道德认识、道德情感、道德意志、道德行为习惯及道德理想等内容,而且只有当他的道德行为在不断的社会实践中形成相应的道德习惯时,他的道德行为才能体现为品德的客观内容和外部表现。在这个条件下,青少年的品德才真正成为他个性的核心成分,成为其依据某种社会的道德原则和行为规范制约而表现出的稳固的心理倾向。

二、礼貌好习惯培养方法

(一)"三字经"礼仪教育法

要让幼儿和小学阶段的孩子懂得礼仪常规,形成良好的礼仪习惯。以下儿歌通俗易懂,家长可让孩子在诵读中知道怎么行动。

【生活礼仪"三字经"教育法】

(1)起床(整理床铺)

睡觉时 能独立 起床后 会整理 叠被子 多练习 小床铺 铺整齐

(2)用餐

进餐前 手洗净 入座时 动作轻 细细嚼 慢慢咽 不挑食 不剩饭
爱惜粮食

自己吃 不用喂 吃干净 不浪费 爱粮食 惜食物 粒粒米 皆辛苦
不挑食

小朋友 在成长 若挑食 缺营养 瓜果菜 都品尝 食五谷 身体棒

(3)睡眠

睡觉前 先问好 按顺序 脱衣衫 叠整齐 放身边 起床后 依次穿
睡觉

不蒙头 不趴睡 枕放正 盖好被 小手空 右卧眠 早入睡 梦香甜
起床

起床时 要安静 去方便 步要轻 衣穿好 被叠齐 先梳洗 后游戏

(4)爱护眼睛

爱眼睛 很重要 读和看 应坐好 选位置 找距离 不超时 勤休息
读写习惯

读和写 坐姿端 光不强 也不暗 眼疲劳 要远眺 定时间 做眼操

【行为礼仪"三字经"教育法】

(1)站的仪态

两手臂 垂直放 收小腹 挺胸膛 眼平视 看前方 脚并拢 站姿棒

（2）走的仪态

走路时　头昂起　匀摆臂　上身直　双肩平　步轻盈　不冲撞　不抢行

（3）坐的仪态

坐椅子　头抬起　眼平视　背挺直　腿靠拢　脚并齐　两小手　轻抚膝

（4）蹲的仪态

下蹲时　上身直　小屁股　不撅起　一腿低　一腿高　缓起身　慢站好

（5）倾听礼仪

他人讲　细倾听　不打断　表尊敬　转述时　口齿清　话简单　语意明

（6）自我介绍

做介绍　要大方　口齿清　声响亮　先名字　后年龄　让对方　更知情

（7）介绍他人

客人到　先问好　进门后　做介绍　先家人　后来客　按顺序　不要错

（8）微笑

小朋友　有礼貌　见到人　微微笑　心情好　没烦恼　这世界　多美妙

（9）手势语（认识基本手势语）

手势语　很重要　生活中　常见到　介绍人　指方向　用手掌　更像样

（10）手势语（手势语的妙用）

交通警　指交通　手势语　各不同　聋哑人　用手语　须尊重　明事理

（11）借物

借人物　须明求　经允诺　再拿走　使用完　按时还　道声谢　借不难

（12）还物

他人物　要爱护　按时还　不拖延　物归还　表谢意　双手递　勿忘记

（13）不得以打断他人讲话

人交谈　勿打断　要安静　不扰乱　有急事　欲表达　经允许　才讲话

（14）递接普通物品仪态

递物时　双手呈　接平稳　手再松　接人物　双手迎　表感谢　把礼行

（15）递接危险物品仪态

递剪刀　有方法　剪刀把　对方拿　水果刀　托刀身　握住柄　递平稳

（16）擤鼻涕

小鼻子　要爱它　不玩弄　勿手挖　流鼻涕　轻轻擦　讲清洁　人人夸

（17）咳嗽

咳嗽时　病菌多　用纸巾　把口遮　打哈欠　扭转身　打喷嚏　避开人

（18）敲门

敲门时　身微倾　用食指　轻击声　一二三　有节奏　立门侧　静等候

（19）开关门

开关门　动作轻　慢推拉　静无声　出和入　您先请　侧身让　己再行

（20）接打电话（接听电话）

电话响　主动接　先问好　语亲切　通话毕　说再见　有礼貌　轻挂断

（21）接打电话（拨打电话）

打电话　择时段　休息时　勿致电　电话号　手轻按　接通后　语简练

（22）接打电话（挂电话）

通话毕　说再见　挂电话　长者先　轻拿起　轻挂断　懂礼节　人人赞

（23）接打电话（转接电话）

接电话　先问好　要找人　请稍候　需转告　认真听　家长回　表达清

（24）需要帮助的人

聋哑盲　亦手足　你我他　当相助　不模仿　勿嘲弄　献爱心　用行动

【仪容礼仪"三字经"教育法】

（1）仪容（头发）

男童发　短且齐　女童发　要得体　勤梳洗　定期理　既漂亮　又神气

（2）仪容（刷牙）

小牙刷　手中拿　早和晚　把牙刷　牙齿亮　口气清　除病菌　不得病

（3）仪容（洗手、洗脸）

起床后　吃饭前　好宝贝　洗手脸　如厕后　洗净手　小病菌　都冲走

（4）仪容（洗澡）

先洗头　后洗脚　站稳身　防摔倒　淋完水　擦香皂　脏东西　全冲跑

（5）仪容（洗脚）

每天走　好辛苦　洗洗它　真舒服　小脚丫　天天洗　洗干净　再休息

（6）仪容（剪指甲）

手指甲　勤修剪　既卫生　又美观　剪完后　把手洗　脏指甲　要清理

（7）着装（漂亮宝宝）

穿衣服　稍稍大　纽必扣　链要拉　常换衣　勤清洗　干净装　更神气

（8）着装（系鞋带）

穿鞋子　选大小　不宽大　不夹脚　带系好　鞋不掉　跑和跳　不摔倒

【在家礼仪"三字经"教育法】

（1）尊敬长辈（祝贺生日）

长辈归　须问好　长辈忙　勿打扰　长辈倦　能自处　长辈寿　应恭祝

（2）尊敬长辈（家长的小帮手）

父母病　要安慰　父母累　递杯水　做家务　不推诿　父母爱　知回馈

（3）出门和回家

离家前　整衣衫　道别后　门轻关　进家门　要问候　先换鞋　再洗手

（4）待客（接待客人）

客人到　起身迎　引入座　茶水敬　初相识　做介绍　带尊称　有礼貌

(5) 待客(不影响客人)

大人谈　应安静　若游戏　动作轻　客人走　说再见　客走远　门轻关

(6) 待客(接待小客人)

小客人　不怠慢　热心陪　诚相伴　同游戏　懂谦让　好玩具　能共享

(7) 拜访做客

做客前　约在先　说人数　定时间　如约至　勿早晚　小礼品　人喜欢
入座后　坐相端　主人物　不乱翻　主人忙　要适时　先致谢　再告辞

【在园、在校礼仪"三字经"教育法】

(1) 入园礼仪

早入园　不迟到　见老师　要问好　小朋友　也问到　别父母　勿忘掉

(2) 值日生(餐前准备)

值日生　不怕累　吃饭前　做准备　小围裙　身上系　摆桌椅　发餐具

(3) 盥洗(如厕)礼仪

如厕前　先敲门　有人在　要等待　如厕后　要冲水　整好衣　把手洗

(4) 盥洗(洗手)礼仪

洗小手　不拥挤　排好队　袖卷起　洗手时　擦香皂　洗完后　水关掉

(5) 盥洗(喝水)礼仪

小水杯　双手拿　接好水　慢慢回　喝水时　归原位　小心喝　不浪费

(6) 爱护公物(小椅子)礼仪

小椅子　双手搬　轻放好　再坐上　人离开　椅收起　爱护它　常擦洗

(7) 爱护公物(图书)礼仪

图画书　要爱护　轻轻翻　细细读　不弄脏　不损坏　书小弟　乐开怀

(8) 爱护公物(院内设施)礼仪

教室内　玩具多　互谦让　不争夺　院子里　设施全　爱公物　齐动员

(9) 学习活动礼仪

学习时　要坐好　认真听　勤思考　要提问　手举起　回答时　字清晰

(10) 观看他人的活动礼

小朋友　做游戏　想观看　旁边站　不捣乱　不喧哗　用心学　细观察

(11) 参与他人的活动礼

小朋友　做游戏　要参与　求同意　勤沟通　互帮助　多谦让　好相处

(12) 爱护文具

小文具　要爱惜　小书包　装整齐　不撕书　不咬笔　好孩子　能自理

(13) 铅笔的使用

小铅笔　自己削　讲卫生　不能叼　学写字　三指捏　身坐正　头不斜

(14) 分享玩具礼仪

小玩具　真新奇　大家玩　才有趣　懂谦让　知爱惜　共分享　更知礼

（15）户外活动礼仪

在户外　做游戏　与老师　不远离　集合时　收玩具　守规矩　讲秩序

（16）离园礼仪

离园时　互道别　先老师　后同学　见爸妈　问声好　抱一抱　更乖巧

【公共场所礼仪"三字经"教育法】

（1）公共场所礼仪

公共场　有礼貌　不喧哗　不哭闹　说话时　声要小　对他人　无打扰

（2）安全常识（出游安全）

游玩时　要注意　随爸妈　不远离　陌生地　不乱去　为安全　要牢记

（3）安全常识（走失）

人走失　原地站　耐心等　父母返　电话清　地址详　请警察　来帮忙

（4）安全常识（安全滑冰）

溜冰场　勿冲撞　人拥挤　让一旁　溜冰时　守规矩　禁止地　不能去

（5）安全用电

电源座　照明灯　有危险　不要碰　小开关　轻开合　手若湿　切勿摸

（6）分享食物礼仪

小食品　甜又香　尊长辈　您先尝　你也吃　我也尝　好朋友　共分享

（7）在外用餐（入座）

外用餐　静等待　不忙坐　听安排　有主次　分长幼　长者先　我在后

（8）在外用餐（用餐）

外用餐　心不急　盘和碗　放整齐　出和入　动作轻　需服务　先说请

（9）在外用餐（餐后）

外用餐　有礼貌　长辈在　不急躁　安静吃　话勿多　都吃完　再离桌

（10）游园（逛公园）

公园里　不乱跑　爱环境　护花草　够身高　要买票　丢垃圾　类分好

（11）游园（不随便喂小动物）

小动物　有习性　乱吃食　会得病　不投食　讲文明　他人喂　我提醒

（12）游园（不随便触摸小动物）

看动物　有危险　远处站　才安全　不抚摸　不戏弄　对动物　要尊重

（13）不随地吐痰

小病菌　四处窜　乱吐痰　易传染　要吐痰　纸包严　讲卫生　好习惯

（14）安全（遇火灾）

遇火灾　要镇静　先逃离　再报警　报地址　讲火情　不慌乱　口齿清

（15）安全常识（地震）

遇地震　不乱跑　速起身　蹲墙角　险情小　向外逃　空旷地　危险少

（16）交通规则（过马路）

过马路　左右看　人行道　才安全　过街桥　地下道　不停留　不玩闹

(17) 排队等候

游乐场　玩游戏　人若多　不推挤　排好队　心不急　互谦让　守秩序

(18) 自觉排队日

公众场　队排好　遇事急　让开道　排队日　要知晓　更自觉　为人表

(19) 乘扶梯

乘扶梯　要知礼　左急行　右站立　好孩子　随家长　不拥挤　勿吵嚷

(20) 走楼梯

上下楼　靠右行　不跑跳　不乱停　让长辈　护幼小　能自律　好宝宝

(21) 乘升降电梯

等电梯　右侧站　进或出　长者先　人先出　己再入　讲秩序　要记住

(22) 进入旋转门

旋转门　真神奇　进入时　勿拥挤　不手扶　不靠边　爸妈陪　更安全

(23) 交通(红绿灯)

过路口　不独行　指示灯　要看清　红灯停　绿灯行　守规则　平安行

(24) 交通(行走)

人行道　靠右走　跟爸妈　手牵手　机动车　要避开　盲人道　让出来

(25) 交通(马路上)

公路上　车辆多　靠右行　守规则　不追逐　不打闹　为安全　都做到

(26) 交通(交通标志)

公路上　有标志　蓝色牌　是指示　红色标　是警告　为安全　要记牢

(27) 安全常识(警示标志)

影剧院　不吸烟　安全门　在两边　高压线　绕开过　加油站　禁烟火
路面滑　防摔倒　保安全　要记牢

(28) 安全常识(着火逃生)

着火时　勿拥挤　湿毛巾　掩口鼻　不慌乱　听指示　安全道　速逃离

(29) 交通(乘公交车)

乘车前　队排好　候车时　不乱跑　排队上　不争吵　够身高　要买票
乘车时　不吵闹　雨雪天　伞收好　头和手　不出窗　见老幼　知礼让

(30) 交通(乘小汽车)

开关门　声要轻　对他人　才尊敬　好宝贝　坐后面　急刹车　免危险

(31) 交通(乘地铁)

站台上　不乱跑　黄线后　队排好　人先下　我再上　守秩序　不争抢

(32) 交通(乘火车)

乘火车　提前到　候车室　等检票　不乱跑　不吵闹　车进站　票拿好
车厢内　排好队　按号码　找座位　随爸妈　听指挥　遇他人　笑微微

（33）交通（乘飞机）

乘飞机　要提前　先换票　再安检　登机后　快坐好　安全带　要系牢
飞机上　设施多　两小手　不乱摸　过道窄　不乱跑　对号坐　好宝宝

（34）交通（乘轮船）

乘轮船　要准点　危险品　不上船　有风浪　离甲板　舱中坐　保平安

（35）购物（制订计划）

买东西　定多少　不浪费　刚刚好　不耍气　不攀比　好孩子　明事理

（36）购物（购买活动）

商店里　糖果香　散食品　不能尝　包装物　不损坏　付款后　才能拆

（37）欣赏（观看电影）

看电影　要安静　有事情　声要轻　爱环境　讲卫生　瓜果皮　不乱扔

（38）欣赏（观看戏剧）

看话剧　提前到　开演前　要坐好　结束时　应鼓掌　有秩序　离剧场

（39）欣赏（在图书馆）

阅览室　应安静　看书时　动作轻　书小弟　要爱护　看完后　送原处

（40）游泳（在游泳馆）

游泳前　先淋浴　靠右游　守秩序　深水区　不要去　与父母　不远离
穿泳衣　戴泳帽　游泳时　要做到　游完泳　要淋浴　换好衣　再离去

（41）安全常识（独自在家）

父母忙　我看家　心要细　胆要大　陌生人　在门外　不认识　门不开

【礼貌用语礼仪"三字经"教育法】

（1）礼貌用语（请）

借物品　求帮忙　要说请　才像样　有问题　说请问　客人到　您请进

（2）礼貌用语（您好、再见）

见面时　要问好　早中晚　不能少　分别时　说再见　临睡前　道晚安

（3）礼貌用语（谢谢、不客气）

人帮我　谢谢你　我帮人　不客气　谢谢你　不客气　常用起　更知礼

（4）礼貌用语（对不起、没关系）

做错事　对不起　用诚心　表歉意　不要紧　没关系　互谦让　明事理

【节日礼仪"三字经"教育法】

（1）元旦

新年到　新年好　穿花衣　戴新帽　你来唱　我来跳　同庆贺　共欢笑

（2）春节（拜年）

春节到　放鞭炮　穿新衣　戴新帽　祝长辈　新年好　人健康　寿更高

（3）国际妇女节

妇女节　三月八　为妈妈　做贺卡　既工作　又持家　我爱您　好妈妈

（4）国际劳动节

五月一　劳动节　劳动者　遍世界　好宝贝　爱劳动　早自立　人称颂
工厂里　田野上　劳动者　都在忙　高楼起　果飘香　好生活　共分享

（5）母亲节

母亲节　在五月　爱妈妈　表感谢　我生命　来自她　她伴我　春到夏

（6）父亲节

好爸爸　天天忙　养育我　快成长　六月里　父亲节　做礼物　表感谢

（7）国际儿童节：

儿童节　六月一　小朋友　同欢喜　演节目　我参与　看演出　守规矩
得礼物　知心意　长辈情　它传递

（8）世界环境日（每年的6月5日）

环境小卫士：

马路上　公园里　遇杂物　要捡起　瓜果皮　废包装　分分类　投进箱

垃圾分类：

小朋友　讲卫生　废弃物　不乱扔　归好类　可再生　节资源　保环境

爱护花草树木：

花勿折　草勿踏　是生命　爱护它　爱树木　爱花草　这世界　更美好

（9）中秋节

中秋节　月儿圆　瓜果香　月饼甜　同分享　长者先　赏明月　共团圆
中秋节　共团圆　全家人　互祝愿　品月饼　香又甜　赏月饼　情无限

（10）九九重阳节（赏菊和登高）

九月九　金秋爽　菊花开　稻谷黄　孝父母　敬尊长　思亲友　在重阳

（11）九九重阳节（关心老人）

老人院　常探看　献爱心　送温暖　唱支歌　跳个舞　重阳节　同欢度

（12）九月十日教师节

九月十　教师节　做贺卡　表感激　好老师　勿过劳　祝愿您　身体好

（13）十月一日国庆节

国庆节　十月一　共庆贺　同欢喜　唱国歌　升国旗　祖国啊　我爱你
奏国歌　升国旗　应脱帽　要敬礼　唱国歌　须肃立　爱祖国　要牢记

（二）常规教育

1. 在校常规教育

家长要根据学校的常规教育要求对孩子进行教育。下面是一些小学的小学生一日常规教育要求细则：

【上学常规教育】

（1）离家前要衣着整洁，手脸干净，并佩戴好红领巾或队徽，少先队干部要佩戴好标志。

（2）自行整理并带好当天所需的课本、作业本、文具、学具。

（3）离家要向父母告别。

（4）讲究文明礼貌，不在上学途中逗留、追逐，遵守交通规则，注意途中安全。

（5）按时到校（不迟到，也不过早到校）。因故不能上学，应由家长及时向班主任请假。

（6）上学不带玩具等和学校无关的东西到校；不带零食；不得私自出校门；学校规定带的费用尽快交给老师。

（7）早读不迟到，不搞小动作，认真朗读。

【课堂常规教育】

（1）听到音乐声迅速进教室，头正坐直，静候老师上课。

（2）教师示意"上课"，值日生喊："起立！"老师招呼："同学们（孩子们）好！"同学们齐呼："老师好！"老师答："请坐！"学生即坐下。因故迟到者，喊"报告"经过老师同意后进教室。英语课、音乐课、体育课按老师的要求进行师生问候。

（3）要发言先举右手。得到老师许可后才起立发言。发言声音要响亮，要注意礼貌。

（4）爱护教具、文具、学具，不乱丢乱放。

（5）上课时要主动、积极地学习，听课要专心，发言要积极，要遵守课堂纪律。先复习，后作业。

（6）听到下课音乐后，老师宣布"下课"，值日生喊："起立！"老师说："同学们（孩子们）再见！"学生才出教室。

【作业常规教育】

（1）认真、按时、独立完成各科作业，写字要注意姿势，书写端正。

（2）作业有错及时订正，不拖拉。

（3）家庭作业要在第二天早读前交给组长。

【课间常规教育】

（1）准备好下节课要用到的书本、文具，摆放在课桌左上角，与课程无关的东西不要放在桌上。

（2）参加有益的活动或游戏。活动量不宜过大。

（3）不追打跑跳、不高声喧哗；不在楼梯、走廊上做游戏。

（4）爱护教室里的公共财物；不爬楼梯扶手，不趴在走廊栏杆上；不乱写乱画，不出校门活动，不乱扔果皮纸屑，主动捡拾地上的垃圾并放入垃圾桶。

【两操、升降旗常规教育】

（1）队伍要求：集合迅速，行列整齐，步伐一致，精神饱满。

（2）广播体操：听从口令，动作到位，规范有力。

（3）眼保健操：身姿端正，穴位准确。

（4）升降国旗：坚持每周一和重大节假日举行升旗仪式，尊敬国旗、国徽，会唱国歌，升降国旗、奏唱国歌时要肃立、行注目礼（少先队员行队礼）。

（5）因特殊情况（因病、因残等）不能做操或参加升旗仪式，须经班主任同意。

【课外活动常规教育】

（1）听从教师或主持人的指挥，服从安排。

（2）活动时团结互助，心中有集体，严禁追打跑跳，严禁高声喧哗。

（3）自始至终参加活动，中途离开必须请假。

（4）带齐个人应带的活动用具，爱护活动设施，借用或领用的用具应及时归还，如有损坏，照价赔偿。

（5）参加有关集会要严守会场纪律，爱护环境卫生，散会时依次离开会场。

【上下楼常规教育】

（1）上下楼右行礼让，脚步轻轻，勿扰他人。

（2）不在楼道逗留、做游戏，不爬越栏杆扶手，不搭肩挽臂，不追打跑跳，不并排行走。

（3）在楼梯口或楼道上碰到老师、家长，主动让他们先行。

【用餐常规教育】

（1）餐前搞好个人卫生，依次取饭菜，不偏食，严禁浪费食物。

（2）文明用餐，不高声说话，养成良好的饮食卫生习惯，吃完食物后才能离开座位。

【放学常规教育】

（1）收拾好书包，清理好学习用具，整理课桌，清洁卫生。

（2）按两路纵队迅速到教室门前走廊集合，依次出校门，见到接送的家长后与教师打好招呼方可离开，在街上行走时要听从指挥，遵守交通规则；不在途中逗留、追打；严禁不经家长同意私自串门或在同学家住宿，放学后未经允许不在学校逗留或活动。

2. 常规礼仪指导

【谈吐礼仪指导】

（1）用普通话交谈。

（2）使用礼貌用语：请、您好、对不起、谢谢、没关系。

（3）对师长要称：老师、师傅、同志、叔叔、阿姨等，不直呼其姓名。

（4）说话声音要适度，说话时不手舞足蹈。

（5）不说脏话、粗话，不骂人，不给他人起绰号。

（6）不高声喧哗。远距离叫人时，尽可能不惊扰他人；对方在对面时以手势示意，对方在前面时快步上前告知，对方在后面时靠右慢行或等待对方靠近再告知。

（7）课堂答问,声音洪亮;全班齐答,声音宜小。

【行走礼仪指导】

（1）行走轻松自然,挺胸抬头,上身不摇晃,两臂自然摆动。

（2）不勾肩搭背行走。

（3）在通道、马路上靠右走。

（4）公共场所不随意奔跑、追逐、嬉闹。

（5）人员集中的地方行走要慢步轻声。

（6）上下楼梯要靠右一级一级行走,切不可跳级和做危险动作。

【坐立礼仪指导】

（1）坐如钟,头颈直,上体与座椅基本垂直。

（2）坐时脚不抖动,不跷二郎腿,不脱鞋,不把脚搁在椅子上。

（3）立如松,抬头挺胸,上体、双脚与地面基本垂直。

（4）待人接物时,手不叉腰,不反缚,不随便走动。

【仪态礼仪指导】

（1）少先队员要佩戴红领巾及队干部标志,上学放学要背好书包。

（2）衣着得体,着装整洁,注意个人卫生,扣好衣扣不敞胸,袖管要卷齐。

（3）女生不化妆,不戴饰物,不烫卷发,男生不留长发。

（4）见人要微笑,与人见面或离别要握手,握手时要起身站立,摘下手套,用右手握。

（5）表示欢迎、感激时要鼓掌,鼓掌时做到适度、有节奏。

（6）不在公众场合挖耳抠鼻。

【仪式礼仪指导】

（1）参加集会、听讲时要坐正立直,肃静,专心致志。

（2）上台发言、领奖、表演时,走路要稳重,接受奖品、礼品或其他物品时,起立用双手捧接,并鞠躬微笑致意。

（3）大会发言先向老师和听众致礼(队礼或鞠躬礼),发言结束后道谢致礼。

（4）观看演出、比赛、听报告,适时适度鼓掌致意。

（5）向外打电话要说"您好"并自报姓名,语调要柔和可亲,末了要说"再见";接电话要做到:一说"你好",二说"这是×××家",三说"请问你找谁",四说"请稍等",如对方要找的人不在,应说"他不在,我能帮你什么忙吗",末了要说"再见"。

【社交礼仪指导】

（1）与人交往,彬彬有礼,正确使用体态语言:微笑、鞠躬、握手、鼓掌。

（2）守信用、说真话,有责任感。

（3）遵守秩序，不插队，不抢座，尊老爱幼。

（4）爱护公物，不损坏花草树木，不乱涂乱刻。

（5）不在铁路、公路上玩耍，走路靠右。

【尊师礼仪指导】

（1）听从老师的正确教导，态度谦和，不任性，不顶撞。

（2）学生进校门第一次见到老师要止步敬礼道："老师早。"其余时间见到老师要说："老师好。"放学回家时要止步敬礼说："老师再见。"

（3）上下课起立，师生要相互问好，课上发言或回答要先举手，

（4）进入老师办公室要先喊"报告"或轻声敲门，声音适度，未经允许不得擅自入内。

（5）进入室内或上下楼梯要让老师先行。

（6）老师家访，应请老师入座，并沏茶；老师离开，应送至门口，并礼貌道别。

【敬长礼仪指导】

（1）离家、回家均应向家长打招呼，见家长离家或回家，要主动招呼。

（2）见到老人、残疾人和军人，乘车让座，购物让先。

（3）接受长辈礼物，要起立用双手接，并鞠躬点头致谢。

（4）未经父母许可不得晚归、远行及无故在外过夜。

（5）长辈节日应祝贺（生日、重阳节、妇女节等）。

【交友礼仪指导】

（1）早晨遇见同学主动问候："××同学，你早。"放学回家要道别："××同学，再见！"在校外遇到同学时，要问候："××同学，你好。"

（2）游戏时，要主动礼让不霸道。

（3）开玩笑要适度，做到"五不"，即：不讽刺、不挖苦、不骂人、不打人、不提绰号。

（4）受到伙伴帮助，要致谢。

【做客礼仪指导】

（1）外出做客，要穿戴整洁。

（2）见到主人要主动招呼"××好"，离别时说："××，我走了，再见。"并邀请主人到自己家做客。

（3）未经主人同意，不随便翻动主人家的东西。

（4）进别人的房间要敲门。

（5）接受主人礼品，要经家长同意，起立双手捧接并致谢。

【待客礼仪指导】

（1）宾客来访，要起立迎接，面带笑容，主动问候。

（2）为客人设座、沏茶。

（3）与客人交谈要大方自然，有礼貌。

（4）客人与家长说话时要尽量回避。

（5）客人离去，应送到门外，并说"再见"或"欢迎再来"。

三、学习好习惯培养方法

所谓习惯，就是经过重复练习而巩固下来的思维模式和行为方式。学习习惯，就是在不间断的学习实践中养成的自然表现出来的学习上的习性。

好习惯是一个人终身的财富。习惯是一个人的资本，孩子有了好习惯，就有一辈子都用不完的利息，孩子有了坏习惯，就有一辈子偿还不了的债务。

管得住自己的，是习惯的主人，管不住自己的人，是习惯的奴隶，做主人还是做奴隶，全在于自己的选择。行为养成习惯，习惯形成性格，性格决定命运。可见，孩子良好习惯的养成至关重要！

（一）幼儿学习好习惯培养方法

幼儿阶段一般学习行为习惯的内容及培养要求如下：

（1）听故事，聚精会神，每天定时。

（2）用笔画画，每天画一页画。

（3）观察说话，每天观察一两件东西或一两件事情，能简要描述。

（4）正确握笔，训练正确的握笔书写姿势（中大班）。

（5）爱惜图书，不撕毁，不折叠，不乱扔，很珍惜。

（6）整理学习用品，摆放整齐、有序，会分类。

幼儿阶段的学习好习惯的培养可参考以下方法：

【细节培养好习惯法】 孩子好习惯的养成越早越好。古语说："三岁看大，七岁看老。"一位哲人说："播种行为，可以收获习惯；播种习惯，可以收获性格；播种性格，可以收获命运。"著名教育家叶圣陶说："什么是教育，简单一句话，就是要培养良好的习惯。"家长可以从以下一些细节入手培养孩子的好习惯：

（1）孩子每天上学前，告诉他放学回家后要将一天所学的内容讲出来。

（2）每天让孩子在书桌前坐 10 分钟。

（3）将孩子学习每科的时间控制在 20 分钟左右。

（4）将孩子喜欢看的电视节目开始前的半小时或 1 小时定为孩子的学习时间。

（5）给孩子制订的学习目标放在"量"而不是"时间"上。

（6）让孩子彻底放松地玩。

（7）当孩子的注意力不在学习上时，最好不要强迫孩子学习。

（8）开始学习前，让孩子整理一下书桌。

（9）饭前和饭后 1 小时不要让孩子学习。

（10）孩子学习过程中休息时，时间不要超过 10 分钟，而且最好让孩子离开书桌。

【注意力训练法】良好的注意力是伴随幼儿成长不可忽视的一个重要因素。幼儿期养成良好的注意力，是长大成人后成就一番事业的基础，但幼儿的天性就是好动、好玩、很难专心致志地去做某一件事情。因此，在"集中注意力"的针对性训练中，一定要创造出"层层递进，出人意料"的梯度感，让孩子的心神不会涣散。以下是一些培养幼儿注意力的方法：

（1）复述性练习

让孩子看书 5 ~ 15 分钟（按孩子的年龄来控制时间），立即合上书，要求孩子按你的要求"复述"故事。为防止孩子摸准你的要求，"复述"的内容可以灵活多变：可以提几个主要问题，如书上有谁，他们在干什么，书上的人或动物穿什么颜色的衣服，书上还有其他什么东西。可以让孩子把看到的动物形象画下来。最后可以让他重新再看一遍书。几次后，孩子就会逐步理解集中注意力的必要性了。

（2）拼图及七巧板练习

这是二维空间中最有效的集中注意力的练习项目，要求孩子在相当长的一段时间内，保持连续不断的判断力、观察能力、想象能力和分析能力。而这种游戏的挑战性又会给孩子带来成就感，促使孩子将注意力集中到底。家长可以考虑先买一种最简单的拼图，拼给孩子看，等孩子自己会拼了，再买一些块数比较多的拼图让他自己看着图片来拼，这时他会注意力非常集中地拼图。有时为了增加孩子的兴趣，家长可以跟孩子比赛。

（3）多米诺骨牌练习

大约有七成"难以集中注意力"的孩子，通过这个骨牌堆放的游戏，其耐心得到极大的锻炼。多米诺骨牌训练其实是考验孩子能将单一的动作坚持多久的一个训练——将来，我们不能指望孩子所面临的所有学习科目都是多变、有趣、富有挑战性的，遇到重复训练会不会使孩子犯"老毛病"？骨牌训练对心神的专一、心神集中的持续时间，都是一个极好的练习，而把几十块甚至几百块骨牌瞬间推倒的快感，也能促使孩子对训练的"单调"产生耐受性，只要最终有快乐和成就感，孩子就可以逾越集中注意力所产生的单调感。

（4）抗干扰练习

当孩子在无干扰环境中的注意力已能集中时，家长可以考虑在他的"注意力训练"空间中放上"干扰源"，比如他在做拼图游戏时，父母可以在一旁看电视，他在看书时，父母可以稍稍打个岔，孩子在这个过程中会有注意力涣散的情况，会有反复，但最终他的抗干扰能力会渐次上升。这里需要提醒的是如果孩子注意力集中，并没有进行这种"注意力训练"，家长千万不要去打搅他，让他安心地做自己的事。

【读书习惯养成法】书对孩子的影响实在不可低估，书不仅教给孩子知识，带他认识世界,还对他的语言能力、思维能力、理解能力、性格发展都有正面影响。良好的读书习惯,将使孩子终身受益。培养一个爱好阅读的孩子是有法可循的。如每晚睡觉前,看书给孩子讲一个故事,双休日经常带孩子去书店或图书馆看书,首先家长自己要经常捧起书来看,给孩子潜移默化的影响和熏陶。那么具体可以怎么做呢? 以下几点做法供家长参考:

(1)陪读。陪孩子一起读图画书,可以和孩子一起看画面编故事,这时家长可边读边指相应的图画,然后慢慢地过渡到读图书上的文字,使孩子对文字产生兴趣。

(2)演戏。读完一个故事或儿歌后进行动作表演,如小兔是怎么做的,大象是怎么救小兔的,大灰狼又是怎么做的,根据情节进行表演,家庭中几个人分别扮演,一遍表演后可以重复几次,角色互换。让孩子认识到书中的故事可以如此有趣,从而使他更喜爱看书。

(3)提问。首先,家长可以提一些简单的问题,如故事里有谁,他们在干什么,你喜欢谁,或者"为什么、怎么样"的问题,让孩子充分思考。其次,家长可以让孩子创编,家长把故事讲一半,留个结局让孩子自己创编,培养孩子的想象力。最后,家长可以让孩子提问,培养孩子不懂就问的学习习惯。采用以上几种方法来引导孩子喜欢看书、爱上图书,效果还是比较不错的。家长们不妨去试一试。

【主动学习习惯养成法】我们先来看一个例子:一位妈妈买回来一个菠萝,好奇的孩子被这个从未见过的东西吸引住了,这位妈妈可能会有两种方式对待好奇的孩子。

一种方式是妈妈告诉孩子:"这是菠萝,是可以吃的。它的外面是很硬、很尖的刺,你不要去摸它! 它很重,你提不动它。但是它是圆的,你可以滚动它。你闻一闻,它是不是很香啊? 现在我们把它拿到厨房去切开它,切好后用盐水泡一泡,它吃起来就又香又甜了。"

另一种方式是妈妈告诉孩子"这是菠萝",然后就把菠萝放在孩子面前的地板上,自己先去忙着把买回来的其他东西处理好。好奇的孩子一定会对这个菠萝"采取行动",比如摸一摸,闻一闻,拎一下,滚动它,从而发现菠萝的特点。

第一种方式,孩子很快就了解到菠萝是多刺的,是很重的,是可以滚动的,是很香的,是要泡了盐水才可以吃的。这是妈妈直接告诉他的知识,不是孩子自己发现的。或许将来妈妈又带回来一件新奇的东西,孩子也可能会像这次一样等着妈妈告诉他关于这个东西的知识。

第二种方式,孩子最终也明白了菠萝的特点。这一切都是孩子通过自己的尝试发现的,孩子不仅懂得了菠萝的特性,他还学到了认识菠萝的方法,下一次妈妈可能带回一些其他不同性质的东西,孩子可能又会用他用过的方法来探索它、认识它,在这个过程中孩子明白了这些都是性质不一样的东西,要用不一样的方法去认识它们。

两种方法的结果很不一样:第一种方式,孩子很快学到了知识,可是他是被动接受的;第二种方式,孩子也学到了知识,速度比较慢,但是孩子又同时学到了认识事物的方法,还学到了要根据事物的不同性质选择不同的认识方法的思维方式,更重要的是,他体会到了主动学习、主动探索的乐趣和成就感,久而久之,孩子就能养成主动学习的习惯。

大部分的家长可能都不自觉地采用了第一种方式对待孩子,这其实就剥夺了孩子主动学习的许多机会。在每天的生活中,经常有这种可以让孩子主动学习的机会,关键在于家长是否善于把握。

不要按照家长的意愿把孩子的时间全安排满,要多留一些时间让孩子自己安排,如果他还小,想不出可以自己安排什么活动,你可以给他多提几个建议让他选择;多鼓励孩子主动探索,不要太多不必要的"不准";在孩子专心做一件事情的时候,不要干扰他,尽可能不要催促他,更不要跟在孩子身边不断提醒他不可以这样、不可以那样;在孩子解决问题遇到困难时,不要急于帮助他,可以多给他提些建议;不要急于把结果告诉孩子,要给孩子充分的时间让他自己去发现;不要代替孩子做检查作业、收拾书包的工作,也不要养成整天看着孩子做功课的习惯,要让孩子自己去做这些事情。

【记忆力培养法】记忆是知识的宝库,有了记忆,智力才能不断发展,知识才能不断积累。下面提供几则有助于增强幼儿记忆力的游戏。

(1) 依次说出名称。把6样东西按先后次序排列在桌上,让孩子看上几十秒钟,然后遮起要求孩子凭记忆依次说出这6样东西的名称。

(2) 辨颜色。让孩子闭上眼睛,说出你穿戴的衣帽鞋袜是什么颜色的。如果你也闭上眼睛说出他穿戴的衣帽鞋袜的颜色,将会引起孩子对这种游戏的更大兴趣。

(3) 找物品。当着孩子的面把8种不同的小物品分别藏好,然后让孩子将这些物品一一找出来。

(4) 看图说话。把4~8张不同内容的图片放在桌上,叫孩子看一会儿,然后盖上。要求孩子把所看到的图片内容尽可能准确地叙述一遍。

(5) "飞机降落"。将一张大纸作为地图贴在墙上,纸上画出一大块地方作为"飞机场"。再用纸做一架"飞机",按上一枚图钉,写上孩子的名字。让孩子站在离地图几步或十几步远的地方,先叫他观察一下,然后,蒙上他的眼睛,让他走近地图,并将"飞机"恰好降落在"飞机场"上。

(6) 看橱窗。路过商店橱窗时,先让孩子仔细观察一下橱窗里陈列的商品。离开以后,要求孩子说出刚才所看到的商品名称。

以上都是培养孩子良好学习习惯的具体方法,家长在训练或者培养时,要注意让孩子集中精力学习,而不是学习时摸摸这儿、看看那儿或迟迟进入不了学习状态。有的孩子在学习时总有许多毫无意义的停顿,比如画着画着就站了起来,或者说几句闲话等等。这些孩子貌似在学习，但实际上学习效果极低，既浪费了时间，又会养成做事心不在焉的坏习惯。久而久之，会造成思维迟钝，注意力降低，影响智力发展，使学业落后，以至形成拖沓的作风，学习没有效率。所以在对孩子的要求上，不要只满足于孩子"一坐就是几个小时"，而要教育他们在规定的时间内精神专注，高效率地完成任务，哪怕是只有5分钟的时间也是好的。

（二）中小学生学习好习惯培养方法

一些中小学生不知道怎样预习、复习；不会制订学习计划、做学习小结；学习习惯不良，读写姿势不端正，作业马虎、拖拉，回答问题漏题、错意，计算粗心、不验算，甚至边看电视边做作业。许多家长重视学习辅导，却忽视学习习惯培养：有的干预过多，包办代替；有的承认学习习惯重要，但不知从何入手；有的自身习惯不良，缺乏表率作用；有的溺爱、迁就，使孩子的消极行为发展为不良学习习惯。

学习习惯是在学习过程中经过反复练习形成并发展成的一种个体需要的自动化学习行为方式。良好的学习习惯有利于激发孩子学习的积极性和主动性；有利于形成学习策略，提高学习效率；有利于培养自学能力，提高素质，使孩子终身受益。

小学、中学阶段一般学习行为习惯的内容及培养要求如下：

（1）爱书。学会包书皮，在合适地方写名字，不磨损、折皱书角，不在书皮、书中乱涂乱画。

（2）写字。握笔姿势正确，坐姿正确，不折皱本角，书写整齐，力求美观。

（3）听课。集中精力，坐端正，不做与听讲无关的事，积极回答问题，有问题向老师请教。

（4）作业。独立思考，书写整齐、规范，按时完成。

（5）思考。凡事多问一个为什么，力求知道原因。

（6）用工具书。会用老师推荐的工具书解决学习上的困难。

（7）记笔记。凡读书读报、听课、听讲话，都动笔记录，能抓要点，力求记原话。

（8）写日记。坚持天天做，学会记下重要的事件，力求有新意。

（9）提问。每天向老师或同学提一个问题。

（10）讨论。和同学讨论问题，既能正确理解对方观点，又能提出自己的见解。

（11）阅读。使阅读成为每天必做的事。

（12）积累摘录、收集好句子、好语段、好文章、好例题，装订自己的报刊。

（13）建立各科作业的书写格式规范。

（14）参加课外活动。参加文体活动、听报告、看演出、看比赛、投稿、参加竞赛等。

（15）预习。建立预习常规，根据各科特点决定。

（16）复习。遵循记忆规律，掌握各科复习方法。

学习习惯比学习成绩更重要，学习习惯决定学习成绩，好的学习成绩是一时的，好的学习习惯会使人终身受益。小学低年级是学习习惯养成的关键期，良好学习习惯的养成需要长期、反复的训练。

学习既是脑力劳动，也是体力劳动。如果负担过重，时间过长，就会引起身体有关器官和大脑的疲劳，长此以往会损害身体健康。因此，要教育孩子劳逸结合，科学用脑用眼，养成良好的学习卫生习惯，如用脑习惯、用眼习惯、写字看书的正确姿态、书包的背法等。这些学习卫生习惯不仅关系到孩子的身体健康，而且影响到学习效率。

【科学合理用脑习惯培养法】现代脑科学认为，就一个人对脑的使用来说，其潜在能力可以说是无限的；大脑是越用越灵，应该多用脑，勤记忆，勤思考。

懒于学习思考会使大脑出现废用性萎缩，而追求知识、勤于思维，则是精神还童的妙药。要多用脑，这是从整体来说的，但就每天、每次的脑力活动来说，又必须注意保护脑，不可使脑过度疲劳。合理用脑需要注意下面几点：

（1）及时做短暂的休息。脑力活动是脑内旺盛的代谢过程，消耗的营养物质和堆积的代谢废物增多到一定程度，大脑就会感到疲劳。一般说来，大脑连续进行紧张智力活动的时间不宜太长，大致为：学龄前儿童 15 分钟左右，中学生 0.5～1 小时，成年人约 1.5 小时。

（2）学习活动穿插安排。交替学习内容差别较大的不同课程，比长时间读一门功课的效率高。这样做，可使大脑管理不同功能的部位得到轮流的兴奋与抑制，避免长时间使用一个区域，以保持大脑的高工作效率。

（3）生活要有规律。如果我们的生活作息制度与睡醒节律相一致，那么，只要我们一上床就会很快入睡，一到起床时间就会自然苏醒。相反，起床就寝不定时，任意颠倒睡醒节律，就会影响身体健康，甚至产生神经衰弱和其他疾病。

有规律的生活还有利于大脑皮层把生活当中建立起来的各种条件反射形成固定的"动力定型"，也就是说，如果每天的各项活动经常以相同的顺序和固定的时间间隔出现，就会通过大脑皮层的综合作用，把一系列活动联系起来，形成一个内部神经过程的系统，即"动力定型"，从而使各种脑力和体力的活动进行得更容易、更熟练、更省力。

（4）保持足够的睡眠。睡眠的好坏并不全在于"量"，还在于"质"，即睡眠的深度。深沉的、质量高的睡眠，消除疲劳快，睡眠时间可减少。总之，不能一律规定每人每天睡眠时间为 8 小时，而应该根据睡醒后的自我感觉是否良好来判断睡眠时间是否足够。过多的睡眠不但没有必要，反而有害，会使头脑昏昏沉沉，不能保持正常工作所必需的兴奋水平。

（5）适当从事体育锻炼。体育活动是一种积极性的休息，此时管理体育活动的脑细胞处在兴奋状态,而掌握紧张思考的脑细胞得到休息。运动能够锻炼神经系统对疲劳的耐受力,加强大脑中供应能量的高能磷酸化合物的再合成,从而保持大脑的正常机能,使疲劳延期出现。工作间隙做短时的运动,还可使已疲劳的视觉和听觉感受力提高30%。体育活动能促进血液循环和呼吸,使脑细胞得到更多的氧气和营养物,代谢加速,脑功能增强。这些都是体育活动对脑功能的即时性良好影响。从长期积累性效果来看,体育锻炼可以改善循环、呼吸、消化等各个系统的机能,增进身体健康,延缓脑力衰退,提高大脑活动的灵活性和准确性。

(6)保持积极情绪。情绪分为消极的和积极的两类:前者是不愉快的,如愤怒、悲伤、焦虑等,有损身体,也有损脑的工作能力;后者是愉快的,如喜悦、自信、安宁等,对身体有利,也有利于脑的工作。

人体是一个统一的整体,脑的最佳状态自然要依赖于健康的身体。体质健壮、精力充沛,大脑的工作效率高,对疲劳的耐受能力也强。为了身心健康,坚持体育锻炼、保持积极的情绪、培养多方面的兴趣、讲究卫生、防治疾病,都是十分必要的。

【阅读卫生习惯培养法】阅读是紧张的脑力活动和视力活动,必须注意阅读卫生,避免中枢神经过度紧张。阅读时要保持正确的姿势,坐姿端正,腰杆挺直,使身体重心稳妥地落在坐骨和靠背的支撑点上,可以减轻维持坐姿肌肉的负担,使脊椎正常生长。要保持眼睛视线与书本平面接近直角,距离保持在30厘米左右,这样可以减轻眼睛的负担。室内要有足够的照明,每阅读30~40分钟应休息片刻,或眺望远处,或闭目休息一会儿,防止眼部肌肉疲劳,预防近视眼的发生。

【书写卫生习惯培养法】书写时要注意防止手部及前臂肌肉、关节的过度紧张。因为写字是很细致的工作,需要手指的细小肌肉参加活动。6~7岁的孩子肌肉才开始发育,每次练习写字的时间不能太长。练习写字的初期主要应强调姿势正确,宁可慢些、少些,并对他们不正确的书写姿势给予提醒或校正,一定要让孩子形成良好的习惯。书写的具体要求如下:

(1)握笔姿势正确,注意手与笔尖的距离、眼睛与书本的距离、身体与桌子的距离。

(2)书写认真,不潦草、不马虎。

(3)书写准确,不写错字。

(4)书写规范,不缺笔少画。

(5)书写漂亮,注意笔画、笔顺、间架结构等。

【考试卫生习惯培养法】考试是紧张的脑力劳动,有的孩子因准备考试,增加学习时间,破坏了日常学习和生活规律,加上精神紧张和睡眠不足,会引起头痛、头晕、食欲不振、体重减轻等。所以,在考试期间家长应积极配合教师,组织学生参加适当的文体活动,注意营养,保证他们有足够的休息和睡眠时间,避免孩子过度紧张,以保证考试的顺利进行。

【用眼卫生习惯培养法】 学习时注意光线强弱和字迹清楚。光线太暗、字迹不清,就不得不把书本拿到很近的地方看,这就增加了眼睛的负担,长此以往会造成近视。如果光线太强,会使人感到刺眼眩目、头昏脑涨,也不可取。最好是在柔和的灯光下看书,而且光线从左上方射来,写字时不会遮光。另外,要教育孩子学习时每隔一段时间要休息一下。孩子神经系统的发育还不成熟,不能长时间地集中注意力。如果连续不断地学习,既会降低学习效率,又会损伤眼睛和脑神经。一般来说,孩子每次连续学习以 30 分钟为宜,最多不要超过 1 节课(45 分钟)时间。休息 10 分钟左右,消除脑和眼的疲劳,再接着学习。

【口腔卫生习惯培养法】 有的孩子在学习时爱咬笔杆或啃指甲,有的孩子习惯用手沾唾沫翻书,有的孩子喜欢一边吃东西一边看书……这些都是不良的卫生习惯,往往会通过口腔传入细菌,影响胃肠消化,并且会分散学习时的注意力。家长要帮助孩子克服这些坏习惯,让孩子在学习时不做不卫生的小动作。

【定时定量学习习惯培养法】 一是每天必须保证必要的学习时间,二是到了该学习的时候马上学习。

【讲究效益学习习惯培养法】 学习要讲效率,不打消耗战。一旦开始,就应进入适度紧张状态。

【爱惜学习用品习惯培养法】 学习用品是学习生活必需品,来之不易,应当爱惜。对学习用品要珍惜、保护,小心使用,不乱扔,不故意损坏。

【自学预习习惯培养法】 预习可以为孩子上课做好知识上的准备。通过预习,孩子对教材有了初步的印象,知道哪些能看懂,哪些不理解,哪些有疑问,这样可以带着问题听课,把主要精力集中在学习上,提高听课质量。有些孩子没有预习的习惯,除对它的作用不了解外,还因为觉得预习花费时间。其实,预习恰恰是节省时间、提高学习效率的重要方法。预习得好,既提高了听课质量,也节省了课后复习和作业时间。尤其对学习较吃力的孩子,预习的作用更大。因为学习困难的孩子,主要是基础差,听课中障碍较多,难以跟上教师的思路和理解所学的内容,以致越学越困难,造成恶性循环。为了使学习差的孩子改变落后状态,最有效的办法就是针对基础薄弱问题,在预习中着重预习新课中所需的基础知识,扫清听课中的障碍,变被动为主动。当然,也要防止孩子预习过粗或过细。预习过粗,达不到预习的效果,会流于形式。预习过细,孩子花的时间过多,会造成课堂上觉得没有什么可听而使听课的积极性降低。

【记笔记并事后整理习惯培养法】 随着课程内容的增多和复杂化,记笔记有助于抓住重点。如果因时间限制,当堂记的东西较零乱,课后要进行整理,这样也能锻炼孩子分析、归纳的能力。

【课后复习习惯培养法】 复习的目的是"温故而知新"。要巩固所学知识,必须及时复习强化并养成习惯。有的孩子课后做完作业便万事大吉，其实做作业只是复习的手段之一。除此之外，还需要孩子主动地、多样地进行复习。例如，不管有没有作业，都要把当天课堂所讲内容复习一遍；每学完一个单元，要做小结，使学过的知识条理化。这些都是良好的复习习惯。

经过一段时间的学习，要对所学知识进行总结归纳，形成知识网络。这样可以进一步理解知识间的联系和区别，有利于知识的整体建构。

【独立解决问题习惯培养法】孩子学习上有困难请家长帮助时，家长不能置之不理或敷衍了事，应鼓励孩子自己"试一试"。孩子实在无法独立解决时，家长要耐心启发，不露痕迹地引导，增强孩子的信心。

【及时改错习惯培养法】让孩子准备一支红笔，随时改正自己练习本、试卷上面的错误，然后用一个本子，将这些错误收集起来，经常翻看，避免出现类似错误。

【认真书写习惯培养法】书写的好坏直接影响到人们对书写者学习态度、学习质量甚至个人素质的评价。一个能够认真对待书写的孩子，往往也能认真对待学习及其他许多事情，能养成认真仔细的好习惯。

【专心听课习惯培养法】听课是孩子学习的中心环节，是孩子获取新知识的主要途径和搞好学习的关键。父母应教会孩子认真听课，提高听课质量。首先，要求孩子上课时要专心听讲。既要听教师的讲解、提问和同学的回答，又要看教师的板书、演示、动作、姿态、表情，紧跟教师的讲课思路，这是上课最起码的要求。其次，指导孩子开动脑筋，积极思考。要教会孩子在预习的基础上带着问题听课，把课前思考过的问题作为听课的钥匙和线索，围绕教师的讲解和思路，积极思考，弄清教材的重点、难点、疑点和来龙去脉。如，这节课的主要内容是什么？问题的关键在哪里？教师讲的概念、原则是什么，应如何应用？为什么教师这样提问题、分析问题和解决问题？通过积极思考，孩子才能达到对知识的透彻理解，牢固掌握，养成勤于动脑、善于思考的习惯。

【认真观察、积极思考习惯培养法】对客观事物的观察，是获取知识最基本的途径，也是认识客观事物的基本环节，因此，观察被称为学习的"门户"和打开智慧的"天窗"。孩子应逐步养成观察意识，学会恰当的观察方法，养成良好的观察习惯，培养敏锐的观察能力。

"观察"这两个字有两层意思，"观"是看的意思，"察"是想的意思，看了不想，不是真正的观察，对认识客观事物毫无意义。要做到观察和思考有机结合，要善于提出问题，积极思考在学习过程中碰到的问题，积极思考教师和同学提出的问题，通过大脑进行信息加工，总结出事物的一般规律和特征。

【善于提问习惯培养法】我们要积极鼓励孩子质疑，带着知识疑点问老师、问同学、问家长。学问、学问，学习就要开口问，不懂装懂最终害自己。提问是主动学习的表现，能提出问题的学生是学习能力最强的学生，是具有创新精神的学生。

【切磋琢磨习惯培养法】《学记》说："独学而无友,则孤陋而寡闻。"同学之间的学习交流和思想交流是十分重要的,遇到问题要互帮互学,展开讨论。每一个人都必须努力吸取别人的优点,弥补自己的不足。

【独立作业习惯培养法】上学的孩子几乎每天都要做作业,做作业是孩子课后学习的主要内容之一,是检查学习效果,巩固加深对所学知识的理解,发展多种能力和形成技能、技巧的重要手段。孩子完成作业有以下几点要求:

(1)按时:按照老师要求的时间完成,不拖拉。

(2)独立:独立完成老师布置的作业,不抄作业。

(3)规范:严格按要求的格式去做。

(4)认真:书写认真、工整、漂亮。

(5)准确:作业完成正确率高,有错误及时改正。

(6)快速:在上述要求的基础上,力求快速。

有的家长和孩子把做作业当作一种孤立的学习任务,认为每天的学习任务就是做作业,做作业就是动笔"写"作业,一旦作业"写"完,学习任务也就完成了。如果教师没有布置"写"的东西,就等于没有作业,没有学习任务。其实,做作业并不是"写"东西,还包括认真复习书本和课堂笔记。

做作业,是预习、听课和课后学习的继续。可以说,预习、听课、课后复习都是做作业的准备工作。而一些孩子怕看书复习耽误时间,影响作业的尽快完成,常常未经复习就开始做作业,结果往往欲速则不达,作业质量不高。当遇到障碍或发现错误,回过头来看教科书或笔记本时才恍然大悟,明白症结所在。

为了消除和矫正孩子做作业中存在的若干问题,父母要端正孩子做作业的动机,培养孩子正确的作业态度,使他们充分认识到课后作业在整个学习过程中的重要性,要教育孩子严格按照老师的要求完成每一项作业,绝不能为了交差而马虎了事。要教会孩子先复习教材、再做作业的学习方法,要求在做作业前把当天学习的主要内容,特别是重点、难点和关键地方,翻开书来看一下,把知识的来龙去脉搞清楚,做到知其然也知其所以然。这样孩子把所学知识融会贯通了,做起作业才得心应手。

此外,还要注意培养孩子独立完成作业的能力。有的孩子在学习上具有依赖性,不相信自己能独立完成学习任务,做作业时总是要父母释疑解难。这种依赖家长学习的现象必须改变。

首先,父母要相信孩子有能力完成学习任务,用信任去感染和鼓励孩子,增强他们独立完成学习任务的信心和勇气。

其次,要采用先"扶一把"然后"撒手"的方法。当孩子向父母求助或问问题时,父母不要总是急于回答,应注意了解孩子在学习时的困难。一般说来,孩子在学习上的困难大致有两种:一种是具体困难,如不会写字,不会造句子;另一种是没有掌握学习的技巧和方法,如不知道如何使用字典或者根本就不知道用字典,不懂得如何根据题目的类型和要求答题等。父母要根据孩子在学习中遇到困难的类型,进行恰当的启发辅导:或给以适当点拨,引导孩子读教科书的有关内容和例题,向字典"请教";或教会孩子学习或解决问题的方法,如怎样使用字典,如何审题,弄清题意,如何进行检查等。总之,无论父母采用何种方法,都应以启发孩子开动脑筋、积极思考,减少他们学习的依赖性,增强其学习自信心和学习的主动性、独立性为原则。

再次,家长不要做教师的替身。有的父母怕孩子在学校里听不明白教师的讲课,就每天回家后再把教师讲过的给孩子讲一遍,并详细辅导孩子做作业。这样容易造成孩子在课堂上不再认真听课,有了疑问也不去问老师,作业不会做也不会去独立思考,因为他们认为"反正爸爸妈妈会给我讲的",久而久之,孩子就养成了对家长的依赖心理。

最后,家长不要盲目请家庭教师。如果请家庭教师的目的是补救孩子某门功课的落后和某些知识的缺陷,给孩子一个特别的学习机会,让他跟上班级授课的进度,这是很有必要的。但如果只是让家庭教师看着孩子,辅导他完成作业,这就要慎重考虑了。长期聘请家庭教师,容易养成孩子对家庭教师的依赖心理,使孩子失去学习上的独立、自主和自信。到那时,按时独立完成作业只能是一句空话。

【仔细审题习惯培养法】审题能力是孩子多种能力的综合表现。要求孩子仔细阅读材料内容,学会抓字眼,抓关键词,正确理解内容,对提示语、公式、法则、定律、图示等关键内容,更要认真推敲,反复琢磨,准确把握每个知识点上的内涵与外延。同时还要培养孩子能从作业、考试中发现自己的错误并及时纠正的能力。

【练后反思习惯培养法】在读书和学习过程中,尤其是复习备考过程中,每个孩子都进行强度较大的练习,但做完题目并非大功告成,重要的在于将知识引申、扩展、深化,因此,反思是解题之后的重要环节。

一般说来,习题做完之后,要从五个层次反思:第一,怎样做出来的? 想解题采用的方法。第二,为什么这样做? 想解题依据的原理。第三,为什么想到这种方法? 想解题的思路。第四,有无其他方法? 哪种方法更好? 想多种途径,培养求异思维。第五,能否变通一下而变成另一习题? 想一题多变,促使思维发散。当然,如果发生错解,更应进行反思:错解根源是什么? 解答同类试题应注意哪些事项? 如何克服常犯错误?"吃一堑,长一智",不断完善自己。

【复习归纳习惯培养法】复习也就是通过对知识、对解决问题的思路进行提炼,进行归纳整理,使零碎的知识、分散的记忆得到一个串联,从而让所学的知识系统化、条理化、重点化,避免前后知识的脱离与割裂。

复习是有规律的,复习必须及时,否则超过了人的记忆极限点再去复习,将要多花几倍的时间,而且效果不好。因此必须有计划地、不间断地复习。

　　每天尽量把当天的东西都复习一遍,每周再做总结,一章学完后再总的复习一下。对记忆性知识的复习,每一遍的用时不需多,但是反复的遍数要多,以加深印象。每章每节的知识是分散的、孤立的,要想形成知识体系,课后必须有小结归纳。

　　对所学知识进行概括,抓住应掌握的重点和关键还要对比理解易混淆的概念。每学习一个专题,要把分散在各章中的知识点连成线、辅成面、结成网,使学到的知识系统化、规律化、结构化,这样运用起来才能联想畅通,思维活跃。

　　【整理错题集习惯培养法】平时要把有疑问或是弄错的地方随手拿张纸记下,经常看看,看会了、记住了才扔掉。有价值的就用专门的本子记下,并找些可以接受的类型题、同等程度的相关知识点研究一下它们的异同、解题的技巧和办法。整理错题集是很多学生公认的好习惯。

　　【客观评价习惯培养法】孩子应正确对待自己和他人,正确对待成功与挫折,正确对待考试分数。孩子能客观地评价自己和同学在学习活动中的表现,是一种健康心理的体现。只有客观地评价自己、评价他人,才能评出自信,评出不足,从而达到正视自我、不断反思、追求进步的目的。

　　教育归根结底是培养习惯。行为养成习惯,习惯形成品质,品质决定命运。教育是更多地把上一代逐渐积累下来的那些优秀的文化积淀传承给下一代人,它应该是很有规律的。良好的习惯是孩子所储存的资本,它会不断地增值,而人的一生就在享受着它的利息。

　　【倾听别人讲话习惯培养法】认真倾听是对讲话人的尊重,在听取别人讲话时眼睛要盯住对方,不随便打断别人的讲话,掌握别人发言的要点,对别人的发言做内心评价,并时时配合以点头、微笑等表情,让讲话人自始至终都感觉到你在专心听他讲话。

　　【科学安排时间习惯培养法】小学是人生发展的基础阶段。要科学安排学习、劳动、娱乐、锻炼、交往等活动。要制订活动计划,安排活动时间,包括每天的阶段性安排、每周的较大活动安排、考试复习和双休日、寒暑假的专题安排等。做到该学学、该玩玩,该学习时不用别人督促主动学习,该活动时快快乐乐去活动。

　　【动手操作习惯培养法】动手操作非常重要。对每一个实验、每一件学具都要亲自动手操作。通过操作,既锻炼了手和脑,又能帮助理解,使知识记忆深刻。在日常的学习和生活中,家长要鼓励孩子多多动手。

　　【学用结合习惯培养法】要做到把书本知识和实际生活相结合,把知识运用到生产生活中去,在生活和实践中验证知识,培养自己的实践能力。

　　【记忆习惯培养法】把记忆和时间联系起来。一分钟写多少字、读多少字、记多少字要尽量明确,时间明确的时候,注意力一定好。一定要把学习任务和时间联系起来,通过一分钟注意、记忆来培养学习习惯。

【写日记习惯培养法】要坚持写日记,有话则长,无话则短。通过日记可以看出一个人有没有能力,有没有思想,有没有一以贯之的品质,看日记能看出一个人的水平。一分钟、三五十个字,坚持住、写下去,这就是决心。

【制订计划习惯培养法】如果想要成为学习的主人,就必须订立学习计划。计划的好坏直接关系到学习的成败。计划的内容包括目标与任务,完成目标的具体措施、时间安排与力量分配等。在学习上,既要有长期规划,又要有近期安排。长期规划是从整体上根据主客观情况确定阶段学习的目标和重点,一般以一个学期为宜。近期安排要具体到每周每日的学习,这一周要完成什么任务,学习多少小时,以什么为重点,都要有详细明确的安排。每天晚上睡觉前要对当天所做的事情做一个简要的回顾,看是否完成了既定的目标;同时对第二天要做的事做好细致的安排,即先做什么、后做什么、复习什么科目、看什么书等。如果每天花十几分钟做这项工作,长期坚持下去,定会获益匪浅。

有的孩子知道计划的重要性,计划也定得很多,但总是执行不了,因此对学习的帮助不大,反而弄得自己丧失信心。这主要在于计划制订不合理,或目标含糊,或脱离实际,或没有弹性、无法调整等。怎样制订合理的计划呢? 应该让学生明确以下几点:

(1) 要明确具体。计划越具体,指导性越强。因此,在设立目标时,在安排时间时,都要力求具体化。例如有个孩子在计划中规定:"本学期重点抓数学和作文。作业独立完成后,每天做五道数学课外题,争取期中、期末考试都在 95 分以上。每天看一篇好作文,记五个好词好句,争取每次考试作文在 75 分以上……"这样的任务和目标还是比较明确和具体的。

(2) 要切合实际。要避免对自己提出过于苛刻的要求。有的孩子急于求成,想一口吃成个胖子。目标定得太高,时间安排太紧,使计划成为一纸空文,不但不能指导行动,反而挫伤了自己学习的信心。因此,制订计划一定要注意切合实际、循序渐进。

(3) 要留有余地。由于学习、生活中存在一些不可控因素,会影响到计划的执行,因此,好的计划总是留有余地、富有弹性的。在时间安排上不可过于死板,这样才能保证计划的顺利执行。

(4) 要及时调整。在执行计划的过程中,调整是必要的。如果实践表明计划不现实,或者近期有特别的任务要完成,计划就得修改。不要怕修改计划,应让孩子明白:学习计划是自己制订的,应该让它适合自己。但调整计划是为了更好地学习,而不是为偷懒提供方便。

【适应老师习惯培养法】一个孩子同时面对各学科教师,长短不齐,在所难免。一方面,要努力采取措施提高老师的能力水平,使老师适应学生;另一方面,不可能马上把所有老师的水平都提高到一个适应学生要求的地步。所以孩子也要适应老师。现在适应老师,长大了就能更好地适应社会,不会稍不如意就埋怨环境。对不同层次的老师,孩子用不同的方式,用眼睛向内、提高自我的方式去适应,与老师共同进步。

【自己留作业习惯培养法】老师留的作业不一定适应所有的学生,成绩好的"吃不饱",成绩差的"受不了"。孩子可根据自己的实际情况,给自己找一些有利于提高的作业做一做。

【出考试题习惯培养法】要让孩子觉得考试不神秘。高中学生应该会出高考试题,初中学生会出中考试题。有了这种习惯,成绩会大幅度提高。

【筛选资料、总结习惯培养法】孩子要会根据自己的实际情况选择学习资料。资料可以向老师找,向上一届的优秀同学找,在网上找,到书店找等。要学会定期总结,如一单元一总结、半学期一总结、一学期一总结等。

【经常去书店和图书馆习惯培养法】家长应经常带孩子去书店、图书馆感受读书的良好氛围,并尽可能在家里创造安静、整洁的读书环境。买书时,给孩子一部分挑选书籍的自主权。对自己感兴趣的书籍,孩子阅读的欲望肯定会比较强。及时与孩子分享读书的乐趣,让孩子给父母讲述读过的书,朗读精彩篇目语段,鼓励孩子的读书热情。主动与孩子讨论书的相关问题,有时甚至可以故意向孩子请教,让孩子感觉到读书可以使自己懂得很多,甚至可以比父母懂得还多。

【读、写、思相结合习惯培养法】鼓励孩子把读书时发现的好词语、句子、片断摘录下来,精彩章节和佳句要能熟记,提倡背诵一些名篇名句。诱导孩子积极思考,父母可以事先给孩子设置几个问题,让孩子带着问题读书,鼓励孩子边读边想,用续写、改写等有趣的形式,鼓励孩子读写结合,提高孩子的思维能力和写作能力。

【善于使用工具书习惯培养法】家里要适当准备一些工具书,以便孩子有疑问时可以用来参考解决,使孩子认识到工具书的作用,从而喜欢使用工具书。同时,要帮助孩子克服使用工具书的困难。

【关心时事习惯培养法】一个人只有关心国内外大事才能放宽眼界、开阔心胸,才能把个人命运与国家世界联系起来,才能树立远大的志向,才能有持久不衰的动力。所以,家长一定要从小培养孩子关心时事的好习惯。要利用各种条件积极引导孩子关心时事。以下几种方法不妨一试:

（1）经常收看新闻,这是学习时事的最好机会。

（2）晚饭时和孩子一起收看新闻联播,就感兴趣的话题聊一聊,也是很好的引导。

（3）为孩子订阅适合的书报杂志,从中获取时事信息,如《中国少年报》《中国儿童报》等,既有时事新闻,又富有趣味。

（4）善于启发孩子进行思考,抓住社会热点问题、热点事件,适时对孩子进行教育。

【凡事自信习惯培养法】要告诉孩子:有信心不一定会赢,但没有信心就一定会输;不要轻易对自己的智商产生怀疑,要时刻告诉自己"我一定可以"。

【自觉学习习惯培养法】要培养孩子的自觉学习习惯:别人不督促也能主动学习;一学习就能立刻进入状态,能集中全部注意力,并能坚持始终。

【专心致志习惯培养法】一是致力于主攻方向不分神,一切无关的事情不涉足。二是全神贯注不溜号,对于一切与学习无关的事情能够做到听而不闻、视而不见。培养孩子专心学习的习惯,可从以下几方面入手:

(1) 要让孩子全身心地投入,进入思考状态。孩子在写作业之前就要把与学习无关的玩具撤掉,将喝水、上厕所这些琐事都做完,静下心来学习。

(2) 为孩子创设一个相对安静的环境。孩子做作业时,家长不要进进出出、大声说话,也不要把电视、音响等声音开得很大。孩子学习时父母最好也能静下心来看书看报或做家务。

(3) 给予孩子心理上的支持。有时孩子会说:"这么多的作业烦死我了!"而你可能从心理上要压一压孩子的心烦,顺口说出:"多什么多,又不是你一个人多。既然多,就赶紧做,还磨蹭什么。"如果换一种说法:"今天的作业确实有点多,一天学习下来也累了,要不你先休息一会儿再写。"这时孩子大多能安静下来。因为孩子感到父母理解他,能给予他心理上的支持。

(4) 给孩子安排好学习、休息、活动的时间。根据作业内容,规定完成作业时间,允许孩子在保质保量完成作业的前提下,可自由支配剩下的时间。千万不要孩子完成一项任务后再布置一点任务,长此以往,孩子会"上有政策,下有对策",反正完成后还有别的任务,干脆慢点写。有很多孩子写作业拖拉的毛病就是让父母"逼"出来的,而且一旦形成很难改正。

(5) 帮助孩子养成做完作业细心检查的习惯。不少孩子做作业时只顾赶速度,很少顾及一些细节的问题,在作业中常常出现差错,不是写了错别字,就是看错运算符号或者少做了题。家长可以帮助孩子建立一个错题本,避免二次犯错。

另外,我们一定要让孩子明白:学习、写作业是你自己的事情!家长一定忌讳说这样的话,如:"赶快给我写作业去。""你给我考好再说。"这些话常从家长口中流出,孩子就会认为他是为家长学的,"妈妈,我给你写完作业了""爸爸,我的铅笔断了,你给我削削",更有甚者,一些高年级学生还会拿学习要挟家长:"你给我做(买)……,我就给你学……""你再……我,我就不给……"等。

【一丝不苟习惯培养法】切忌马马虎虎、拖三拉四、松松垮垮,满足于似懂非懂、一知半解。无论在学习的哪个环节上,都要力求严谨、审慎、精准,不能草率了事。

【循序渐进习惯培养法】要一步一个脚印,由易到难,扎扎实实地练好基本功,切忌好高骛远。

【质疑思辨习惯培养法】勇于穷根溯源,善于提出问题、发现问题、研究问题,敢于挑战权威。

【多思、善问、大胆质疑习惯培养法】上课要严肃认真、多思善问。"多思"就是认真思考知识要点、思路、方法、知识间的联系,形成体系。"善问"就是不仅要多问自己几个为什么,还要虚心向老师、同学及他人请教,这样才能提高自己,发现问题,增长知识,有所创造,要做到决不轻易放过任何一个问题。

【敢于发表不同见解习惯培养法】不唯上、不唯书,敢于怀疑、敢于突破旧观点,敢于对问题进行讨论、争论,发表自己的看法,有理有据地阐明自己的观点。发表自己的看法,声音要洪亮,表述要准确,逻辑要清楚,要先把问题想好。"想"是"说"的先导,只有"想"得周密,才能"说"得有条理、透彻。

【协作研讨学习习惯培养法】要学会团结协作、相互配合、合作完成学习任务。要善于帮助别人,也要善于向别人学习,通过协作研讨,使自己在叙述、解释、验证事实、解决矛盾等方面调整看法,实现对知识的科学建构。

【从小事赶快做起的习惯培养法】有些学习基础较差的孩子,大的学习目标够不到,赶快定小的目标。难题做不了,挑适合自己容易做的题去做。人生最可怕的就是大事做不来,小事不肯做,高不能成,低不肯就。所以要让孩子永不言败,大事做不来,小事赶快做。

【持之以恒读书习惯培养法】父母可以和孩子一起按日历绘制一张读书表格贴在墙上,比如当天读书 30 分钟,就在表中记录书名及时间。积累一段时间后和孩子一起回顾,给予适当的奖励和表扬,使孩子有成就感,从而更有动力阅读。给孩子买书要有原则,上次买的书没看完就不买新书。明确告诉孩子知识在于积累的道理。应坚定不移、脚踏实地地实现计划和目标,排除干扰,一以贯之。

【有条理摆放图书习惯培养法】带孩子到公共图书馆参观,让他切身体会图书分类摆放的好处。有条件的家庭可以设立书架,把孩子的书摆放整齐。父母切勿越俎代庖,由孩子弄乱的书籍一定要让孩子自己摆放回去。

【交流读书心得习惯培养法】父母应该加强与孩子之间的沟通,把自己认为好的图书推荐给孩子,同时也可以热情接受孩子推荐给自己的图书,分享书本带来的快乐和幸福。鼓励孩子把书借给小伙伴看,也鼓励孩子向朋友借阅优秀的读物。父母还要多和孩子交流读书的心得,一起成长。

【广泛阅读习惯培养法】课堂所学毕竟有限,要使孩子视野宽广、知识广博,必须培养孩子广泛阅读的习惯。苏联教育家苏霍姆林斯基说:"让孩子变聪明的办法不是补课,不是增加作业,而是阅读、阅读、再阅读。"学习需要坚实而宽厚的基础,广泛阅读是形成这个基础的必经之路。孩子知识面越广,思维就会越活跃,学习新知识就会变得越容易。因此,广泛阅读不但不会耽误学习,反而会促进学习。家长要不断挑选各种适合孩子阅读的书籍,引导孩子认真阅读,使广泛阅读成为一种习惯。只有阅读成为习惯,孩子才会经常地自觉地去探求新知识,并始终保持对知识的兴趣和热爱。这对孩子的一生都会产生深远影响。

作为家长,从孩子一上学就要着力培养他和好书交朋友,建议每个家庭都能设立一个专门的书橱或书架,让孩子一伸手就能取到爱看的图书。孩子识字量小的时候,可以是家长读,孩子听;随着孩子识字量的增长,家长可和孩子一起读,孩子会的字让他读;慢慢地,孩子就能借助拼音自己阅读了。家长要经常和孩子交流看书的体会,激发孩子看书的兴趣。同时也建议家长在孩子生日、过年、六一儿童节时都能用书做礼物,让孩子真正和书成为最好的朋友。孩子的阅读习惯养成不是一天两天的事,只要我们持之以恒,将对孩子的终身发展有很大的益处。

父母要与孩子一起读书学习,及时与孩子分享读书的乐趣,比如让孩子给父母朗读书中的精彩片段。天天学习的父母,是对孩子最大的"诱惑"。培养孩子的阅读兴趣,父母先要对阅读充满兴趣。以智慧引导孩子,智慧的来源就是学习。孩子在父母的熏陶下,会无形中感到:父母在学习,我也应该学习,大家都在营造了一种学习氛围。

下面是一位老师的成功做法,值得我们学习:

人在书中,书在人旁

我常常想:一架子书培养了一个大学生。由于女儿从小养成了喜欢读书的好习惯,书成了她的最爱。记得她两岁的时候,我外出开会回来,给她买了一包字母形的饼干、一本童话书,同时拿出来给她,她选择了那本书,而且还缠着我把这本书给她读完,才肯吃那包饼干。

因此,买书、藏书、读书成了我们家的特色。我们家床头、沙发、桌子,甚至洗手间都能看到书。过去房子小是小书架,后来房子大了就换成大书架,女儿卧室的整个西墙是个大书橱,几次搬家,书橱都占有利"地形"。可以说女儿是在书中长大的,人在书中,书在人旁,书总是在她随手可及的地方,为她创设了良好的读书氛围。女儿也不负所望,如饥似渴地读书,在知识的海洋中遨游,还建立了摘抄本,对书中好的段落,还摘录一些,并做些点评,写作水平不断提高,高考取得了理想成绩。

一本好书,就是一位良师益友,可以带孩子驶向无限宽阔的知识海洋,不但能够拓展孩子的阅读面,更重要的是能够陶冶孩子的情操,书中的人物故事可以转化成潜移默化的动力,影响孩子真善美观念的形成。

我常常看到很多朋友家,装修得特别豪华,收拾得特别干净,就连孩子学习的写字台也干干净净,很是羡慕。但反过来又想,家里干净得没有张纸、没有本书,孩子会爱读书吗?孩子读书需要诱导,就像商家诱导消费一样,想想建超市之前,消费者会这样疯狂购物吗?其中原因之一是开放式的货架摆放,诱导了大众的消费。

读了三遍四大名著

女儿从小养成了爱读书的好习惯,中国的四大名著读了三遍。在小学读的是绘本的,图文并茂,帮助她初步理解四大名著的内容。在初中读的是改写后的简易版本,更深一步了解四大名著的内涵。在高中读了四大名著的原版著作。当时电视台正播放《西游记》《红楼梦》等电视剧,女儿看着电视剧读原著,更有助于她理解书里面的故事和情节。女儿读书有两个特点:一是很会利用时间。放学回家后,只要饭没做好,就自觉地到书房看书。外出吃饭访友,总是带着课外书,当大人没吃完饭或在聊天时,她早就津津有味地读自己带来的书了。二是很专注。读起书来没有时间观念,姥姥做好饭总是叫她好几遍。有一次她告诉姥姥以后吃饭叫一遍即可,否则会打断她的思路的。

我在做学生成长咨询和家长沙龙的时候,很多家长提出同一种问题:什么什么样的书,孩子是不是不应该读?我总是告诉家长尊重孩子的选择。培养孩子的读书兴趣是最重要的,尤其是小时候,切忌这也不许读,那也不许读,孩子逆反了再也不读书了。说实在话,我女儿在高中还读过金庸的武侠小说,武侠小说属于消遣类书,一方面可以缓解高考的压力,另一方面金庸那丰厚的语言功底、生动而富有想象的描写,让女儿学到了课本上学不到的东西。当然家长应把握着,不能让孩子迷恋武侠小说。看到孩子喜欢什么书,作为家长应该了解该书的大体内容,同孩子交流交流,关键时候恰当引导。

总之,培养孩子良好的学习习惯,我们还要为孩子创造一个良好的学习环境,做到"四个一",即:提供一个安静的环境,一张高矮合适的桌椅,一盏光线适宜的台灯,一台学习机。家长在行为上要做到"四少一多",即孩子学习时,家长尽量少看电视、少玩游戏、少玩牌、少聚会,多看一本书。特别是当孩子在学习时,你千万不要在一边悠闲自得地看电视,不要过多地在外应酬,不要频繁地大声接电话等。

家长的表率作用千万不可忽视,喊破嗓子不如做出样子,家长的榜样力量是无穷的。其实说到底,家庭教育实际上就是榜样的教育,父母要做孩子学习的榜样、做人的榜样。

【读书经典案例引导法】

(1) 犹太人吻《圣经》。犹太人爱书如命,在每个犹太人家里,当孩子稍微懂事时,母亲就会在《圣经》上面滴几滴蜂蜜,然后叫小孩去吻《圣经》上的蜂蜜,这仪式的意思不言而喻:书本是甜的。1988 年联合国教科文组织的一次调查表明,在以犹太人为主要人口的以色列,14 岁以上的人平均每月读一本书;在人均拥有图书和出版社以及每年人均读书的比例上,以色列超过了世界上任何一个国家,为世界之最。

纵观世界各国,凡是崇尚读书的民族,大多是生命力顽强的民族。全世界读书最多的民族是犹太民族,平均每人每年读书64 本。作为犹太人聚居地的以色列,它的人文发展指数(将出生时的预期寿命、成人识字率和实际人均国内生产总值等衡量人生三大要素的指标合成一个复合指数)居全世界第 21 位,是中东地区最高的国家。酷爱读书,不能不说是犹太人在被逐出耶路撒冷,流落到世界各地之后,又能重新复国的重要原因,也是在犹太人复国之后能迅速建成一个现代化国家的重要原因。犹太人在流离失所中诞生了马克思、爱因斯坦和门德尔松等杰出的思想家、科学家和艺术家。犹太人中的富豪比例在全世界名列前茅,犹太人在历届诺贝尔奖得主中也有惊人比例,这些都与犹太人酷爱读书是分不开的,热爱读书的国家,必定是不断向上的国家。

(2)美国名家引导学生读书案例。美国加利福尼亚的一位小学校长提出了一个妙招让学生主动读书:如果全校 650 名小学生能在 4 个月内读完 7000 册书籍,他就在圣诞节当众亲吻一只小猪。此言一出,顿时激起了学生们疯狂的读书热潮。家长们看着那些平时玩到天黑都不归家的淘气包忽然变成了勤奋好学、埋头读书的小书迷,感到大惑不解。学生们猛啃到圣诞节前,终于按时读完了7000 册图书。于是,这位童心十足的校长从隔壁大学的畜牧系借来一只小猪,请全校学生围在自己身旁,很隆重地举行了一个当众亲小猪的仪式。孩子们就在这种欢乐的氛围中每人至少读了 10 本课外书,不但提高了阅读、写作的兴趣和能力,而且书中的知识也许能让他们享用一生。

(3)布什夫人为孩子读书。美国前总统乔治·布什的夫人巴巴拉·布什很愿给孩子读书听。她在一篇文章中写道:"就像我的父母亲对我所做的那样,我一直坚持给孩子们读书。而现在当了祖母的我,经常为 12 个孙儿孙女读书。"事实表明,读书是父母对孩子进行教育的一种良好的方法。读书并不仅仅是学习朗读技巧,主要在于培养孩子们的参与意识。它能使家庭气氛更加温馨融洽,让孩子们感受到爱抚和快乐。

让孩子从小就培养起酷爱图书和喜欢听大人读书的习惯,将能给他们的一生带来无穷的欢乐。

(4)从破书架起步的巴甫洛夫。巴甫洛夫的成才,是从一个破书架起步的。巴甫洛夫的父亲是一个穷教士。但他却喜欢非宗教神学内容的书刊,其中有各种自然科学的著作,也有民主主义者的革命刊物,为此巴甫洛夫的父亲被当地的教徒教士们指责为"自由思想家"。父亲的嗜好给孩子树立了榜样。父亲的书架成了巴甫洛夫接触社会和自然知识的起点。巴甫洛夫的父亲经常要求孩子看书,并且要求每本书读两遍,读后要能够提出问题,思考答案。十三四岁时,巴甫洛夫在家中书架旁广泛阅读了俄国的许多进步书刊,使他的知识大增,眼界大开,思想上也发生了很大的转变,他开始怀疑宗教神学而崇尚自然科学与民主气氛。巴甫洛夫 15 岁时在书架上翻到了英国生理学家路易斯的一本著作《日常生活的生理学》,这本通俗读物中的内容深深吸引了少年巴甫洛夫,激起了他对生理学的极大兴趣。从此,巴甫洛夫便和生理学结下了不解之缘,他将那本小册子谨慎珍藏了一生。

（5）苏洵教子读书。北宋大散文家苏洵的两个孩子苏轼和苏辙自小十分顽皮，在多次说服教育不见成效的情况下，苏洵决定改变教育方法。从此，每当孩子玩耍时，他就有意躲在角落里读书，孩子一来，便故意将书"藏"起来。苏轼和苏辙好生奇怪，以为父亲一定瞒着他们看什么好书。两人出于强烈的好奇心，趁父亲不在家时，把书"偷"出并认真地读起来，从此逐渐养成读书的习惯，切切实实感受到了读书的无穷乐趣，终成一代名家。

苏洵教子的成功之处在于：他在说服无效的情况下，并没有用棍棒、恐吓之类简单强制的教育方法，而是巧妙利用孩子的好奇心和求知欲加以引导，终于获得成功。

（6）李希贵教子读书。1995 年 8 月，李希贵小学刚毕业的儿子大伟和在他家寄读正上初三的庆玲，在他的鼓励下参加了高三的期末语文考试，结果大伟考了 82 分，庆玲考了 85 分，而高三学生的平均成绩是 84.5 分。学习经历相差 6 年，学习成绩却如此接近，原因何在？无非就是因为孩子多读了几本书，接收了更广泛的知识信息。李希贵每次出差都要给儿子买几本书，现在他儿子的存书已有 1200 多册。

四、生活好习惯养成方法

生活习惯主要包括饮食习惯、睡眠习惯、卫生习惯、劳动习惯和体育运动习惯等。良好的生活习惯是孩子健康成长的基础。没有健康，孩子的发展就无从谈起；没有健康做保障，孩子的一切能力都将归零。

生活习惯不仅直接影响孩子的身体健康，还会影响孩子的生活、学习和交往，影响孩子意志品质的发展；良好生活习惯的形成主要依靠家庭养成教育；家长对生活习惯知识的掌握影响着自身行为习惯、家庭环境创设和对子女的教育；家长自身的生活习惯和行为方式是孩子学习的榜样。

【从小培养法】从孩子出生的那一天开始，就要注意良好生活习惯的养成。要营造科学的生活环境，理性地对待孩子的需求，包括建立合理的作息制度，科学搭配孩子的饮食，避免孩子偏食、挑食，倡导喝白开水，禁止吃滋补品等等。积极的锻炼与合理的膳食是孩子健康的物质保障。家长要避免过度保护孩子，要让他们从小就具备适应环境的能力，成为一个健康的人。

【优化方法培养法】培养孩子良好习惯，如能优化方法，会收到好的效果。请看过下面一个小故事：

外婆：豆子，要洗澡了。

豆子：不洗澡！

外婆急了：不行，必须洗澡！

爸爸：豆子，我们去玩水好不好？

豆子很开心，屁颠屁颠地跑去澡盆。

外婆在尽责，忽略了豆子的需要；爸爸寻找豆子的需要，让他得到满足。前者是"控制—服从"的冲突关系；后者是相互尊重、平等双赢的关系。在培养孩子良好习惯的过程中，我们需要"爸爸"的教育方法。

【细节着手培养生活习惯法】有些孩子偏食、挑食，喜吃零食、甜食，早餐不卫生、不保证；读写姿势不正确，长时间用眼不休息；看电视无节制，睡觉无规律，睡眠时间不足；不参与家务劳动，户外活动少，体育运动量不够；在校在家不一样，有"两面性"。许多家长在观念上重智轻德，重自理能力轻生活习惯。在孩子生活习惯养成上，有的家长没有明确的行为要求，过多包办代替；有的虽有要求，但无检查、反馈。而有的家长自身的生活习惯不良，自然也无法培养孩子养成好的生活习惯。

建议家长学习《小学生守则》《小学生日常行为规范》《中学生守则》《中学生日常行为规范》，了解孩子应当养成的生活习惯；对孩子提出的生活要求要具体明确、前后一贯、家校一致；不包办、不替代，多给孩子实践、锻炼的机会，鼓励孩子做力所能及的事；在日常生活中培养生活习惯，对期望行为及时鼓励，对非期望行为及时否定；重视劳动习惯、户外活动习惯和体育运动习惯的培养。

【良好的人际交往习惯培养法】良好的人际交往习惯主要包括礼貌待人、尊重他人、能够平等地与他人交往并掌握一定的交往技巧。这些好习惯的养成关系着孩子良好交往能力的形成。没有良好的人际交往习惯，会限制人的发展。从小建立良好的人际交往习惯，是孩子社会性发展的关键环节。

建立平等、和谐的人际环境十分重要。家长要让孩子在祥和的人际环境下大胆地与人交往；要鼓励孩子，为孩子创造机会和条件，避免空洞的说教或越俎代庖；要帮助孩子建立自信，教会孩子交往的技巧……

好的行为习惯的养成不是一朝一夕能成功的，父母要从生活的一点一滴入手，以持之以恒、坚持不懈的态度培养孩子良好的行为习惯。孩子好习惯的养成一旦被忽略，不良的习惯就会自然而然地形成。克服不良习惯需要孩子付出更多的努力。因此养成良好习惯应该成为孩子"基础教育"的重要一课。

事实证明，人的成功取决于人的能力，而人的能力来自于习惯的养成。只要我们抓住这个根本，孩子未来的发展一定是理想的。

【养成好习惯的过程指导法】行为心理学研究表明：21天以上的重复会形成习惯，90天的重复会形成稳定的习惯。

1~7天是开始阶段，对于新的习惯会觉得不适应，做起来有些不自然、不舒服，这就需要孩子时刻提醒自己刻意去做。

7~21天是过渡阶段，通过第一个阶段的坚持，对于新习惯已经感觉比较适应，做起来比较自然舒服了，但是一不留意，从前的坏习惯又会冒出来，因此，还需要刻意提醒自己坚持。

21～42 天是养成阶段,孩子会发现自己越来越喜欢和适合这些新的习惯,变得习惯了,很自然地就表现出来了。

将这些习惯延续到 90 天,这是习惯的稳定期。跨入此阶段,这项习惯就已经成为孩子生命中的一个有机组成部分,它会自然而然地不停地为孩子"效劳"。想要改变又需要一个刻意改变的 90 天循环。

所以,家长如果发现孩子有什么坏习惯要纠正,好习惯要养成,那么就赶紧制订一个 90 天的计划吧。

【示范—尝试法】父母包办一切家务劳动,确切地说就是剥夺了孩子的一切劳动机会,会使孩子错过培养服务意识和锻炼自理能力的机会。等孩子长大了,家长又抱怨孩子这也不会干,那也不会干,整天唠唠叨叨,使孩子逆反、厌恶,也使家庭出现一些不和谐的音符。由此看来,从小不为孩子包办一切,而有意识地引导孩子做力所能及的事,也是为家庭幸福和孩子一生负责,是一箭双雕的好事。

对年幼的孩子,家长可采用做一半留一半的办法,给孩子提供实践生活能力的机会。家长做的那半是给孩子树样板、指明方向,是引导性的示范,留下的那半是培养孩子自立、勤劳的机会,是良好生活习惯形成的过程。这样能巧妙利用孩子好奇的心理,加上家长的启迪和示范,孩子不用强迫,高兴地去尝试,完成之后很有成就感。家长不动声色地就把"要我做"变成"我要做"。以此类方法,孩子不断学会一些生活技巧,如洗衣服、包饺子、缝扣子。

【自己事情自己做的习惯培养法】为了培养孩子独立生活的能力,在孩子很小的时候就鼓励他,自己的事情自己做。自己能抓饭吃,大人就不喂饭;自己能穿鞋,大人就不帮着系鞋带。

有一位爸爸在女儿两岁多的时候,冬天的每个早晨都让孩子自己穿衣,每次都给孩子计时,虽然开始时孩子穿衣服用了整整 40 分钟,但爸爸仍对孩子的耐心和毅力大加赞赏,到了 3 个月后,孩子只用 5 分钟就穿好衣服了。

在一年级下学期清明节前一天,学校老师布置做小白花,第二天去祭扫烈士陵墓。那时他女儿才 6 岁多,这位爸爸就鼓励女儿自己做,一会儿工夫女儿就用餐巾纸折了四朵小花,第二天孩子信心十足地拿着自己亲手制作的小花去扫墓。

其实生活中有许多事是孩子们可以自己做的,只是由于身边有可以依赖的人,他们就不做了。放弃了可以自己做的事,也就永远得不到通过自己努力随之而来的快乐。

现在有一些初中学生的家长,早上为了不耽搁时间,还帮孩子穿衣服和鞋子。这表面上是节省了时间,而事实上是剥夺了孩子锻炼独立生活能力的机会。孩子的独立能力是从小时开始一点一滴培养起来的,家长过分地保护孩子,使孩子失去了成长的空间和体验成功的感受,不但使孩子养成依赖心理,还剥夺了孩子发展自己能力、建立自信和自立的机会。俗话说懒娘养出勤快女儿,就是这个道理。孩子力所能及的事,尽量让孩子自己学着去做,孩子不会,家长可以做示范,这样孩子长大了,即使走到天涯海角你都会放心。

日常生活中,我们的家长在不知不觉中做了孩子的"后勤部长"。许多事家长代替做了,孩子没有锻炼机会,失去了家庭任务角色和培养责任心的机会。

每天早晨总能看到一些家长一手拎着书包,一手拎着水壶,嘴里还不断地说:"快走,到点了。"孩子在一边你说你的,我做我的。真是皇帝不急太监急。关怀过度使孩子养成了不良习惯,等到孩子大了,想纠正时已经晚了,因为已经错过了最佳教育时期。

家长要尽量做到:引导孩子做一些孩子该做的事;尽可能创造条件让孩子去锻炼。放手让孩子去锻炼,不要怕孩子做得不尽如人意,更不要抱怨孩子做了半天没做好。

比如让孩子从小学会做以下事情:

(1)早晚自己穿衣、洗漱、铺床叠被。

(2)用完的用具放回原位,桌面铺位干净整洁。

(3)自己整理书包、书桌、书柜、房间。

(4)自己的小件衣服自己洗。

(5)帮助父母做家务。

【做事有条理习惯养成法】一个人说话、做事非常有条理,做事计划性很强,这就体现出他具有较强的能力与素质。家长教育孩子做事有条理可这样做:

(1)先干什么,后干什么,主次分明,计划性强。

(2)今天要做的事不推到明天去做。

(3)做事有板有眼,不做则已,做就要做好。

有一个孩子习惯很好,小学6年中,从没有因为忘了带学具而影响上课,他有一个好习惯,在写完作业后,看着课表准备第二天的学具。他的家长说:"我从来没有因为孩子的作业催促过,孩子知道放学回来先写作业,后干别的事。我也很少给孩子检查作业,但不是不管孩子的学习,而是让他知道,那是他自己应该做的事。"

现在好多孩子经常丢三落四,很多时间都花在找东西上,白白浪费时间;学习用品总是由父母代替整理,严重影响孩子的学习效率。培养孩子做事有条理,长期坚持下去就会使孩子养成严谨认真的好习惯。

【主动用餐习惯培养法】下面这个事例是促使孩子主动用餐的高招:

8岁的小明是独生子女,看上去却只有五六岁的样子,细胳膊细腿,十分瘦弱。他的妈妈常抱怨道:"这孩子总是挑食,不喜欢的就一口不吃,宁愿饿着。"医生建议采取"行为疗法",就是如果孩子拒绝用餐,就将食物收走,不强迫他吃,但也不许吃其他零食。小明的妈妈与家里人一起制订了一个详细的"教子方案"：吃饭的时候，大家各吃各的，谁也不主动劝小明吃这吃那，更不许替他夹菜。如果小明不吃饭，也不批评他，似乎他吃不吃饭并不是很重要。刚实施这个方案时，小明坐在桌边不肯吃，爸爸妈妈只顾埋头吃饭，没有理他。小明把求助的目光投向奶奶，奶奶也是强忍着不去理会。小明气愤地离开饭桌等着奶奶上来哄他，可依然没有动静。小明一口饭也没吃，上学去了。吃晚饭时，他又摆出绝食的姿态，然而家人还是没有任何反应。到了晚上 9 点钟，小明终于忍不住了，大喊："妈妈，我要吃饭！"看着小明狼吞虎咽的样子，一家人露出了会心的笑容。

　　其实家长要想一想为什么孩子往往愿吃别人家的饭，很可能就是因为吃腻了自己家的饭。不妨买上一本菜谱，提高一下自己的烹调技术，将每天的食谱多换换花样，停止或减少供应孩子的零食，再像五星级饭店那样在饭桌中央添置一瓶鲜花与洁净的餐具，与色香味齐全的菜肴交相辉映。有雅兴的话，再放上一段优美的轻音乐，一家人沉浸在愉悦的气氛之中，何愁胃口不开。

　　【自己收拾东西习惯培养法】孩子的兴趣容易转移，因此正在看图书或做游戏之时，又会把它们丢下，去玩别的东西，结果便忘记收拾图书和玩具这些东西。到这时候，有的父母不仅没有及时指导孩子如何收拾整理好自己的图书、玩具，相反地，是唠叨着帮孩子收拾起来。这样下去，孩子往往会养成不爱收拾的不良习惯。他认为，反正父母会帮忙收拾的。久而久之，父母的唠叨、催促和责备，孩子就会习以为常，无论家长如何说他都不会起什么作用。这件事看来是小，实际上是培养孩子责任心的一种重要手段。如果孩子从小就没有养成收拾自己玩具的习惯，以后也难以形成爱整洁的习惯和负责任的精神。所以，家长应该耐心地指导孩子自己去收拾整理图书、玩具。孩子开始自己收拾东西时的动作可能慢些，收拾的时间可能长一些，但是，家长不应急躁，也不要说他"真磨蹭"。家长越说他磨蹭，有时他就会越磨蹭。孩子收拾了图书玩具后，应该给予表扬，说："你干得真不错！"使孩子产生一种完成任务之后的喜悦心情和快乐的体验。久而久之，孩子就会在不用大人提醒或督促的情况下，自觉地主动地把自己用过的东西收拾好。

　　【表扬夸奖法】《哈佛家训》中有这样一个故事：

　　在美国新泽西州市一所学校里，有 26 个孩子被安排在教学楼最里面的一间昏暗的教室里。他们中所有的人都有过不光彩的历史：有人吸过毒，有人进过管教所，有一个女孩甚至在一年内堕过 3 次胎。家长拿他们没办法，老师和学校也几乎放弃了他们。就在这时，有一位叫菲拉的老师成为了他们的新班主任，菲拉没有像以前的班主任那样，首先将孩子训斥一顿，给他们一个下马威，而是为大家出了一道题：

　　有 3 个候选人，他们分别是——

　　A：笃信巫医，有两个情妇，有多年的吸烟史，而且嗜酒如命。

B：曾经两次被赶出办公室，每天要到中午才起床，而且嗜酒如命。

C：曾经是国家的战斗英雄，一直保持素食习惯，热爱艺术，偶尔喝点酒，年轻时从未做过违法的事。

请同学们回答：

1. 在这3个人中，有一位会成为众人敬仰的伟人，你们认为会是谁？

2. 猜想一下，这3个人将来各自会有什么样的命运？

不用怀疑，对第一道题孩子都选择了C；对第2道题，大家的答案几乎一致，A和B要么成为罪犯，要么成为需要社会照顾的废物，而C呢，一定是一个品德高尚的人，注定成为社会精英。

然而，老师的答案让孩子们大吃一惊。"孩子们，你们的答案也许符合一般的判断，但事实上，你们都错了。这3个人大家都熟悉，他们是二战时期3个著名的人物——A是富兰克林·罗斯福，他身残志坚，连任四届美国总统。B是温斯顿·丘吉尔，英国历史上最著名的首相之一。C是阿道夫·希特勒，一个夺取了几千万无辜生命的法西斯元首。"学生们都呆呆地瞅着老师，他们简直不敢相信自己的耳朵。

"孩子们！"老师接着说，"你们的人生才刚刚开始，以往的过错和耻辱只能代表过去，真正代表一个人一生的，是现在和将来的所作所为。每一个人不是完人，连伟人也犯错误。从过去的阴影中走出来吧，从现在开始，努力做自己最想做的事情，你们都将成为了不起的优秀人才。"

菲拉老师的这番话，改变了26个孩子一生的命运。如今这些孩子都已长大成人，他们中有的做了心理医生，有的做了法官，有的做了飞机驾驶员。就连当年最爱捣乱的学生，也成了华尔街上最年轻的基金经理人。

"原来我们都觉得自己已经无可救药，因为所有的人都这么认为。是菲拉老师第一次让我们知道过去并不重要，我们还可以把握现在和将来。"孩子们长大后回忆道。

从这个故事中，我们可以看出大人对孩子的肯定太重要了，对孩子的影响太大了，因此，家长一定要多夸夸自己的孩子。表扬和夸奖自己的孩子是家长每天都要做的事。

在家里得到赞赏的孩子，更愿意为自己设立较高的目标，赞赏需要谨慎，善意的赞赏有时会带来意想不到的拒绝，做父母的一个重要职责是学会如何及时表扬夸奖孩子做对的事情。

赞赏孩子有三个技巧：（1）具体描述你所看见的；（2）描述你的心理感受；（3）把孩子值得赞赏的行为总结为一个词。家长可以尝试将上述技巧运用到对孩子的赞赏中。

【适当惩罚法】惩罚教育就是让孩子有一种责任感，没有惩罚的教育是不完整的教育，惩罚绝不等于体罚，不是伤害、心理虐待、歧视，更不是打击孩子的自信心。惩罚需要尊重和信任，特别要注意为孩子着想，要顾及孩子的承受力、尊严，不要让孩子难堪。

可以给做事磨蹭拖拉的孩子定一个不成文的规定：父母安排的事没做完，作业没完成，不许看电视、上网，也别想要吃好吃的。

有一位家长是这样纠正孩子丢三落四的毛病的：

我的孩子做事丢三落四，一做作业，书呀，本子呀，铺得满地都是。我提醒他注意点，他总是把我的话当耳旁风。好多时候，都是我看到他丢在床上的小物件，就赶紧给他送去学校。我暗想总是这样也不是个办法，就决定停止我的"雪中送炭"。一次我发现孩子又忘记戴红领巾了，但没有给他送去。孩子放学回来，眼泪汪汪地说：因为他没有戴红领巾，班上被扣了一分，同学们都怪他。我趁热打铁说："以后你可得把该带的东西整理好！"孩子若有所悟地点点头。这以后，孩子晚上做完作业，总是认真地收拾书包，嘴里还念念有词"钢笔、尺子、英语书、默写本、红领巾……"看来对于蜜罐里泡大的孩子，有时候小小的惩罚能起到意想不到的作用。

一般来说，孩子犯错的时候恰恰是教育的良机，因为内疚和不安使他急于求助，而此时让他明白道理可能使他刻骨铭心。当孩子犯了错误要惩罚他时，要明确指出他犯的错误，如孩子今天上学丢了东西，是因为自己拿东西不在乎，下次再要这样东西，家长就要考虑了。惩罚的目的是让孩子为自己的过失负责。

【达成君子协定法】每个家庭要民主和谐，就要平等地和孩子对话，不要总以为孩子小不懂事，其实孩子是可以讲道理的。下面是一位妈妈的做法：

从女儿上幼儿园开始到高业毕业，我们家从来没有因为怕耽误女儿学习而不看电视，包括高考前夕（当然高考前夕是怕改变家庭环境给孩子造成紧张），这缘于我和女儿的"君子协定"。

小时候，怕孩子看电视时间长了损害眼睛，我和女儿商量：播放少儿节目的时候，大人把电视让给她，在其他时间，大人看电视她不能抢也不能看，说话要算数。在女儿上高中以前，每当播放少儿节目的时间，全家人都陪她看少儿节目，那个年代的《聪明的一休》《猫和老鼠》《葫芦娃》等所有少儿节目，一家人和孩子一样看得津津有味，其乐融融，尤其她爸爸会和孩子一起看到高兴时笑得前仰后合。有人陪着看电视，一起笑，一起乐，不懂的情节还能请爸爸讲解，女儿当然更高兴。

随着年龄的增长，女儿不满足于只看少儿节目，我们又协议每周一至周五可以看半小时，周末可以看两小时能增加知识、开阔视野的电视节目，如《幸运52》《开心辞典》《动物世界》等。女儿也有迷电视的欲望，我们就同她讲"少壮不努力，老大徒伤悲"的道理，并阐明学生的任务就是学习。我们向女儿说明，我们白天辛苦工作了一天，晚上看电视放松一下，不能因为怕影响你学习而牺牲了娱乐的时间，希望女儿能理解。

实践证明孩子是可以讲道理的。到了高中阶段电脑逐渐走进家庭,孩子提出要上网,我们同样提出上网的范围和时间控制,只要遵守诺言就满足孩子的愿望,这样孩子就可以有在一定条件下的自由,女儿开心,家长满意。

很多家长为了不让孩子看电视,自己也从不看电视;为了阻止孩子迷电视,家里电视天线也拔了;为了不让孩子上网,电脑也不买,即使买了也不上网,其后果是把孩子逼向网吧。

现在这个时代,电视电脑都成了我们的老师,孩子们不但可以从中获得快乐,还能丰富他们的知识,他们在日常生活中接触不到的事物,都能从电视电脑中看到、听到。因此家长只能限制,不能禁止,从孩子小的时候开始与他达成君子协定,决不能放纵,长大了怕耽误学习再禁止,注定是要失败的。

【目标信念引导法】人的一生是需要目标引导的,目标和信念是通向成功的精神动力。

美国亿万富翁约翰·富勒从小家里很穷,有兄弟姐妹7个。他从5岁开始工作,9岁时会赶骡子。他有一位了不起的母亲,她经常和儿子谈到自己的梦想:"我们很穷,但不能怨天尤人,那是你爸爸从未有过改变贫穷的欲望,家中每个人都胸无大志。"这些话深植富勒的心中,他一心想跻身于富人之列,并开始努力追求财富。12年后,富勒接收了一家被拍卖的公司,并且还陆续收购了7家公司。他谈及成功的秘诀,就是多年前他母亲的那番话。

富勒的故事告诉我们:你的欲望有多强烈,就能爆发出多大的力量;当你有足够强烈的欲望去改变自己的命运的时候,所有的困难、挫折、阻挠都会为你让路。

因此家长要引导孩子确定自己的目标、理想,不断地鼓励孩子朝着目标努力,实现自己的理想。

【一致性教育法】家庭教育的一致性非常重要,其实孩子是很会看事的,从小就能看到大人之间的分歧,因此要形成家庭教育合力。

家庭教育一方面要有一致性,如每次妈妈批评孩子时,爸爸总是说"你妈说得对",这样孩子就没有保护伞,很听话。另一方面不要当面袒护。切忌爸爸管孩子,妈妈护着,父母管孩子,爷爷奶奶护着。即使批评错了,其他人也不应当面干预,都要默契配合,表示支持。其实小孩子是很会看事的,不要让孩子发现家长内部的分歧,让他有周旋的余地。

现在一般家庭都是"四二一"结构,即四个老人一对夫妻共爱一个孩子,说不溺爱是假的,往往夫妻管教孩子,老人护着,甚至有的夫妻之间意见还不一致,所以孩子很难管。很多家长认为孩子只听老师的话,不听家长的话,嫌家长唠叨,其实根源在家长身上,作为家长应该反思自己的教育方法。

【惩罚代替法】惩罚要有度,过分惩罚孩子,实际上剥夺了他们从内心深处对自己错误行为的反省过程。家长不要把孩子看作麻烦的制造者,而要把他们

当作解决问题的积极参与者。有时孩子的行为需要惩罚,家长不妨采用代替的方法。以下是代替惩罚的七个技巧:

(1)请孩子帮忙做事情。

(2)家长要明确表达强烈不同意的立场(但不攻击孩子的人格)。

(3)表明你的期望。

(4)提供别的选择。

(5)告诉孩子怎样弥补自己的失误。

(6)采取果断的行动。

(7)让孩子体验错误行为的严重后果。

【培养微笑习惯法】健康来自笑。笑能祛病延年,笑能使人免除痛苦。有时候,笑可以治愈病痛……笑不仅是驱除忧愁烦恼、使人愉快的灵丹妙药,还是与人打交道的润滑剂。

在业务往来和社交场合中,笑能带来许多意想不到的效果。笑,使人变得善良友好;笑,让人觉得喜庆吉祥;笑,让人感到亲切自然;笑,表明你心怀坦荡。所以当你笑的时候,别人才会把你当作朋友,才能向你敞开心胸。

笑的类型很多,最有效、最富感染力的笑是富于幽默的笑。幽默是一种带有感情因素的滑稽。那些开朗机智、风趣幽默的人最引人注目。如果你能幽默地调节场上气氛,大家自然而然地就会喜欢你这个幽默的人。

幽默可以在不伤害对方的感情下达到自己的目的。以开玩笑的方式提出自己的要求,这样会避免被拒绝的窘困和尴尬;如果对方不能满足这一要求,也会用开玩笑的方式予以拒绝,这样任何一方都不会感到为难,自尊心也不会受到伤害。

微微一笑是解决很多难以处理的问题的有效手段之一。

如果有人发问而你又不愿意回答,你可以微微一笑,避免自己的尴尬。

初次见面的人,微微一笑,可解除精神和肉体的紧张,给人以亲切自然的感觉。

当你和朋友、同学、同事争论一个问题时,你觉得没有争论下去的必要,同时表示你并不在意时,可以微微一笑。

当旁人在你面前说他人的短处或闲话时,你不想附和他的偏见,又不想表示反对他时,你不妨微微一笑。

学会笑吧,不管孩子学会的是哪一种笑,都会对他的人生有益而无害,除非是太恶意或太歹毒的笑。

【保持心情愉快法】你经常处于低落的情绪中吗?你的心情很忧郁么?你经常抱怨么?你会无缘无故地发火么?你是不是整天都提不起精神、无精打采?如果你有上述情况,那你就有了所谓的坏心情。

坏心情容易使人对人生、前途、事业悲观失望,使一个人走向极端。

对付坏心情的最好方法也许就是把心里话说出来,尽管有时候周围并没有人在听你说话。你可以向你的知心好友诉说,也可以自言自语。

此外,不妨尝试以下方法:

(1)运动。在各种改变心情的自助技术中,以有氧运动最能有效消除一个人的坏心情。

研究人员指出,运动提高情绪。一些有氧运动,如跑步、骑自行车、快走、游泳和其他重复性持续运动,可以增加心率,加速血液循环,改善身体对氧的吸收、利用,这种运动每次至少应该进行20分钟,每周可以进行3～5次。运动是改变心情的最好办法,在心情变好的同时,身体也变得健康起来。

(2)颜色。颜色对人的情绪有很大的影响。避免烦躁与愤怒,你就应该不要穿红色或接近红色的衣服。为了抗忧郁,你就不要穿黑色、深蓝色、灰色等使心情沉闷的颜色的衣服,更不要置身于这种颜色的环境之中。

如果你想心情轻松愉快,应该选择温暖、明亮、积极的颜色。为减轻忧虑和紧张,应该选择中性的颜色,以取得镇定平静的效果。假如你心情不佳,可以尝试换一身亮色的衣服,也许你的心情就会好起来。

(3)音乐。音乐可以调节心情,应当根据等同心情原则选择音乐。比如你心情忧郁,就应该选择忧郁的音乐,这并非增加你的忧郁,而是舒缓了你的情绪,使你沉醉在音乐中。你可以选用3～4小段音乐,逐步把你忧郁的心情导向你想要的心情。

(4)正确择食。食物与心情的好坏也有很大的关系。糖类食物是具有安慰作用的食品,有镇静作用,因为糖类食品可刺激脑组织产生5-羟色胺,可使人的心情感到平静和放松。像爆米花、咸脆饼干等低热量糖果食品与油炸圈饼、油炸土豆片等高热量食品有同等的镇静作用,蛋白质类食品使人维持警戒状态和保持精力充沛。在这方面,最好的蛋白质食物是甲壳类、鱼类、鸡、小牛肉和瘦牛肉,吃些这样的东西就可产生效果。

摄取高咖啡因会导致心情的变化。试验发现,对某些人来说,高咖啡因与抑郁、烦躁和忧虑的加深有密切关系。因为咖啡因会刺激人的情绪,使其心情处于不稳定、不平静状态。

(5)照明。美国心理卫生研究所发现,有些人容易在冬季患忧郁症,有些人容易在灰暗的雨天忧郁,这其实都是由缺少光照引起的。对于此类型的心情不好,只要每天增加2～3小时荧光灯人工照明,心情就会渐渐地好起来。

(6)睡眠。充足的睡眠是放松神经、缓解忧郁的一种好方法。它可以解除人们因精疲力竭导致的心情低落。睡眠中的做梦同样具有消除紧张、焦虑的作用。研究人员发现,不论是否记得自己所做的梦,梦都可以帮助人们同化紧张的事情,从而发挥其调节心情的功能。

现实生活中,由于人所处环境、背景、地位、性情的差异,心情不好的原因是多种多样的,但只要一个人认真去寻找自己心情不佳的本质原因,再辅之以有效的方法,你的情绪就会变得高涨起来。

当然,人生在世,当向前看。要保持心情愉快,积极上进,因为一个人的想法消极或歪曲时,他会常常忧郁。消除意志消沉的想法即多想一些积极的、正面的事情,比如乐于助人,也会让你心情舒畅的。

【劳逸结合的习惯培养法】一个人只有在清醒的状态下做事,才会是高效率的,否则,就算花费在做事上的时间再多,效果也会很差。所以清醒的精神状态对学习和做事相当重要。

获得清醒状态最好的办法,当然是休息。一个人只有休息得好,才有可能精力充沛地投入到工作中去。问题是,我们很难获得高质量的休息。

高质量的休息,就是说能让自己的身体和精神处在一种松弛的状态,在这样的过程中,身体机能和精神状态都能够得到恢复。获得高质量的休息,不是一件容易的事情。最主要的原因在于人很难做到“该做事的时候做事,该休息的时候休息”。但是做事带给人的紧张情绪却被有的人毫无保留地带到了做事以外的生活中。休息的时候,脑海里面还是缠绕着有关事情的种种细节,还是在下意识的惯性作用下处在做事的状态中。比如有些孩子可能已经离开了课本和作业,但是大脑却还是和这些东西连在一起。更为严重的是,紧张情绪也蔓延到了睡眠之中。

因此,问题的症结就在于孩子不能够很好地在学习状态与休息状态之间实现转换。解决这个问题没有什么太好的办法,因为人毕竟不同于机器。任何人在任何状态间的转化调整,都是一个渐变的过程。于是我们能做的就是让这个渐变过程尽可能地缩短。

所以,家长应告诉孩子:不要等到非休息不可的时候才去休息,应该学会常常休息,在疲惫到来之前休息。只有这样才能让精力一直保持旺盛,能够在清醒的状态下高效率地做事。

孩子在闲暇的时候,甚至是无聊得有些发慌的时候,就应该给自己安排一些事情做,把一些不急于学习的东西拿来思考一下,把一些早就放在案头却没有时间看的书浏览一番,为的是以后能够获得从容;在以后手忙脚乱,甚至是四脚朝天的时候,也能有心情来个忙里偷闲,哪怕就是坐在街心公园里面看看,或是闭目养神的时候听听歌声,为的就是获得片刻的闲暇,这样就不会让自己闲得无聊或是忙碌得精疲力竭。这就是劳逸结合。

对于休息的方式,那就是运动的必要性。长时间坐在教室,每天几乎很少有时间进行一定量的体育运动,而体育运动不但可以使孩子的头脑清醒,也能增强孩子的身体机能,以便应付繁忙的学业。

【积极参加运动健身习惯培养法】运动健身不但可以强身健体,在运动的过程中,心智也会得到改善。

其实,人的健康状况不仅取决于全身各器官、系统的功能和相互协调能力,而且还取决于整个身体对自然和社会环境的适应能力。人们经过长期摸索,终于得出这样一个结论:生命在于运动。

实践证明,科学地从事体育锻炼、适量地运动对中枢神经和内分泌系统有良好的刺激作用,能够促进新陈代谢、改善血液循环、增强呼吸功能,提高机体的抗病能力,可以减缓机体适应能力的降低,推迟生物体各组织器官结构、功能所发生的退行性变化,使人保持旺盛的精力。

为了保持健康,青少年可参照以下方式进行锻炼:每天早晨运动 15～20 分钟,内容为步行、慢跑及拳操等;每天认真做好两次操;放学后视情况要做些球类活动;晚饭后散步 15～20 分钟;晚上有条件可做些肌肉力量型练习。此外,还可视各人情况选择一些活动,如节假日做些郊游、爬山、游泳、球类等活动,放学时步行 1～2 公里,家住楼上的可将爬楼梯作为锻炼项目等。

现代医学研究发现,供血不足乃万病之源。运动能促进血液循环,改善局部因长期静坐而缺血的状况。为了提高脑力劳动的工作效率,改善脑血流量,每次学习 40 分钟后应略休息数分钟,站起来活动活动,伸展一下肢体,做几次深呼吸等。

做运动要有恒心。以健康为目标,务必要定时、定点、定量地做运动;不能只是偶然地练一趟,然后三四个星期不做,那是没有什么效果的。每星期至少应该有三四天做运动,最好是天天做。可以在不同的日子做不同的运动,但一定要把运动当作生活的一部分,视保持健康为人生的长远目标。

身体活动时虽然会消耗精力,但这并不像加减数那样简单,以为只要不动就可以保留精力,那是绝对错误的。适量的运动,可以令身体产生强大的动力,做起事来精力充沛。

做运动最直接的效果,就是强化心肺功能。肺部功能强健,可以增加吸氧量。氧气是身体活动所必需的,有足够的氧气,可以令身体保持在较佳的状态,从中医学角度讲,空气中带有生命能量,人体通过肺部,可以吸收较多生命力,提高抵抗力。心的功能强健,可以促进血液循环,使身体内的养分更有效地流经身体各部位,使身体维持在最佳状态。另外,运动也会刺激内分泌腺,促进内分泌,提高身体机能,诸如消化机能、排泄机能、泌尿机能、肝功能等。

运动有很多种,每一个人可以按照自己的喜好去选择。以下几种运动对身心健康最具好处:慢跑、步行、体操、游泳、拳术、八段锦、柔软体操、瑜伽术等。家长可以选取合适的运动,同孩子一起坚持锻炼。

【良好爱好习惯培养法】良好的爱好可以给人一种对快乐的期望与感受,而且爱好越是强烈,这种期望与感受也越强烈。兴趣和爱好都是人不可缺少的,它们对人的需求是一种满足、调剂与丰富。

我们提倡人至少要有一项爱好,而且最好是强烈的爱好,因为这种爱好增加了人获得快乐的途径与机会。当然,兴趣、爱好得不到满足时,也会有痛苦的感受。所以,作为业余的兴趣、爱好来说,一般应该选择比较容易得到满足的项目。

努力培养自己对厌烦事物的兴趣与爱好,这是享受快乐的一大良方。面对讨厌的事物,往往是难以感到快乐的。但是,当你培养起对厌烦事物的兴趣与爱好时,神奇的变化发生了:这些事物赋予你的将不再是烦躁,而是无穷的乐趣。

爱好作为一种情感倾向,是可以培养的。在发掘厌烦事物的有趣内涵之前,往往还无法对它产生趣味;然而,我们可以预先设想它的有用成果来激发对它的兴趣,这就叫兴趣、爱好的"效果预先反馈"。

让孩子从现在起投入百分之十的力量,致力于他所动心的某项爱好,这样他对生活就不会再感到乏味。每天早晨一睁开眼,他就会感觉又是一次新的诞生,因为他的爱好正热切地等待着他帮它注入更多的爱。

【选择积极心态法】积极的心态、积极的选择对每个人来说都非常重要,因为任何事情都有积极的和消极的两面。无数人成功的事例告诉我们,积极的选择可以帮助人树立自信,克服自卑,还可以帮助人克服忧虑和烦恼、调整心态。

家长要经常对孩子讲事情的两面性,让孩子懂得任何事情都有积极的一面和消极的一面。用积极的眼光看待孩子,赏识他们的长处,并告诉孩子积极看待问题的好处,让他们对积极的选择有切身体会。

对孩子存在的短处,家长要客观看待,甚至积极看待,相信孩子会越来越好。当孩子心情不好的时候,告诉他用积极的心态去解决问题。在家里要营造轻松愉快的生活环境。要引导孩子修养积极心态的方法,正确面对学习和生活中的形形色色的问题,学会化解矛盾,消除烦恼。

【独立习惯培养法】孩子从呱呱落地到长大成人、成家立业,是一个从依赖到独立的过程。如果一个孩子过于依赖父母,养成了习惯,对于将来不得不面对的独立是极为有害的。为了孩子的未来,让他们从小养成独立生活的习惯是父母的首要任务,也是孩子真正成长为一个独立的人所必须具备的素质。下面这一个故事能给我们极大的启发。

一个猎人打猎时捡了几只刚出生不久的小狮子,就把它们带回家中精心喂养。这几只小狮子慢慢长大了,它们生活无忧无虑,有吃有喝,自在幸福。当然,它们都被关在笼子里。猎人给它们设计的笼子也是温暖而舒适的。没想到,一不小心,一只小狮子从笼子里跑了出去,猎人到处寻找也没有找到。而其他几只还像往常一样受着保护。

一天,那个猎人外出打猎再也没有回来,习惯了被喂养和保护的小狮子们最后被活活饿死了。而那只当年跑出去的小狮子呢?它已经变成了一只野狮子。它独自在野外时,饿了自己找食吃,渴了自己找水喝,有了伤,它学会了用舌头舔伤口,遇到敌人,它知道怎样保护自己。正是这种独立的、不依靠别人的习惯,使它在大自然的环境里顺利地活了下来。

家长培养孩子的一个最重要的目标,就是帮助他们成为独立的个体,让孩子自己做自己的事情,亲自经历各种问题带来的挫折和成就,在自己的错误中得到成长,让孩子依赖感降到最低,让孩子成为有责任感的人。

家长鼓励孩子自立的六个技巧:

(1)让孩子自己做选择。

(2)尊重孩子的努力。

(3)不要问太多问题。

(4)别急着告诉孩子答案。

(5)鼓励孩子善用外部资源。

(6)不要毁掉孩子的希望。

家长要帮助孩子发现自己的能力,要相信自己的孩子是能够独立的,同时又要在生活中创造各种条件让孩子去发现自己的能力。家长可以先帮助孩子制订一些小的、容易实现的目标,让孩子在成功的体验中感受到独立的快乐。能放手的时候尽量放手。

尊重孩子的选择是让孩子独立的前提。应让孩子有独立的思想。独立的行为来自独立的思想,当孩子的想法与父母不同时,父母不要急于否定他们的想法,而是要问他们为什么这样想,仔细听听孩子的陈述,让孩子独立表达自己的见解。

五、卫生好习惯养成方法

孩子不注意个人卫生的情况常常出现。这里把常见的一些不良卫生习惯集中在一起叙述,供父母参考。

常见的不良卫生习惯有:

(1)不刷牙。

(2)不注意刷牙的方式方法。

(3)不注意卫生用品的消毒和洁净。

(4)不保护和爱惜眼睛。

(5)常常用手指挖鼻孔。

(6)不会"漱鼻"。

(7)用硬物随便刮挖耳朵。

(8)听大声的音乐和其他声音。

(9)大声喊叫和长久哭闹。

(10)进食时候不专心。

（11）饭前饭后剧烈运动。

（12）饭前便后不洗手。

（13）不注意餐具洁净。

（14）蒙住头部睡觉。

（15）睡觉时不脱衣物。

（16）坐、行、站的姿势不良。

（17）留长指甲。

（18）用衣服抹嘴巴。

（19）乱丢垃圾。

（20）随地吐痰。

（21）不洗脚就上床睡觉。

（22）起床后不洗脸。

（23）头发乱了也不梳。

（24）不勤洗澡。

（25）不勤换勤洗衣物。

不讲卫生，既不文明，也对孩子的心理和身体不利。我们应提倡保持个人卫生，热爱整洁。注意培养孩子对健康有益的习惯和行为方式，从小养成良好的卫生习惯。

【正确坐、行、站姿势的习惯养成法】有些孩子不注意坐、行、站的姿势。坐的时候东倒西歪、半躺半卧，像条懒蛇；行的时候弯腰驼背、点头哈腰，像个大虾；站的时候有气无力、依依靠靠，像条爬虫。孩子还处于生长发育的重要阶段，坐、行、站的姿势不良容易造成骨骼和肌肉发育畸形，将来长大了体型就会不美，严重的甚至需要手术矫正。所以父母要注意随时矫正孩子的坐立和行走的姿势，让孩子习惯于坐的时候端端正正、仪态大方，行的时候昂首挺胸、气宇轩昂，站的时候亭亭玉立、精神抖擞。

【不让病从口入的习惯养成法】病从口入是指许多疾病都可以通过饮食而发生。孩子要养成便后洗手和进食前洗手的良好卫生习惯。平时饮食时也要注意餐具的消毒，有条件时应该使用消毒碗柜，每次都使用消过毒的餐具，避免细菌的传播。家里有人病了，应该分开饮食，避免互相传染。平时教育孩子不要随便在街上买小摊贩的东西吃，应该注意食品的卫生，到一些卫生条件好的饮食店铺购买食品，否则容易传染上肝炎以及其他胃肠道疾病。纸币上面往往沾满了多种细菌，所以平时不要用手沾口水数钱、把钱含在口里，以免细菌入口。平时要注意修剪指甲，因为指甲内最容易储藏污物。

不要进食太烫的食物和开水，否则容易引起上消化道灼伤。吃饭时少讲话，不要哈哈大笑，避免食物掉进气管，引起窒息。专心吃饭还可以避免食入鱼刺（会导致消化道出血、吞咽困难、气胸、呼吸困难等）、碎骨（会导致消化道出血、嘣牙等)、砂石(会导致嘣牙)等。

家庭饮食最好也采用分餐制,不要大家混在一起搛菜吃。

进食前半小时不要做剧烈运动,进食后也要注意休息半小时左右,也可干一些轻松的事情,但不要马上做剧烈运动,也不要集中注意力做功课。因为饭后血液较多地集中到了胃肠道进行消化工作,如果进行剧烈体力活动,就会把血液集中到肌肉中,如果太用脑就会把血液集中到大脑,不利于身体健康。

【保持身体清洁的习惯养成法】是人体最大的器官,覆盖在我们身体的表面,对维护生命健康极为重要。皮肤的主要功能有:① 保护作用。② 调节体温。③ 分泌和排泄功能。皮肤覆盖在我们身体的表面,最先和外来各种物质接触。皮肤自身也在不断地进行着新陈代谢,是细菌生长繁殖的好场所。因此,为使皮肤发挥正常功能,就要经常清除皮肤上的污物。

〔洗脸指导〕

(1) 不要合用脸盆、毛巾。现在很多家庭还合用一个脸盆、一条毛巾,甚至合用一盆水。这样对孩子的眼睛危害是很大的。因为合用脸盆、毛巾容易传染眼睛疾病,特别是沙眼和红眼病。到饭店、浴室等公共场所,更不要使用公用脸盆和毛巾,以防止传染眼病。

(2) 最好是用清洁的流动水洗脸。水的温度最好是与体温相近的温水。因为温水能扩张血管,溶解皮脂,容易去污垢,使皮肤清洁。过热的水和冷水都不合适。水温过高,会使面部皮肤松弛,过早出现皱纹;冷水洗脸虽有预防感冒的作用,但冷水会使血管收缩,还会使面部皮肤干燥,不利于面部美容。

(3) 洗脸的顺序一般是先浸泡毛巾,再完成以下动作:

第一步:紧闭眼睛,轻轻擦眼睛周围,擦眼睛周围时可将眼保健操中的轮刮眼眶动作做几次。

解读:在毛巾最干净的时候洗眼,因为眼睛对卫生的要求较高;眼睛下面的部位有卧蚕和眼袋,这个部位较少按摩到,每次洗脸按摩此处,既可锻炼眼睛,又可让人尤其是女性延缓衰老。

第二步:分别由左右下腮部往上洗。

解读:人的衰老是皮肤向下垂,而每天洗脸向上推,可延缓衰老。

第二步:脑门中心分别向两边洗。

解读:有健脑作用,也可提振精神。

第三步:擦洗耳郭。有些孩子洗脸往往没有这一步,耳郭周围不干净。

解读:耳郭有许多穴位,擦洗耳郭,既讲卫生,又可保健。

第四步:用干净的毛巾再洗一次。

洗脸最好用洗面奶,肥皂最好是不含香料或色素的白色透明皂或质量较好的香皂,不要用一般肥皂和洗衣粉。

(4) 毛巾应该经常消毒。可用热水煮沸消毒,或者用太阳曝晒的方式消毒。

如果有条件,应该采用电热毛巾消毒干燥器,使毛巾常常处于无菌干燥状态。

〖洗脚指导〗应该单独使用一条毛巾擦脚,也不要和其他人共用,避免传染皮肤病。毛巾经常处于潮湿状态,容易滋生细菌,特别是霉菌。擦脚的毛巾也要像洗脸的毛巾一样消毒。

〖洗澡指导〗洗澡最好采用热水冲洗。有人喜欢在大池子内用热水浸泡身体,舒缓肌肉的紧张,这样对消除疲劳确实效果很好,但如果不注意卫生,就很容易传染上疾病。所以如果家里没有洗澡设备,需要到澡堂洗澡,也最好是在洁净的浴缸内单独浸泡。同时还要注意公共澡堂中的其他卫生,如床铺、毛巾、拖鞋等,这些都是细菌传播的途径,要使用消过毒的公共浴具。

女孩更要注意阴部的卫生,最好不要坐浴而用冲洗的方式清洗外阴,并用一块专用毛巾抹干,毛巾还要经常消毒,保持清洁。

洗澡要注意:

(1)不要长时间泡在热水浴池里。因为人体浸泡在热水里,会使周身血管扩张,血液大量涌向体表,时间一长就会影响脑部及内脏器官的血氧供应,出现头晕、眼花、疲乏无力等症状。

(2)洗澡不宜过于频繁。因为皮肤能分泌乳酸和脂肪酸,它们不但可以滋润皮肤,还能使皮肤呈微酸性,对细菌有较强的杀伤力。如果洗澡过勤,特别是在夏季,一天洗上几次,而且每次都使用浴皂,会使皮脂大大减少,反倒不利于皮肤抗病能力的正常发挥。

如果天气较冷,不能天天洗澡,则在睡前要洗脸、洗脚、洗外阴。

〖养成定期剪指甲的习惯〗要想经常保持手的清洁,还要定期剪指甲。因为手上的脏物、病菌等多藏在指甲缝里,指甲长了不易清除里面的污垢。但也不可剪得过短,因为指甲太短起不到保护甲床的作用。所以,指甲长短要留得合适。剪完指甲后,要用肥皂把残留在指头上的泥垢洗掉。如果孩子年龄小,家长可帮助孩子剪指甲。

〖其他卫生习惯的养成〗常换衣,勤洗头,常理发,常洗手。

【注意环境卫生的习惯养成法】青少年不仅要讲究个人卫生,还应注意环境卫生,环境卫生包括学校、家庭和社会公共场所等几个方面的清洁。一般应注意下列几点:

(1)应注意家庭卫生。起床后应叠好被褥,并帮助家长扫地、擦窗、抹桌子等。自己的学习用具应摆放整齐并有内在顺序。

(2)不随地吐痰,不咽痰下肚。随地吐痰既污染环境传播疾病,又是不文明的行为。咽痰下肚虽避免了危害公共卫生,但却是自食脏物,所以,最好的做法是吐痰入盂,或吐在纸上扔入垃圾桶,或吐在手帕上过后再洗。这样既不危害别人,也不损伤自己。

(3)不乱扔果皮纸屑,不燃放烟花爆竹。随地乱扔果皮纸屑,就会使垃圾满地,影响环境卫生;燃放烟花爆竹,对空气污染严重。这些都是青少年不应该做的。

(4)注意打喷嚏的卫生。打喷嚏会把附着在口腔、鼻腔内的细菌、病毒等有害物质排出,造成各种疾病的传染。最好的做法是打喷嚏时先用手帕捂住口鼻,然后背向别人再打。这样,既卫生又文明。

(5)不随地大小便。随地大小便既不文明,也会污染环境、水源,造成苍蝇蚊虫孳生,引起疾病传播。

【按时作息习惯养成法】作息制度一般是指一日内的学习、劳动、活动(包括体育和文娱活动等)、进餐、休息等活动的安排。作息制度应根据孩子各年龄阶段的生长发育和生理特点加以合理安排,防止学习和体力负担过重。过重的脑力和体力劳动会引起疲劳,表现为神经系统的兴奋和抑制过程不协调,大脑皮层的兴奋逐渐减弱,大脑皮层的抑制逐渐扩大和加强,会影响孩子的健康和学习。

【保护眼睛习惯养成法】平时要引导孩子注意对眼睛的保护,看书学习约40分钟(幼儿和小学低年级的20分钟)就应该让眼睛休息一下,做一下眼保健操,看看远处,最好看一些绿色的树木或者花草。看书写字的时候光线不能太强,也不要太弱,灯光不能摇摆。坐车、躺着、走路时不看书;每次阅读、用电脑时间不要过长。如果看物不清,发现有近视、远视或者散光等情况,要到医院检查,并佩戴合适的眼镜。在强烈的阳光下要戴深色眼镜或者遮阳帽避免眼睛被灼伤,在大风中或者尘土飞扬的地方行走时,要戴风镜避免沙土飞进眼睛里。不要随便用手揉眼睛,不要用指甲剔眼垢,以免引起眼结膜炎。如果眼睛不适、有异物、有眼垢,应该用毛巾沾温水清洗,或者滴眼药水冲洗;如果眼睛经常发痒,应该到医院检查治疗。

要让孩子正确领会读书写字姿势中"三个一"要求:一是书本与眼睛保持一尺左右(30～35厘米);二是胸部与桌沿保持一拳左右(6～8厘米);三是握笔点离笔尖约一寸(3～4厘米)。

读书之前,要做到摆正姿势,调整呼吸;写字前,要先摆正姿势,调整心态;读书时,两脚分开,与肩同宽,上半身挺直,两肩自然下垂,胸部与桌沿保持约一拳的距离,两膊平放在桌面上,双手拿书,书本距眼睛约一尺;写字时,两脚分开,与肩同宽,上半身挺直,两肩自然下垂,胸部与桌沿保持约一拳的距离,两手平放在桌面上,左手按住书本,右手握笔,握点离笔尖约一寸。在学校或家里读书写字时,应自始至终保持规范的姿势。家长要正常监督,让孩子努力保持规范的读写姿势。另外,保护眼睛还需要加强锻炼、合理饮食。

【保护牙齿习惯养成法】保护牙齿要做到四点:一是养成良好的刷牙习惯和使用正确的刷牙方法;二是睡前不吃糖等零食;三是不吃十分坚硬的食物;四是发现龋齿,立即治疗。

　　学会正确刷牙对保持个人的口腔卫生极为重要。刷牙是保持口腔清洁的主要方法,它能消除口腔内软白污物、食物碎片和部分牙面菌斑,而且有按摩牙龈的作用,从而减少口腔环境中的致病因素,增强组织的抗病能力。刷牙对于预防各种口腔疾病,特别是对于预防和治疗牙周病和龋病,防止蛀牙,具有重要的作用。

　　【选牙刷】刷头不宜过大,刷毛最好是软而细的优质尼龙丝(回弹力好、吸水性差、易干燥、耐磨性强),刷毛的顶端应选择磨毛,最好呈椭圆形的,刷柄要便于把握,过细过短都不适宜。

　　【选牙膏】含氟牙膏是首选。因为适量的氟化物可以降低牙釉质(俗称珐琅质)的溶解度,增强牙釉质晶体的结构强度,增强牙齿硬度,促进轻度脱矿牙釉质的再矿化,起到预防龋齿的作用。不过,如人体摄入氟化物过多,会对健康产生不利影响,为此建议3岁以下儿童慎用含氟牙膏,4～6岁儿童应在大人指导下使用,含氟牙膏的用量不宜过多,每次用量约黄豆大小即可。

　　【刷牙前的准备】刷牙前,牙刷不要沾水,也不要用水漱口,水会使牙刷牙膏牙齿的摩擦性减小。刷牙时最好采用温水(35℃左右)刷牙。长期用凉水刷牙,会导致牙龈萎缩、牙齿松动脱落。温水刷牙还能有效减少牙刷刷毛对牙龈的刺激,有效避免牙龈的出血。经常给牙齿和牙龈以骤冷骤热的刺激,则可能导致牙齿和牙龈出现各种疾病,使牙齿寿命缩短。牙齿的寿命要比人体的寿命短,很大的原因就是"凉水刷牙"。

　　【刷牙的时间】许多人认为刷牙时间不得少于3分钟。然而最新研究表明,科学刷牙时间应为2分钟、用力1.5牛("牛"是力的大小的单位,比如托住3个鸡蛋用的力大约为1.5牛)。刷牙时间过长、用力过大,并不会使牙齿更干净,相反却可能损害牙齿的保护膜,给牙齿带来永久性损伤。

　　【刷牙的方法】刷牙的方法种类很多,有些方法既合理又方便,值得介绍与推广,每一种方法都有一定的特点,也仅适用于不同年龄和不同个体情况,没有一种刷牙方法能适合于所有的人。人们习惯采用的横刷法弊病较多,但如予以改进,也可变成一种较好的刷牙方法。任何一种好的刷牙法应当简单易学,清洁牙齿效果好,不损伤牙体和牙周组织。这里主要介绍几种普通牙刷的刷牙方法:

　　(1)生理刷牙方法。将牙刷毛与牙面接触,刷毛顶端指向冠方,然后沿牙面向牙龈轻微拂刷,类似咀嚼纤维性食物对牙面的摩擦动作。这种方法能清洁牙面和刺激牙龈组织的血液循环,增进牙周组织健康。

　　(2)垂直颤动法。可将刷毛与牙的长轴平行,紧贴牙面,刷毛指向牙龈方向,尖端轻压在龈缘处,用柔和的拂刷动作旋转牙刷使刷毛与长轴成45°角,由牙龈刷向切端或咬合面。拂刷动作要慢一些,使刷毛尖通过牙龈与牙齿交界处时,能将污物除去,但为适应牙列的形态,前牙舌侧应将牙刷垂直,将刷毛的尖端与舌面接触,从龈缘面向切端做弧形的移动,牙齿的咬合面则可将刷毛的尖端直接与接触，做前后来回拉动。这是一种顺着牙间隙上下垂直颤动拂刷的比较符合口腔保健要求的刷牙方法，它即能达到去除污物及按摩牙龈的目的，又能避免损伤牙体和牙周组织，因而应该广泛推广。

（3）旋转式刷牙法。第一步，从牙龈往牙冠方向旋转刷。刷前牙唇面、后牙颊面和后牙舌腭面时，牙刷毛束的尖端朝向牙龈，即刷上牙朝上，刷下牙朝下。牙刷毛与牙面呈45°角。第二步，将牙刷朝冠向做小环形旋转运动。第三步，顺牙缝刷洗，即可将各个牙面刷干净。刷前牙舌腭面时，牙刷毛束尖直接放在牙齿的舌腭面，上牙向下拉，下牙向上提，刷后牙咬合面时将牙毛放在咬合面上，前后来回刷。

总之，刷牙要动作轻柔，不要用力过猛，但要反复多次。牙齿的每个面都要刷到，特别是最靠后的磨牙，一定要把牙刷伸入进去刷。如果将前面的几种方法结合起来应用，则效果会更好。每次刷完牙，如果不放心，还可以对着镜子看一看是否干净了。只有认真对待，才能保证刷牙的效果。

〖刷牙的几个误区〗

误区之一：漱口水天天用，清凉干净。

纠错：漱口水不提倡每天使用，药用漱口水的使用更要遵医嘱。

误区之二：刷牙直上直下，持续时间短。

纠错：应该使牙刷和牙齿保持45°角，每个位置至少应轻刷10下。

误区之三：使用大头牙刷，用力横刷。

粗、硬、密的毛束，加上灵活性欠佳的大刷头，使它难以清洁牙齿间隙和隐蔽面，清洁效果反而下降。同时，用力横刷易使牙颈部由于机械磨耗出现楔状缺损，并导致牙龈损伤、牙龈萎缩。

误区之四：早刷晚不刷或反之，次数不足。

要让孩子养成每日"饭后必漱"的好习惯，每晚睡前用牙膏刷牙的习惯，这必将使他们终身受益。当然，经过一夜安睡后，晨起再用牙膏刷漱一次，会令牙齿更加洁白光亮，口气清新，精神焕发地投入新的一天。

误区之五：刷牙无所谓时间长短，刷就行了。

每次刷牙时间最好在2分钟，使牙齿处在较高浓度的氟环境下，提高其表面的抗脱钙、防龋能力。

误区之六：牙刷"超期服役"，用后随便放置。

正确的做法是：刷牙后，应以清水反复冲洗牙刷几次，甩干刷毛，将刷头朝上放置于通风处。牙刷刷毛变形或使用3个月左右应更换。

误区之六：饭后马上刷牙。

牙医建议，饭后或吃了酸性食物后，可以用水漱口，或喝一小杯牛奶，像漱口一样让牛奶与牙齿亲密接触，可以帮助清洁口腔、中和食物的酸性、加快牙齿钙质的恢复过程。酸性高的食品对儿童牙齿的危害不容忽视，父母一定要控制孩子吃糖果的量。如果要坚持餐后刷牙,也要等半小时后再刷牙,这时牙齿的保护层已恢复,刷牙就不会损伤牙齿了。

〖养成早晚刷牙的习惯〗最好是在每次饭后都刷牙,一般主张在临睡前和早饭前各刷一次牙,饭后漱口。

漱口是利用水力反复冲刷口腔各部,使滞留在牙齿窝沟裂隙中的食物碎屑和部分牙垢得以清除。为保持口腔清洁,进食之后应该尽快漱口。漱口液中一般不加任何药物,除非是在医生的建议下。养成良好的牙齿卫生习惯,有助于预防龋齿和牙周疾病。

【保护鼻子习惯养成法】随便挖鼻孔是一种不良的卫生习惯,容易将鼻毛搞脱落,引起鼻腔炎症、鼻出血等情况,影响鼻子对空气的清洁过滤功能。擦鼻涕时应该用手按住其中一个鼻孔,左右两边轮流进行,不可两边一起来,容易把鼻涕反吸进鼻腔内造成鼻窦炎。

要教给孩子清洗鼻腔的方法:每天早晚先用清水将鼻腔沾湿(要非常轻地吸一点点,否则容易呛水),然后用热毛巾和两手的食指轻按迎香穴,最后轻轻擤鼻,可将鼻腔内的污垢全部排清。这种做法还可以预防感冒。

【保护耳朵习惯养成法】耳朵分泌的耵聍(俗称耳垢)有保护耳朵免受小虫侵犯的功能,所以不要随便刮挖。耳毛可以阻挡灰尘和异物进入,也不要随便剪掉。如果耵聍在耳道内聚集太多,影响听觉或感到难受,应该用镊子轻轻取出。不要用指甲、竹签、火柴杆等硬物刮挖耳道,否则容易引起外耳道炎症,甚至导致耳膜破裂,出现失听情况。要避免长期处在噪声环境下,以免使听力下降,甚至震破耳膜。

【学习要张弛有度】父母在教育和督促孩子勤奋学习的同时,不能忽视孩子的休息、娱乐。

孩子的学习,需要张弛有度,这不仅是因为大脑也需要休息,还因为孩子的发展和生活无不需要丰富多彩的活动。教育专家和心理学家一致认为,强制孩子持续地做一件事情,绝不会有良好效果。不少父母不让孩子看电视、读课外书、踢球,不让孩子去做他喜欢做的一切事情,只知让孩子无休止地做功课、无休止地"学习",这实在不是明智之举。

【注意复习阶段身心保健】复习阶段视考试的大小而长短不一,但都要注意身心保健,此阶段的身心保健主要有下列三个方面:

(1)合理安排作息,讲究用脑卫生

在复习期间,虽然复习是头等大事,要抓紧时间全力以赴,但也要科学合理地安排作息,讲究用脑卫生,劳逸结合、有张有弛;否则,搞疲劳战术,弄得筋疲力尽、心力交瘁,反而欲速不达、得不偿失,不仅复习不好,还影响身体健康。必须让孩子懂得处理好复习、活动、饮食和睡眠几方面的关系,合理安排相应的时间并尽量形成规律。

① 复习

应按良好的学习方法与学习习惯进行复习,特别需要注意做好计划和掌握节奏。尤其是进行总复习之前,要根据老师的复习指导计划和个人的学习基础情况,拟定一份个人复习计划,对复习内容和使用时间都要有具体安排,最好文理科的复习穿插进行。实践证明,总复习想一遍成功较难,一般学科(语文、外语除外)以三轮复习的效果较好。第一轮是全面系统复习,第二轮是重点深入复习,第三轮是综合复习、练习,三轮复习各有侧重,密切相连,层层加深提高。在掌握复习节奏方面,要保证足够的中间休息时间(一般每复习 1 小时应休息10 分钟),还要善于通过变换复习内容和方式来进行积极的休息,如将看书、做习题、背诵、讲演等交叉进行,使大脑的不同区域轮流工作,提高大脑的活动效率。此外,复习的地点应选择安静、光线好、空气流通之处,复习的姿势也要自然并适时变换或放松,这样利于整个身心处于良好的状态。

② 活动

应根据复习的实际情况和个人的兴趣适当进行一些有益的活动,包括文娱活动、体育活动、家务劳动、社会交往等,这对于调节情绪、消除神经系统的疲劳、调整机体各组织器官的协调活动、保持机体活动的良好状态都很有好处。无论复习多么紧张,至少要有一定的运用四肢的活动,如散步、做操、做家务等。如果参加自己兴致很高的活动,也要注意控制自己的活动时间和活动强度,若活动后弄得自己心猿意马,影响了复习的正常进行就不宜了。

③ 饮食

复习考试期间要特别注意保证营养和饮食卫生。首先,要做到定时进餐、定量进餐、细嚼慢咽,切勿废寝忘食或暴饮暴食,造成消化系统的功能紊乱。其次,要有足够并合理的膳食。应吃好三餐,尤其是早餐。除了三餐以外,也可适当在三餐之间或晚上补充一点饮料(如牛奶等)、点心(如饼干等)和水果,但切忌进食太多引起消化不良。复习和考试期间都要注意吃些易于消化的食物,少吃太腻、不易消化及油炸的东西,没必要吃特别的补品。再次,要讲究饮食卫生,千万不要吃不干净、过期发霉的食品,需要煮食的食物一定要煮熟。

④ 睡眠

复习期间也要保证足够的睡眠。科学研究表明,睡眠有多种功能,不仅可以消除疲劳、调整机体各部分活动的协调与平衡、恢复生理活动的高水平,还有利于身体的发育特别是脑部的发育;同时,睡眠对于脑内信息的加工、储存有着积极的不可替代的作用;睡眠还能促进注意力和情绪的调节。如果一个人睡眠不足,便会感到头昏脑涨(无清醒感),身体乏力,注意力涣散,思维迟钝,反应迟缓。所以,"开夜车"的做法是不可取的。连续作战会使机体疲劳,加上打乱作息规律又加剧机体功能活动的紊乱,不仅夜战的效率不高,还影响了精神,降低次日的复习效率。中小学生每天至少要保证 8～10 小时的睡眠,最好中午能小睡一下,下午的精力才能更充沛。为了保证睡眠的质量,睡觉时不宜再想复习考试的事,应尽量使自己轻松入睡。可在睡前用热水泡泡脚或揉搓按摩一下身体,也可喝杯热牛奶,这些办法都有助于入睡。若躺在床上仍很兴奋,也可试试做一下自我暗示和放松。当然,实在不奏效时,也不必担忧着急,偶尔少睡一点也没什么大碍,心里越急反而越兴奋,倒不如起来活动一下,顺其自然,待有睡意再上床。一般不宜轻易吃安眠药,除非连续几天都难以入睡,而且最好在医生的指导下服食,因为药物总是有一定副作用和成瘾性的。其实,如果能照常规按时就寝,通常是会很容易入睡的,因为机体已建立了一整套相应的条件反射,因此应尽量按时睡觉。

(2)克服焦虑情绪,保持良好心境

在复习阶段,应努力增强自信,克服焦虑,同时,还要尽量设法调节好自己的情绪,保持良好的心境。可以适当做些自己喜欢的事,但要注意适度、避免分心;而尽量不去接触容易引起自己生气、悲伤的人和事。心情不好的时候,应尽快加以调节,可采用自我控制、自我安慰、宣泄、转移、找人谈心等方法。

(3)讲究卫生和安全,防止疾病和意外

在复习和考试期间生病或遇到意外的损伤,无疑是不利的,所以必须积极预防,做到防微杜渐;确实有病则更应及时治疗,免得影响复习,耽误考试。当然,要是患病较重,应当及时向学校提出缓考的申请,健康是第一位的。

六、帮孩子改掉不良习惯的方法

做事拖拖拉拉,自私自利,爱抱怨挑剔,喜欢撒谎,爱慕虚荣,爱出风头,过分依赖,做事冲动,自制力差,沉迷网络,做事半途而废,缺乏耐性,懒惰,随意浪费,缺乏主见,独立生活能力差……孩子如果有上述表现,父母具有不可推卸的责任。因为身教重于言传,父母是孩子的第一任老师,孩子是父母的翻版。习惯对于孩子的生活、学习以至今后事业上的成功都至关重要。家长要引导孩子改掉以下一些坏习惯:

(1)随意浪费,大手大脚。

(2)做了错事拒不认错。

(3)不实践自己的承诺。

(4)不谦虚,恃才傲物。

(5)浪费时间,不懂得生命的价值。

(6)不断说谎,没有内疚感。

(7)自私自利,没有合作精神。

(8)贪慕虚荣,爱出风头。

(9)做事冲动,不计后果。

（10）过分依赖父母和他人。

（11）虎头蛇尾，不会善始善终。

（12）没有耐性，做事容易分心。

（13）胆小怕事，没有作为。

（14）过于自卑，没有竞争力。

（15）自尊心太强，过于敏感。

（16）不讲礼貌，爱说粗话。

（17）懒惰，没有自理能力。

（18）挑食偏食，不珍惜父母的劳动成果。

（19）粗心，不注重细节。

（20）找借口，不会找方法。

（21）磨蹭，做事拖拖拉拉。

（22）不思进取，遇难即退。

（23）不愿承担责任。

（24）说一套，做一套。

（25）爱传闲话，在背后议论人。

（26）墨守成规，不会创新。

（27）急于求成，不会换位思考。

（28）发号施令，不懂得沟通。

家长可参考以下一些方法来帮助孩子改掉坏习惯：

【从早抓起法】好习惯的培养最好是在没有形成错误观念、没有养成坏习惯时就开始。如果孩子形成了不良习惯，要想改正过来就很难了。比如，孩子写字时弯腰驼背，家庭作业马虎了事，这些坏习惯一旦形成，即使花费几倍精力也难以在短时间内纠正，有些人甚至会保持终生。当然，在强调尽早培养孩子良好学习习惯的同时，还需注意根据孩子的年龄特点，不断提出新的培养要求，以发展其良好学习习惯。如对一到三年级的孩子，应以培养他们专心听讲、写字姿势正确的良好习惯为重点；到了四至六年级，就可在此基础上提出上课前先预习，作业整齐、规范、细心、迅速等要求，以使他们在小学毕业前养成"先预习，后听课；先复习，后作业；先作业，后检查"等良好的学习习惯。

【针对性矫正法】每种坏习惯的形成都有其内在和外在的原因，在矫正时，要查明坏习惯形成的根源，对症下药。如果不问青红皂白地说教或责罚，孩子的坏习惯不但不会改正，反而会更加严重。例如，同样是学习拖拉磨蹭，有的孩子是由于对学习没有兴趣，有的孩子是由于时间概念模糊，有的孩子是气质性格所致，有的孩子是因为懒惰，而有的孩子是出于对老师和家长的消极反抗。针对不同的原因，家长要从不同的方面入手，才有可能取得成效。

有些坏习惯是由于孩子情绪活动受到困扰而形成的。例如，受了委屈，没有人去理解他、安慰他，他便吮手指、咬笔杆以自我安慰。上课时害怕老师提问而内心紧张，就以做小动作或东张西望来加以缓解。如果家长不去解除孩子精神上的困扰，不问缘由地责备孩子，试图以施加压力的方法纠正坏习惯，也许措施越严厉，后果越糟糕。只有找到情绪困扰的根源，帮助孩子逐步卸下心理上的负担，树立起对自己和对学习的信心，才能最终消除不良习惯。

因此，习惯矫正要因人而异，因时而异，要根据孩子年龄、性格气质，采取不同的方法。

【及时性矫正法】习惯是一种稳固的神经联系，形成的时间越长，矫正就越困难。因此，家长应贯彻及时性原则，在孩子的坏习惯刚刚形成或还没形成的时候，就给予矫正，不要等到积重难返才引起重视。家长在平时要善于观察孩子的言行举止，一旦发现不良习惯的苗头就及时抓住，并给予必要指导。

当然，及时不是绝对的，而是相对的。不管是批评还是表扬，都要把握合适的时机。有时可以当时就批评，有时可缓一缓，让孩子思考思考再批评。对有抵触情绪的孩子更应等一等，待其心情平静下来再批评。因此，及时性是以把握适当时机为基础的。在时机适当的前提下，矫正越及时，效果越突出。

【疏导法】疏导法是一种不采取强迫手段，而是抓住孩子的兴奋点和兴趣点因势利导，让孩子在不知不觉中接受教育的方法。这种方法由于没有明显的教育痕迹，孩子的心理较为放松，没有抵制情绪，同时又抓住了孩子感兴趣的地方，所以教育效果较好。

例如，有个孩子不按时完成作业，拖拉马虎。家长通过了解，得知他迷恋看电视，也喜欢和别人谈论电视。于是，家长可以从电视入手进行引导，先谈电视节目、电视的好处，再谈电视的产地、电视的原理，最后过渡到学习上去。可以用一些有趣的问题刺激一下孩子："既然你那么喜欢电视，你知道电视最早是由谁发明的吗？""电视为什么会接收到声音和图像？""今后的电视是什么样子的？"利用孩子感兴趣的东西来疏导，使他由看电视到想知道电视的原理，再到热爱学习，最后到形成良好习惯。这种方法就比一味禁止或说教要好。

采用疏导法，首先要找到孩子的兴奋点和兴趣点。孩子有自己的世界，有自己关心的问题，家长平时应仔细观察，深入其中，充分了解，把握孩子的兴趣所在和喜怒哀乐。这是顺利疏导的必要前提。其次，要贴近孩子。只有贴近，孩子的心灵才能敞开；只有敞开心灵，才有疏导的可能。家长高高在上、可望而不可即是一种惩罚的姿态，而不是疏导的姿态。因此，刚开始疏导的时候，家长应理解、接受甚至同意孩子的某些观点和行为，以拉近和孩子的距离，而不应一开始就反驳和批评。如对爱看电视、不爱学习的孩子，家长一开始应肯定电视的好处，甚至可以说明"我也很爱看电视"，再过渡到其他方面。这样，通过"投其所好"，贴近孩子，消除孩子对家长的戒备和抗拒心理。最后，要利用机会。疏导最大的特点是顺势引流，这里的"势"其实就是指的机会。疏导有的时候需要有目的、有计划地循序渐进,有的时候又是随机的教育,需要家长灵活机动。只有善于把握教育机会的家长,才能使疏导法发挥出最佳效果。

【疏与堵相结合矫正法】矫正不良的学习习惯时,一方面需要疏导,像大禹治水一样开沟挖渠,把水引入正轨,让孩子在不知不觉中改变习惯;一方面又需要堵塞,通过各种惩罚让孩子明确知道那样做是不对的,是要受到惩罚的。这两方面相辅相成,缺一不可。有的家长发现孩子有不良习惯时,一味"管、卡、压、罚",动不动就批评、责骂,这往往会使孩子阳奉阴违,甚至产生逆反心理,是不可取的做法。聪明的家长应把二者结合起来,以疏为主,以堵为辅,抓住孩子的关注点和兴趣点顺势引流,充分利用学习和生活中的一切机会进行教育,做到"遇物而诲""遇事而诲"。

【行为弱化法】纠正孩子不良的习惯,需要行为的弱化。一位细心的妈妈观察写作业的儿子,一会儿喝水,一会儿撒尿,不到一小时出来四五次。这位妈妈看在眼里却没有急于求成,而是在第二天孩子写作业前给他提了个建议:坐下前把该办的事办好,"我看你写作业时出来三次完全可以"。孩子在妈妈的鼓励下果真少出去一次。过几天妈妈又提议再减少一次,孩子又轻松做到了。家长的要求依次递减,直到孩子可以集中精力把作业写完,既帮孩子克服了不良习惯,又保护了孩子的自信心。

好习惯不是一天养成的,坏习惯也不是一天就能改掉的。用减法帮助孩子克服坏习惯,既有效果,又能保护孩子的自信心。

【惩罚法】习惯是一种行为训练的结果,是一种动力定型。因此,要矫正坏习惯,光有疏导是不够的,还需要一定的强制训练和惩罚措施。必要的惩罚对矫正孩子的不良习惯是有一定作用的。要克服不良习惯既需要内在的意志力,也需要外部的强制力,全靠自觉是不行的。惩罚作为一种外部强制力量,对矫正不良习惯具有一定作用,是疏导法的辅助手段,但在运用的时候要慎重。

惩罚的方式有多种,如口头批评、罚站等。不管是何种方式,关键是要让孩子知道他们的行为是错误的,并能激发他们努力改正的决心。为更好地发挥惩罚的效果,家长要注意以下几点:

(1)惩罚适度。根据孩子不良习惯的程度适度惩罚,不要让孩子感到家长的惩罚是随心所欲的,是不公正的。如果惩罚太重,则会引起对抗情绪;如果惩罚太轻,则不足以使孩子有深刻印象,教育意义不大。

(2)惩罚适量。惩罚不是正面教育,运用时要非常谨慎,次数不能太多。如果惩罚太多,孩子会产生"免疫力",受罚之后依然我行我素,教育效果不大。同时,过多的负强化会使孩子心理上长期处于紧张状态,觉得自己这也不行、那也不行,从而产生严重的焦虑感和自卑感,有的孩子则会破罐子破摔,干脆和家长对着干,抱着一种"反正我就这样了,看你能把我怎么样"的态度。有的家长不注意这一点,对孩子的不良习惯翻来覆去批评个没完,或者动不动就罚站、不准回家,把惩罚当成灵丹妙药。这种观念和做法是落后的、粗暴的,不利于矫正孩子的不良学习习惯。

(3)惩罚适时。选择合适的时机进行惩罚。合适的时机标准不一,因人而异,总的原则是:使惩罚能最大限度地发挥效果,能积极推动孩子矫正不良习惯。

(4)罚之有理。要让孩子知道为什么受罚,使他们心服口服。因此,在惩罚时,家长一定要向孩子讲清楚,不要让孩子受罚后还丈二和尚摸不着头脑。道理可以在惩罚前讲,也可以在惩罚后讲,也可以边惩罚边讲,根据不同情况选择不同的方式。

(5)讲究技巧。为使惩罚更有效果,孩子更易接受,家长需要掌握一些技巧。首先,家长可以欲抑先扬。在批评、惩罚之前,先肯定孩子。例如,"你一直都是一个不错的孩子,这次是怎么了?""这一段时间听说你在听课方面表现很好,但在完成作业方面还得加把劲,尤其是要改掉马虎的毛病。"这种手法既可以融洽气氛,使下一步批评易于展开,又可以使孩子受到勉励,从而产生改正错误的决心。其次,要避免惩罚后立即表扬。"打一巴掌揉两下"的做法,会使孩子认为家长罚错了而在自责,这会降低惩罚的作用。再次,惩罚应对事不对人。家长所针对的是孩子的不良行为的习惯,而不是他本人。因此,家长不应对孩子进行人身攻击,不应对孩子整个人进行否定,而只应针对他所犯的错误。家长不应说:"你真是太差劲了,我对你很失望。"或者"你这个花岗岩脑袋,屡教不改。"而可以说:"我对你的行为表示失望。我想,凭你的能力,你完全可以做得比这好十倍。"这样,不仅指出了孩子的错误,而且增强了他的自信心。最后,家长不要翻旧账。有的家长在批评和惩罚的时候,把孩子以往的错误全部又数落了一遍,热衷于"揭疮疤""算老账",这是会令孩子反感的。以前的错误已经批评过了,就不要总是挂在嘴边、记在心里。否则,孩子会产生这样的心理:"家长永远记着我的错,我再怎么努力也是白搭。"显然,这种心态会大大降低惩罚的效果。

【激将法】激将法是惩罚法的一种特殊形式,是指家长用比较强烈的或反面的言语、行为故意刺激孩子,唤起孩子的自尊,使孩子猛然警醒,从而下决心改掉不良学习习惯的方法。这种方法必然会触及孩子的自尊。从家长角度来看,运用此法是有目的的,而孩子并不了解这种目的,他以为家长那些过度激烈的言行是真心流露,所以其自尊心定会受到伤害,从而导致他对家长可能抱有不满、怨恨、冷漠等情绪。因此,不到万不得已,家长不要运用激将法,控制不好的话,会造成亲子关系紧张。

运用激将法时,首先要选择合适的对象。对那些自尊心强、表面满不在乎、又屡教不改的孩子适合采用激将法,而对那些胆小羞怯、敏感脆弱的孩子则不宜采用。其次,要选择合适的场合。可以私下激将,也可当众激将,而后者比前者更为有效,对孩子的震撼力量也更大。再次,要选择合适的言行。家长的言行比平常的批评要更加激烈,更带有刺激性,要使孩子在霎时间感受到刺伤后的痛苦,促使他下决心改掉不良习惯。

【消极练习法】要矫正不良习惯,其前提是对行为的自我控制,而要自我控制,则必须首先意识到所要控制的行为。然而,习惯行为是自动化无意识行为,因此,要克服它,必须首先降低它的自动化程度,提高它的意识自觉性。

消极练习法的目的就是降低不良习惯的自动化程度,是指让孩子故意地、认真地重复原先那些无意识的、自动进行的不良习惯,使孩子清楚地了解不良习惯的行为进程,增强对它的意识程度,降低其自动化水平,从而克服这些不良习惯。如,有孩子学习时常咬笔杆,听课时咬,做作业时咬,看书时也咬,只要笔在手里不写字,他就无意识地开始咬笔杆。老师批评、父母责骂,他自己也下了决心要改正,但都效果不大。后来家长建议他采用消极练习法试一试。要求他每天做6次消极练习,每次练习都对着镜子连续咬笔杆3分钟,休息1分钟,反复3次。咬笔杆时必须认真"欣赏"镜子中的自己。10天后,他的坏习惯改掉了大半。

消极练习法只适用于那些行动性强并且动作较简单的习惯,对于那些复杂的、有一系列动作的习惯,消极练习法就难实行了。

【切断联系法】许多习惯都是由一系列行为组成的。在坏习惯之前,往往有一个先导的事件或行为,可称之为先行事件或先行行为。它们对不良习惯有着很大的影响。要克服不良习惯,就要切断它和先行事件间的联系。例如,有的孩子在家里一吃完晚饭就往沙发上一坐,一坐下来就开始看电视,一看电视就舍不得走,等到磨磨蹭蹭开始做作业时,时间已晚,于是作业做得马虎潦草,也没有时间去预习和复习。要矫正孩子的这种坏习惯,就要切断这一系列动作间的联系。

怎样切断联系呢?一是尽量避开先行事件。比如在上述例子中,家长可以不允许开电视,就可以避免接下来的行为出现。二是有意识地中止接下来要出现的行为。比如,孩子吃完饭刚准备往沙发上坐,家长就可提醒他:"吃完饭不要马上坐。到房间里去走一走,然后开始做作业。"这样经常中止孩子的先行行为,不良习惯便可逐步克服。

【从"小"做起法】要帮孩子养成良好的学习习惯,必须注意从一点一滴的小事做起,并持之以恒,以逐步帮助孩子全面地形成良好的学习习惯。例如,要使孩子养成良好的阅读习惯,就必须包括一系列的内容和要求:预读、查读、划读、摘读、询读、注读、比读、议读。在培养孩子这些方面的良好习惯过程中,只能从孩子年龄特征出发,根据教学的具体情况,有的放矢地逐步培养,最终养成良好的阅读习惯。对于孩子偶尔抄一次别人的作业,考试作一次弊等,也绝不可等闲视之。因为如果不能及时处理,它们也会由小到大地逐步积累,最终形成坏的学习习惯。

【加强教育法】尽管有些习惯是无意重复的,但人的大多数良好习惯都是有意识养成的。而要使孩子能有意养成一种良好学习习惯,必须通过教育使孩子懂得为什么要养成这种学习习惯,从而激发他们产生养成这种良好习惯的欲望;

还必须培养孩子坚强的意志,培养孩子的信心、决心和恒心。

【反复强化法】良好学习习惯的形成是通过训练不断强化的结果。怎样才能使强化有效呢? 要持久要求。持久就是不断强化,持久才能使孩子逐渐适应,才能最终养成习惯。在培养习惯问题上,绝不能也不可能有"一劳永逸"的事情发生。为了做到持久要求,可要求孩子制定一些制度,并严格地检查,督促他们执行。

【整体培养法】对孩子来说,需要养成的良好习惯颇多,诸如生活习惯、卫生习惯、劳动习惯、学习习惯等。上述诸多习惯中,最重要的是生活习惯,因为一旦孩子养成良好的生活习惯,不仅为形成良好的劳动习惯、卫生习惯等打下了良好基础,也为形成良好的学习习惯创造了有利条件。如果孩子在日常生活中"马大哈"的话,那么,要培养他认真仔细的学习习惯就比较困难。因此,为了使孩子形成良好的学习习惯,就要与培养良好的生活习惯等结合起来进行。

【破旧立新法】要使孩子养成良好的学习习惯,还必须教育他们自觉地与自己已经养成的某些不良习惯做斗争,并用新的良好习惯代替它。要做到这一点,一要启发孩子认识坏习惯的危害,促使孩子下决心改掉老毛病;二要帮助孩子解决行动中的具体困难,落实具体措施;三要不断提醒、督促、检查,并善于运用批评和表扬武器;四要让孩子主动严格要求自己。

【破坏性习惯改变法】孩子破坏东西表现在日常生活和学习中的许多方面。例如把家里的东西拆开、打碎,用硬物划伤家具、涂上颜料、弄断等,或者把书和作业本一页一页地撕下来玩,或者把学校桌椅板凳敲烂,或者把别人的窗户玻璃打碎,把别人的皮球刺破,或者把公共路牌摘下、转向、捣毁等。孩子对物品的破坏,轻则造成少量的金钱损失,重则可以造成重大事故,所以父母有必要重视培养孩子保护物品、爱护物品的习惯。

(1) 导致孩子破坏东西的根源

① 在好奇心的驱使下,孩子喜欢把家里的东西拆开来,看看里面究竟有些什么东西,这是孩子探索世界、了解客观事物的一种方式。而孩子的能力往往有限,许多东西拆开来就没有办法再还原了,所以这种拆的行为就变成了破坏行为。例如,有些孩子听到收音机响,就想拆开来看看里面有没有人。看见时钟会不停地转动,就想拆开来看看是谁在里面推着它转。为了仔细了解,他们就会把物品拆开来看个究竟。

② 孩子不重视钱财的浪费,对自己物品的价值不重视,甚至损坏了也没有什么可惜的感觉,在使用时便不会认真对待,而是粗心大意、漫不经心。

③ 孩子愤怒的时候,会把物品故意摔坏或者打碎来发泄自己的愤怒情绪。这种愤怒引起的破坏行为有时是相当严重的,有时会把自己最珍贵的物品都毁坏掉。等到怒气消退了以后,却又心痛惋惜和后悔。但有些孩子通过蓄意破坏别人的东西来报复和发泄自己的不满时,对别人造成的损失越大,孩子就会越感到消气。这种报复性破坏在多数情况下是不愿让人知道的。

④ 有些孩子染上了恶习,跟随别人偷取、破坏某些公用设备,用来换取金钱,以满足自己的私欲。例如,有的孩子为了盗取一点铜线拿去卖,就会把电话线剪断、把变压器摘下,从而导致通讯、供电中断的严重后果。

⑤ 有的孩子和别的孩子在一起胡闹,或者为了表现自己的力量,就会破坏公共设施,从中取乐,甚至走上了犯罪道路还稀里糊涂。

(2) 纠正孩子破坏性习惯的方法

① 孩子的好奇心是可以理解的,但要把握分寸,要得到家长或老师的同意。

② 如果孩子对财物不加重视,任意破坏,家长要严厉制止,还要让孩子明白爱惜物品的重要性。

③ 如果孩子愤怒而摔坏东西,家长要告诫孩子不要发怒,要向孩子讲清发怒摔坏东西的危害,要给孩子指点消除愤怒的方法。

④ 对于恶作剧破坏公物的孩子,家长要严加管教,除了教导孩子不能这样做以外,还要强迫孩子进行一些劳动补偿,让孩子认识自己的错误,体会别人劳动的艰辛。

⑤ 对于因贪婪、盗窃而造成的破坏行为,家长一定要认真对待,要严厉教育孩子,和孩子一起承担破坏造成的损失,如构成犯罪行为,家长应该通过司法部门共同处理。

【拒不认错习惯改变法】孩子年龄小,生理机能的发育和心理发展还不成熟,常会说错话、做错事,这是难免的,在帮助下能认识错误,改了就好。可是有些孩子做了错事不肯认错,倔强、执拗,确实令人生气。对孩子的这种不良行为,家长应仔细分析原因,给予正确的教育。

有些孩子做错了事,自己不知是错的。特别是男孩子,顽皮、爱打闹,有时会把衣服弄破,或是为了探个究竟,把新买的玩具拆得乱七八糟……这都是孩子生理和心理特点造成的,他全然不知错。对这样的孩子,家长不要急于追究错误的大小,而应把重点放在如何帮助他承认错误上。

首先,家长必须改变以上不正确的做法,是谁的错就是谁的错,要本着实事求是的态度,不要怨天怨地,混淆孩子的是非观念。

家长要鼓励孩子说实话,以亲切的态度告诉孩子:"做错了事没关系,只要勇敢地承认错误并愿意改正,就是好孩子。"同时严肃地指出:"做了错事又不肯承认是错上加错! 爸爸妈妈不喜欢这样的孩子。"

待孩子表示认错后,肯定他的进步,再帮助孩子分析错在什么地方,其严重程度、不良后果等,教孩子应该怎样做,让他从中接受教训,为今后正确的行为打下基础。

有的孩子做了错事,由于怕受惩罚而不敢认错,有的家长教育方法简单、粗暴,不是呵斥就是打骂,常使孩子惊恐万状,无所适从。有的孩子做了错事后为了逃避父母的惩罚,只好用说谎来掩饰自己的过错。要帮助孩子克服和纠正这种不良行为,家长必须改变不良的教育方法,坚持正面教育。孩子虽小,但也有他的独立愿望,有自尊心,孩子做了错事,家长采取打骂孩子的做法是一种失败的教育方法。家长要持冷静的态度,分析孩子做错事的原因,本着重动机、轻后果的原则,原谅孩子因生理、心理因素及缺乏经验造成的过失。但是家长对孩子在行为、品德上的错误则要毫不客气地给予严厉批评,绝不姑息迁就,以便帮助孩子明辨是非,增强道德判断能力,少犯错误。

【粗心大意习惯改变法】粗心大意是孩子学习中常见的问题之一。例如,数学解题时忽略了统一单位制,英语考试没有考虑时态呼应,作文中形近字混认、混写,答案选择 A 写成了 B 等等。粗心大意不仅导致孩子学习不认真细致,丢三落四,而且给孩子的学习带来很大损失,尤其是毕业、升学等重大考试中,由于马虎大意而痛失良机者大有人在。更为严重的是,孩子的粗心大意成为习惯,就会蔓延到生活的方方面面,给孩子的发展带来许多负面的影响,甚至影响他成年后的工作。因此,家长要重视孩子粗心大意的毛病,帮助他们尽快矫正。

为什么有的孩子学习特别容易粗心大意呢?一般说来,有以下原因:

(1) 与孩子的气质有关。多血质的孩子灵活机智,活泼好动,反应敏捷,无论读、写、算总比别的孩子快,但他们情绪不稳,学习凭热情,浅尝辄止,容易分心;胆汁质的孩子精力旺盛,性情急躁,思维匆忙而少虑,遇事冲动,急于求成。这两类孩子容易犯丢三落四、粗心大意的毛病。

(2) 缺乏良好的行为习惯。有的孩子生活懒散,行为上不拘小节,这种生活作风和行为习惯自然地反映在学习上,久而久之就形成了马虎的行为习惯。

(3) 受思维定势的影响。孩子在学习了某一内容以后,容易形成思维定势,以为在这以后的练习题或试题都是与之内容相关,而根本没有认真审题,拿过来就做。而有些作业题恰恰在可能混淆、可能出错的地方做文章,以考察孩子的分辨能力、应变能力以及审题能力等。

(4) 不善于调节紧张情绪。有的孩子做比较容易的考题时,觉得题目简单,自己会,心理的紧张程度一下就松弛下来,放松了警觉,审题时不细致,解题时心不在焉或步骤过简,于是出现了不该出现的失误(即越简单越出错)。有的孩子看到考题比较难,紧张过度,心理负担重,导致思维紊乱,忙中出错。

尽管造成孩子粗心大意的因素很多,但并非不可以改变。家长应根据孩子的实际情况,从以下几方面入手:

(1) 从"小"做起,贵在坚持。有的孩子对粗心大意的毛病不以为然,有许多错误的观念。诸如:"别看我平时马马虎虎,得过且过,但到考试时绝不会输给同学。""何必要在小事上那么认真,只要在大事上把好关就行了。"殊不知,平时小事养成的习惯,到关键时刻(如考试),就会不由自主地因马虎行为而出错丢分,甚至影响个人发展的前途。因此,父母要教育孩子从一点一滴的小事做起,比如,要求孩子做作业整齐、规范、细心、迅速,写错的字或做错的题要重写、重做,及时改正等,并持之以恒,以逐步帮助孩子形成严谨、认真的生活作风和行为习惯。

（2）教给孩子自我监督、自我暗示的方法。做法是要求孩子抄录、书写一些自我提醒、勉励的句子,如"认真仔细""注意错别字、注意检查",贴在文具盒上或者房间里,以改正自己粗心大意的毛病。有的孩子为了避免数学计算上的错误,特别订了一套自我训练的规则,以警示自己:"读题要两遍,认真思考落笔慢,解题步骤少缩减,莫忘验算,查看符号、数字、小数点,莫丢,莫乱变。"父母不妨借鉴这种方法教育孩子。

（3）对孩子进行心理训练。认真仔细的品质可以通过心理训练来培养。心理训练的方法有以下几种:

① 辨认错误图形练习。让孩子根据给出的正确图形,在许多图形中找出错误图形来,并指出错在何处(正确图形与错误要相似,易混淆,但不能一样)。

② 文字、符号校对训练。要求孩子对左右两边的文字、符号进行校对,并连线,如左右不一样,数一数有几处不一样,将错误记下来。

③ 改病句、错字、错题训练。父母要注意用专门的笔记本收录孩子的错题,针对孩子的错误,进行改病句、错字、错题的训练。如果父母无能力纠正孩子的错误,可以请其他孩子或老师帮助。

【课堂不敢发言习惯改变法】如果孩子在课堂上像个闷葫芦,老师就很难了解他对知识的掌握程度,从而也就无法对他进行恰当的指导。这种情况还将影响孩子社会活动能力的发展以及孩子学习能力的提升。

有些孩子害怕答错问题而出丑,也害怕提了"愚蠢"问题而"掉价";或者他认为请求别人帮助是无能的表现。这种感觉可能以后会发展为不敢当众讲话的问题。无论是在社交场合感到焦虑不安还是企图追求十全十美,都会使人缺少参与能力。因此,应该纠正不敢提问题和回答问题的行为方式。

（1）解决孩子的胆怯问题

同孩子谈心。弄清楚孩子在害怕什么、什么时候害怕、在什么人面前讲话害怕、讲话后的哪些结果使他害怕。如果孩子由于认为自己的回答必须十全十美,害怕回答问题时出错或被同学嘲笑而在课堂上保持沉默,家长必须改变他的认识。要说服孩子意识到这些看法是不正确的。

让孩子观察并记录:在班里发言后遇到了什么情况? 班里的同学对此做出什么反应? 老师有什么反应?

请老师同你的孩子谈心。如果老师在个别谈话时告诉孩子他在了解学生的学习情况方面需要孩子的帮助的话,孩子的害怕心情或许会减轻。

教孩子放松技巧。当孩子掌握了放松技巧后,教孩子做简易的放松练习,当他在集体中感到紧张时就做练习:深呼吸、吐气,同时说暗示语"放松"。

在家里模拟上课的情景。让孩子表演提问和回答问题。当孩子在人多的场合时,你要引导他和大家谈论。也可以利用家人团聚的机会让孩子锻炼讲话能力。

计划。同老师协商定出鼓励孩子发言的计划。开始时,老师可以只让孩子回答他断定孩子知道答案的、只需回答"是"或"不是"的问题。然后过渡到可以在小组讨论课上鼓励孩子发言。

（2）使用上课发言次数登记卡

家长可让孩子使用一张登记每天上课发言次数的卡片,放学后让孩子把它带回家。发言次数增加的话,家长要及时表扬。

（3）家长以身作则

家长要在公共场合表现得落落大方,敢于提出问题或阐述自己的观点,让孩子认识到你这样做很安全。

（4）反省自己对孩子提问的态度

你是不是无意中挫伤了孩子提问题的积极性? 对孩子的问题表现得不耐烦? 因为太忙而顾不上回答孩子的问题? 希望孩子什么也别问? 如果你存在这些问题,你在让孩子做到敢于大胆发言之前首先要改变你自己的行为。

（5）鼓励孩子参与活动

全家人利用吃饭时间讨论问题,每个人都要讲自己在这一天的活动。鼓励孩子对广播或电视播出的新闻发表看法,鼓励孩子养成爱提问题的习惯,并表扬他的这种新行为。你所表现出的兴趣和认真听孩子讲话的态度对孩子是一种极大的鼓励。

【不完成作业习惯改变法】孩子不完成作业有许多原因：也许孩子缺少学习的积极性,没有达到应有的水平;也许孩子对学习有兴趣,但是他的注意力太涣散了,不能集中精力学习;也许孩子学习某门功课有困难,或许因为理解力较差,或者因为没有掌握完成作业的方法。如果孩子缺少这些基本技能,他是无法正确地完成作业的。

改变孩子不完成作业的习惯,家长可从以下方面着手：

（1）确定孩子的行为是否预示着问题。

① 向老师和孩子了解情况,搞清楚这是孩子偶尔的还是一贯的表现。孩子是不完成某一门功课,还是每门功课都不能完成,要了解老师和孩子对这个问题的解释。

② 测验孩子的能力。孩子的学习是否达到了老师的要求? 学习能力差是否有补救方法?

③ 对孩子因材施教。孩子学习的课本是否超出他的能力? 或许只要调整一下学习难度或对孩子进行一些辅导,问题就能迎刃而解。老师可以做必要的调整,但是如果孩子的学习能力太差,可以帮他请家庭教师进行辅导。如果孩子存在学习能力低、行为失常、注意力涣散等问题,那么为了使孩子顺利地学习,有

必要对学习内容做进一步的调整。

④ 对孩子改变要求。同老师讨论将孩子调到低一级的阅读或数学小组,是否存在帮助孩子赶上差距的可能性。

(2)放宽时间要求。许多孩子能够完成作业,只不过他们需要的时间要长一些。家长和孩子可以协商决定完成每门功课的适当的时间,这种做法可以让孩子感到他是按时完成功课的。对那些写字很慢的孩子放宽完成作业的时间。另外,让他们学习行书。孩子一旦掌握了行书,写字的速度就会加快。

(3)给予孩子特别帮助。如果孩子因学习能力低、注意力涣散或心理问题影响了他的学习,特殊帮助有助于提高孩子的学习,可以请求老师和学校教育专家的帮助,而药物治疗、调换座位以及自我控制训练等方法对注意力涣散的孩子也会有一定的帮助。

(4)应采取一些巩固措施。以下训练可以对孩子完成作业有帮助。

① 确定时间限度。如果孩子不能像其他同学那样在课堂上完成作业,你可以用定时器帮助孩子专心做作业。同孩子一起商定完成每门作业的时间,把它写在纸上,把定时器上好后,让孩子开始做作业,看他能做得多快。

② 强化完成作业的能力。如果孩子在规定的时间内完成的作业数量越来越多,可采用加分鼓励的办法。用不了多久,孩子完成的作业量和所用的时间就会达到班里同学的水平。

【无礼习惯改变法】礼貌是人际交往中很重要的一种沟通手段,也是人与人之间互相尊重的表现形式。对人无礼的孩子,是没有修养和教养的表现。

(1)孩子没有礼貌的根源

① 孩子在家庭和学校中没有受到适当的礼貌教育和管制,是导致孩子待人无礼的重要原因。由于孩子没有接受相应的教育,所以待人接物不懂得使用合适的礼貌用语和适当的行为方式,不知道礼貌待人的重要性,不知道"礼貌"的含义应该怎样表达。

② 有些家长很有钱或者很有地位,看不起别人,所以对人傲慢无礼,孩子模仿父母待人的态度,就学会了傲慢地对待别人。

③ 有些孩子身体有缺陷,心中很自卑,以此明明很想与别人交朋友,又怕别人拒绝,就故意对人表现出不屑一顾、傲慢无礼的样子,以掩饰自己的不足。

④ 有时孩子害怕承认错误会给自己丢脸,降低自己的身份,所以明知有错却不承认,对人故意表现无礼。

⑤ 孩子在遭受挫折后,会表现出一种复杂而隐蔽的消极心理反应,表现出对人漠不关心、冷淡、不理睬或爱理不理的行为。

(2)解决方法

① 指导而不是斥责。每个孩子都有故意行为不端的时候,事实上这种情况仅需一两次的讲解式教育即可。一定要明确告诉孩子正确的做法。比如,与其

训孩子"不许那么无礼",不如说"吃饭时打响嗝是不礼貌的,如控制不住,应当说声'对不起'"。

② 改述。当孩子用不太礼貌的方式描述他自己的感受时,家长应用合适的方式来重新讲述他刚才说的内容。例如吃饭时孩子说:"唉,我讨厌(或恨)死这些绿东西了!"家长应用礼貌的言语来纠正:"爸爸妈妈希望你说:'我不想吃菠菜。'"

③ 告诉孩子你真正希望的是什么。当孩子不讲礼貌时,应避免在此问题上唠叨、发火:"不许(或别)在屋里大喊大叫!"应向孩子讲明你所希望的做法:"请声音小一点,孩子。"这种方式也能使大人情绪平和,不至于失控发脾气,而且也告诉了孩子该如何做。

④ 接受孩子的过错。孩子在社会交往中也会犯错误,他们需要到一定的时候才能学会正确的行为举止。因此要接受、容忍与年龄有关的一些错误,毕竟还是未成熟的孩子气的过错。

当孩子在公众场合做出缺乏教养的行为时,确实令父母大为恼火,但这时切记一定要克制,不要在众人面前斥责孩子。此时用训斥的方法教育孩子讲礼貌,可以说本身就是没礼貌的表现。

⑤ 事先做好准备。无论你计划带孩子去朋友家玩,还是晚上一起去看电影或到外面吃饭,在离家之前花点时间教育孩子的礼貌举止,效果相当不错。如可以回忆一些讲礼貌的"规则"等。

⑥ 设想出具体的礼貌行为。如果你从孩子两岁起就一直提醒他说"请""谢谢",那么你就能预料到孩子到 6 岁时,他自己肯定已学会运用了。要坚持不懈,做到天天都要讲礼貌,而且要平和、渐进地提醒孩子,这样过一段时间,你会发现你的孩子已变成一个有礼貌、处处受欢迎的人了。

【"不养成什么习惯的习惯"改变法】什么是不养成什么习惯的习惯? 举例来说,坐要端正,站要挺直,每天要洗脸漱口,做事要有头有尾,这些都是一个人应有的起码习惯,有了这些习惯,身体与精神就能保持起码的健康。但是这些习惯不是一时半会儿就会有的,也得逐渐养成。在没有养成的时候,多少要用一些强制功夫,直到"习惯成自然",不待强制与警觉,也能行所无事地去做,这些就是终身受用的习惯了。如果先前没有强制与警觉,今天这样,明天那样,那就什么习惯也养不成。而这今天往东,明天往西,今天这样,明天那样,反倒成为一种习惯,牢牢地在身上生根了。这种习惯就是"不养成什么习惯的习惯",最要不得。为什么最要不得? 这种习惯是与其他种种习惯冲突的,养成了这种习惯,其他种种习惯就很少有养成的希望了。

【妨害他人习惯改变法】什么叫妨害他人的习惯? 举例来说,你走进一间屋子,砰的一声把门推开,喉间一口痰涌上来了,噗的一声吐在地上,这些都好像是无关紧要的事。但是这些行为都将妨害他人。屋子里如有人在那里做事看书,他们的心思正集中,你砰的一声关门,他们的心思就被扰乱了,这是受了你的影响。你的痰里如有些传染病菌,噗的一声吐在地上,这些病菌就有传染给张三或李四的可能,他们因而害起病来。所以这种习惯是"妨害他人的习惯"。一个人如果明了自己与他人的密切关系,不愿意妨害他人,给他人不好的影响,就该随时强制,随时警觉,不要养成妨害他人的习惯。不管屋子里有没有人,你推门进去总是轻轻地,不管你的痰里有没有传染病菌,你总是把它吐在痰盂或纸巾上,这样"习惯成自然",你就不至于在推门与吐痰两件事上妨害他人了。推广开来说,凡是为非作歹的人,他们的病根在养成了妨害他人的习惯。他们不明了自己与他人的密切关系,他们不懂得爱护他人,他们的一切习惯偏向妨害他人的方面,他们就成了恶人。谁要立足在今后的世界上,谁就得牢牢记住,不要养成妨害他人的习惯。

【打断别人讲话习惯改变法】如果孩子习惯打断别人讲话,家长可这样解决:如果孩子跑过来缠着你讲话,可以指着凳子让他过去坐并且在结束讲话前都要保持安静;如果你要打电话或见朋友的话,告诉孩子要保持安静并且不要打扰你,然后给他安排另外的活动。要让他知道,如果中断你讲话,很难达到目的。

【装作没有听到说话的习惯改变法】有些家长不时给孩子重复或提醒自己的要求、指挥,这会让孩子养成等待你提醒而不是留心你所说的话的坏习惯,甚至还会发展到不理会你说的话。如果这种习惯继续下去,孩子可能会变得目中无人,不会尊重别人。针对这一问题,家长可这样解决:尽量不要远距离跟孩子说话,走到孩子前面跟他说清楚你的要求。当你说话的时候,要求孩子看着你并要有所反应。

【态度轻浮习惯改变法】有的孩子有边跟父母说话边做鬼脸或用很轻佻的态度跟父母说话的情况,目的是测试一下父母的反应。很多父母可能会忽视这些行为,觉得孩子还小,现在只是过渡阶段。但如果不让孩子尽快改正,可能孩子会很难跟他人好好相处。针对这一问题,家长一定要让孩子意识到自己的行为是不当的,例如孩子在说话的时候翻白眼,可以告诉他这种行为表明他不喜欢你所说的话,可以停止跟他说话并走开,然后跟他说当他态度变好的时候才会跟他说话。

【夸大事实习惯改变法】有的家长可能会觉得孩子在别人面前吹嘘不是什么大问题,但对于这种现象应该尽早从源头截住。因为如果孩子发现说大话会令自己感觉舒服一点,很快就会养成经常讲大话和推卸责任的习惯。

解决方法:当孩子撒谎的时候,应该跟孩子说清楚说谎的坏处,让他明白大话讲多了别人会不再相信他说的话,得不到别人的尊重。同时还要了解清楚孩子说谎的目的,要让他明白即便是说谎也不能够达到目的,有时结果会更加糟糕。

【健忘习惯改变法】父母们总是替上小学以前的孩子记住所有的事情,一旦孩子上学了,父母们就会认为孩子可以自己管理自己了。但是,这些孩子总是大大咧咧的,因为他们知道,遇到事情可以让爸爸妈妈帮忙。所以,有些孩子总是心不在焉,丢三落四,走到半路才记起应该带的东西。这样的孩子可能是注意力有缺陷,但一般情况下,孩子不会有什么病,而仅仅是健忘。

(1)制订一个培养孩子独立性和责任心的计划

① 为孩子提供放东西的地方,孩子应该有自己的衣帽架和放玩具、书本的柜子。规定好每个格子的用途,贴上标签,让孩子从小就学习分门别类地摆放东西,他们收拾东西的能力也会因此提高。

② 表扬。孩子用完东西后放回原处时,你要表扬他。如果孩子把衣服挂在衣钩上或把玩具放回去了,就赞扬他,并告诉他再取衣服和玩具时会有多么方便。

③ 教会孩子提前安排一天或一周的事务。让孩子看你是怎样安排每天的事务的(这也能鼓励你自己做事有条理)。在日历上写出一周的日程安排和需要记住的事情,包括办事的时间、地点等。你可以每天早晨把孩子这一天要做的事情记下来,把这张日程表贴在孩子的镜子、笔记本或家里的电冰箱上,提醒孩子注意看它。

(2)选择或创新适合自己的方法

教给孩子一些记忆方法,然后让孩子用表演、练习或模仿的方式来学习巩固它。

① "犹豫"片刻。让孩子学会在离开一个地方之前先站住想一想:"我是不是忘记了什么东西?"以确保没有落下什么东西。

② 打量自身。让孩子把自己上上下下打量一遍,看看是否丢下了什么东西。孩子可以自言自语地说:"帽子、眼镜、汗衫、夹克衫、钱包、书、手套,还有什么东西没拿上吗?"

③ 环视四周。教孩子环视四周,通过一件东西联想到另一件东西。例如,写在黑板上的家庭作业可以提醒他把作业本等东西带回家。

④ 列出单子。让孩子把一天中必须做的事情写在纸上,把它贴在显眼的地方。把需要记住的事情写在不干胶便笺上贴起来。

⑤ 让孩子自己发明一些记忆办法。有个孩子每天都把老师布置的家庭作业记在本子上,可他总是把这个本子忘在教室里。后来他终于想出一个办法:把作业抄在手上,因为他不可能把手忘在教室里!有时,你不能抱怨孩子的这种看上去不合适但确实有效的办法。

(3)让孩子感受丢东西的滋味

要想让孩子学会记住事情,最好的方法就是让他尝到健忘的苦头。孩子的健忘往往是由依赖性造成的。家长不希望孩子把他的网球拍丢了,所以,家长总是提醒他把球拍拿好。可是当他真的把球拍丢了时,家长会再给他买一副新的。

家长不愿意去为孩子送芭蕾舞鞋,所以每次孩子离开家前我们都提醒孩子把鞋带好。但是,家长的这些做法并不能改变他们丢三落四的毛病。其实,最好的办法是让他们吃些苦头。

① 不要代替孩子记事情。如果孩子把垒球手套忘在家里了,让他自己回家去取。即使他会失去一次比赛机会,你也不要自己跑回家为他取手套。

② 自作自受。尽量让孩子自己找到他丢失的东西。让他自己去给当地失物招领处打电话询问,并让他自己去那里把东西取回来。家长不要替孩子做这些事情。

③ 过度纠正。孩子忘记带东西或丢失东西时,让他当着你连续做若干遍"记忆"练习。如果孩子总是忘记带午饭,你可以在他就要出门时提醒他一次,但要让他把从冰箱里取出饭盒放进书包这套动作做上三遍。如果孩子把他的外套忘在教室里了,可以让他做离开教室前"打量自身"的练习。做练习时,他可以想象自己正准备离开学校,正在朋友家向朋友告别或电影刚刚散场等等。

④ 不要孩子丢一件东西你就给他买一件新的。大孩子丢东西后,让他干家务活挣钱再买一件。至少要让孩子用他的积蓄或零花钱为新买的东西付一部分钱。

【坐立不安习惯改变法】学会安静地坐着对小孩子来说是最难的一课。即使只让他们坐上几分钟他们也会感到很难熬。小孩子必须能够理解父母所说的"好好坐着"究竟是什么意思,而父母也不能对孩子的要求太高。但是即使是年龄很小的孩子也可以通过训练学会在饭桌前、候诊室及其他场合坐上很长的时间。

下面介绍一些训练孩子学会安静等待的方法,家长可根据孩子的年龄、能力和特点从中选择几种方案。

〖打拍子训练法〗如果你的孩子 1 岁左右,可以把他放在椅子上坐好,告诉他你要看他能否在你数数时安静地坐着。你用手指比画着数到 5,然后你为孩子能好好地坐着鼓掌并拥抱他,让他在地上跑一会儿再继续练习。然后数到 10 或更多一些,并再次为孩子的成功鼓掌和拥抱他。就这样逐渐延长孩子训练时坐着的时间,而你的兴高采烈可以使孩子感到成功的快乐。

〖计时器法〗孩子能在你数数时坐上一分钟后,可改换另一个游戏:给定时器上好时间,让孩子坐在椅子上等待铃响。在几周间一点点延长孩子等待的时间。这个方法也可以用于训练大孩子,你可以对大孩子说:"我们要看你能安静地坐多久。"每次练习结束后告诉他坐了多长时间。可以说些鼓励孩子的话:"我们看看你这次能不能打破原来的纪录。"

注意不要让孩子一次坐得太久,也不要每天都做这个游戏,游戏是为了让孩子感到有趣而不是难受。不要指望孩子能无所事事地坐上好久。也可以变换一下游戏规则,例如,允许孩子坐着做一次安静的活动,如看书、玩玩具等。一定要让孩子交替地坐和跑动。

【打败时间游戏法】在孩子学会坐着等待铃响以后，逐渐扩大用计时器的场合。要根据孩子的具体情况决定让他坐多久。如果孩子平时在饭桌旁连几分钟也坐不住，就把几分钟作为起点，然后逐渐增加时间。当孩子达到要求时要表扬和奖励他，如多给他一块点心等。如果孩子提前站起来了，要重新上好时间，让他再练习一次。

如果你看到孩子坐不住了，你就表扬其他好好坐着的孩子，提醒他坚持下去。当他又坐下去时，你要表扬他。如果是小孩子，你对他的成功的反应要夸张一些，兴高采烈地为他鼓掌欢呼。坚持下去，就可以逐步训练孩子学会在各个场合坐好。

【"时间飞逝"游戏法】这是一个用形象的办法告诉孩子他坐了多久的游戏。事先对孩子讲清要求，准备好一支铅笔和一张纸，画上若干枚星星、圆圈或笑眯眯的小人头。例如，你让孩子坐 10 分钟你就画出 10 颗星星，每过 1 分钟，孩子就用彩色笔给一颗星星染上颜色，当 10 颗星星都涂上颜色后，时间也就"飞逝"了，孩子赢了。

【"安全着陆"游戏法】这个游戏很有趣，让孩子假装坐在飞机上，系好了安全带，家长是机长，给他系上安全带时表明飞机正在飞行，你给他解开带子时说明飞机着陆了，他可以站起来走动一下。等一会儿再做这个游戏，逐渐延长坐着的时间。

【惩罚和奖励法】如果孩子不能好好地坐着，你要对他讲清你的要求。告诉他每规规矩矩坐 1 分钟，你都要奖励他。如果孩子能够安静地坐几分钟，他就可以选择一项他喜欢的活动玩上几分钟，记录下时间。告诉孩子如果他不能老老实实地坐着，你同样要记录下时间，让孩子多做同样时间的家务劳动，减少看这么多时间的电视。对惩罚时间也要做记录。

【不执行家长指示习惯改变法】如果想让孩子听话，家长必须注意两方面的问题：首先，不要对孩子滥发指示，否则孩子会被你指使得晕头转向；其次，对孩子讲话时口气要温和，分配的任务要合情合理。

有些孩子之所以养成不听父母话的习惯，是因为他们知道即使他们不立即对父母的话做出反应也没有关系，他们把父母对自己的忍耐程度摸得一清二楚，并且猜得出父母是否会做出让步或索性自己把事情干了。

如果你的孩子听懂了你的要求就是不肯去做，你可以试用以下方法，实践证明这些方法很有效。

【让孩子明确指示法】家长常常总是忙着向孩子发指示，但完全没有考虑到孩子是否理解了这些话。孩子可能并不理解家长说的"把你的屋子收拾一下"的确切含意，他对"房间整洁"的理解可能与成人大不一样。有时孩子不服从命令是因为父母一次给他们的指示太多，他们记不住。还有一种情况是，父母是想向孩子说明一件事情,但他们却表述为要求孩子做这件事情。

因此,家长发出的指示要明确、易懂、具体。每次只提一两个要求,等孩子完成后再提新要求。例如,你要孩子收拾他的房间,开始时你要把任务讲得很具体:"请你把玩具拾起来放好,再把衣服挂起来。"以后,当他理解了全部任务后,你只要说"请把你的房间收拾一下"就可以了。

此外,还要讲究策略。如果你并不想听到孩子说"不"字的话,就不要对孩子说:"你去收拾一下你的房间好吗?"或者"我们是不是今天去看看牙医?"你完全可以用果断但并不专横的口吻做指示,你还可以使用激将法,比如可以说:"我敢说我一数到 10 你就能走下汽车。"

〖吸引孩子的注意力法〗孩子玩得高兴时根本注意不到周围的事情,他很可能并没有听清你的话。家长要保证孩子确实听见了你的要求,让孩子注视着你,并把你的话重复一遍。这个办法对容易走神的孩子也很有用。

〖说与做兑现法〗父母都是些大忙人,对孩子提出要求后,往往以为孩子一定会照办的,以后也就不再提这件事了,这样的结果就是孩子没做家长也不知道。要想让孩子执行你的任务,最好的办法就是监督他执行任务的全过程,但要用鼓励的方法。当然,你等孩子完成任务以后再检查也可以。检查的目的不是挑错,而是保证孩子确实按你的要求做了。因此,你不要把自己变成一个不友好的警察。同时也要避免对孩子提一些不必要的要求。

〖增添活动的趣味性法〗通常父母要求孩子做的事情都很简单,所需的时间要比孩子争辩的时间少得多。如果你注意从小培养孩子帮助大人干活的习惯,他们就会把这当作一件很自然的事情。家长可以用计算时间的办法来调动孩子的积极性。比如说:"你估计铺好床要多少时间? 好,让咱们来试试看,各就各位,准备,开始。好极了,你才用了 4 分钟。你真是妈妈的好帮手,谢谢你。现在你可以去玩了。"这个方法可以使孩子知道帮助大人做事实际上用不了多少时间。

〖表扬、表扬、再表扬法〗表扬是激励孩子的关键。孩子完成任务后,你要表扬他。你可以说:"谢谢你帮我取来眼镜,非常感谢。""你把房间收拾得很整齐,玩具和书都放好,还打扫了壁橱和地板,干得真不错!"

想让孩子执行家长的指示,家长还要尽可能寓做于乐,让干活和游戏交替进行。例如,家长可以说:"孩子,你把书整理好后不想出去骑骑车或练练投篮吗?"或者"孩子,我们收拾院子一直很卖力气,现在让我们吃点柠檬和爆玉米花吧。"

此外还有以下一些小方法,家长也可以尝试使用:

(1)限定时间。如果孩子总是不按要求去做,你要限定他 5 秒钟内必须对你的话做出反应,否则他就要受到处罚。如果他开始时坐着不动,你数完 5 以后他有了反应,你就再重复一遍你的要求,并让他自己做出选择。例如,你说:"孩子,你是自己做还是让我手把手地帮你呢?"或者说:"你现在立即收拾,要不然你就等关完禁闭后再收拾。"

（2）强制孩子完成任务。如果你这样说过了，就等 5 秒钟再重复一次你的要求。然后，要让孩子知道应该怎样做。这意味着你要握住他的手完成整个任务。

（3）"排除"法。在适当的时间期限内停止孩子的活动，处罚后让孩子继续执行你的要求。

（4）"过度纠正"法。如果你的孩子不按要求去做，你可以对他说你看得出他之所以这样是因为他不知道怎样去做，然后，你监督他反复练习这项工作。

【经常在外吵架习惯改变法】 一个正在向独立、自我完善方向发展的孩子不可能事事同别人保持一致，有差异是极为正常的。但是有些孩子太爱与别人发生争执了，似乎争吵总是落到他们头上，而且这种争吵十有八九是以打架告终的，这就会影响孩子的人际交往了。

父母应该以身作则，教给孩子适当的社交技巧，并鼓励他们运用这些技巧解决争端。但是非常严重的吵架与打架需要大人进行干预。

（1）教会孩子和伙伴文明相处

要跟孩子讲明在面对不同意见时可以运用的和不允许运用的方法。一是正面指导。告诉孩子你希望他在碰到争执时怎样做，比如，可以让孩子对同伴说："某某，我们不要打架，现在轮到我啦，下一次就能轮到你玩球了。"如果孩子用了讲道理的方式对待朋友，要及时表扬他。二是列出各种可行的解决争吵的办法。找一个专门的时间同大孩子坐在一起，讨论可能避免争吵或解决争吵的办法。要很具体地列出经常在周围发生的情况，并针对每种情况写下可能的解决方法。

（2）给孩子灌输文明处事的思想方法

① 示范表演。你和孩子表演各种不同的争吵情景。让孩子看你是怎样避免争吵升级的，然后交换角色，让孩子扮演冷静处事的人。

② 态度冷静。孩子们发生争吵时，要让他们尽快冷静下来并让每个孩子心平气和地说明争吵的理由，不能骂人，更不能打人。然后请他们提出解决方法。孩子可能需要数到 10，并且做两次深呼吸，或者做一些简易的放松运动才能平静下来。但是他们只要冷静下来，问题也就迎刃而解了。

③ 退出争吵。有时解决争吵的最好方法是走开甚至让步，不值得费力去争吵。

④ 表扬。当孩子用正确的方法解决问题而不是打架或争吵时，要表扬、肯定他的行为。

（3）扬善惩恶

为了使方法更有效，家长对孩子的进步要予以奖励。制订一个减少打架次数的可行目标，约定好奖励办法。例如，如果孩子和他的朋友争吵次数减少了，家长就带他们两个去看场电影。

【咬指甲习惯改变法】许多孩子和成人都有咬指甲和抠指甲的习惯。在所有神经性习惯中,咬指甲是最常见的,而且如不认真对待,它最有可能伴随孩子进入青年和成年时期。

抠指甲可以视为咬指甲的一种较隐蔽的形式,但它们的后果是一样的。这两种习惯都把手变得很难看。

如果你也咬指甲的话,要和孩子一起改正。可以采取下面的方法来帮助你的孩子放弃这个习惯。

(1)精神放松

①放松手。让孩子握紧拳头,直到感到手很紧张,然后猛地放开,这时孩子会感到手发热和额头出汗。让他反复做这个练习,一直做到手放松后发热和感到沉甸甸的为止。

②放松嘴和下巴。给孩子发出这样的指示:闭紧嘴,轻轻地磨牙,微笑,用鼻子深深地、缓慢地吸进一口气,吐气时突然张开嘴。反复练习,做到脸部肌肉放松为止。

③练习。让孩子做一个星期左右的手和脸部的放松练习,每天数次,一直练习到他能意识到他咬指甲是手和脸处于紧张状态所致为止。放松练习可以对付这种紧张。

(2)给孩子讲述这种行为的危害

一定要让孩子了解到咬指甲和抠指甲的害处。

①让孩子从杂志上找到漂亮的手的图片,把它们剪下来贴在剪贴簿上或镜子上。你看到把手保养得很好的人时,指给孩子看。告诉孩子他的手的优点,让孩子知道如果他不咬指甲他的手会很好看。

②让孩子坐在镜子前观察自己咬指甲的样子。这个方法能使一些孩子受到强烈触动。

③让孩子意识到自己在何时何处咬指甲。有个孩子只是看电视和看书时才咬指甲,当他手里拿着铅笔之类的东西时却从不咬指甲。把你和孩子发现他咬指甲的时间、场合列出来。再遇到同样的时间、场合,可以提前提醒他。你看到孩子咬指甲时,可以暗示他一下,但绝不能表示讨厌或处罚他。你是在训练孩子能自己意识到他正在咬指甲,这有助于减少咬指甲的次数。

(3)改换环境

当孩子能意识到自己咬指甲了,那么就开始进行下一步:

①提供替代物。许多孩子手闲着没事做时就咬或抠指甲。让他做一些更好的事情,给他一个不显眼的小东西—— 一块光滑的小石头、一个橡皮球或一个小块黏土,让他在要咬指甲时就玩它们。

大孩子更喜欢做一些手工活,像织毛衣、刺绣、玩拼板玩具或制作飞机模型。

尽管我们不太主张用嚼东西来代替咬指甲，但如果孩子到了能安全地使用吸管的年龄，一根塑料吸管就可以满足他的口腔需要。

② 避开诱发咬指甲的环境。如孩子看电视时才咬指甲，那么就规定他只有手里拿着东西时或他保证不咬指甲时才能看电视。如果他看电视时控制住了咬指甲的欲望，他可以赢得一次额外的看电视的时间。

（4）教孩子自觉停止其行为

除了让孩子做一些替代动作以外，还可以教孩子一些"对抗"动作。

① 替代姿势。让孩子捏皮球或握住椅子扶手待 3 分钟，等他的咬指甲的冲动过去后，一下子松开手使肌肉放松。也可以让他把手放在屁股下面，让大腿压住手掌。提醒他，放松练习也可以帮他克服冲动。

② 练习。每次你看到孩子咬指甲时，就让他做替代动作练习，如握紧拳手 3 分钟。如果是他自己意识到的，可减少练习时间，如做两分钟的握拳练习。如果孩子拒绝练习，就让他把手头的事停下来，做了练习后才能继续干自己的事。

（5）强化和激励

孩子自觉地做替代动作后，你一定要大力表扬他。

① 指出和表扬进步。告诉孩子他的手指现在不再是又红又粗糙了，指甲也长出来了。可以带孩子去美容厅做一次简易的指甲修整，这对咬指甲时间较长的孩子来说是一件有吸引力的事。

② 正面激励。了解孩子想得到什么东西。带女孩去少年美容厅，或送给她可爱的手套、小首饰，鼓励她改正习惯。男孩子可以得到邮票、带链子的指甲刀、木偶、检查指甲的放大镜、印泥、胶土等。这些都是很合适的奖品。给孩子拍一些手部的照片，通过对比看出他的进步。

③ 教孩子保护指甲。带孩子去美容厅修整一次指甲，有助于他们学习保护指甲，这对孩子是一次有益的享受。

【抽搐习惯改变法】经常性的不规则的下意识动作，是一种神经性习惯，有这种习惯的人多是孩子，而其中大多数又是 6～12 岁的男孩。抽搐主要表现为频繁地眨眼睛、抽动肩膀、咂嘴巴、皱眉头、摇头或其他各种动作。在有些情况下，人的抽搐是由生活中的巨大压力所引起的。

由于紧张所引起的抽搐一般几周内就可消失，父母的唠叨和批评并不能缩短这个过程。在极少见的情况下，抽搐可能会持续更长的时间。

严重的抽搐或多部位的抽搐可能是由其他疾病引起的。如果病人在抽搐时发出怪叫或咒骂，有可能是神经失调的症状。如果你怀疑孩子的抽搐是由更严重的心理或身体疾病所致，应立即请医生检查。

一般性质的抽搐可用以下方法来解决：

（1）压力是抽搐的根源

由于抽搐通常是紧张的反映，应尽力减轻孩子的压力。减少他的日程安排；

辅导孩子学习；帮助他克服社交上的困难，或提供能够减轻孩子压力的帮助。当然，还应经常做放松练习。让孩子树立良好的自信心和自我意识。这样他才能抵御生活中的压力。

（2）增强孩子的自我克制能力

让孩子在镜子前观察自己，请他形容自己的样子和描述抽搐时肌肉的运动过程，帮助孩子找出他最爱抽搐的场合和时间，以及诱发抽搐的外部原因。

（3）变换活动

克服抽搐的关键在于做与抽搐动作相反的动作。这些动作恰好使肌肉向同抽搐时相反的方向紧张起来。例如，为了克服肩膀的抽搐，让孩子把肩膀用劲向下垂，保持这种状态几分钟。同样，眨眼睛的相反动作是尽量把眼睛睁大，不眨眼地坚持几分钟。还可以让孩子做抖动胳膊和手、握拳、再松开等动作。

（4）以运动攻克抽搐

如果以上方法没有明显的效果，在以上练习之外再加上"过度运动"的课程，即让孩子拼命抽搐直到肌肉完全疲劳为止。例如，如果孩子爱眨眼睛，就让他不断地快速眨眼睛，一直眨到肌肉发酸了。胳膊爱抽搐就让它一直抽搐到累得动不了。当然，要注意避免使肌肉拉伤。这样做不是为了惩罚孩子，而是通过肌肉疲劳减少孩子的抽搐。

【洁癖改变法】大多数父母常常为让孩子洗脸和打扫房间而费尽口舌，但有些孩子却是太爱干净了，以致爱整洁成为一个严重的问题。如果你的孩子执意要把桌上的每一件物品都排列整齐，或者他一想到手上有细菌就感到惊恐和不安，那么就说明孩子的洁癖已涉及他的每一个生活细节。如果孩子洁癖的倾向继续发展下去，他将受到极大的精神折磨。

有些人一天洗上50次手，仍然觉得手不干净。他们越感到焦虑，就越是狂热地洗手。有一个男孩，他每天至少要花上一个小时的时间把他的玩具摆整齐，每一个玩具士兵和坦克都必须放回原来的位置上，否则他就不去睡觉。他在睡觉前还坚持要和妈妈一起把所有房间都检查一遍，看门窗是否关好了。

年龄小的孩子，爱好整洁是好的，但对整洁的爱好程度应保持在能够控制的水平上。

（1）找出洁癖的原因

用孩子能够理解的语言向孩子说明他为什么会如此担心细菌或非要把所有的东西放回原处不可。

同大孩子讨论洁癖的问题。向孩子解释他过分注意整洁和他的焦虑之间的联系。尽管他当时可能会矢口否认自己有压力，但过一段时间，他会注意到他在考试前或感到有压力时，收拾房间的次数就更多。

如果你也有过分爱整洁的倾向，向孩子承认有时你在焦虑时是怎样不停地收拾柜橱或反复检查房门是否关好。告诉孩子你们应该一起改掉这个毛病。

（2）思维递向式

纠正错误想法。让孩子解释为什么他认为把桌上每一件东西都摆整齐这样重要。也许你要耐心地同孩子谈好几次才能让孩子讲出自己的感觉。孩子可能认为只有把东西收拾好,他才能取得成功,因此他很难放弃这种想法。孩子也可能认为如果课桌上的东西没有摆整齐,他的数学就会考砸。对此,家长可以提醒他这个事实:有时候他的课桌很整齐,但考试成绩并不好,这说明他的想法是错误的。

让孩子从固执的念头中摆脱出来。家长同孩子多次交谈之后,让孩子把他关于整洁的看法写出来,帮助他认识到他的想法并不完全正确。你们一起写出一些用来对付洁癖的句子,让孩子反复说它们。如:"我的手稍微有些脏没关系,等一会儿我再洗。""我的房间是否干净与我能否平安地到学校没有任何关系。"

鼓励孩子讲些能克制洁癖的话。当孩子克制不住自己的洁癖时,就让他讲些能说服自己的话。开始时大声讲,然后默想它们。例如说:"我复习得很充分,我已完全掌握了学过的知识,课桌是否整齐同我的考试成绩没有任何关系。"

（3）练习当一个"小脏孩"

克服洁癖的真正诀窍在于练习做到不对脏乱太过敏,有时甚至可以故意把东西搞脏搞乱。尽管孩子开始时可能觉得把东西弄乱很好玩,但是他很难坚持这样做。你的目标是帮助孩子做到精神放松和减少他的强迫性的欲望。

① 列出你希望孩子少做的事情。例如:不要把所有刚削尖的铅笔都整整齐齐地摆在桌子上;不要每天换上一套衣服。

② 列出你希望孩子多做的事情。例如:把桌上的东西搞乱;故意把衣服弄脏,而且不立即去换衣服。你逐渐增加表上的事项,直到孩子对脏和乱不再反应过敏为止。

（4）保持适度的整洁

你看到孩子的精神放松了,偏执程度也减轻了时,要表扬和奖励他。给孩子提出合乎理智的日程表,即:让他每周而不是每天打扫两次房间,饭前洗手而不是每次外出前都洗手。

【发出怪声习惯改变法】咂嘴、清嗓子、叩齿和抽搐鼻子,是孩子有时会使用的几种对付压力的手段。同其他神经质习惯一样,发出怪声是孩子感到压力时的最初反应,以后渐渐成为一种固定的行为模式,只要他遇到困难了,他就会这样做。

如果孩子发出怪声的行为超过了一个月,或者上面提到的几种行为交替出现,家长就要帮助他克服这些习惯。

注意:如果孩子发出怪声时还讲一些语无伦次的话,或伴随着莫名其妙的动作,那么他的神经就可能有问题,需要请医生治疗。

（1）增强自我克制能力

尽管孩子的行为会招致大人的批评和同伴的嘲笑,但这并不意味着孩子完全意识到自己的所作所为。

① 让孩子发出声音,并坐在镜子前观察自己。让孩子描述嘴里发出响声的全过程,再把孩子发声时的身体和口腔运动过程写出来,并把他发出的怪声录下来放给他听。

② 让孩子每天记录发出声音的次数、时间和地点,鼓励他准确地做记录,并和他一起分析记录:"看来你做作业时最爱哂嘴。"有时,仅仅和孩子一起数一下他发出怪声的次数,就有助于孩子放弃这个坏习惯。

（2）做相反的活动

在分析了发出响声的过程后,要发明出一种动作来打断这个习惯。例如,你和孩子可以意识到舌头不接触上腭就不可能弹出响声,让孩子在想弹舌头时就用舌头抵住下牙床,坚持 30 秒钟。同样,如果他想抽动鼻子,就让他慢慢地用嘴呼吸 1 分钟。

（3）调整孩子的心情

你要慷慨地表扬和奖励孩子的各种好表现,如孩子做了放松练习,做了替代动作,或克制住自己,在一段时间内不出怪声。开始时奖励要频繁,几分钟不出怪声就可以得奖,随着他的进步,逐渐延长得分和得奖的时间。

【贪看电视习惯改变法】有些父母把电视当作"高级保姆",三四岁的儿童就成了"小电视迷"。专家提醒:学龄前儿童看电视更要养成良好习惯,否则,会给身体带来危害。

以下是一些家庭教育专家的建议,让你的孩子不看电视:

（1）跟孩子互动:和孩子一起做有趣的亲子活动。可以全方位开发孩子的运动、语言、认知、情感、创造、社会交往等多种能力,在快乐的游戏活动中增进亲子感情,促进亲子间的交流,最终促进孩子健康和谐的发展。

（2）亲子阅读:和孩子一起读书。家长可以和孩子相互讨论书中的人物、故事,交流自己的感受。通过亲子阅读,父母与孩子共同学习,一同成长;可以为父母创造与孩子沟通的机会,分享读书的感动和乐趣;可以带给孩子快乐、智慧、希望、勇气、热情和信心。

（3）探索:把各种各样的玩具集中起来,带着孩子一起研究和探索玩具的乐趣。

（4）散步:带孩子离开家门,出去散步,到处走一走。带孩子观察大自然,聆听小鸟的歌唱。常常沉溺于看电视、玩电脑、打游戏机的孩子,性格会变得懒散内向。然而,和孩子们一起散散步,经常锻炼锻炼身体,引导他们养成经常运动的好习惯,可以有效地防止孩子一辈子成为电视迷。

（5）听音乐：播放音乐时要音量适中，并鼓励孩子跟随音乐唱歌跳舞，家长也可以参加。

（6）触摸：给孩子一个面团或者彩泥，让他安静下来，集中精力，发挥创意，做出自己喜欢的作品来。通过揉捏面团或彩泥，可以锻炼孩子动手动脑的能力。

（7）玩水：将浴缸放满水，让孩子在里面自由地玩耍。家长不要离开，应做好防护工作。

（8）有规律的睡眠：家长要帮助孩子建立良好的就寝习惯。

（9）帮孩子交到更多的朋友：家长可以帮孩子在附近寻找年龄相当的伙伴，让他们一起玩耍，这将有助于孩子健康发展，并减少他停留在电视机前的时间。

【依赖习惯改变法】在家里，家长可以从小的方面做起，一步一步地改变孩子过去养成的依赖性习惯。如果这些习惯为时已久，家长就需要耐心，慢慢改变它们也许需要不止一个月的时间。

首先，家长可以从检查自己的行为开始，分析自己在哪些方面把孩子所关注的事情当成了自己的事情一样来对待。孩子做孩子所要做的事，家长做家长所要做的事。

其次，应鼓励孩子独立自主地做事情，而不要怕犯错误。对于过分关心爱护自己孩子的家长来说，要做到这一点也许甚为艰难。家长可以先告知孩子，你是如何关心他，又是如何相信他的独立思考能力，接着，准备对他自己所做的每次努力（无论结果成功与否）给予赞扬和鼓励。表扬的对象应是努力的过程，而不是努力的结果。让他知道你对他能抓住机会或主动参与是多么自豪。

家长也应和孩子的哥哥姐姐们谈一谈话。帮助一个孩子培养独立精神，需要每个与他相处的人共同努力。家长还应该准备制订更好的行动计划，为孩子更具独立性而创造机会，并对其每次的努力予以赞扬。

与孩子的老师取得联系，让老师知道家长对孩子的担心。每隔两星期和老师一起检查一下以便你们能讨论分析孩子独立性的发展进程。如果需要的话，还应调整你们的方法。对家长和老师来说，关键的问题是一起工作、相互配合，以便采取的措施和奖励保持连续性和一致性。

如果孩子的老师在班上看到孩子存在依赖性问题，也可以建议家长向学校顾问、学校心理专家或社会工作者请教。

（1）培养孩子在学校和在家里的独立性

清楚地对孩子说明你期望的行为方式。告诉你的孩子：什么是你想要他学会去做的事（如在学校、在家里怎样照顾好自己）。如果不这样做，会有什么后果。例如：上小学的孩子为了让自己在清晨能及时醒来去上学，在此之前，他需要知道应该有个闹钟，调整好闹铃时间以保证按时上学。他也需要知道，如果不能按时起床做好准备，他将会误了学校班车或公共汽车。家长要做到以下两点：

① 态度坚决。每个人在学习新东西时,都可能遭遇困难和挫折。你的孩子也将如此。你必须准备让孩子去承担因自己行为而带来的压力和冲击,而不是一味帮他去避免任何困难和挫折。同时,如果孩子没有当即取得成功,必须赞扬他的努力表现,激励他继续努力。

② 少奖励孩子的成功,多奖励孩子为成功而付出的努力。

（2）针对小学生的办法

① 按时起床,按时叫他人起床。一定要让孩子知道怎样使用闹钟。如果是几个孩子,你也可以要求他们轮流负责叫醒别人。有时候,你可以让孩子负责叫醒你,以表明你对他做好这项工作充满信心。

② 为孩子提供一个放置上学用品的专用箱。寻找昨晚的家庭作业本并不是父母的工作。

③ 安排家庭作业时间。对缺乏独立学习能力的孩子,你可以和他一起看一下他的家庭作业,帮他读懂题意,然后安排一个 5 分钟的时间段,让他在这 5 分钟内独立学习。持续练习一星期后,把时间段延长至 10 分钟。这样逐步地连续增加孩子独立学习的时间,在这一过程中,对孩子的独立学习进行奖励,就会大大提高孩子的自主能力。

④ 分解任务。和孩子一起把家庭作业分为更小的几部分。让孩子一点一点地完成作业,有助于孩子持续独立地学习。

⑤ 为孩子制作一张“自力更生”表。每星期在纸上或者黑板上制作一张图表,列出你希望孩子做到的行为,让孩子检查并记录自己每天是否达到了这些行为标准。你应根据达标情况对孩子进行适当奖励,如果孩子不可能达到上述某些标准,你就应该对这张表的内容进行适当调整,以便这些行为在孩子力所能及的范围内。然后,等到困难的行为标准对孩子变得较为容易的时候,再把它重新列入这份表中。

（3）针对中学生的方法

与孩子谈谈你自己在初中和高中的学生生活中存在自立方面的一些困难。告诉孩子你是用怎样的方法克服这些困难,从而变得更为自信和独立的。

每星期至少一次向你的孩子指出他在学校做对了哪些事情,以培养孩子基本的自信心。

鼓励读中学的孩子写日记,记下他独立自主解决问题的行为。

【第一次任性行为处理法】孩子虽小,但他往往能准确地从父母的脸部表情和行为活动上判断出父母的心理状态,从而作出相应的对策。这是许多父母忽略的一个儿童心理问题。正是这样,不少父母便养成了孩子任性的毛病。如果孩子要求得到非分的东西,假如大人不肯给,通过撒泼也一定会有别的好处可以得到。这样,撒泼就会成为满足非分要求的手段,孩子就会以此来对待父母。如果父母从孩子任性的第一步开始总是让步,任性的毛病自然就形成了。所以,对于孩子的第一次任性行为是不能让步的。对于孩子的任性做任何形式的让步都会助长孩子的任性和不良行为。当然，父母要做到这点，还要用理智去控制感情。有一位母亲说，她的女儿在第一次出现无理取闹的撒泼行为时，全家人都不给予同情和支持。过不了多久，孩子便自己给自己"搭梯子下楼"。从此以后，她就不再提出种种不合理的要求，能听从大人的劝告和控制自己的非分欲望。

【抢他人玩具习惯改变法】年龄越小的孩子，越表现出以自我为中心。他往往以满足自己的快乐作为行为的动力。加上年纪小，生理上与认识上都不成熟，自我控制能力差，在孩子们的玩耍过程中不可避免地会出现种种抢夺玩具等现象。面对这种情况，做家长的应如何处理呢？明智的家长会对主动抢夺他人玩具的孩子进行批评教育，告诉他想玩他人正在玩的玩具时，不应该去抢，而应该先征得对方的同意，或者是等他人玩过以后再借来玩玩。这样教育孩子可以使孩子学会等待、分享和礼貌待人。但是，有不少家长却是采取另一种态度，对孩子抢他人的玩具不仅不给予制止，相反地报以微笑和赞许，从心底里感到宽慰，认为孩子聪明，大胆勇敢，将来不会"吃亏"。殊不知，对孩子的这种侵犯行为的肯定，实际上是支持他的错误，不是爱他，而是害他，为他日后违法犯罪行为埋了祸根。孩子对这些错误的侵犯行为就会认为是理所当然。所以，对孩子的第一次侵犯性行为或其他错误，不应原谅或包庇纵容，而应认真对待、严肃教育。不然，孩子就会在错误的道路上越滑越远，以致发展到不可收拾的地步。

【明知故犯习惯改变法】我们时常可以看到一个现象，即孩子们的明知故犯行为，在大人明确地告诉不要做这件事后，孩子的反应是："我偏要做。"这种行为令人十分恼火又费解，不懂孩子为什么要这样做。其实孩子明知故犯的目的不外有四种：寻求注意；展示权力；寻求报复；自认乏力。

这四种目的背后都是为了寻求归属感，或因未得到而寻求发泄。同一行为可以有不同的目的，例如不做功课，可能是为了得到注意，或表明自主权、报复。懂得孩子行为后的心理动机，对症下药，才能避免不必要的紧张，最有效地教育孩子。很多家长习惯于用批评、惩罚、说教来使孩子变好，不做错事，其实鼓励才是有效帮助孩子克服明知故犯行为的办法。对于不同目的引起的行为，家长应分别采用不同的方法：

（1）寻求注意型：让他们做有用的小帮手，制定时间表，定期花时间与孩子待在一起；保持理解的态度，经常对他们做一些表示感情的动作，例如拍拍肩膀、摸摸头等。

（2）展示权力型：和孩子共同商量解决办法，给他们一些选择。

（3）寻求报复型：避免对他们的行为做出强烈的反应，以致卷入与他们的抗衡，失去控制，更加引起孩子的对抗心理。

（4）自认乏力型：从根本上经常鼓励他们的信心，表现对他们无条件的爱。

【帮倒忙的处理法】3 岁左右的孩子已经会走路了，也已经会说简单的话了。爸爸妈妈要帮他做事或自己做某些事时,他总喜欢说:"我来。"例如,妈妈要给孩子喂饭,而孩子却愿意自己吃,结果吃一半,撒一半;妈妈用扫帚扫地,他也要抢去扫,结果越扫越脏。早上起床后,妈妈给他洗脸,他也要自己洗,结果往往会把衣服弄湿。这类事情在我们的日常生活中比比皆是。这些现象表现了幼儿独立意识的萌芽,是将来爱劳动的好征兆。可是,不少父母为了省事、怕麻烦,对孩子这种萌芽状态的积极性不仅不爱护、不引导,反而防止其发展。孩子幼小的心灵是娇嫩的,他们小时候的模仿能力很强。这是培养各种良好习惯的极好机会。家长不应怕麻烦而挫伤了孩子的积极性,而应该保护孩子的积极性,对他的这些独立性行为应该积极地加以引导。比如,地扫不干净,可以从教他拿扫帚的方法、扫地的姿势入手,然后告诉他先扫什么地方,后扫什么地方。孩子如果做得不好,不能骂他,更不能打他,让他自己看看扫得如何。这样做既慢慢教给他学会扫地,又保护了他学习的积极性,培养了他热爱劳动的习惯,并发展了他的自信心和独立性。

从教育的内涵看,除了智能的发展外,让孩子学习体贴别人,与别人分工合作等,也是非常重要的。学着帮妈妈做事,正是一种很好的途径。所以,不要总叫孩子去做其他的游戏,而忽略了这种经济、方便的"家务游戏"。也不要想等孩子大一些再让他做,可能到那时候,他已经提不起学习的兴趣了。让孩子帮忙做家务可以从简单的开始,让他从中获得自信心和成就感。

妈妈分配工作要有弹性,视孩子当天的情绪及身体状况而定。如果他今天没有兴趣或不舒服,就不必勉强,也不必硬性规定他要在某一段时间内做完工作,而引起不必要的争执。

【乱发脾气习惯改变法】发脾气是人在情绪激动时的一种消极的表现。而不愉快、生气、着恼、发怒、愤怒、发火、光火、恼火、大怒、狂怒、暴怒、勃然大怒、暴跳如雷、恼羞成怒等都是描述人在不愉快时的各种表现,或对于不同情绪表现的不同叫法。

人在发脾气的时候,往往会伴随着生理方面的某些变化,例如面颊潮红、心跳加快、血压升高等。常常发怒会对人的身体造成伤害,严重的甚至导致死亡。如果发脾气的孩子不能很好地控制自己的行为,把怒气转向人或物时,还会出现打架、摔东西、蓄意破坏等现象,严重的还会出现伤人乃至杀人、放火等犯罪行为。孩子发脾气、赌气时,还会出现吸烟、赌博、酗酒等消极行为或沾染上其他不良嗜好。有些孩子还会做出离家出走、浪迹江湖、自甘堕落,甚至自杀等行为。所以,孩子发脾气和发怒的后果可大可小,关键在于孩子和父母怎样看待和处理这个问题。

(1)孩子发脾气的根源

当事情不能顺利完成,受到了阻碍,或者饮食、睡眠、学习、娱乐、社交等需要得不到满足,使孩子产生了挫折感,不能正确对待这些情况时,孩子就会出现不愉快甚至愤怒的情感。

别人语言的刺激如批评、嘲笑、讽刺、挖苦等,使孩子的自尊心受到伤害,进而会产生不愉快甚至愤怒的感觉。如果孩子把怒气转向他人,就会大发脾气。

(2) 孩子发脾气时应采用的对策

① 要让孩子明白:人生在世,不可能事事如意。当孩子遇到不愉快的事情时,父母要鼓励孩子学会忍耐、自制,然后理智宽容地去解决问题。简单的发火往往不能解决问题,反而还会把事情搞糟。人们常说:"小不忍则乱大谋。"忍得一时之气,常常可以避免更大的损失。

② 父母要改变孩子对于发怒的一些错误想法,例如,发怒可以威镇别人、发怒可以抵挡责难、发怒可以挽回面子、发怒可以推卸责任、发怒可以逃避努力、发怒可以满足愿望,等等。实际上,发怒的结果往往是事与愿违,只会起到相反的效果。

③ 父母要劝告孩子应该努力提高自己的修养和涵养,在别人对自己发怒时一笑了之,不要与别人互相比拼,比赛看谁的火气大,互相拆台、谩骂、讥讽、嘲笑、挖苦、骂粗口等,更不要动手动脚、大打出手,这些对谁都没有好处。

④ 如果别人误会了自己,而一时又解释不清楚,对方也不愿意听,那么就先向对方认个错,让对方消消气,等对方的气消了以后,再慢慢解释。即使一时没有时间,也总能找到适当的机会,谈谈心,互相谅解,达到和解的目的。有时,经过一段时间后,对方发现了自己的错误,会主动认错的。

⑤ 如果自己是对的,孩子也不要气焰嚣张,大发雷霆,应该把事情好好地讲清楚,该批评的事情就批评。批评人时,最好不要在大庭广众之下或者有其他人在场的时候进行,应该给别人一点面子。只要对方改正了,就原谅对方,发火不是解决问题的办法,而且于己于人都没有好处。应该表现出宽容大量的气度,不要心胸过分狭窄。

⑥ 如果在路上被人错怪,那么向别人表示一下本来不应该表示的歉意,也可以避免许多不必要的争执,节约自己的时间。这样做,不但不会丢"面子",反而证明了自己的修养和品性。其实,与人在大街上面红耳赤地争吵才是有失体统、不文明的表现。即使自己是对的,这样的争吵也实在没有必要。如果打了起来,那后果就更不堪设想。

⑦ 如果孩子真的犯了错误遭人批评,或者受到别的挫折达不到自己的目的,也应该把不满和挫折转化为学习的动力,通过努力达到目的,挽回自己的面子。不要因愤怒而使自己冲昏了头脑,做出一些丧失理智的事情来。

⑧ 孩子发怒的时候,父母应该劝阻孩子或者带领孩子尽量避开引起发火的刺激源,把孩子的注意力转向别的地方,例如,通过听音乐、看电影、看电视、打球、游泳、跑步等这些有意义的活动来减少愤怒的情绪,平息心情。况且,这些活动又是有益身心健康的,一举两得。父母要告诫孩子,不要试图通过消极的活动来平复情绪,如喝酒、吸烟、打扑克、赌博等,更不要与人对打、破坏东西,或自甘

堕落。

⑨ 有一种方法可以很好地发泄满腔的怒火，就是对着一些打不坏、不伤害别人和孩子的物品，如枕头、沙发上的软垫、厚棉被等，让孩子把这些东西假想为引起自己愤怒的对方，然后用拳头狠狠地击打一通，直到筋疲力尽，把愤怒全部宣泄掉为止。也可以在没有人的地方，对着假想中的对方，把对方臭骂一遍。发泄完以后，孩子的身心就会感到无比的轻松。然后，再教育孩子把自己的精力转回到需要做的事情上来，继续把事情干好。如果愤怒聚集在胸中不能得到发泄，就会对身体产生损害，也容易影响孩子的学习和日常生活。

⑩ 如果孩子发脾气的对象是父母，父母也要平心静气地告诉孩子，有什么话要好好坐下来谈，不要乱发脾气，要互相尊重。父母更要避免与孩子争高低，孩子发脾气，父母就发得比孩子还大，针锋相对，结果大家都元气大伤，可问题还是没有得到解决。其实，许多真正得以解决的家庭问题都是需要通过和平沟通才能够做到的，否则表面上虽然平息了一场风暴，可是潜伏下的危机却在日益增加，迟早有一天要大爆发，到时候就更难解决了。如果孩子不听父母的话，执意要发脾气，父母就走开不理；如果孩子破坏东西，父母先出手制止，等孩子的脾气发过了，再与孩子理论，并要求孩子对发脾气的行为认错。父母严肃、认真和宽容的态度，有助于孩子改掉爱发脾气的不良行为。

【自私自利习惯改变法】孩子自私自利，往往表现在只顾自己，不管他人，一切以自我为中心，或者在财物上吝啬、贪婪，别人的东西拿得越多越好，自己的东西就不愿与人分享、一毛不拔。这样的孩子常常令人讨厌，很难获得知心朋友，社会交往受阻。

（1）孩子自私自利的根源

孩子在婴儿时期，如果缺少母爱，没有母亲的爱抚，长大就可能成为特别自私自利、以自我为中心的人。

孩子自小受到父母的溺爱和娇惯，养成了唯我独尊的习惯。孩子要什么，父母就尽量提供什么给孩子，只恨没能把天上的月亮也摘下来满足孩子的要求。孩子在这种环境中长大，从来就不需要考虑到别人，表现为独霸想要的东西，自私自利的性格。

有些父母教育孩子：对自己没有好处的事情不要干，对自己有利的事情要想尽办法去争取。在这种教育之下长大的孩子，绝对不会谦让，他们会抓住一切机会，获得自己私欲的满足。至于别人是否有损失，别人对他怎么看，并不在乎，他们看到的只是自己的利益，一点也舍不得支出，即使是自己不喜爱的东西，也不愿意给予别人。

孩子有时把自己的东西借给别的小朋友玩或者把食物拿给别的小朋友吃，可是别的小朋友有东西时却不愿与他分享。于是，孩子就学会了这种行为。下次自己有东西时，别人来要，就会拒绝。

孩子爱玩玩具,如果碰巧只有一个玩具,别的孩子拿去玩时,孩子就感到不开心,出于对自己的保护性反应,孩子就会抢回自己的玩具或者紧紧抓住不让别人拿去,这种行为如果受到父母的鼓励或者父母不加以正确引导,就会使孩子养成自私自利的性格。

(2) 孩子自私自利行为的纠正方法

① 父母应该加以积极正确的教育和诱导,帮助孩子树立正确的物质观念。让孩子学会与朋友分享一些东西,感受一下"给予"所带来的快乐。

② 在日常生活中,家长要培养孩子热爱劳动的好习惯,要训练孩子学会关心父母,体谅父母的辛劳,帮助父母做一些自己力所能及的事情。告诉孩子,好吃的食物要在家庭成员中平均分配,孩子不能独自享受。

③ 父母要让孩子学会招待客人。例如,给客人倒杯茶水,拿出零食给客人品尝。向客人问声好,表示关心和有礼。别的孩子来玩,要鼓励孩子把自己的玩具和自己喜爱吃的东西拿出来和小朋友一起分享。帮助孩子把已经不适合玩的那些玩具找出来,送给一些更小的小朋友玩。

④ 孩子可以与父母扮演的不同角色,从而认识到人与人之间的关系应该是怎么样的。扮演的角色可以是生活中各种各样的人物,例如医生与病人、老师与学生、司机与乘客、售货员与顾客等。孩子通过这些游戏,首先会意识到经常接近的成人和自己的关系,如爸爸妈妈怎样对待自己(包括动作、语言、态度、情感)。然后意识到人们之间的关系,如医生怎样关心爱护病人、司机怎样有礼貌地对待乘客、老师怎样爱护和教育小朋友、售货员怎样热情周到地对待顾客等。由于孩子把自己摆到戏中人的位置上,感觉自己就是戏中的"别人",就会要求自己能表达"别人"的职责和情感。他们通过体会别人的感受,就会从以自己为中心,转变到从他人的角度来考虑问题,为他人着想。

⑤ 父母还可以在日常生活中有意识地安排一些情景,教会孩子怎么做。孩子还是"扮演"孩子,父母还是"扮演"父母,只是内容是一些在生活中可能会遇到的情况,包括紧急情况。例如,父母扮演自己"突然生病"了,孩子应该怎样做(孩子应该探体温、找别人来帮忙把父母送往医院、做饭给父母吃,并照顾家中一切等)。这种游戏,是直接教会孩子应该怎样关心别人,当将来父母出现这些"情况"时,孩子就会懂得怎样去做才是对的。游戏不但有助于训练孩子克服自私自利的不良特性,还可以培养孩子关心他人和独立处理问题的能力。

⑥ 在实际生活中,父母应该鼓励孩子帮助那些需要帮助的人。如果家庭经济条件许可,父母还可以教导孩子做些力所能及的慈善捐款,帮助那些生活更加困难的人,养成乐善好施的高贵品德。

【爱玩火习惯改变法】对孩子来说,放火是一种少见的行为,但孩子一旦做了这种事情,极有可能造成严重后果。有的孩子在父母批评之后会不再玩火,但是有些孩子会屡教不改。以下方法可以防止和制止孩子的玩火行为:

（1）让孩子学会安全用火和掌握火的知识

教孩子安全用火的常识。即使你的孩子从来没有点过火，你也必须教他学会安全用火。告诉孩子随处乱点火会有什么后果。你们野炊时，让孩子观察或者帮助你用水扑灭火。你要把火柴或打火机放在孩子找不到的地方。如果孩子把你丢失的火柴或打火机交给你，你要奖励和表扬他。如果你吸烟，你要让他看到你每次是怎样小心翼翼地把香烟掐灭的。可以带孩子去参观消防站或在家里进行着火演习，告诉孩子怎样脱离危险区。你的目标是让孩子学会正确地对待火。

如果你的孩子玩火柴，并且对火柴非常着迷，或者他已经出过点着火的问题，你要让孩子知道你对他的行为很生气，而且你感到很后怕。孩子这样做也许是因为他在模仿科学家，但是他必须清楚他的小实验可能会点燃窗帘。然后熊熊大火会把整个房子都吞掉，把家人都烧伤甚至烧死。可以让孩子看大火灾和伤者的照片，这样他会印象更深刻。

（2）加强监督和保护措施

如果你的孩子点着火，你要立即加强对孩子的监督，尤其是在放学后的时间和周末。如果你不能回家，你就让孩子参加校外活动或者请人照看他。把火柴和打火机收起来或锁起来。

（3）对付孩子的玩火欲望

你要教孩子学会安全用火，可以在野炊时让孩子点火，享受点火的乐趣，同时让他们认识到火的厉害。

① 教孩子用火。教孩子正确地使用火柴和打火机。告诉孩子在什么情况下才能使用火以及为什么只有大人在场时才能使用火。允许孩子当着你的面点燃蜡烛。当孩子按要求做到不乱动火柴时，你要表扬他。

② 让孩子玩腻了。有些孩子可能要经过若干天让他不停地划火柴的训练才能熄灭玩火柴的热情。当然，孩子划火柴时，大人一定要非常认真地关照他。有一点要特别注意：如果使用这个办法时，你发现孩子更爱玩火柴了，你要停止训练，并请求专家的帮助。

（4）测验孩子

在大多数情况下，不主张对孩子进行玩火的测验。但是有时你必须让孩子理解安全用火的规则。你可以把无法点燃的潮湿的火柴盒，放在孩子很容易发现的地方，以测验孩子是否爱玩火。如果孩子没有立即把火柴交给你或者他试着划火柴，你就要批评和惩罚孩子。如果孩子把火柴交给你了，你要表扬和奖励他，同时你也要奖励孩子其他安全用火的行为，例如关上煤气炉等等。

（5）请求专业人员帮助

如果你的孩子有故意把东西点燃或者对火的兴趣发展到了不正常的地步，你最好请医生测定或治疗孩子的行为。

【讲脏话习惯改变法】

（1）孩子讲脏话的根源

在成长的过程中，几乎所有的孩子都说过脏话。孩子说脏话的情形大约有以下几种：随口而出，不假思索；怒不可遏，发泄不满；觉得好玩，有口无心。

讲脏话的最早根源，与传统文化和道德标准长期对性的避讳有关，与有关"性"的问题变得非常的神秘分不开。而且，脏话之所以成为脏话，也就是由于社会文化和道德规范不允许人们在大庭广众之下说出有关"性"的某些语言。讲脏话的人，不论其语言形式是怎么样的，其本质都是指向"性"，强迫他人听到这种"性"的语言，以此达到羞辱对方的目的，取得自身心理上的满足。所以，讲脏话其实是对人进行意念上的"性施淫"的一种语言表现形式。而这种表现形式与社会文化道德有关，如果没有了社会文化道德的规范，这种语言方式也就不存在"脏"的问题了。

孩子学习脏话的来源多种多样，可以通过电视、电影的传播影响，可以通过父母亲戚的言传家教，可以通过同学朋友的同化，可以通过书籍的描述吸收，可以通过人际交往中的争执效仿。孩子在学习语言的过程中，往往是通过模仿来学习的，如果在孩子周围的环境中存在不良的语言，孩子就会自然而然地学会了这种语言方式，并使之成为自己的一种语言习惯。

有些孩子为了表现自己的"哥们儿义气"，故意在讲话中口吐脏言，以获得那些爱讲脏话的同伴的认同，表示自己就是他们的一分子，还表明自己玩世不恭的态度。

（2）矫治孩子讲脏话不良习惯的方法

一些家长认为孩子偶尔说点脏话并不要紧，因此并不在意。而另外一些家长却把孩子骂人的行为视为洪水猛兽，严厉惩罚孩子。教育孩子应该讲求艺术，这两种做法都有过犹不及之嫌。放任自流肯定不可取，过于严厉也行不通。那么，怎样才能纠正孩子说脏话的坏习惯呢？教育专家的建议是：

① 允许孩子偶尔说出不雅的话。任何一个孩子都不可能生活在真空里，他们不可避免地要受到脏话源的污染。因此，当孩子感到非常愤怒的时候，也许会说出一些不雅的话，这在某种程度上是可以理解的。因此，家长可以不必在意，切记不要小题大做。

② 教孩子用最恰当的方式宣泄心中的愤懑。当孩子想发泄愤怒的时候，教会孩子用恰当的方式表达感情，而不要骂人。让孩子明白说脏话会伤害他人的感情，是一种不文明的行为，也是缺乏教养的表现。

③ 父母应该告诉孩子，讲脏话是不符合现代文明的，是对人无礼、不尊重人的表现。说粗口不能表现自己的"了不起""有口味""有资格"，反而会给别人留下粗俗下贱、低级庸俗、没有教养的印象。让孩子在认识上先明白使用粗言秽语是不应该的。在适当的时候，家长也可以告诉孩子生理上的"性"是什么东

西,包括性器官的结构、组成、功用等,让孩子消除某些不必要的神秘感。

④ 让孩子远离脏话源。除了学校里的老师和同学,孩子接触最多的人就是家人。因此,父母应该以身作则,平时严禁在孩子面前说脏话。父母在家庭中,首先要避免讲粗口,这是改变孩子讲粗口的最基本条件。父母对孩子的过失要进行合理的批评,但切忌使用粗口。可以采用一些带有实际意义的词语,让孩子学会在别人做错事情的时候,习惯并懂得使用这些词语。父母要知道,自己就是孩子语言的第一任老师,孩子的许多日常用语都是先从父母这里学会的,父母使用良好的语言方式待人,孩子就同样会使用良好的语言方式待人。对于孩子在家里讲粗口的行为,父母要严厉批评和指正,随时提醒孩子不能用粗口待人。同时,不让孩子和那些爱说脏话的孩子混在一起。

【不执行教师指示习惯改变法】孩子必须具备良好的注意力、理解力和组织能力才能成功地执行老师的指示,但任何一个环节都可能出现问题。有些孩子干脆不注意听老师的指示,而另一些孩子则不理解或记不住这些指示。有些孩子不等老师讲完指示就急匆匆地干起来,另一些孩子却还丈二和尚摸不到头脑。根据你对孩子的观察和从老师那里了解到的情况,制订一个提高孩子执行指示能力的计划。如果孩子不执行指示,家长可采取以下对策:

(1) 确定问题

首先要做的是确定妨碍孩子执行指示的原因。

① 孩子的智力是否有缺陷? 有些孩子缺少执行指示的能力是因为学习能力较差。也许孩子不能抓住老师指示中的重点,因此不能正确地执行指示;或者孩子能理解指示中的词汇,但似乎没有听进去;或者孩子不能灵活地理解指示精神,而只知道字面意思。例如,当你要求他找一件东西的时候,他是否只盯住一个地方找? 当你说:"你去洗个澡吧。"他是否会认为你所说的洗澡不包括冲淋浴? 许多学习能力低的孩子在听指示和记住指示并执行它们方面有困难。

② 孩子是否能和老师保持同步? 有的孩子总是不听完指示就仓促动手,还有些孩子因为坐不住而不能完成任务。有的孩子总是注意力涣散,不能把注意力放在一件事情上,如听老师讲话、做作业或猜字谜等。注意力极度涣散的孩子往往用同样强度的注意力接收身边的所有信号,而不能对信息进行筛选,排除不重要的信息,因此,他们不能做到专心致志。

③ 孩子是否对指示缺少兴趣? 注意力涣散的孩子由于他们"耳听八方",也无法注意老师的指示,这些孩子只有学会怎样做才能执行指示。但其他孩子完全是没有兴趣听指示,他们故意不去执行指示。

④ 孩子是否掌握了理解指示的前提——技能? 也许指示中所用的词语给孩子带来了执行指示的困难。如果孩子以前能够很好地执行指示,但现在出了点问题,你只要稍微给他解释一下技术性问题,孩子的问题就迎刃而解了。

（2）改善孩子的注意力

孩子只有做到注意力集中，才能学习和表现好。同老师讨论孩子的问题，试用以下建议：

① 调换座位。调换座位的办法可能极为有效。例如，可以让孩子坐在前排位置，也可以让他坐在老师讲台的附近或者把他和他的爱唧唧喳喳讲话的朋友分开。但是绝不能把这种做法变成一种惩罚，这样做的目的是帮助孩子成功。

② 目光接触。当孩子接受指示时，他应该直视讲话人的眼睛。这意味着老师或家长在做指示前应该稍微停顿一下，以搞清孩子是否在听自己的话。

③ 约定暗号。让孩子听清要求后向老师或家长发一个无声的暗号，例如，点点头或摸一下鼻子，通知老师或家长他已经听明白了要求。至于书面的指示，老师和孩子商定好后可采用在关键的词汇下面画线的方法。

④ 每次的指示要少。老师或家长应该有意识地放慢讲话速度或减少发出的指示的数目，逐步提高孩子连续执行命令的能力。通过实践确定每次给孩子指示的最佳数目：三个？ 两个？ 还是一个？

⑤ 让孩子复述口头命令。让孩子一听到老师的指示就自言自语地重复一遍，或立即把它记下来，这样，老师可以事先检查一下孩子的理解是否正确。

⑥ 奖励孩子注意听讲的行为。根据孩子的问题确定采用的方法，最初孩子只要认真地听就对他进行表扬是很有效的。对那些以前不能注意听指示的孩子，只要他们按要求做了，即便答案不对，也可表扬他们，以后，孩子必须正确地完成任务才能得到表扬。

（3）为孩子选择一位学习伙伴

请老师给孩子安排一个伙伴，他能向孩子复述老师的指示，这样可以减轻老师的负担，同时也为孩子提供了一位帮助者。

（4）告诉孩子如何执行指示

除了以上办法外，家长还可以通过告诉孩子如何执行指示来帮助孩子。

① 事先准备。提醒孩子在动手做某件事情之前，首先要认真阅读有关指示，并收集必需的材料。

② 找出关键的词汇。许多学科都有自己的专业用语，例如数学中有总共、合计、面积这些专用语。不要代替孩子做题，而是和他一起做用专业词下指示的游戏，孩子要找出指示中的数学专用词并解释它们的意思。让孩子说明哪些词指示读者的下一步做法。

③ 复习每周的课程。请老师周末把一周的作业让孩子带回家，家长和孩子一起复习作业中的指示部分，看孩子在这方面做得如何。

（5）做游戏，孩子可以经常练习听从指示

用目光接触的练习帮助孩子，你们做看谁盯得久的游戏。记录孩子在你下指示时 10 次中有多少次认真听你的指示了，计算孩子的注意力能追踪讲话者多少秒钟。当然,你一定要表扬孩子的进步。

孩子能执行一个指示就给予奖励,以精神奖励为主,以后逐渐增加。

【懒惰习惯改变法】 孩子懒惰表现在许多方面,例如:做事拖拉、没有效率;能不做就不做、得过且过;整天蒙头大睡、不思进取;不喜欢参加体育活动,也不喜欢做作业;等等。懒惰的孩子可能对什么事情都没有兴趣,什么事情也不想做,认为做什么事情都很费时费力,所以干脆不做拉倒。懒惰的孩子也常常表现出娇气,因为平时不习惯劳动,所以偶然劳动的时候,就会这里痛,那里酸,甚至容易出现意外。懒惰的孩子如果在某方面得到父母或者其他人的支持,就会形成依赖的习惯,缺乏自理能力,要靠别人才可以把事情完成,一旦没有了他人的支持,就会一事无成。

(1) 孩子懒惰行为的根源

① 懒惰是意志活动无力的表现。孩子做事没有毅力,没有恒心,想得多做得少,什么事情达不到目标,就找合适的借口为自己开脱,故意拖延,不想动手。

② 孩子的成绩差或做某件事情不成功,受到了打击,就认为自己努力也不会有用,不如得过且过,做一天和尚撞一天钟。

③ 家庭生活条件太好或者父母溺爱孩子,什么事情都不用孩子做,事无巨细,父母全包。父母的这些做法,造成了孩子懒惰的习惯。

(2) 如何纠正孩子的懒惰行为

① 对于懒惰的孩子,首先要让孩子认识到懒惰带来的危害性。要鼓励孩子振作精神、多多行动,应该争取今天的事情今天做,绝不拖延到明天。不要给自己找借口解脱,而是应该努力去完成。

② 父母应该帮助孩子制定合理的时间表,督促他按照时间表进行学习和生活。平时的家庭小事也应该让孩子做一些,不要害怕孩子伤了、累了。孩子的精力本来是最为旺盛的,多动一动反而会更有精神,不会因此而累坏。孩子如果做事不快,做得不好,父母也不要因此而把所有事情都包了。让孩子多做几次,孩子慢,慢就会习惯了,做得越来越好。如果不进行锻炼,将永远也不会做,永远都是笨手笨脚。孩子做得多了,做得熟了,做得习惯了,就会愿意多做事情,而不愿意变成懒人。

③ 利用表扬的强化方法,可以克服孩子的懒惰行为。父母可以先让孩子做一点点小事情,等孩子做了,就表扬孩子。孩子为了得到表扬,下次父母再安排同样事情的时候,就会很乐意地去完成了,父母要同样给予孩子适当的表扬。当然,奖励的方法除了表扬以外,还可以配合一些物质上的奖励,但以精神奖励为主。

④ 父母可以经常与孩子一起做运动。这些体育运动,能够激发孩子肌肉的活动性和兴奋性,使孩子在体力上有适应劳动的可能,劳动的时候就不容易感到累。如果孩子整天都是关在房子里不出门,或者整天睡懒觉,神经肌肉的兴奋性

较低,就会越闲越懒,变成一堆懒肉,害怕劳动,害怕行动。

⑤ 懒惰的孩子,有时并不是对什么都没有兴趣,总是有自己喜爱的东西。父母可以通过交换的方式,让懒惰的孩子做一些事情,然后才允许孩子得到自己希望得到的东西。如果没有完成父母的任务,就没有奖励,而孩子也就得不到自己想要的东西了。

⑥ 对于懒惰的孩子,还可以采用以懒治懒的方法。例如,孩子懒惰,不愿意自己洗衣服,父母就告诉孩子如果自己不洗,将会很快就没有衣服穿,因为他已经长大,需要自己动手了。父母的话,孩子可能理都不理,根本就没有当作一回事,听过就忘了。可是,孩子会慢慢发现自己的脏衣服越来越多,喜欢穿的衣服还没有洗呢。孩子这时可能会对父母大发一通脾气,但是父母不要理会,只是简单地告诉孩子自己的事情应该自己做。孩子闹完以后,可能就会自己乖乖地把衣服拿来洗了。如果有些孩子还继续顽固不化,父母仍然要坚持下去。一直到了孩子真的没有衣服穿了,而且始终都得不到父母的帮助,孩子就会自己去干这些事情了。父母在这个基础上,再逐渐增加别的事情让孩子做。这种以懒治懒的方法,是治懒的最好、最直接、最有效的方法。其实,人的许多行为都是被逼出来的,孩子勤快的行为也是需要通过生活的磨炼才可以逼出来的。

【冒失行为改变法】孩子行为冒失,指做事粗率、鲁莽、莽撞、不慎重。在生活中表现为急躁、马虎、冲动,考虑问题不全面,对事情的前因和后果不加以仔细分析和考虑,就急于下结论或采取行动。冒失的孩子办事情往往带有强烈的冲动性,具有强烈的感情色彩。冒失的结果是事与愿违、成事不足而败事有余,甚至出现危害他人或自己的行为。冒失的孩子容易受到别人的语言欺骗、挑唆而贸然行动,造成许多错误的行动,甚至不可挽回的损失。所以冒失是一种不良的行为方式,应该加以克服。

(1) 孩子冒失行为的根源

冒失的孩子性格比较急,只想尽快知道结果,而不考虑结果的好坏。有些孩子由于生活经验不足,对事情缺乏应有的了解,不知道事情的后果会怎么样,也不了解事情的原因,就贸然行动。有些孩子为了争强好胜,急于表现自己的能力和勇气,不顾危险地去表现自己,结果往往成事不足,败事有余。

(2) 纠正孩子冒失行为的方法

① 父母要教育孩子凡事要多动脑筋,在处理事情时要仔细考虑周全,脑袋里面要多一根"弦",不要被表面的事物所蒙蔽,不要轻易被人欺骗。不要把复杂的事情简单化,或者贸然做出行动、做出重大决策。要养成抑制盲目冲动的习惯,在做决定或行动以前一定要考虑清楚,对事情发生后出现的各种情况做一个估计,再想一想自己是否可以承受得起。不论是失败还是成功,都应该有一个心理准备,事先考虑清楚。在日常生活中要培养谨慎、自制、耐心和有条理的品质,做到勇敢而不冒失、谨慎而不懦弱。

② 对于别人的话,要听清楚,搞明白,不要一知半解就开始行动。冒失者有时就是因为没有听清楚别人的意思而盲目行动,弄巧成拙,结果造成不可挽回的损失。

③ 对于冒失的孩子,可以让他看一些有关冒失的人的书籍、电视或者电影,讲一些有关的典故给孩子听,让孩子认识到冒失可能带来的各种后果。孩子在看这些故事的时候,往往还会为主角着急,认为他们不该就这样轻信别人,或者匆匆做出决定。在这个时候,父母再加以正确引导,指出孩子这方面的不足,孩子就很容易体会到冒失的不好之处了。

④ 父母可以采用讲故事、出题目让孩子思考解答的方法来让孩子习惯于在行动前多思考。这种题目的内容可以是一件很小的事情,要求孩子在规定的时间内,多思考几种可能的结果来回答,看看孩子能够提出多少种可能的回答。父母也可以把可能的答案事先写在一张纸上,最后来看看孩子答对了多少条。如果孩子答得比父母列出来的多,就表扬孩子考虑问题很全面,如果比父母答出来的少,就告诉孩子还有哪些可能性是孩子没有想到的,教育孩子下次应该多想一下。这种方法不但能训练孩子在行动之前多思考的习惯,还能够锻炼孩子分析、处理事物的能力。例如,父母可以出一些这样的问题:"如果有人向你告状说另一个人说你的坏话,你应该怎么办?""如果骑车骑得很快,会出现什么可能?"

⑤ 父母还可以通过对话的形式,引导孩子进行深思,对假想的情况进行模拟操作,在对话中不断地向孩子提出应该考虑的问题,使孩子做事的时候具有系统、全面的思维能力,避免做事冒失的行为。

⑥ 由于孩子有时会忘记父母的教导,所以这种情景对话在家中可以经常进行,设想各种事情出现的可能性和应付的办法,作为消闲的娱乐活动,效果又非常好。

⑦ 在日常生活和学习中,父母如果发现孩子做事比较冒失,还可以对其中发生过的某些实例进行分析和总结,帮助孩子认识到自身存在的冒失行为。一方面可以提醒孩子,另一方面可以帮助孩子克服冒失的习惯。对于比较大的冒失事件,可以让孩子把事情经过和结果记录下来,好好保存,留做日后孩子提醒自己的警钟。

【攻击性行为改变法】攻击性行为是指以直接或间接的方式有意伤害他人的心理、肌体,引起他人痛苦、厌恶等反应的任何行为。

(1)攻击性行为的表现

① 攻击的方式。攻击分为直接的攻击性行为和间接的攻击性行为。直接的攻击性行为包括用语言、身体伤害他人的心理、肌体;间接的攻击性行为是指用工具伤害他人的行为。

② 攻击的动机和意图。攻击指有意伤害他人的行为,排除那些无意伤害他人的攻击性行为。

③ 攻击的结果。攻击令引起他人痛苦、厌恶等反应,这种反应包括被攻击者的心理、肌体等反应。

（2）攻击性行为的表现

青少年攻击性行为的表现是多方面的、复杂的,就其行为的动机与意图而言,主要有下列几种表现。

① 取乐性攻击行为。以言语、身体或工具直接或间接地向他人施以攻击,以取得心理快乐、精神愉悦的攻击性行为可称为取乐性攻击行为。人人都需要心理愉悦,但应该通过正确的途径去追求、去实现。可有些青少年不是这样,他们追求的心理愉悦是建立在别人的痛苦之上的,用言语或身体对他人施以攻击以取得暂时的快乐,结果可能给他人心理、精神、肉体增加痛苦。

② 习惯性攻击行为。个别青少年由于多次发生攻击性行为而又没有得到有效控制,因而养成某种习惯。攻击行为频频发生,成为习惯性攻击行为。这种行为的动机或意图往往是不明确的,情绪低落、心情不愉快时或情绪高涨、精神亢奋时均可发生,有时只是为了消遣、取乐、凑热闹。其表现方式也是多种多样的,或言语讽刺、挖苦、漫骂,或摸摸这、碰碰那,或用工具打打头、拍拍肩。其攻击结果多数是轻微的,也有一时过失导致严重后果的。

③ 迁怒性攻击行为。孩子犯错误,受到家长的批评是很正常的。按理说,犯错误的孩子应诚恳接受家长的批评教育并努力改正错误。可有些孩子却错误地认为是家长有意与自己过不去,于是心中愤愤不平,又不好向家长发泄,这时他们就会将心中的怒气发泄到其他对象身上,从而产生迁怒性攻击行为。宣泄怒气是这种攻击性行为最直接的动机。攻击者有时也知道不应迁怒于人,但往往又控制不住自己,不泄不快,可宣泄后往往又感到内疚。被攻击者受攻击时往往是莫名其妙,感到委屈。这种攻击行为虽然只是为了宣泄怒气,但攻击的后果常常难以想象。

④ 报复性攻击行为。有的青少年受了别人的气或吃了亏,通常采取"以眼还眼,以牙还牙"的方法,向对方施以更加严厉的报复,从而发生报复性攻击行为。

⑤ 模仿性攻击行为。模仿别人的攻击性行为向他人施以攻击,可称为模仿性攻击行为。心理学研究表明,模仿是青少年在一定年龄阶段掌握实际生活的基本形式,由于他们意识不到攻击会给他人带来痛苦,只是觉得别人的攻击有意思或者能显示自己,于是就效仿别人的攻击行为而向他人施以攻击。

⑥ 义气性攻击行为。一部分青少年江湖义气较重,朋友被骂、被打,他们不是千方百计地予以调解,而是帮朋友谩骂、攻击对方,从而产生义气性攻击行为。为朋友"两肋插刀"是这种攻击行为的主要动机。这种行为如果任其发展,有可能造成"群起而攻之"的群斗局面,后果难以控制。

⑦ 嫉妒性攻击行为。指因嫉妒他人而产生的攻击他人的行为。按理说,当

别人取得成绩或进步时,应该为别人而高兴,同时通过自己的努力赶上或超过别人,而不应以语言讽刺、挖苦别人,甚至对他人施以攻击。然而,有研究表明,这种因嫉妒而产生的攻击性行为在青少年中发生率较高。攻击方式多以语言为主,少数是用身体或工具来施以攻击的。

⑧ 需求性攻击行为。指因需求达不到满足而产生的攻击行为。人的需求是多种多样的,由于主客观诸多因素的影响,有些需求是难以满足的。一个心理发展较为成熟的人,能够正确对待自己遇到的各种挫折,而青少年受其心理发展水平所限,通常难以做到这一点,从而产生诸如争吵、赌气、向他人或物体施以攻击等不良行为。

(3)孩子攻击性行为形成的原因

青少年攻击性行为的形成是内外因素交互作用的结果。

① 青少年自身的主体特征,是产生攻击性行为的先决条件。青少年自身的主体特征如何,在很大程度上决定了他是否会发生攻击性行为。

第一,气质。气质指的是一个人心理活动的动力特征。心理学家根据人的体液,把人的气质分为四种类型,即胆汁质、多血质、黏液质和抑郁质。一般来说,胆汁质和多血质的人容易发生攻击性行为。

第二,性格。性格是表现在人对现实的稳定态度和相应方式中的心理特征的结合。每个人都有各自不同的性格特征。一般来说,具有个人主义、自私自利、狡猾、冷酷、冲动、暴躁等性格特征的人较易发生攻击性行为。

第三,共感能力。一般而言,有情感的人都有共感能力,即体验自己和别人情感的能力。一个共感能力较强的人,常常能够站在别人的角度体会别人的情感,而一个共感能力差的人,只知道自己的情感,而不会体会别人的情感。比如向别人施以攻击,只知道自己痛快,而不能体会别人的痛苦。共感能力差的青少年,最容易发生攻击性行为。

第四,社会能力。社交能力是指一个人的社会交际能力。一般说来,善于交际的青少年懂得社交的作用,更懂得攻击性行为给社会交往带来的影响。因此他们在同别人交往时,总是约束自己的行为,即使在别人不礼貌或自己遭受挫折时,也尽量抑制自己的情绪,尽量不向别人施以攻击行为。而不善于交际的青少年往往较容易产生攻击性问题行为。他们在与人交往中,方式往往不正确,有时错误地认为,只有施以攻击才是解决人际关系的最佳方法。因此,社会交际能力较差的青少年会出现更多的攻击性行为。

② 家庭教育失当,是产生攻击性行为最初的直接因素。

由于种种原因,目前我国家庭教育还存在着许多急需解决的问题,从某种意义上讲,正是这些问题导致了青少年攻击性问题行为的产生。

古人说,千里之堤,溃于蚁穴。部分青少年从小就生性好动,时常作出攻击行为,作为父母对子女小时候的这种攻击行为理应及时制止。但有的父母不仅不加以制止,甚至还怂恿他们,鼓励他们。比如有的孩子因某种原因没有满足自己的要求去伸手打了母亲一个巴掌,母亲不仅不教育、不制止,反而鼓励他再打一下,甚至把头伸过去,让孩子抓头发、揪耳朵。虽然这时的攻击行为没有造成任何伤害结果,但是它已经给孩子埋下了产生攻击性问题行为的祸根。这种本应受到制止的行为,反而得到了父母的鼓励、赞扬,久而久之,这种因教育不当而产生的攻击性行为,在青少年时期就会表现得尤为突出。

粗暴的教育态度,简单生硬的教育方法,也是导致青少年儿童产生攻击性行为的直接因素。青少年在成长过程中,难免犯这样或那样的错误(有的根本就不是什么错误,只是父母认为是犯错误,如考试成绩差了),如何对待他们所犯的错误,正确的做法应是积极地帮助他们认识和改正错误,从而少犯或不犯错误。可是在现实生活中,有些家长却很难做到这一点。他们对子女非打即骂,拳脚相加,甚至采用罚跪、禁闭、禁食等粗暴的方式。也许有的家长认为自己的出发点是好的,然而往往事与愿违。有的孩子因犯了错误没有得到正确的教育,心理上受到了挫折,甚至产生逆反心理,身心朝着不健康方向发展,到了青少年时期,一旦有宣泄的机会,就很容易产生攻击性行为。

③ 学校教育失误,是导致攻击性行为产生的又一重要因素。

作为教师,重视和喜爱优秀学生,本是人之常情,无可厚非,但是不能因此歧视甚至厌恶后进生。后进生也同样需要理解,需要温暖,需要帮助,如果这种需要得不到满足,就会产生自卑感,对周围的人和事产生厌恶感,加之他们的自我控制能力较差,因而很容易产生攻击性行为。

④ 社会风气不良,是产生攻击性行为的重要外部诱因。

社会风气的好坏,也影响青少年的健康成长。现在社会上仍然存在着许多不良风气,青少年由于缺乏辨别力、抑制力和"免疫力",很容易受不良风气的诱惑。研究表明,青少年攻击性行为中相当一部分就是模仿社会上不良的攻击性行为而产生的。

由上分析,不难看出,青少年产生攻击性行为,其原因是复杂的,但只要我们找出攻击性行为产生的主要症结所在,就能够对其加以矫治和引导。

(4) 如何矫治孩子攻击性行为

攻击性问题行为在青少年中发生率较高,如果不及时教育,予以抑制,不利于青少年的健康成长,不利于社会秩序的稳定。深入研究攻击性行为的教育方法,有利于及时矫治孩子的攻击性行为。

① 加强社会规范教育,增强青少年自我抑制攻击性行为的能力。

社会规范是一个社会赖以生存、巩固和发展的重要条件,它包括法律、纪律、道德标准、风俗习惯以及社会观、价值观、苦乐观等。作为一个社会的组成成员,应该依照自己的社会规范去思考、判断问题,从而决定自己的行为。我国现行的法律制度等社会规范为我国公民的言论、态度、行为提供了明确的标准,如果每个人都能自觉地维护和执行社会规范,那么整个社会就会安定团结。从根本上说,青少年中所产生的攻击性行为不管是否造成伤害结果,都是违反社会规范的,真正明确了这一点,青少年也会自觉地抑制自己的攻击性行为。但是目前对社会规范的宣传不够,一部分青少年根本不知道自己的行为已违反了社会规范。因此,加强社会规范的宣传教育,提高青少年遵守社会规范的自觉性,是抑制和减少青少年产生攻击性行为的有效途径。

② 注意教育方法,尊重青少年的自尊心和上进心。

自尊心是青少年在集体生活中发展起来的一种心理状态或个性特点,它是个人在一定的群体中希望受到别人尊重并取得成员资格与地位的一种意识表现。自尊心人人有之,而青少年的自尊心较一般成年人更强,他们总期望受到别人的注意。自己取得成绩时希望别人给予较高的评价,自己犯了错误时,又希望别人给点面子,予以理解。他们受到别人的尊重,自尊心就会进一步加强和提高,从而会更加努力。反之,他们受到别人歧视时,自尊心受打击,就可能产生自卑感,自暴自弃,缺乏前进的勇气和信心,在这种情况下,情绪容易激动,就有可能产生攻击性行为。

尊重青少年的自尊心和上进心,就应该是当他们取得成绩时,给予恰如其分的评价和鼓励;他们犯了错误时,一方面,不姑息,不放任,另一方面,帮助他们认识错误,动之以情,晓之以理。即使是那些屡次犯错误的青少年,也应该去挖掘他们的闪光点,对他们的微小进步都应给予充分肯定。

尊重青少年的自尊心和上进心,就应该尊重他们的人格。在任何时候都不要说有损于他们人格的话,不让他们做有损于他们自己人格的事。

尊重青少年的自尊心和上进心,就应该尽量满足他们合理的需求,即使一时不能满足也应向他们解释清楚,取得他们的理解,对他们不合理的要求要做耐心的工作,说服他们,教育他们,千万不能泼冷水或严词拒绝、置之不理。

尊重青少年的自尊心和上进心,尽一切力量减少青少年的挫折感,能抑制和减少青少年的攻击性行为,不可忽视。

③ 根据孩子的年龄特征和个性特点,有针对性地做好教育工作。

攻击性行为青少年比儿童发生率高,这显然与青少年期生理与心理发展的矛盾有关。由于生长加速期兴奋与抑制两大系统失衡引起的过分冲动,情绪易表现忽高忽低的状态,同时青少年已具有初步的独立思考能力,喜欢争辩,但由于缺乏分寸而容易过激。有时与家长顶撞几句,家长如果以偏激对偏激,简单化地批评,伤害了他们的自尊心,引起情绪不满,多跨出一步,就可能激化为他们对家长的攻击行为。这是关键的一步。如果在这时,家长能采取让步政策,"忍"字当头,青少年的攻击性行为就有可能避免。

攻击性行为在气质为胆汁质、性格为外倾型青少年中发生率较高。这些孩子多动、性急、暴躁、倔强、情绪易激动,对自己的消极行为难以自控。根据这一特点,要教育他们分析和调节自己的情绪,要学会用转移、克制、自我暗示、自我提醒等方法,把情绪强度、表现方式都控制在有益无害的范围内。同时家长还应该看到,这些青少年有任性、粗暴的特点,但往往又有耿直、主动、敢作敢为等优点。我们在矫正攻击性行为时,既帮助他们克服缺点和消极的一面,又要保护和发展其优点和积极的一面。

④ 培养青少年的移情能力和抗诱惑能力,也是抑制攻击性行为的有效方法。

移情能力越高,抗诱惑能力越强,发生攻击性行为就越少。反之,发生攻击性问题行为就越多。根据这种规律,我们应该努力培养青少年的移情能力和抗诱惑能力,激发他们的同情心,从而抑制和矫正他们的攻击性行为。

培养移情能力可以用情景描绘和角色扮演等方法。所谓情景描绘,是指设置某种被攻击的情景,然后对被攻击者的伤害情景予以渲染式的描绘,从而让攻击者目睹攻击情景,体会被攻击者所遭受的痛苦,了解他们施以攻击的后果和影响,唤起他们的痛苦情绪,从而让攻击者在思想上形成"伤害他人不对"的观念,形成贬低攻击行为的价值观;使他们在心理上产生一种施以攻击行为的内疚感,以此来抑制他们的攻击性行为。

所谓角色扮演,是指设置某种攻击情境,让攻击者扮演被攻击者,让攻击者亲身体验被攻击后的恐惧、痛苦、厌恶和愤怒等心理感受。一个攻击者真心体验过被攻击的痛苦滋味,再对别人施以攻击时,原来亲自体验过被攻击者的痛苦等心理反应就会重现,这时他就会自觉不自觉地抑制自己的攻击行为。

【孩子吸烟、喝酒行为制止法】 生活在今天的少年儿童,家长疼爱、社会关心,往往容易形成"小皇帝"唯我独尊的性格特点。随着家庭物质生活的逐步改善,烟酒已是人们接待宾客、迎亲送友必不可少的日常消费品。那些"小皇帝"们便常常对这些有诱惑力的东西行使"支配权"。

(1) 青少年吸烟、喝酒的特点

① 青少年接触烟、酒的年龄越来越呈低龄化趋势。

② 由隐秘走向公开。以前的青少年吸烟喝酒一般都受到较多的制约。而在各种观念日新月异的今天,社会、家庭对这一问题的观念也显得更加开放了。随着中小学生互相庆祝生日风气的日渐蔓延,搞生日聚会,以酒助兴也能得到部分家长的认可了。甚至在学校选上了先进,当了班干部,也有下饭馆庆贺的。所有这些,都促使青少年的吸烟喝酒行为迅速地由隐秘走向公开,并由以前的个体"单兵"现象较多地转化为"集体活动"形式。

③ 青少年的吸烟喝酒行为常常和追求物质联系在一起。尽管中小学生是纯粹的消费者,无独立的经济能力,但对他们的调查却发现,他们吸烟喝酒的"档次"更明显地比他们的父辈、祖辈要高出一截。

④ 青少年的吸烟喝酒行为还常和其他不良品德行为相联系。很多品德不

良的行为并不是单独呈现在一个人身上的。有其他品德不良行为的青少年容易受吸烟喝酒行为的感染,而有吸烟喝酒行为的青少年更易产生其他违法犯罪行为,这二者之间往往不易区分因果。

此外,当今青少年的吸烟喝酒行为还呈现多样化的发展趋势。不仅有其他品德不良的青少年有这种行为,还有许多被人们视为"保险系数很大"的学习优秀的青少年也卷进了这一漩涡。

(2) 家长对孩子进行心理指导

① 关注孩子内在需要,营造和谐家庭氛围。对养成烟酒瘾的青少年而言,强制性地要求其戒除烟酒是不可行的。父母此时应更多地关注孩子此阶段的身心发展特点,与孩子多沟通,让孩子感受到父母对其的支持与关爱,使其感受到温暖与关爱。

② 让孩子认识其行为与结果。单纯地对孩子百般劝诫,不如动之以情、晓之以理,结合实际事例让孩子了解自己的行为,认识其行为可能导致的恶果,使孩子认识到烟酒可能带来的不良影响。

③ 让孩子内心得到滋养,摆脱对烟酒的精神依赖。孩子吸烟喝酒的习惯往往源于内心的空虚感,为寻求一时的刺激与满足而不能自拔,因此父母要注意培养孩子积极乐观的性格,充实他们的精神世界。

【良好家风影响习惯法】家庭的生活方式、文化氛围构成了家风。家风是一种综合的教育力量,它是思想、生活习惯、情感、态度、精神、情趣及其他心理因素等多种成分的综合体,包括语言环境、情感环境、人际环境、道德环境等。

家风对孩子的影响是全方位的,孩子的世界观、人生观、性格特征、道德素养、为人处事及生活习惯等,每个方面都会打上家风的烙印。可以说,有什么样的家风,就有什么样的孩子。

家风通过日常生活影响孩子的人格,是一种无言的教育、无字的典籍、无声的力量,是最基本、最直接、最经常的教育。因此,家长一定要给孩子创造一个良好的家庭氛围。孩子生活在和谐温暖的家庭,受到积极健康的精神影响,才能心情愉快,积极进取,养成良好的行为习惯。

为了给孩子的成长创造一个良好环境,家庭成员之间应该和睦相处,互相关心,互相爱护。家长对孩子也要民主,主动倾听他的意见、平等协商。为了孩子,一定要加强家庭成员之间的团结,给孩子创造和谐的家庭环境。

另外,家庭中不能没有歌声和笑声。要让孩子的生活充实,家庭中必须有健康的精神生活。人们需要物质生活,同时也需要精神生活;需要学习、工作,也需要游戏、休息;需要严肃,也需要活泼、幽默。家庭气氛过于沉闷,不利于孩子良好性格的形成。

有些家长担心与孩子嬉笑打闹有失长辈的尊严,其实不然。与孩子在一起欢乐地游戏,有助于加强两代人的感情,孩子和家长亲近了,才会听家长的话。

家长如果总绷着脸,孩子反而会敬而远之。总之,要使家庭充满欢乐,才能使孩子、大人的情绪得到调节,体会到天伦之乐,增强家庭的凝聚力,从而形成综合的家庭教育力量,推动孩子健康快乐地成长。

良好的家风表现在许多方面,如爱国爱民、爱家爱邻、尊老爱幼、相亲相爱、勤劳俭朴、乐于助人、喜爱读书、养花护鸟、锻炼身体等等。这些良好的家风要靠所有的家庭成员努力遵守、各尽本分,这其中家长的以身作则的榜样力量极为重要。

【放学后不按时回家习惯改变法】按时上学,不迟到,不早退;放学后,不在大街上停留,按时回家。这不仅是学校和家长对孩子的一种纪律要求,也是一种良好的习惯。

一般地说,由于学校老师的严格要求和家长的督促检查,很多孩子已形成了按时回家的良好习惯,老师安心,家长放心。但也有些孩子放学后不按时回家,家长都为孩子担心。父母上班早、下班晚,有些孩子往往钻空子,放学后总是三五成群地在公共场所逛来逛去,有时很晚才回家。个别孩子为了瞒过父母的追究,还会说假话哄骗父母。久而久之,就形成一种不良习惯,即放学后总要逛逛大街,同小伙伴凑凑热闹,然后才回家。有些孩子在这个过程中学会了抽烟,有的参与打架闹事,有的被坏人利诱,参加了团伙,甚至参与盗窃、抢劫、流氓等犯罪活动。

为了避免这种现象,从孩子进入学校以后,家长就要提出要求,并经常督促检查,使孩子养成放学按时回家的好习惯。同时要经常同老师取得联系,掌握孩子在学校的表现情况、在外面的交往情况,发现问题及时纠正。在很多双职工家庭,家长往往由于工作忙而忽视了这个问题。一旦发现孩子出了毛病,再去纠正就非常困难了。所以,要纠正孩子不按时回家的毛病,只要家长认真关心和正确对待,给孩子讲明道理,提出具体要求,这种现象是可以纠正过来的。

【乱放乱摆东西习惯改变法】乱放乱摆东西的习惯是从小养成的。如果父母不注意从小纠正孩子的这种毛病,长大了也会表现出来,例如,不会收拾自己的屋子、不爱整洁等。有些孩子经常找不到自己的东西,快要上学了,急得团团转,还要向父母发脾气。这就要求父母从小培养孩子的良好生活习惯。开始的时候,可以给孩子定一些"规矩",不要什么都由父母代替孩子做,应当让他们自己按规矩去做,久而久之,孩子的良好习惯就自然养成。东西放在什么地方,他们自己清清楚楚,不会出现乱摆乱放和找不到东西的毛病。例如,玩完的玩具要放回原处;睡觉前脱下的衣服要叠好放在一边;鞋子要脚尖朝前放在床下,以便下地穿上;写完作业要收拾好书本、作业本和文具,并装进书包,放在固定的地方;家里的用具用完后要放回原处;要求孩子做事要干脆利索。父母绝不要以为孩子小、不懂事而让他们随便乱摆乱放东西。这无形中助长了孩子随便乱扔东西的心理。孩子一旦养成乱扔东西的习惯,就会对什么都漫不经心、丢三落四。

只要家长经常要求,随时纠正,持之以恒,采取强制与讲理相结合的办法,时间一长,孩子就养成了习惯,就会自觉去做了。同时,家长在这方面的表率作用也不能忽视。要求孩子不乱摆乱放,家长首先要做出榜样,把家里收拾得井井有条、整洁卫生,孩子也会逐步学会应当怎么做。培养孩子爱整洁的良好习惯,对孩子良好个性和品行的形成大有益处。

【损坏别人东西习惯改变法】由于好动,小孩经常会做出损坏别人东西的事,例如,用弹弓打鸟或打着玩,却打碎了邻居家的玻璃或损坏了用具。在这种情况下,有些孩子不敢告诉家长,有些孩子把责任推给别人,有些孩子死不认账。他们是怕挨打、怕让父母赔偿。当孩子损坏了别人的东西时,父母应当区别情况,正确教育孩子。作为父母,当孩子损坏了别人的东西,情况确实对,首先要带着孩子向邻居赔礼道歉,主动赔偿损失。这是父母作为孩子的监护人应当担负的责任。然后,要认真检查孩子的行为,批评孩子的缺点,对孩子提出相应的要求,讲清道理,让孩子接受教训,今后不再出现类似的问题,并借此教育孩子玩耍时要掌握分寸。在这个问题上,应当反对两种倾向:一是不问青红皂白,先把孩子揍一顿;二是庇护自己的孩子,强词夺理,甚至跟别人吵架。这两种倾向对孩子都会产生消极影响。前者可能造成孩子说假话,有了问题不敢跟家长说;后者会造成孩子蛮不讲理、专横霸道的不良品质。因此,父母应当正确对待这些问题。一旦出现这方面的问题,对父母来说,一要负赔偿损失的责任,二要负教育子女的责任,这才是正确的做法。

【厌学习惯改变法】兴趣是注意力的最大动力,在矫治孩子因注意力涣散而引起的厌学情绪时,要唤起孩子对学习的兴趣,方法有以下几种:

(1)注意使用不同的学习方法,如综合运用听、说、读、写,避免学习时间过长使孩子心理上产生厌烦情绪,也可把几门功课的内容交替进行复习,还可利用讨论和提问的方式进行学习。有条件的家庭还可以配合录音、录像等电化教学手段,提高孩子的学习兴趣。

(2)在学习时,如果注意力分散,可做几次深呼吸或放松训练,使自己精神松弛,克服紧张情绪,重新安下心来学习。

(3)当注意力不集中时,可到室外跑跑步或做做操,坚持10分钟左右,使头脑清楚,提高注意力。

【学习不认真习惯改变法】孩子做事不认真,最常见的表现就在学习中,父母只要从孩子作业本的行间字距里就可看出孩子究竟有没有认真地完成功课。

孩子做作业时往往心不在焉、粗心大意,会写的字常常写错,可以写得很漂亮的字却写得连孩子自己都不知道写了些什么;作文的内容一塌糊涂;列出了正确的算式却常常给错了答案,题目也会看错抄错。这些都是孩子学习不认真的表现。作业不认真的孩子主要特点就是他们常常答错那些懂得、会回答的问题,而且错答的问题没有系统性。就是说,他们不是出现同一个错误,而是各种不同的错误。如果有人指出这些错误让孩子重新做,那么孩子马上就可发现自己的错误,并可以轻易地将之改正。问题就出在孩子似乎原先都没有发现这些错误,要靠别人来发现。孩子做作业、做事不认真、马马虎虎的例子,举不胜举,似乎这就是孩子生活的一部分。

孩子平时没有养成良好的耐心细致的习惯,主要是由于父母对孩子管教太少,或者父母本身就是一个做事不认真的人。有时候孩子做事急躁,想尽快把事情做完,没有耐心。或者时间紧迫,不容许慢慢做,为了在规定的时间内完成任务,只能随便应付。孩子对学习没有兴趣、学习动机不明确等都会造成作业不认真、应付了事的情况发生。

孩子学习不认真怎么办? 这就要求父母明白,耐心细致、仔细认真的学习和工作作风是需要培养的。父母对孩子的功课和一些重要的事情,要认真地监督,仔细地检查,发现做得不好的,就让孩子重做,做得不对的,就一定要坚持让孩子改正,使孩子反复磨炼,养成认真负责、耐心细致的习惯。

父母要教育孩子在平时做作业或者考试过程中,首先要看清楚题目才动笔。有些孩子题目都没有看清楚就急急忙忙开始做,最后做完了才发现题目抄错了,还必须从头来,耽误了不少的时间,影响了成绩。要告诉孩子,做完作业后,如果还有多余的时间,就必须从头检查、复核一遍,将遗漏或错误之处找出来,加以改正。这种再检查的方法,是克服作业不认真的一种好方法。

如果时间确实紧张,父母要指导孩子合理安排时间,抓住要点、重点。事无巨细都过分认真处理的结果,往往会本末倒置、主次不分。而且过分苛求也容易产生某些心理疾患。人的时间毕竟有限,只有在分清主次的情况下,认真才有意义。

孩子做功课不认真时,父母可以及时表扬,对孩子进行肯定和鼓励,孩子为了继续获得父母的表扬,就会认真完成作业。表扬的方法很多,而且大多数也很简单,随时可用。可以用先表扬、后要求的方法。即在孩子还没有开始做作业的时候,就先表扬,说:"你真乖,做作业很认真。"然后才让孩子去做作业。孩子已经接受了表扬,被父母抬到了高处,下不了台,就必须不辜负父母的期望,虽然心里可能还不太愿意,但还是可以认真地将作业做完,使自己做一个名副其实的"乖孩子"。

父母让孩子每天回家后将各门功课的成绩展示给父母看,如果作业获得了满意的分数,父母就表扬孩子,说孩子做作业很认真,所以才取得了这么好的成绩,希望孩子继续保持下去。如果孩子做得不好,没有拿到高分,父母就鼓励孩子,说不要紧,只要认真做,下次就可以拿到高分了。孩子在父母的鼓励和表扬之下,就会慢慢培养出认真做作业的态度。

父母还可以通过监督的方法使孩子被迫认真完成作业。这种监督的方法就是当孩子做完作业或者在做作业的过程中,父母对孩子没有认真完成的部分加以指出,规定孩子改正,或者用橡皮擦把不认真的部分擦掉,让孩子重新写。写得不好,父母就把这一部分再擦掉,让孩子再写。在父母的坚持下,孩子就必须认真对待作业,因为如果不认真,将得不到父母的承认。这种反复改写的方法,也是克服孩子做作业不认真的一种有效方法。经过反复的磨炼和教导,就可以使孩子习惯于认真了。

【贪玩习惯改变法】孩子的"玩"这个字是在家庭中使用得相当普遍的一个动词,其含义也相当广泛。可以这么认为,"玩"在一般家庭中的含义基本上囊括了除学习、睡眠、饮食、大小便以外的所有活动。在这些活动中,孩子可以从中得到乐趣,"玩"得很开心。"玩"可以说是孩子生活的一个重要组成部分。

(1)孩子玩的种类

对父母来说,玩主要是指父母不希望孩子进行的某些并非必需的或者父母认为意义不大的活动;对孩子来说,玩就是使孩子感到快乐的活动,这些活动常常是孩子自愿、自发、喜欢、感兴趣的。孩子通过玩可以获得快乐。同一种活动,在父母许可的情况下,可以变成有意义,不再是"玩",如果父母不喜欢,就变成了"玩"。

(2)对孩子的"玩"要认真加以区别和看待

有些"玩",可以增长才智,有益身心的健康;有些"玩",在孩子看来只是好玩,寻开心,可是已经触犯了道德和法律。所以,对于孩子的活动——玩,父母是要认真加以区别和看待的;玩得好、玩得高尚,孩子就会善良、聪明、有修养、勤快;玩得不好、玩得低级,孩子就会刁蛮、没有知识、没有道德修养、懒惰、萎靡不振。

孩子对某种事物的兴趣很浓,专注于做某种事情,而忘记了别的事情,就会表现出贪玩。对事物的兴趣,是孩子玩的最主要根源。这种兴趣可能是好奇心的驱使,或者探索知识的内驱力所表现出来的一种方式。不管怎么说,孩子就是在玩中长大的,世界就是在玩的过程中慢慢被孩子认识的,所以,玩可以是孩子的一种天性和自然的本能,是认识社会和学习的一种原始冲动。

孩子逐渐长大后,就进入了学校读书学习。在父母、老师等的教育下,孩子慢慢知道了读书学习和普通玩乐的区别,知道了事物的轻重缓急。在孩子眼中,读书学习是重要的,是必须做的事情。所以读书学习就不是"玩"。其他的许多活动,似乎就不是那么重要了,可做可不做,就变成了玩。由于正规的学校学习太辛苦了,而且天天要做作业,变成了一种压力,日久就容易生厌,孩子就想换换口味,做点别的事情。加上父母又常常因为孩子功课的事情打骂和强迫孩子,使孩子感到痛苦和不快乐,于是读书学习就变成了不快乐的代名词,两者被无端地联系在一起了。当孩子做别的事情时,由于做的机会不多,充满了新鲜和新奇感,自然快乐。加上其他的游戏常常是与别的同伴一起进行的,互相之间没有压力、没有强迫、没有指责,所以更显得无比快乐。这些活动也就与快乐连在了一起,成了快乐的代名词。

（3）对孩子的玩要做具体指导

孩子玩的时间长短和内容就是在各种各样因素的共同作用下决定的,每一种因素的变换,都会影响到孩子对玩的态度以及玩的内容、强度和时间长短。

①了解玩的内容。只有父母了解清楚孩子说的内容,才能够对孩子贪玩的行为进行适度且合理的纠正。对孩子贪玩的行为不能一概而论。父母要教育孩子,给孩子灌输"高级的玩"和"低级的玩"的概念,分清楚什么是高级的玩,什么是低级的玩。怎样玩法才谓之适度,怎样玩法就谓之过火。对孩子日常进行的各种活动,也就是孩子认为的"玩"要进行具体的指导。不要任凭孩子高兴,爱怎么玩就怎么玩,想玩多久就玩多久,想玩什么就玩什么。这样对孩子采取放任自流的态度绝对是不行的。但是,管也不能管得太教条,使孩子一点独立自主的机会都没有。对孩子身心和智力有益的,符合年龄特点和社会规范的,可以鼓励孩子多玩、深入地玩,也就是要玩得高级、玩得有品位。这样,孩子就可以通过玩来获得许多有用的知识,掌握生存的本领,而且同样过得快乐舒心。这样的玩,就要尽量控制,力争戒除。例如,如果孩子喜欢踢球,可以鼓励孩子多踢,认真踢,并同时钻研有关书籍,做一个真正的足球爱好者。孩子喜欢音乐,就鼓励孩子多听听音乐、认真学习乐理知识,或者认真系统地学习某种乐器,变成一个真正懂音乐的玩家,而不是只会听听流行歌曲,其他什么音符、什么乐理都不懂的"歌迷"。对于赌博、打架、破坏公物等社会不许可的玩,就一定要制止。

②讲究玩的方式。玩也要讲究方式方法,要有一点限度。即使是自己最感兴趣的东西,而且也是好的、有益的活动,也要适度,不能过分。例如爱好音乐的孩子,也不能整天就钻进音乐里,别的什么书也不看,作业也不做,连正常的学习都不能够维持下去,以后又怎么能够考上音乐学院,成为一个音乐家呢? 所以,不论是好的"玩"还是坏的"玩",都应该有一个限度,在合理的情况下,可以多花一点时间,多进行有益的活动,使孩子既有扎实的基础知识,又有适合自己的特长爱好。这个度的基本标准就是不影响学校学习、不影响睡眠、不影响饮食,在这三样都不影响的基础上,玩的时间就可以算是适度了。

③改掉贪玩习惯。对于过度的贪玩行为,父母要严格控制和管理。要规定时间来让孩子进行正常的学习和做功课。如果功课没有做完,就不允许孩子随便到处去玩,或者投入兴趣爱好中去,只允许孩子做一般的休息,例如看看远处,活动一下身体,休息 10 分钟后,还必须专心做完功课。做完功课以后的其他时间,就允许孩子进行其他有益的活动。当然了,如果孩子上了一天的课回到家,大脑已经很疲倦,这个时候应该鼓励孩子先活动一下,玩一下,做些轻松有益的事情,等吃完饭以后再集中时间做功课。在晚上做功课的时间里,父母就应该对孩子的作息内容进行严格的规定。

父母如果希望孩子停止玩,不要说停就马上要求孩子停,应该给孩子一点时间。例如父母可以反问一下孩子，这样玩对不对，是不是应该停止了。让孩子能够自觉停止最好。就如我们平时正在干着某件有趣的事情时，如果别人叫我们停手，我们心里多少也会感到不太愿意，即使停止了，也会快快不乐。如果是自愿停止的，就不一样了。所以，如果父母换一种方式，给孩子一个预先的通知，让孩子自动并乐意地停止游玩，效果就会更好。例如，父母可以规定孩子可以继续玩2分钟（时间可由父母掌握着决定，但一定要给孩子一定的时间），然后就不能继续再玩了。这时孩子一定会珍惜这最后的两分钟时间，尽情的玩乐时间到了的时候，父母再阻止孩子，孩子就会乖乖地听话了，甚至不用父母劝止，孩子也会自动地停止这种活动。这种规定时间的方法非常灵验，父母可以多用用。

【逃学习惯改变法】孩子无故不去学校上学，或者课间离开学校不再回去，一般称为逃学。学校是孩子学习的地方，无故逃学是不应该的，父母应该对孩子逃学的行为加以纠正。孩子逃学可由许多原因造成，包括孩子对学习没有兴趣、成绩差、贪玩、怕辛苦、怕老师惩罚、怕人嘲笑、受人欺负、同伴诱惑、生病等。例如，孩子有时会在学校受到其他同学的嘲笑，如被嘲笑有生理缺陷、成绩差、服饰不好、语言能力差等，使孩子感到上学不开心，就会出现逃学现象。有些孩子沉溺于别的活动，例如打扑克、下象棋等与学习无关的兴趣爱好上，结果对正常学习兴趣下降，出现逃学现象。有时孩子逃学是由于父母不许孩子随便到外面玩，孩子没有机会进行正常的兴趣爱好和娱乐活动，就采用逃学的途径来满足自己的需要。有些孩子逃学后就在外面流浪，与别的逃学孩子或小流氓一起玩，形成小集体，甚至干坏事，做出违法行为。孩子受到这种小集体的压力和影响，又会继续逃学，形成恶性循环。

有的孩子过分依赖父母，孩子习惯了在父母身边，到学校会产生害怕和陌生的感觉。有的孩子听不懂老师的课；有的孩子觉得内容太浅、对教学不感兴趣；有的孩子觉得老师讲课枯燥乏味，不愿到学校听课；有些家庭不和，父母争吵，导致孩子情绪不好，产生不安全感，担心父母离异，孩子就不愿离开父母……这些都可能导致逃学。

有些孩子为了达到逃学的目的，甚至会出现许多稀奇古怪的"病"，例如发烧、肚子痛、腹泻等，这些病，只要一去上学就会出现，如果孩子知道不用去上学了，病就会自然而然好了，不用打针吃药。这种是儿童逃学综合征的一种表现。不过，逃学的孩子不一定出现儿童逃学综合征。

对于孩子的逃学行为，父母首先应该通过与孩子谈心了解其不愿上学的动机和原因是什么，有些什么诱因。针对孩子的问题进行诱导，要讲事实说道理，讲明到学校学习的重要性，从而培养孩子遵守规矩、热爱学习的品性。

父母应该注意选择孩子交友的对象，常言道："近朱者赤，近墨者黑。"如果与孩子来往的其他伙伴都是一些爱逃学、怕学习的孩子，孩子之间就会互相影响，一起商量着逃学后去干什么、如何向父母撒谎等。所以父母要仔细了解和观察与孩子来往的其他孩子的表现，如果发现孩子与别的孩子一起逃学，就应该与别的家长一起共同纠正孩子的逃学行为。这时，对带头逃学的孩子的教育是最重要的，正所谓"擒贼先擒王"。只要尽力将"王"的逃学行为改变过来，其他孩子就会服从"王"的命令而回到学校来。

父母通过对逃学孩子的了解和观察，往往可以知道孩子逃学后去干了些什么事情。例如，如果孩子逃学只是为了贪玩或者为了满足自己的兴趣爱好，如去钓鱼、游泳、踢球等，父母就应该给孩子安排一定的娱乐时间，不要总是对孩子限制得太多，连正常的文娱体育活动都没有。孩子的正常兴趣只要得到一定的满足，就不会再逃学了。

【情绪急躁习惯改变法】有的孩子什么事情都想做，而且都想在短时间内做好，得到圆满的结果，没有足够的耐心、没有持之以恒的恒心去完成这些事情（对孩子来说，就是学习），结果往往因时间或者能力有限，而不得不半途而废、有头无尾、不了了之，或者对事物走马观花、蜻蜓点水、囫囵吞枣、一知半解、草草了之。例如有的孩子新课本刚发下就想一口气把它全部读完，上学期的基础还没有学好就想快点学下面的知识，心中定下一个月内就要练好一手钢笔字的目标，三个月就想掌握一门外语等等，常常好高骛远，不切实际，目标距自己的能力太远，时间上又不合理。平时一行动起来，就急得团团转，可是却于事无补，劳而无功。

孩子为什么会出现急躁的情绪呢？一是时间紧迫，这往往是造成急躁的客观原因。由于时间紧迫，许多事情需要在一定的时间内完成，动作太慢或出错都会使规定的事情无法完成，所以导致情绪上的不安。二是能力有限，虽然规定的时间并不算少，可由于自己的能力不足，没法把事情做好，而不做好就会受到惩罚或得不到奖励，在这种情况下，就会表现出急躁。

对于耗时太久的事情，例如学外语、学绘画、制作艺术品等，孩子没有足够的恒心和毅力，只希望在很短时间内就把它全部完成，而实际情况往往不能如愿，所以就蜻蜓点水、囫囵吞枣，做完了事，以解除心中的焦虑。

教育孩子要培养自己的耐心。有些事情着急也是没用的，而且往往会弄巧成拙，出现相反的结果。只有细致耐心，才能够获得成功。例如，孩子急于完成图画作业，想获得夸奖，结果画得太糟糕，还得重画。结果不但没有获得夸奖，反而由于耽误了更多的时间，影响了别的功课，受到了批评。

教育孩子要在行动前先思考，不要在行动后才考虑。说话做事时不要急急下结论，应该认真考虑清楚，仔细分析前因后果和别人的意思，才给予肯定的答复。

教育孩子要正确地估计时间和自己的能力，不要把目标定得太高，超出自己的能力范围，或者在短时间内不能完成。做事要一步一个脚印，坚持到底，看到并享受到每一步带来的成功和喜悦。宁可每次做好一小部分事情，也不要做10

次也没有做成,甚至根本只想不做。不要企图一口吃成个胖子,结果导致的只是失望、挫折和半途而废。例如学英语,每天认真记 3 个单词,每天都比前一天有了进步,就应该为自己每天的这小小进步感到高兴。因为这样坚持下去,一年已经是 1095 个了,可谓收获不少。如果每天都想着要尽快把 1000 个单词记住,等把英语书拿出来一看,那么多单词,个个都不容易记,害怕能力不够,不敢再看下去;或者一口气读了几百个,结果还是没有记住几个,一种厌倦和受挫折的感觉立刻涌上心头,导致不愿继续下去。如此往复,10 日之后,还是一无所获。一年后,还是不识几字,得到的只是失望和痛苦。所以,父母指导孩子制定合理的学习计划并坚持实施下去是克服急躁的重要一环。

【动作太慢习惯改变法】 如果孩子做事动作太慢,超过正常人所需要的时间,不讲效率,往往会浪费许多宝贵的时间。如果做作业的速度太慢,别人一小时能做完的作业,孩子要花两小时才能做完,就会影响学习、休息和正常的娱乐活动;考试的时候动作太慢,往往还没有做完就到了收卷的时间,导致成绩不好;运动的时候太慢,就往往不能战胜对手,让别人领了先。

没有时间紧迫感是动作缓慢的一个重要原因,动作不熟练是动作缓慢的另一个重要原因。孩子还小的时候,神经肌肉的活动还不协调,所以做事的时候要非常缓慢才能做得好,把持得住。有些孩子平时无所事事,生活悠闲,没有养成做事快速利索的习惯。懒惰的孩子,因为根本就不想做事,有意拖延时间,逃避自己的责任,所以做事的速度自然就慢。有些孩子比较成熟,做事总是三思而后行,所以在语言和行动上有时就表现出慎重缓慢的现象,而某些工作,需要精细的动作,例如绘画、雕刻等,爱好这些工作的孩子,在处理日常事务时,也因习惯而动作缓慢。

孩子习惯动作缓慢怎么办? 人的生命是有限的,做事磨磨蹭蹭,往往会浪费掉许多宝贵的时间。在现代社会中, 信息的急剧膨胀,对人的技能的日益高要求,使得人们必须有紧迫的时间感,做事抓紧时间,提高效率。但是父母要告诫孩子,动作快不等于做事马马虎虎、敷衍了事、紧张急躁,而是要在保证质量的基础上,提高动作的频率、加快动作的节奏、缩短做事的过程,力争做到多、快、好。

对于孩子动作慢的习惯,可以通过游戏来加以改变。父母可以与孩子玩一些小的竞技游戏,使孩子在游戏中提高自己动作的敏捷程度。例如,比赛看谁洗澡快,比赛看谁穿衣服快等。这些游戏,激发孩子的进取心,孩子喜欢玩,但是,玩多了孩子可能就会觉得没趣,这时,要给予适当的奖励来鼓励孩子的"胜利"。

孩子可以与父母比赛,也可以与自己比赛。父母可以帮孩子设计一张"比赛"成绩表,记下最初的时间,然后,每天记录实际完成的时间,如果比以前有进步,就给予奖励,如没有进步、保持原状或者退步,就不给予奖励。奖励的内容可以是表扬,或者是前面提到的"代用券"。父母可以让孩子先从简单容易的做起,逐渐向比较困难的任务进发,一直到达合适的时间为止。采用这种方法,目的在于缩短完成每一件事情所需要的时间,这也是克服动作慢的直接办法。孩子根据时间表,就可以有明确的目标,知道每次在操作的时间里要完成到什么程度,要达到什么质量,才可以得到奖励。例如,"比赛"成绩表(洗澡时间记录表)可以参照以下方式制作:

洗澡时间记录表

日期	开始时间	结束时间	完成时间	完成质量	是否获奖

父母还可以采用记数法来督促孩子抓紧时间完成某件事情。记数法很简单,随时可用,父母可以与孩子事先讲明白,看数到第几声的时候孩子可以做完某件事情。然后父母让孩子准备好,说声"开始",就开始计时。一边数,一边看着孩子,孩子为了赶在时间前面完成任务,就会尽量抓紧时间将事情做完。如果在计数开始的时候,孩子动作依然很慢,父母就故意数快一点,让孩子感觉到时间就快要到了。如果在快要结尾的时候,孩子还差得比较远,就放慢记数的速度。父母可以根据孩子的动作情况做相应的变动,但总是很巧妙地常常使孩子在快接近尾声的时候可以把事情做完,使孩子获得成功的感觉。这种方式在要抓紧时间完成某一件事情的时候往往很有效,家长不妨试试看。

如果采用表扬的方法对孩子没有效果,就可以使用硬性规定的办法来达到改变动作慢的目的。父母首先估计出孩子尽最大能力能够完成某件事情的时间,然后规定孩子在这个时间内完成这件事情,否则就不给继续做下去。就是说,时间一到就要停止。如果孩子没有完成这件事情,就会失去奖励并受到别的惩罚,在两方面的压力之下,孩子就会在紧张的状况下,被迫加快自己的速度,以图在规定的时间内完成这项任务。例如,孩子为了获得语文的高分,以便得到父母的奖励,做语文作业的时候就特别用功,一个字一个字慢慢地写,写不好又擦掉再写。这样做一般可能没什么问题,但是如果作业速度太慢,虽然语文得了高分,但孩子却没有更多的时间去做别的作业了,不完成作业又会受到老师的批评,结果孩子只好牺牲睡觉时间。这时,父母就必须规定孩子只能用一定的时间来做语文。孩子一方面想仔细认真地把语文作业做好,一方面时间又不够用,必须快速做完作业,如果继续慢慢做,就会面临做不完作业受到老师批评的危险。为了避开老师的惩罚,孩子只能牺牲获奖的机会,尽快把语文做完。虽然孩子在做作业的过程中会感到激动、焦虑,或者大吵大闹,但作业终于按时完成了,也得到了父母的及时表扬。尝到了这种甜头,下次再做语文作业的时候,孩子就会自然地加快自己的速度了。

还可以通过另外一种合理安排时间的办法来提高时间的利用率。在日常活动中,父母要教会孩子如何统筹来提高效率,花同样的时间可以做更多的事情,或者同样的事情可以用更少的时间。提高时间的利用率,在别人看来,也是"动作快"的一种表现,当然这不是真正的动作快(即做每一件事情的时间短),只是做一系列动作的时间减少了。这样利用时间,即使孩子动作不快,也能比较好地利用时间,如果孩子再把有些事情的动作加快完成,那么就可以更加轻松地应付许多生活上的问题了。如果孩子这样坚持下去,即使每天只是节约几分钟,一年下来就相当于好多天了,这好多天的时间节约下来,不就可以干许多别的事情了吗?

参考文献

1. 丁骥良:《孩子教育的全面优化》,上海辞书出版社,2006 年 4 月。

2. 冯哲,姚曼:《教子成才》,延边人民出版社,2000 年 8 月。

3. 金亚红:《论青少年道德教育方法的革新》,《当代教育论坛(学科教育研究),2007 年第 12 期。

4. 何维:《论道德社会化》,中南大学 2007 年硕士学位论文。

5. 林素宜:《关于幼儿道德认识与道德行为的调查》,《新课程(中旬)》,2013 年第 4 期。

6. 周一海:《在新加坡,感受公民意识》,《科普天地(资讯版)》,2012 年第 7 期。

7. 王建修:《深入贯彻落实德育为先的教育科学发展观》,《科教文汇(下旬刊)》,2008 年第 10 期。

8. 田国秀:《论学校德育方法的重心转移》,《课程·教材·教法》,1997 年第 9 期。

9. 贺军丽:《幼儿德育,从小处着手》,《河南教育(基教版)》,2009 年第 6 期。

10. 姚玮琼:《运用感恩教育　让学生学会做人》,《广西教育》,2006 年第 8 期。

11. 韩慧鹏:《小学语文中的感恩教育》,《中国农村教育》,2008 年第 6 期。

12. 周丽君:《感恩教育在小学语文教学中的作用》,《才智》,2009 年第 12 期。

13. 黄靓:《谈谈如何在语文教学中进行感恩教育》,《四川工程职业技术学院学报》,2008 年第 1 期。

14. 刘丽华:《浅谈小学语文教学中的感恩教育》,《中小学教学研究》,2006 年第 10 期。

15. 郑淑华:《在美文中开启学生感恩的心扉——语文教学中渗透感恩教育的初步尝试》,《科技信息》,2010 年第 6 期。

16. 王玉锋:《小学语文中的感恩教育》,《新作文(教育教学研究)》,2007年第5期。

17. 李娜,刘云霞:《营造"感恩的心"》,《成才之路》,2008年第1期。

18. 成宁:《培养孩子有一颗感恩的心》,《华章(教学探索)》,2007年第11期。

19. 付广环:《青少年犯罪预防研究》,燕山大学2009年硕士学位论文。

20. 董燕:《浅谈青少年犯罪》,《中国公共安全(学术版)》,2005年第5期。

21. 周士渊,牧海:《9个做人好习惯——108个好习惯》,《少年儿童研究》,2002年第2期。

22. 王霞:《架设通往孩子心灵的桥梁——学生责任心培养之我见》,《教育实践与研究》,2004年第9期。

图书在版编目(CIP)数据

现代家庭教育方法大全. 第 1 卷 / 丁骥良编. ——
镇江：江苏大学出版社,2014.8
ISBN 978-7-81130-803-7

Ⅰ.①现… Ⅱ.①丁… Ⅲ.①家庭教育－教育方法
Ⅳ.①G78

中国版本图书馆 CIP 数据核字(2014)第 203045 号

现代家庭教育方法大全(第一卷)

XIANDAI JIATING JIAOYU FANGFA DAQUAN (DI-YI JUAN)

主　　编/丁骥良
责任编辑/柳　艳
出版发行/江苏大学出版社
地　　址/江苏省镇江市梦溪园巷 30 号(邮编：212003)
电　　话/0511-84446464(传真)
网　　址/http://press.ujs.edu.cn
排　　版/镇江文苑制版印刷有限责任公司
印　　刷/扬中市印刷有限公司
经　　销/江苏省新华书店
开　　本/718 mm×1 000 mm　1/16
印　　张/20.5
字　　数/430 千字
版　　次/2014 年 9 月第 1 版　2014 年 9 月第 1 次印刷
书　　号/ISBN 978-7-81130-803-7
定　　价/50.00 元

如有印装质量问题请与本社营销部联系(电话:0511-84440882)